한국의 노숙인

그 삶을 이해한다는 것

한국의 노숙인

그 삶을 이해한다는 것

초판 1쇄 발행 2012년 11월 30일
초판 3쇄 발행 2014년 12월 10일

편저자 구인회 · 정근식 · 신명호
펴낸곳 서울대학교출판문화원
펴낸이 성낙인

출판등록 제15-3호

주소 151-742 서울 관악구 관악로 1
대표전화 02-880-5252 팩스 02-888-4148
마케팅팀(주문상담) 02-889-4424, 02-880-7995
이메일 snubook@snu.ac.kr
홈페이지 www.snupress.com

ISBN 978-89-521-1403-7 93330

한국의 노숙인

그 삶을 이해한다는 것

구인회 · 정근식 · 신명호 편저

서울대학교출판문화원

책을 펴내면서

우리가 한국의 빈곤 문제에 관한 관심을 두고 노숙인들의 생애사 자료를 만들기 시작한 지 벌써 3년이 지났다. 2009년 정부 지원으로 서울대학교에서 추진하던 청년인턴사업에 의미 있는 방식으로 참여하자는 취지를 가지고 몇 명의 사회과학 전공 교수가 모임을 하고, 경제적 · 사회적 위기를 겪고 있는 한국사회의 중요한 일면을 기록으로 남기는 작업이 중요하다는 것에 뜻을 모았다. 사회에서 크게 주목받지 못하는 취약계층 삶의 현장을 기록하고, 이에 기초하여 연구를 진행하며, 적절한 정책대안을 모색하는 것이 대학의 연구진들이 수행해야 할 중요한 역할임에 공감하였다. 그래서 한국사회의 빈곤에 관한 사회문제 중 가장 첨예한 쟁점 중의 하나가 노숙인 문제라는 점에 주목하여 이들의 생애사 자료 구축을 추진하기로 하였다.

2009년 9월부터 노숙인 생애사 아카이브 구축 사업이 시작되었다. 서울대학교 언론정보학과 강명구 교수, 사회학과 정근식 교수, 인류학과 황익주 교수, 사회복지학과 구인회 교수와 신명호 박사, 사회과학 분야의 대학원생들로 연구진을 구성하였다. 청년인턴사업의 취지에 따라, 대학을 졸업하고 취업을 준비 중인 청년인턴 15명을 조사원으로 모집하여 2개월 정도의 교육과 훈련 과정을 거친 후 자료수집을 시작하였다. 2009년 11월부터 2010년 5월까지 1차 심층인터뷰, 2010년 9월부터 2011년 3월까지 2차 심층인터뷰 작업을 거치며 2년이라는 기간에 노숙인 60명의 생애사 자료를 구축하게 되었다.

여러 노숙인 지원단체들과 관계자들의 협조를 얻어 노숙인들을 만났고, 면접에 동의한 사람들을 인터뷰하였다. 노숙인 스스로 자신들의 성장과정과 노숙으로의 진입과정, 노숙 진입 이후의 생활 등을 언급하게 하고 이를 기록으로 남기는 사업이었다. 여러 가지 어려움으로 애초에 생각한 목표를 만족스럽게 이루어내지는 못했지만, 쉼터의 남성 노숙인은 물론 면접이 용이하지 않은 거리노숙인과 여성 노숙인을 조사에 포함하기 위해 많은 노력을 기울였다. 후속 연구자들이 연구에 활용할 수 있도록 면접자료를 가다듬었다. 자료수집 계획단계에서 서울대학교 연구윤리위원회의 검토와 승인을 얻음으로써 조사 대상자의 보호에 전력을 기울였다. 조사의 진행은 대상자들의 사전동의를 구한 후 이루어졌으며, 대상자의 이름은 모두 가명 처리하는 등 익명성 보장을 위해 노력하였다.

노숙인 생애사 아카이브 구축 사업을 진행하던 연구진들이 노숙인 문제 연구에 도전하게 된 것은 자연스러운 귀결이었다. 2010년 서울대학교에서 다양한 학문분야의 융합연구를 촉진하기 위해 도입한 브레인퓨전 연구지원사업의 지원을 받아 노숙인 연구를 본격화하게 되었다. 연구진에는 기존의 생애사 자료 구축에 참여했던 연구진 외에 새롭게 보건대학원의 김창엽 교수, 교육학과의 강대중 교수가 참여하여, 더욱 폭넓은 학문적 시각에서 노숙인 문제에 접근하고자 하였다. 이 책은 서울대학교 브레인퓨전 연구지원사업의 일환으로 진행된 노숙인 연구의 결실을 담아낸 것이다.

이 책은 한국사회의 압축적 발전이 가져온 어두운 그림자라고 할 수 있는 노숙인 문제를 다양한 학문분야의 시선으로 조명하고자 한 것이다. 생애사 자료의 분석을 통해 노숙인 삶의 다양한 측면을 살펴보고, 노숙인 문제가 발생한 원인을 진단하고 대책을 마련하려는 노력의 결과이다. 1997년 외환위기와 함께 우리 사회에 본격적으로 등장한 노숙인 문제는 많은 사람에게 커다란 충격이었다. 오랫동안 고속의 경제성장에 친숙하던 한국사회에서 얼마 전까지 땀 흘려 일하며 가정을 일구어 온 사람들이 순식간에 일자리를 잃고 가난의 나락으로 떨어지고 노숙의 궁지로까지 밀려나는 사태를 그냥 받아들이기는 어려웠다. 많은 사람이 노숙인의 고통에 공감하였고 정부도 노숙인의 문제를 해결하기 위해 진지하게 노력하는 것처럼 보였다.

그렇게 노숙인 문제가 등장한 지 15년의 세월이 지났다. 그러나 노숙인 문제는 여전히 사라지지 않고 있으며, 한층 악화된 모습으로 재생산되고 있어 우려된다. 더욱 안타까운 것은 이렇게 한편에서 사회적 관계망에서 배제된 채 살아가는 노숙인의 모습이 우리 사회의 자연스러운 일상이 되어 버리고 있다는 느낌을 지울 수 없다는 점이다.

노숙인 문제에 대해 우리 사회가 무심하게 된 데에는 연구자들에게도 일말의 책임이 있음을 부정하기 어렵다. 1990년대 후반 노숙인 문제가 등장한 후 상당 기간 헌신적으로 연구를 수행한 연구자들이 있었지만, 언제부터인지 노숙인 문제는 사회과학적 탐구의 대상에서 밀려나 있었다. 이 책이 노숙인 문제를 일거에 해결하는 획기적인 해결책을 만들어내지는 못한다 할지라도, 노숙인 문제에 대한 우리 사회의 따뜻한 관심을 다시 불러일으키고 학문적 연구를 활성화하는 계기가 된다면 더는 바랄 것이 없겠다.

또한 무엇보다 본 연구에 참여하여 기꺼이 자신의 생애의 굴곡을 담담히 전해 주신 60명의 노숙인들께 감사의 말씀을 드리며, 특별한 설명이 없더라도 이 책에서 거론된 노숙인의 이름은 모두 가명임을 밝혀둔다. 노숙인 생애사 아카이브 구축 사업 과정에서 열성적으로 노숙인 인터뷰를 진행해 주신 강장근, 권우영, 김애영, 류승오, 박주영, 백구순, 손소희, 손희영, 신승관, 안황로, 유미선, 이소원, 지은희, 차경운, 홍수미 청년인턴 참가자들과 청년인턴의 훈련과 조사의 진행과정에서 아낌없는 도움을 주신 이병윤 선생님, 가나안교회(청량리), 광야교회(영등포), 노숙인다시서기지원센터(현, 다시서기센터), 서울역 노숙인다시서기진료소(누가회), 아가페의 집, 열린 여성센터, 옹달샘 드롭인센터, 햇살보금자리 상담보호센터, 홈리스행동, 홈리스 자조모임인 해보자모임 등 노숙인 지원단체와 관계자들께 한없는 감사의 뜻을 표한다. 그리고 연구의 진행과정에서 귀중한 자문을 해 주신 성공회대 정원오 교수, 동덕여대 남기철 교수, 임영인 성공회 신부, 노숙인 지원 관련 업무에 종사하는 공무원, 단체 관계자, 활동가 여러분께도 감사를 드린다.

한 분 한 분의 이름을 들어 감사의 뜻을 표하는 것이 마땅한 도리일 것이나 거명을 원하지 않는 분들의 입장을 고려하여 모두 생략했음에 대해서도 양해를 구한다. 이들의 사려 깊고 충실한 조언과 지원이 없었다면 우리의 연구는 제대로 진행되지 못했을 것이다. 또한 노숙인 생애사 자료 아카이브 사업을 지원해 주신 서울대 기획처와 후속 연구를 지원해 주신 서울대 브레인퓨전 프로그램 관계자들께 깊은 감사의 뜻을 표한다. 마지막으로 이 책의 출판을 기꺼이 맡아 주신 서울대학교출판문화원의 김종서 원장님과 책 전체의 편집을 맡아 주신 정성숙 팀장께도 깊이 감사를 드린다.

2012년 11월
관악 캠퍼스 연구실에서
저자 일동

| 차례 |

제1부

노숙, 노숙인의 삶

제1장

노숙 진입의 원인과 과정*

구인회 · 김소영

1. 서론: 복합적인 노숙의 원인

우리나라에서 노숙인 문제가 사회적 쟁점으로 등장한 지 15년 정도가 지났지만, 여전히 해결되지 않은 문제로 남아 있다. 1990년대 후반 이래 중장년 노숙인이 줄지 않고 있으며 노숙이 만성화되고 고령화되는 모습이 나타나고 있다. 또 젊은 노숙인이 등장하고 노숙인 가족과 여성 노숙인이 증가하는 등의 새로운 양상이 보이고 있다. 최근에는 쉼터 등 시설에서 생활하는 노숙인 수는 줄어드는 반면 거리노숙인은 증가하여 그간의 노숙인 보호 대책의 효과에 의문을 갖게 하기도 한다(김선미, 2010).

이렇듯 노숙이 현재 진행형의 문제로 지속됨에 따라 국내의 노숙 관련 연구도 진전되고 있다. 노숙인의 생활 실태를 파악하는 노력이 지속되면서 노숙인 생활양식이나 경험, 사회적 관계를 다양한 측면에서 규명하려는 노력이 기울여지고 있다(원정숙, 2001; 김유경, 2005; 김진미, 2005; 김

* 구인회 · 김소영(2012),「노숙 진입의 원인과 과정」,『한국사회학』46(4): 264-293.

진미 · 서정화, 2006; 신승배, 2011). 또 노숙기간에 대한 연구(윤일성, 2000; 김종천 · 김은주 · 오수정, 2003), 노숙인의 정체성이나 심리사회적 특성, 정신건강 등에 대한 연구도 이루어지고 있다(신원우, 2009; 신지숙 · 백주희, 2010; 한영란 · 윤희상 · 최애숙, 2011). 특히 노숙인 지원 정책과 서비스에 대해서는 많은 연구가 진행되었다(노대명, 2004; 남기철, 2009; 신원우 · 황운성 · 김유경, 2009).

한편 노숙 발생의 원인을 진단하는 연구들은 노숙문제가 갓 등장했던 1990년대 후반에 시작되었지만, 후속연구가 미진한 상태로 최근 소수의 추가적인 연구가 이루어졌을 뿐이다(김수현, 1998[2001]; 남기철, 1998; 정원오 · 김수현, 1999; 한국도시연구소, 1999; 서정화, 2005; 현시웅 · 최희경, 2008; 신명호, 2011). 어떠한 원인 때문에 그리고 어떤 과정을 통해 노숙이 발생하는지를 분석하는 노숙 원인에 관한 연구는 노숙인에 대한 이해와 정책적 개입뿐만 아니라, 노숙의 신규 발생을 막는 차원에서도 매우 중요하다는 점을 고려할 때 노숙 발생원인에 대한 분석이 미흡하다는 점은 기존 연구에서 매우 중요한 공백이라 하겠다.

이 연구는 노숙인들이 왜 그리고 어떻게 노숙에 이르게 되는지를 밝히고자 한다. 노숙 발생원인에 대한 기존 연구에서는 노숙 발생을 주로 고용상실과 그로 인한 빈곤진입과 관련지어 분석하였다. 특히 초기 연구들은 실직이나 사업 실패로 인한 노숙발생을 강조하는 경향이 있었다(김수현, 1998; 정원오 · 김수현, 1999). 근래의 연구들은 초기 연구의 경향을 넘어서서 고용문제와 같은 구조적 원인 이외에도 정신건강이나 알코올중독 등 다양한 개인적 원인으로 분석을 확대하고 발생원인에 따라 유형화를 시도하였다(서정화, 2005; 현시웅 · 최희경, 2008). 더 나아가서 노숙 발생에서 다양한 요인이 중첩적이고 복합적으로 작용하는 양상을 이해하는 것이 중요하다는 지적도 제기되고 있다(신명호, 2011).

이 연구에서는 이들 기존 연구에 기초하여 노숙 발생의 다양한 원인을 규명하고 여러 가지 요인들이 상호작용하면서 노숙으로 이어지는 과정을 검토하고자 한다. 이를 위해 우선, 기존 연구에서처럼 빈곤을 노숙 진입의 위험요인으로서 주요하게 다룬다. 빈곤을 초래하는 원인으로 고용상실 등의 구조적 원인은 물론 다양한 개인적 요인들을 폭넓게 고려하고 이 요인들 사이의 상호작용을 살펴본다. 이와 함께 노숙 촉발요인으로서 주거상실이 발생하는 다양한 과정을 분석하고자 한다. 모든 빈곤이 노숙으로 이어지지는 않으며 노숙이 발생하기 위해서는 빈곤과 함께 주거상실이 발생해야 한다. 따라서 주거상실이 왜, 어떻게 발생하는지를 이해하는 것은 노숙 진입의 원인을 이해하고 노숙대책을 수립하는 데 매우 중요하지만 이 점은 기존 연구에서 경시되었다.

이 연구는 노숙인 생애사 자료를 통해 구조적 원인과 개인적 원인들이 상호작용하고 빈곤발생과 주거상실 경험이 교차하면서 노숙이 발생하는 양상을 분석한다. 2절에서는 노숙 발생 원인에 관한 이론적 논의와 선행연구를 검토하였고, 3절에서는 생애사 조사 등 연구방법을 소개하였다. 연구의 분석결과는 4절에서 제시하였고, 마지막에서는 이 연구의 분석결과를 요약하고 그 정책적 함의를 논의하였다.

2. 노숙 원인에 대한 이론적 논의

노숙문제를 분석하는 출발 지점에서 먼저 검토해야 할 것은 노숙의 개념이다. 가장 흔히 이용되는 노숙의 정의는 거리노숙(street homelessness 혹은 rough sleeping)이다. 거리노숙은 가장 눈에 잘 띄는 노숙 유형으로서 대중매체의 주목을 쉽게 받는다. 그리고 많은 노숙인 정책이 실제로 거리노숙에 초점을 맞추어 실행되고 있기도 하다. 이보다 조금 범위를 넓히는 경우에는 거리노숙과 함께 쉼터 같은 임시 노숙시설에 거주하는 ‘문자 그대로의 노숙(literal homelessness)’ 개념을 들 수 있다. 더 나아가서 임시로 친지에 얹혀사는 경우나 매우 불안정한 거주상태에 있어 '노숙의 위험이 높은 불안정 주거에 거주하는(precariously housed)' 상태도 노숙의 범위에 포함시켜야 한다는 주장이 있다. 더 나아가서 부적절 주거에 거주하는 상태(inadequate housing)까지를 포함하는 경우도 있다(FEANTSA, 2007).

이 장에서는 노숙을 사회적으로 용인되는 관습적인 주거(conventional housing)에 거주하고 있지 않은 상태로 정의한다. 이러한 정의에 따르면 '문자 그대로의 노숙'과 '노숙의 위험이 높은 불안정 거주'가 노숙에 포함된다. 즉 거리노숙과 쉼터노숙, 그리고 쪽방, 고시원, 여인숙 등 매우 단기적으로 임대료를 지급하는 주거에 거주하는 상태가 노숙에 해당되는 것이다. 여기서 쪽방, 고시원 등 '노숙의 위험이 높은 불안정 거주' 상태를 노숙에 포함하는 것에 대해서는 논란이 있을 수 있다. 하지만 실제 쪽방 등의 거주자가 다시 거리노숙을 경험하게 되거나 또 거리노숙인이 동절기에 일시적으로 쪽방 등에 거주하는 예가 적지 않은 점을 고려할 때 이를 노숙에 포함하는 것이 우리 노숙 현실을 잘 반영하는 것으로 보인다(한국도시연구소, 1999). 그러나 이 연구에서는 적절한 수준에 미달하는 주거에 거주하는 상태는 노숙의 범위에서 제외한다. 부적절한 주거도 사회적 관심이 필요한 문제라 하겠으나 이는 노숙과는 다른 차원, 즉 주거 적절성이나 주거빈곤 차원에서 다루어지는 것이 더 적절한 것으로 판단한다.

이러한 노숙이 발생하는 원인은 무엇일까? 서구의 연구들은 노숙이 발생하는 원인에 대해서 두 가지의 이론적 경향을 보여준다. 우선 노숙 위험요인인 빈곤발생에서 고용문제와 같은 사회구조적 특성들을 강조하는 견해가 있다. 이러한 구조적 특성들은 국가 사이의 노숙 수준 차이를 설명하는 데 유용하다. 가령 미국과 영국 같은 나라들은 유럽 대륙 국가들보다 노숙이 많이 출현하는데, 그러한 차이를 나타내는 요인으로 고용과 복지제도, 주거상황 등이 설명력을 가진다. 또 노숙인구 구성에서의 국가 간 차이를 설명하는 데에서도 이러한 구조적 특성들이 중요할 것이다. 예를 들어 미국은 유럽에 비해 여성이나 아동을 포함한 가족노숙이 많은 것으로 알려져 있는데, 이는 유럽 국가들의 가족지원정책이 가족단위의 노숙을 방지하는 역할을 하기 때문일 수 있다(Shinn, 2007).

또 하나의 이론적 전통은 노숙을 초래하는 개인적 요인을 강조하는 견해이다. 가령 교육 수준 같은 개인의 인적 자본이나 가족관계나 사회적 관계의 단절 같은 개인의 사회적 자본 정도, 학대나 폭력 같은 어려운 사건(life events)의 경험, 정신건강이나 건강의 이상, 약물중독, 알코올중독 등이 노숙을 초래하는 요인으로 작용할 수 있는 것이다.

그런데 개인적 특성의 역할을 인정하는 경우에도 여전히 두 가지 상이한 경향의 설명논리가 존재한다. 그중 하나인 사회 인과론(social causation)에서는 개인적 특성을 사회구조적 요인이 작용한 결과로 본다. 가령, 개인의 정신건강 혹은 건강의 문제가 빈곤경험으로 생기는 스트레스에 의해 발생한다고 보는 것이다. 반대로 사회 선택론(social selection)에서는 개인이 가진 육체적 · 심리적 문제가 그 개인의 빈곤 등 사회적 지위를 결정한다고 본다. 기존 연구에서는 서구에서 나타나는 정신질환과 노숙 발생의 관계는 사회 선택론으로 설명되는 경우가 많은 것으로 보고되고 있다(Philippot, Lecocqm, Sempoux, Nachtergael & Galand, 2007). 이러한 보고는 추가적인 검증을 통해서 확인될 필요가 있으나, 개인의 특성을 구조의 문제로 환원시키는 것은 지나친 단순화가 될 수 있음을 시사하는 것으로 개인적 특성을 사회구조적 특성과 별도로 고려하는 것이 필요하다는 점을 보여준다.

이러한 바탕 위에서 근래의 서구 연구들에서는 개인적 특성과 구조적 요인이 모두 노숙의 원인으로 작용한다는 의견으로 합의가 형성되고 있다. 즉, 개인적 특성과 구조적 요인들이 상호작용을 하면서 노숙을 초래하는 것으로 보고 이들 요인을 통합적으로 보는 생태학적 관점(ecological perspective)이 부각되고 있는 것이다(Anderson, 2007; Toro, Tompsett,

Lombardo, Philipport, Nachtergael & Galand, 2007; Grigsby, Baumann, Gregerich & Roverts-Gray, 1990; Caton, 1990; Pleace, 2000; Jones & Pleace, 2010). 이에 대해 피츠패트릭(Fitzpatrick, 2005)은 개인적 위험요인이 많은 사람은 구조적 위험요인에 더 취약하고, 개인적 요인과 구조적 요인이 상호작용하면서 노숙에 이르게 된다고 지적하고 있다. 이러한 관점은 한 사회 안에서 어떤 사람들이 노숙을 경험하는가와 같은 문제에 대한 해답을 줄 수 있다. 개인마다 특성이 다양하고 위험에 대한 취약성이 다르게 마련인데, 한 사회에 일정한 구조적 위험이 존재하는 상태에서 취약한 특성이 많은 개인이 위험에 빠지게 되는 것이다(Shinn, 2007).

한편 피츠패트릭, 켐프와 클린커(Fitzpatrick, Kemp & Klinker, 2000)는 노숙의 원인과 과정 분석의 차원을 확장하고 있다. 즉 노숙 발생 위험요인(risk factors)과 노숙이 직접적으로 촉발된 계기(trigger points)를 나누어 노숙의 발생원인을 설명한 것이다. 이들은 빈곤과 같은 노숙 발생 위험요인과 함께 노숙 촉발 계기를 검토하는데, 관계해체(relationship breakdown, 가족해체나 동거인과의 이별 등을 포함), 부모와의 다툼 후 가출, 주거지로부터의 강제 퇴거, 보호시설의 퇴소 등 주거상실 사건을 들고 있다. 맥캔지와 챔버린(Mackenzie & Chamberlain, 2003)은 호주의 노숙을 검토하면서 주거위기(housing crisis) 경로, 가족관계의 단절(가정폭력) 경로, 청년에서 성인 노숙으로의 이행경로의 세 가지 노숙 진입경로를 제시하였다. 클랩햄(Clapham, 2003) 또한 주거경로를 통해 노숙의 경로를 설명하고 있다.

이 연구에서도 이상의 논의에 따라 노숙 진입원인을 노숙 위험요인인 빈곤과 노숙 촉발요인인 주거상실로 나누어 분석하고자 한다. 부유한 노숙인을 생각하기 힘든 것처럼 노숙은 빈곤을 전제하는 것이어서 노숙에 대한 많은 이론적 논의는 노숙 위험요인으로서의 빈곤에 초점을 맞추었다. 하지만 모든 빈곤층이 노숙을 경험하는 것은 아니기 때문에 빈곤과 노숙을 연결하는 구조적 요인으로서 주거여건에도 각별한 관심을 기울여야 한다. 이 연구에서는 먼저, 노숙 위험요인(risk factor)으로서 빈곤경험을 분석한다. 한 극단에서 고용상실 등 구조적인 것으로부터 시작하여 다른 극단에서 정신건강 등 개인적인 것에 이르는 스펙트럼에서 다양하게 중첩되어 나타나는 빈곤원인을 노숙인 개개인의 생애사 자료의 분석을 통해 밝혀본다. 다음으로 노숙 촉발요인(trigger factor)으로서 주거상실을 다양한 경로로 나누어 분석한다. 그리고 이들 노숙 위험요인과 노숙 촉발요인이 교차되는 양상을 분석한다.

우리나라에서 노숙 발생의 원인을 다룬 연구들은 주로 노숙 위험요인으로서 빈곤에 초점을 맞추어 분석을 진행하였다. 정원오 · 김수현 · 주영수(1998)는 30여 명의 노숙인에 대한 심층면접을 행하여 노숙 발생원인을 고용악화와 사업실패 등 경제적 변화, 질병(알코올중독, 정신질환 포함), 사고로 인한 노동능력 상실, 그리고 이혼, 가출 등 가족해체의 세 가지로 나누어 제시하였다. 정원오 · 김수현(1999)은 쉼터노숙인 20여 사례를 면접 조사하여 "불우한 가정에서 출생하여, 정상적인 교육기회를 갖지 못한 채 어려서부터 취업을 하거나 가출한 다음, 저임금과 불안정한 고용상태에서 일하다가 IMF 이후 일거리가 급감하면서 노숙에 이르게 된" 것으로 노숙에 이르는 전형적 과정을 제시하여, 노숙 발생의 원인으로서 고용불안과 불우한 성장환경을 강조하였다. 한국도시연구소(1999)는 서울시의 5개 쪽방 지역 주민을 면접 조사한 결과, 거리노숙을 경험한 사람이 71.1%에 이르며, 노숙인 시설을 경험한 사람도 47.1%으로 나타나 이들이 거리노숙인이나 쉼터노숙인과 유사한 특성을 지님을 확인하였다. 그리고 성장기 가족관계의 불안정, 결혼경험이 없거나 아내의 가출이나 사망, 본인의 가출 등으로 인한 가족해체, 고용불안정과 사업실패 등을 노숙 발생원인으로 들었다.

이상의 초기 연구들이 주로 고용문제, 가족해체, 성장기 환경을 노숙의 원인으로 강조하였다면, 노숙 발생에 더욱 다양한 경로가 작용하고 있음을 보여주는 연구들이 늘고 있다. 김진미(2005)는 사업실패나 만성적인 경제적 불안정 이외에도 도박 등 하위문화의 습득, 알코올중독이나 정신질환 등의 개인적 요인이 노숙 진입을 초래한다는 점을 보였다. 현시웅 · 최희경(2008)은 실직형 노숙인 이외에 고아나 10대 초반에 부모가 사망하여 원가족이 없어 성장과정부터 교육기회 등이 취약하여 노숙에 이르는 생래형 노숙인과 부모님의 집에서 가출을 하며 노숙에 진입한 가출형 노숙인을 별도의 유형으로 제시하였다. 또 일부 연구는 실직 등이 중요한 남성 노숙인들 경우와는 달리 여성의 경우에는 가정폭력, 가족해체, 정신장애 등이 노숙 진입에 중요한 요인임을 보여준다(김수현, 2001; 서정화, 2005). 더 나아가서 기존의 노숙 발생 연구가 지나치게 구조적 원인을 강조하고 특정 구조적 원인으로 노숙 원인을 단순화하는 경향이 있음을 비판하면서 노숙 발생에서 개인적 특성 등 다양한 요인이 중첩적이고 복합적으로 작용하는 양상을 이해하는 것이 중요함을 강조하는 연구도 등장하고 있다(신명호, 2011).

이 연구에서는 대다수 기존 연구를 따라 노숙 위험요인으로서 빈곤발생의 주요 원인이 구조적인 것에서 개인적인 것에 이르는 스펙트럼상에서 어떻게 다양하게 나타나는지를 분석한다. 더 나아가서 고용 등의 구조적 요인과 가족관계, 정신건강 등의 개인적 요인이 복잡하게 상호작용하면서 빈곤을 발생시키는 과정을 밝히고자 한다. 이와 함께 노숙의 촉발요인으로서 주거상실의 발생경로를 분석한다. 이를 경험적으로 분석한 국내의 연구는 드물다. 기존에 많이 알려진 경로로는 경제적 어려움이나 가족관계 해체로 인한 기존 주거를 잃는 '주거유지 실패경로'라고 할 수 있다. 하지만 서구에서는 청년에서 성인으로 이행하는 과정에서 노숙으로 진입하는 '주거확보 실패경로'가 자주 보고된다(Mackenzie & Chamberlain, 2003). 이 연구에서는 생애사 자료의 분석을 통해 '주거유지 실패경로'와 '주거확보 실패경로'가 나타나는지를 검토하고 그 이외의 '주거상실경로'가 존재하는지를 살펴본다.

마지막으로 이 연구에서는 노숙 위험요인인 빈곤경험과 노숙 촉발요인으로서 주거상실이 교차하며 노숙 진입으로 이어지는 양상을 분석한다. 다양한 빈곤경로와 주거상실경로 사이에는 어떠한 관계양상이 나타나는지를 검토하고, 그에 따라 다양한 빈곤경로에 노출된 노숙 잠재집단에 대해 특성화된 주거지원정책을 위한 함의를 도출한다.

3. 연구방법: 노숙인 생애사를 통한 노숙 원인 연구

노숙문제를 다룬 선행연구에서 이용된 방법은 크게 보아 설문조사에 근거한 양적 연구와 심층면접을 통한 질적 연구로 나눌 수 있다. 그리고 양적 연구는 다시 한 시점에서 노숙인에 대한 조사가 이루어진 횡단적 연구와 노숙인을 일정 기간 추적 조사한 종단적 연구로 구분된다. 그러나 종단적 연구는 미국에서의 일부 연구로 국한되며 기타 국내외 연구의 다수는 한 시점에서의 횡단적 설문조사나 심층면접 방식으로 이루어졌다. 앞에서 논의했듯이 노숙의 발생과 전개 양상을 구체적으로 이해하는 데에는 시간적 연속성에서 개인적 · 구조적 요인이 상호작용하는 역동적 과정을 살펴보는 것이 필요하지만, 이러한 기존 연구방법으로는 노숙진입의 원인과 과정을 이해하는 데에 제약이 컸다.

이러한 한계를 극복하기 위해 이 연구에서는 노숙인 생애사 연구방법을 이용한다. 생애사 연구는 여러 시점에 걸쳐 노숙인을 추적 조사하는 종단 연구는 아니지만, 노숙인의 노숙경험을 노숙 이전과 이후의 삶의 통시적 맥락에서 이해할 수 있도록 하는 장점을 지녔다. 노숙인 생애사를 통해 당사자의 목소리로 노숙인의 노숙 이전과 이후의 삶, 노숙과정의 경험들을 듣는 것은 노숙 진입을 다차원적이고 연속적인 경험과의 관계에서 파악할 수 있게 한다(Ralston, 1996; Anderson & Tulloch, 2000[Anderson, 2003에서 재인용]).

하지만 노숙인에 대한 생애사 연구는 다른 한계를 가지고 있다. 현실

여건상, 노숙경험을 가진 대상자 표집이 현재 노숙상태에 있는 자를 중심으로 조사가 이루어지게 되며, 장기노숙인이나 빈번하게 노숙을 반복하는 자가 과대 표집될 가능성이 높다. 특히 탈노숙한 사람들은 발견하거나 접근이 어려워 이들의 경험은 조사에 포함되기 어렵다. 또 접근성 문제로 인해 거리노숙인보다는 쉼터노숙인 중심으로 조사가 이루어질 가능성도 있다. 또한 생애사 연구의 성격상 조사의 내용이 개인적 요인과 사건 중심으로 전개되어 그 속에 내재된 구조적 요인이나 사회적 사건과 그 영향을 체계적으로 포착하는 데에 어려움이 발생할 수 있다.[1] 이 연구는 생애사 연구의 이러한 한계를 완화하기 위해 다양한 특성의 노숙인을 연구대상에 포괄하고 연구과정에서 구조적 · 사회적 요인에 대한 시각을 유지하고자 노력하였다.

이 연구에서 추진한 노숙인 생애사 조사는 두 차례로 나뉘어 진행되었다. 노숙인 생애사 1단계 조사는 본격적으로 2009년 10월부터 2010년 5월까지 약 9개월 동안 서울시내에서 생활하는 49명의 노숙인을 대상으로 진행되었다. 또 2010년 10월부터 2011년 2월까지 2단계 조사를 실시하여, 1단계 조사 대상 노숙인 중 4명에 대해 추가면담과 새로운 노숙인 11명에 대한 면담을 진행하였다. 따라서 자료로 구축된 총 면담자들의 생애사는 모두 60사례이다.

인터뷰 대상자 선정에는 다양한 방법을 사용하였다. 노숙인 지원기관 주변 노숙인에 대한 조사원의 섭외, 상담보호센터를 통한 인터뷰 참가자 모집 공고, 면접 참가 노숙인을 통한 스노우볼링 방법 등을 사용하였다. 또 거리노숙인, 쉼터노숙인 등의 특정 경험이 있는 노숙인 면접이 필요한 경우 노숙인 지원기관의 협조를 얻어 조사 대상 노숙인을 구하였다.

---

1 이러한 연구의 한계는 앞서 경로를 이용한 연구들에서도 공통적으로 지적되고 있다 (Fitzpatrick, 2000; Anderson & Tulloch, 2000). 개인의 노숙 위험요인과 촉발요인들을 비교적 자세한 경로로 분석할 수 있는 반면, 구조적 요인들이 이들 개인적 삶에 어떻게 작동하여 노숙을 초래하게 되었는지를 분석하기는 쉽지 않다.

〈표 1-1〉 노숙인 생애사 조사 대상자의 특성

성별	남: 56명 여: 4명	연령	20대: 4명, 30대: 10명 40대: 19명, 50대: 20명 60대: 6명, 70대: 1명
학력	초졸(중학 중퇴 포함) 이하: 14명 중졸(고교 중퇴 포함): 10명 고졸: 15명 대입 이상: 21명	혼인경험	혼인경험 무: 29명 혼인 후 이혼: 19명 혼인상태 유지: 11명 기타: 1명
인터뷰 당시의 노숙형태	거리: 2명 상담보호센터: 14명 쉼터: 19명 사우나, PC방, 찜질방 등: 5명 쪽방: 4명 고시원: 7명 매입임대주택: 8명 모름: 1명	최초 노숙 시점	97년 이전: 6명 97~00년: 6명 01~05년: 16명 06~09년: 32명

조사의 방식은 심층면담으로 1명의 노숙인당 총 3회(회당 1~2시간 정도)의 인터뷰를 진행하였다. 조사에는 반구조화된 질문지를 사용하였다. 주요 질문은 노숙 이전의 삶과 노숙으로 이르게 된 과정, 노숙 이후의 삶으로 구분되었다. 세부적으로는 성장배경, 청소년기, 노숙 전의 사회생활과 사회적 관계, 노숙에 이르게 된 경로, 노숙 이후의 생활(숙식, 생활지역, 노숙 이후의 일, 일과, 생존의 방법, 노숙 이후의 소득활동, 여가활동), 노숙에 대한 견해(노숙인이라는 것에 대한 생각, 노숙인들을 위한 정부정책에 대한 의견) 등을 물었다. 면담조사에는 정부의 청년인턴사업에 참가한 대졸자 13명, 대학원생 연구원, 연구진이 직접 조사원으로 참여하였다.[2]

〈표 1-1〉에 제시된 바와 같이 인터뷰 참여자는 4명의 여성과 56명의 남성으로 구성되어 있다. 이들 노숙인의 나이는 20~30대의 젊은 노숙인

---

2 본 노숙인 생애사 조사는 연구자가 아닌 조사원에 의해 인터뷰가 실시되었다는 특징을 가지고 있다. 조사의 질을 높이기 위해 조사원들은 약 1개월간의 노숙 관련 교육, 인터뷰와 질적 연구에 대한 교육훈련, 1개월간의 노숙현장에 대한 실습을 통해 노숙문제와 심층면담에 대한 훈련을 받았다. 또 인터뷰가 진행되는 동안 연구진이 지속적으로 조사원과의 회의를 통해 면담결과에 대한 피드백을 실시하였다.

이 14명, 40대가 19명으로 이루어져 있고, 50대가 20명으로 가장 많은 수를 차지하고 있다. 60~70대의 노숙인도 7명으로 구성되어 있다. 이들은 약 8%가 초등학교 이하의 학력을 갖고 있고, 중학교 중퇴나 졸업자도 22.6%에 달한다. 고등학교 중퇴의 경험까지 합해 본다면, 고졸 미만의 학력을 가진 사람이 35.4%이다. 또 대상자 중 절반 가까운 48.4%가 결혼경험이 없었고, 혼인은 했지만 이혼한 사례가 32.3%에 이르고 있었다. 이들 대부분이 가정을 이루는 데 있어 많은 어려움을 경험한 것을 알 수 있다. 인터뷰 당시 거리노숙인은 2명이었고, 노숙인 지원시설 이용자가 33명, 기타 불안정 거주자가 16명, 매입임대주택에서 탈노숙 과정에 있는 대상자가 8명이었다. 이들 중 12명은 2000년 이전 노숙을 시작하였고, 16명은 2001년에서 2005년 사이, 그리고 32명은 그 이후에 노숙을 시작하였다.

이 연구에서는 조사 대상 60사례의 다양한 경험을 폭넓게 검토하였고, 특히 이 중 10명의 사례에 대해서는 보다 심층적인 분석을 수행하였다. 〈표 1-2〉는 이들의 인구학적 특성과 노숙 관련 특성을 간략하게 제시한 것이다. 조사 당시 이들의 연령은 30대 초반에서 60대에 걸쳐 있었으며 정상적인 혼인관계를 유지한 경우는 없는 것으로 나타났고 무학에서 대졸까지 다양한 학력을 보였다. 대다수가 쉼터나 상담보호센터에서 거주하는 상태에 있었고 노숙 기간은 2년에서 21년까지 분포하였다. 이 연구는 이들 사례의 분석을 통해 이들이 어떠한 원인에 의해 빈곤을 경험하게 되었는지, 또 어떠한 주거상실의 과정을 통해 노숙에 이르게 되었는지를 살펴보았다.

〈표 1-2〉 분석사례의 주요 특성

이름	출생년도(년)	혼인여부	학력	거주지	노숙기간
김○○	1977	미혼	중 중퇴	상담보호센터	12년
이○○	1961	이혼	고졸	쉼터	10년
진○○	1950	기혼(별거)	초 중퇴	쉼터	2년
박○○	1955	이혼	대학 중퇴	매입임대주택	8년
한○○	1965	이혼	중졸	상담보호센터	21년
강○○	1974	미혼	대졸	상담보호센터	6년
서○○	1950	기혼(별거)	대졸	고시원	2년
정○○	1965	미혼	중 중퇴	상담보호센터	5년
최○○(여)	1957	이혼	무학	쉼터	2년
민○○(여)	1960	이혼	고 중퇴	쉼터	3년

* 주: 거주지와 노숙기간은 인터뷰 시점 당시(2009. 9~2011. 2)를 기준으로 함.

4. 노숙인들이 경험한 빈곤의 원인

노숙인들은 왜 빈곤에 이르게 되었는가? 이러한 의문을 해결하기 위해 노숙인 생애사를 통해 그 원인을 살펴보았다. 우선 우리나라 초기의 여러 선행연구에서 제시한 주요 원인은 단연 실직이었다. IMF 경제위기 당시 구조조정과 사업실패로 일자리를 상실하고, 경제적 어려움으로 가족해체까지 경험하게 된 경우들은 언론에도 많이 보도되었다.

분석사례 중 이러한 과정으로 노숙에 이른 사례가 진○○ 씨였다. 진○○ 씨의 경우 18세부터 인쇄소에서 심부름 일을 하기 시작했던 것을 인연으로 35년간 주로 인쇄업에 종사하였고, 가정을 이루어 딸을 얻고 자신의 집도 마련하며 평범한 삶을 영위하였다. 인쇄소에서의 경력과 기술을 바탕으로 지인들과 사업을 시작했으나 1980~1990년대를 거치면서 대형화 추세 속에서 소규모 자본으로 사업을 영위하는 것이 어려워져 갔고, 세 번의 부도 끝에 빚을 지게 되었고, 결국 살던 집이 경매로 넘어가는 어려움을 겪었다. 자신은 청량리의 노숙인 쉼터에, 아내는 숙식이 해결되는 식당에, 외동딸은 옷가게를 하는 아는 동생과 생활하는 등 가족이 뿔뿔이 흩어지게 되었다.

〈진○○(가명, 61[3])〉

… 그냥 한 가지 일로만 한 35년간 하고… 주위 친했던 사람들하고 같이 한번 해 보자, 하고 사업을 시작했는데 결과가 안 좋더라고…. 그래 7~8년 만에 위에서 바닥으로 확 떨어지더라고. 사람들 뿔뿔이 흩어지고 거기서 챙겨 나간 사람들은 챙겨 나가고, 우리처럼 저거한 (없는) 사람들은 자기 밥그릇도 못 챙기고 그냥 주저앉아 버렸으니깐….

또한 고용상실이 노숙의 주요한 위험으로 작용한 사례는 박○○ 씨의 경우에서도 나타났다. 박○○ 씨는 전문대 교육을 받고, 군대를 다녀온 후 열관리(냉난방) 기술을 익혀 큰 기업의 열관리 기사로 일을 했고, 돈을 벌기 위해 30대 초반 중동에도 5년 6개월간 다녀온 이력이 있었다. 이후 종합건설회사를 다니면서 서울에 24평 연립주택을 구매하여 안정적인 삶을 살았다. 그러나 IMF 외환위기 시 현장직이던 박씨에게 내근직 명령이 내려지고, 곧 구조조정을 당하였다. 이후 공구상을 차려 자영업을 시작했으나 결국 사업도 실패로 돌아갔고, 2002년 사업을 정리하였다. 이렇듯 구조조정에 연이은 자영업 실패는 구조적 요인인 실직으로 빈곤에 이르는 대표적인 패턴이라고 볼 수 있다.

3 이름 뒤의 숫자는 인터뷰 시점 당시의 나이를 말함.

〈박○○(57)〉

그 이제, 자영업하던 게 무너지고. 한 번이고 두 번이고는 다니던 회사에서 정의상 이렇게 일을 해 줬는데 그다음부터 회사도 어려워지고 납품이 안 되고… 자영업을 하면서도 좀 지나면 없어지겠지, 경제에 잠깐 왔다 가는 태풍처럼 머물다 지나가는 거겠지 그렇게만 생각했지, 이렇게 수렁으로 떨어질 줄은 몰랐죠. 이게(수입이) 끊어지고 나니까는 애엄마하고 가정적인 문제로… 애엄마도 직업전선에서 손을 놓고 있던 상태고 수입이 창출이 안 되니까 불화가 일어나기 시작하더라구요.

이 두 사례는 모두 결혼의 경험이 있고 자녀가 있으며 비교적 장기간 한 가지 일에 종사하면서 전문적인 기술을 가졌던 사례였다. 그럼에도 그들이 종사하던 직종이 사양화되거나, 구조조정으로 일자리가 없어지게 되면서 노숙으로 진입했다는 공통점이 있다. 실업이 빈곤의 주요 원인으로 지적되는 대표적인 사례들이다.

하지만 이들의 빈곤이 전적으로 구조적 요인으로만 설명되는 것은 아니다. 진○○ 씨가 순탄한 인생을 살다가 회복하기 힘든 경제적 실패를 경험한 것은 아니었다. 어린 시절 양부모의 연이은 사망으로 고아원에서 자랐고, 초등학교 교육만 이수한 후 16세에 고아원에서 도망쳐 나와 서울에서 음식점, 여관 심부름꾼 등을 전전하다가 18세에 인쇄소에서 일을 하였고, 좋은 사장님의 따뜻한 훈계로 성실한 삶을 살게 되었다. 불우한 환경에서 성장한 개인적 경험이 성인기 경제활동의 취약성에 나름의 관련을 가지고 있을 가능성을 배제할 수 없다. 결국 이 사례는 개인적인 불행을 극복하고 안정적인 삶을 꾸려 나가고 있었으나 소규모 인쇄업의 몰락이라는 구조적 변화과정에서 부도를 겪게 되었고 여기에 동업자들로부터 사기까지 당하면서 노숙으로 진입한 경우라고 할 수 있다.

박○○ 씨 경우 노숙 진입의 직접적 계기에서 진○○ 씨 경우와는 조금 달랐다. 박씨는 아내 역시 종사하던 봉제업이 사양산업화되면서 소득이 없어지고, 결국 생활고를 이기지 못해 갈등이 심해졌다. 이런 와중에 아내가 이혼을 요구하였고, 아내에게 딸의 양육을 맡기며 집을 아내의 명의로 돌려주고, 자신은 300만 원을 가지고 집을 나오게 되었다. 여관, 여인숙을 전전하다 결국 본격적인 노숙에 진입하였다. 실업이라는 구조적 원인과 더불어 이혼이라는 개인적 불행이 노숙의 주요 원인으로 작용하고 있었다.

위의 두 사례처럼 안정적 생활을 하다가 고용상실을 경험하면서 노숙에 진입한 경우와는 달리, 처음부터 불안정한 환경에서 불안정한 일자리를 전전하다가 노숙에 이르게 된 사례들도 있다. 이 경우에는 빈곤의 주요원인이 고용문제에 있기보다는 원가정의 빈곤과 불우한 성장환경에 있는 것으로 볼 수 있다. 한○○ 씨가 그런 경우에 해당하였다.

한○○ 씨는 면접 당시 45세로 노숙인답지 않은 말쑥한 차림의 남성이었는데, 외모와 달리 살아온 과정은 녹록지 않았다. 1965년 아버지가 누군지 모르는 사생아로 태어나 어머니가 가출해 버리고 외조부모 밑에서 정부 지원금을 받으며 어렵게 자랐다. 중학교 교육만 마친 후 구둣방, 인쇄소 보조, 커피숍 접시닦이 등을 하면서 청년기를 보냈다. 25세 무렵 외할아버지가 돌아가시고, 외할머니가 이모 댁으로 가시면서 자신은 돌아갈 곳이 없어졌다. 30대 초반부터 커피숍에서 기거하며 접시를 닦고, 바텐더 등을 하며 살았으나 거처가 불안정하여 찜질방 등을 전전하기가 부지기수였다고 한다. 배가 고프고 위기에 몰릴 때 차라리 감옥에 가는 것이 더 낫겠다 싶어 몇 번 절도로 수감되었고, 노숙인 쉼터가 생겨나면서 감옥에 가지 않고 쉼터를 이용하고 있었다.

〈한○○(45)〉

사생아예요, 제가. 사생아고 아버님도 없이 자라나 갖고. 외할머니 외할아버지 밑에서 자라다가. 초등학교 때 그냥 학교 갔다 오면은 누가 참견하는 사람이 없으니까 … 어렸을 때 생활을 너무 편하게 보내 갖고. 이제

> 스무 살 인제 직장 자리 구해 갖고, 돈을 벌고 그럴 성년 시기가 다가왔는데 그 준비가 안 돼 있으니까는 못 하겠는 거예요. 사회가 어떻게 돌아가는지도 모르겠고. 막 자란 거죠, … 자라면서 진짜 성장과정이 잘못됐다고 지금 생각이 들죠. 그게 지금 이렇게 된 계기가 아닌가.

한씨는 불안정한 노동을 영위하여 스스로 생계를 꾸리고자 노력해 왔다. 그러나 스스로 언급하듯이 제대로 된 훈육이나 돌봄 없이 '막 자랐고', '대화도 제대로 할 줄 모르는' 형편이어서 기본적인 사회생활을 유지하는 것에도 어려움이 많았다. 이러한 성장환경이 결국 성인기에 안정된 생활로 진입하는 것을 어렵게 하였다. 한씨의 주요 빈곤원인은 성인기 고용의 문제에 있기보다는 불우한 성장환경에 있는 것으로 볼 수 있다.

그렇다면 다수의 노숙인들은 이렇게 비자발적인 실업, 자영업의 도산이나 불우한 성장환경과 같은 구조적 원인으로 노숙에 이르는 것일까? 이들 중에는 구조적 위험보다는 반복되는 실패와 일이나 사회적 관계로부터의 이탈, 그로 인한 좌절의 반복 등 상당한 정도 개인적인 특성과 관련된 이유로 빈곤에 이르는 경우가 있었다. 이러한 사례로 강○○ 씨를 들 수 있다.

강○○ 씨는 유년시절의 차별(부모님과 형제가 언어장애인)과 편견으로 인해 마음에 상처를 입었는데, 이를 중학교 시절 폭력으로 표출하면서 몇 차례의 근신과 유기정학을 당했었다. 성인이 되어서도 여자 친구의 불행한 죽음으로 군에서 자해를 하거나, 사업을 하던 중 두 차례 사기를 당하거나, 그 이후 천막에서 생활하다가 자살을 기도하는 등 불안정하고 부적응적인 행동을 반복하였다. 강씨의 행동은 다양한 불행과 불운을 경험하면서 나타난 것이기는 하지만 불우한 성장배경이나 피하기 어려운 경제적 실패 탓으로만 보기에도 어려운 것들이었다. 실제로 의류도매업 등 몇몇의 사업활동으로 많은 돈을 모았던 경험도 있었다. 그러나 수차례 사기를 당하여 가진 것을 모두 날리는 등 개인의 생활관리능력의 취약성이 더욱 두드러지게 나타나는 사례라 볼 수 있다. 다음은 강씨의 개인생활을 단적으로 보여준다.

〈강○○(35)〉

(질문: 전(노숙 시작 시점이라고 말한 32세 이전)에도 노숙을 할 이유가 있었나요? 사업도 잘되고 하셨다고 하셨는데) 한 가지 말씀 안 드린 게 제가 돈을, 가끔씩 지갑이 돈 벌면은요, 막 쓰기를 좋아해요. 지금은 안 그렇지만. 그럴 여력도 없지만. 돈을 500(만 원)인가 잃어버린 적이 있어요. 제가 현금을 좋아하지. 그래 갖고 몇 달간 자포자기 상태로 멍한 적도 있어요. 그때는 사업이 잘 안 됐을 때도 있었거든요. 술 먹고 그런 게 있잖아요. 영화 같은 데서 나오듯이, … ○○광장이라고 있거든요. ○○는 바닷바람이 시원하거든요. 거기서 거의 난장 깠죠.

서○○ 씨의 경우도 이렇게 취약한 생활관리로 인한 연이은 실패라는 점에서 크게 다르지 않았다. 서씨는 61세의 남성으로 제약회사를 하는 아버지로 인해 부유한 생활을 누리며 명문대학교 행정학과를 졸업하였고, 월남전 참전, 대기업 회사생활, 개인사업 등을 하며 경제적으로 안정적인 생활을 하였다. 도중 아내와의 이혼을 겪으며 세 자녀를 직접 키웠다. 그러나 개인사업 중 직원의 횡령으로 사업에 실패하거나, 중년 이후 술집에서 알게 된 여성과 11년을 동거하는 중 여자가 모든 재산을 가지고 도망쳐 버리는 일들을 겪었다. 이 사건 후 나머지 재산들을 자식들 명의로 나누어 주고, 집을 나와 상담보호센터에서 기거하고 있었다.

〈서○○(61)〉

(여자가 적금을 몰래 타 도망간 이후) 그러다가 석 달 만에 나타났지. 근데 그때 난 혼자 있을 때 괴로워서 술을 먹었어. 약이 올라 가지고 먹다 보니까 석 달 있다 연락 와서 근데 내가 또 받아 주고. 그게 버릇이 되더라

구요. 참아 주고, 참아 주고. 또 그럴까 봐 남들보다 옷도 100만 원짜리 사 주고, 고급 백화점 가서 정장 사 주고, 다해 줬는데 소용없더라고요. 막판에 제가 건물 팔았어요. (그 여자가) 딴 데 지방에 투자하려는 거를 갖고 도망간 거야. 내가 그것 때문에 죽으려고 했어요.

서○○ 씨는 겉으로 보기에는 똑똑하고, 세 자녀를 혼자 모두 키운 성실한 가장이었으나, 직원의 횡령이나 술집 여자와의 동거로 인한 재산 상실 등 생활관리능력에서는 허점이 있음을 짐작하게 한다. 자신의 말로는 '알면서도' 당한 꼴이 되어 버렸고, 결국 많은 돈을 잃어버렸다.

앞서 살펴본 강○○ 씨나 서○○ 씨의 경우, 성장배경은 다소 차이가 나지만 대학교육의 경험도 있고 경제적 안정기를 경험했음에도 불구하고, 여러 차례에 걸친 사기로 인한 금전적 손실과 생활관리에서 부적절한 행동의 반복과 무능이 빈곤에 이르게 된 주된 원인이었다고 볼 수 있다.

한편 도박과 알코올중독, 정신질환 등의 정신건강의 문제가 노숙을 초래한 경우는 이들과는 구별되는 양상을 보여준다. 정○○ 씨의 경우, 중학교 2학년 때 가출 이후 학업을 중도에 그만두고 집에서 농사를 지으며 살았는데, 어머니가 24세 때 자살로 돌아가신 이후 알코올과 도박으로 전세금을 탕진하고 친구집을 전전하다가 서울역, 용산역에서 거리노숙을 시작하게 되었다.

〈정○○(44)〉

돈이 없으니까… 살던 전세방에 가압류를 걸어 놓으니까 이게 뭣을 일자리를 잡으려 해도 가압류 땜에 뺄 수도 없고, 그래서 집주인한테 돈을 좀 해 달라고 했어요, 덜 받더라도. 그걸로 다시 전세방을 얻으려고 했었는데 술을 한 잔 먹고, 쫌 먹고 방을 얻었어야 했는데 그게 뭐냐면 도박을 조금만 하려고 했었는데 많이 다 쓰게 됐어요. 그렇게 됐습니다.

정신질환으로 인한 노숙은 주로 여성 노숙인에게서 많이 나타나는 특징으로 알려져 있다. 최○○ 씨의 경우, 16세에 양아버지의 성추행으로 집을 나온 후 직업소개소를 통해 다방, 술집 등에서 일하며 번번이 결혼에 실패하면서 환청 등의 정신질환이 시작되었다. 이후 남편의 외도로 혼자 살면서 다방, 분식가게, 모텔 청소 등을 했으나 정신질환이 심해져 월세방을 스스로 뛰쳐나와 거리노숙을 하기에 이르렀다.

이 연구의 사례들에서 발견되는 다양한 빈곤원인을 종합하여 요약하면 〈표 1-3〉과 같다. 앞에서 분석했듯이 우선 고용상실과 불우한 성장환경 등 구조적 성격이 강한 원인으로 빈곤에 진입하는 사례들을 볼 수 있다. 반면에 알코올중독이나 도박 등 정신건강문제나 생활관리능력 취약과 같은 비교적 개인적인 특성과 관련된 원인으로 빈곤을 경험하게 되는 사례들도 있다. 개인적 요인으로 분류할 수 있는 경우로는 비행과 범죄

〈표 1-3〉 빈곤발생의 주요 원인

	주요 원인	설 명
구조적 원인	고용상실	경기침체로 회사에서 해고당하거나, 개인사업이 실패함에 따라 경제적 어려움을 겪게 된 것이 노숙의 주요 원인으로 작용
	불우한 성장환경	노숙인 당사자의 문제라기보다 원가정의 성장배경의 어려움과 그로 인한 위험요인이 주요 원인으로 작용
	불운	노숙인이 생애과정에서 불운하게 겪게 된 질병문제, 장애, 불의의 사고(화재, 교통사고 등), 경제적 사기 피해 등이 주요 원인으로 작용
개인적 원인	가족문제	가정폭력 피해자가 되거나 동거자가 재산을 가지고 잠적하는 등의 문제행동을 겪거나 노령에도 불구하고 가족부양을 받지 못하는 경우 등이 해당
	생활관리 능력 취약	위의 사항 이외에 사회에 적응하지 못하여 혹은 능력의 부족으로 사회생활, 경제생활, 가정생활을 원만히 수행하지 못한 것이 주요 원인으로 작용
	일탈 (비행, 범죄)	노숙인이 범한 비행들 혹은 그로 인한 범죄로 교도소 수감 등의 생활을 한 것이 주요 원인으로 작용
	정신건강 문제	노숙인이 발달상의 문제로 지적장애가 있거나 정신질환, 알코올중독, 도박 등의 문제를 가진 것이 주요 원인으로 작용

등의 '일탈'로 빈곤에 이르게 되는 사례들도 발견된다. 이렇게 빈곤에 진입한 원인이 구조적 성격인지 개인적 성격인지 판단이 용이한 경우도 있지만, 그렇지 않은 사례들도 발견된다. 예를 들어 질병, 화재, 장애 등 개인이 피하기 어려운 '불운'을 겪은 사례들이나 가정폭력 피해 등 '가족문제'의 사례들은 구조적인 성격과 개인적인 성격의 중간 지대에 속하는 원인들로 빈곤에 이르게 된 경우라고 볼 수 있다.

더욱이 이 연구의 사례들은 빈곤에 이르는 과정에서 하나의 원인이 단독으로 작용하기보다는 복합적으로 작용하는 경우가 많다는 점을 보여준다. 실직이나 사업실패가 빈곤의 주요한 원인인 경우에도 불우한 성장기 경험이나 가족관계의 갈등요인이 영향을 미쳤음을 확인할 수 있다. 이들 사례에서 나타난 구조적 요인과 개인적 요인의 관계양상은 사회 인과론에 따르는 경향이 강하다. 즉 구조적 요인으로 빈곤을 경험하면서 개인적 · 가족적 문제가 수반되는 양상을 보인다. 또 생활관리능력 취약이나 정신건강문제를 겪은 사례들에서는 이러한 개인적 특성이 고용이나 소득 상실의 직접적인 원인으로 작용한 것으로 나타나 사회 선택론의 설명이 더 설득력을 갖는 것으로 볼 수 있다. 그러나 이들 사례에서도 차별, 성추행, 가출 등 불우한 성장기 경험이 개인적 문제를 촉발시키거나 악화시킨 계기로 작용했음이 확인된다. 즉 생애사를 통해서 통시적으로 볼 경우 이들이 빈곤이 진입하게 되는 과정을 개인적 특성의 탓으로만 돌리는 것은 지나친 단순화임을 알 수 있다. 사회 인과론적 설명을 배제하고 사회 선택론으로만 빈곤발생을 설명하는 데에는 한계가 있다.

5. 주거상실의 경로

노숙은 빈곤을 전제로 하지만, 빈곤이 모두 노숙으로 이어지지는 않는다. 노숙이 발생하기 위해서는 빈곤과 함께 주거상실이 발생해야 한다. 여기서는 앞에서 검토한 사례를 중심으로 주거상실의 경로를 살펴보도록 한다.

앞서 살펴본 진○○ 씨와 박○○ 씨는 고용의 상실로 인한 빈곤에 이르게 되면서 자신들이 소유한 주택을 잃게 되어 노숙에 진입한 사례이다. 진○○ 씨는 부도로 인한 채무를 갚지 못해 자기 소유의 집이 압류되고 경매에 붙여지면서 퇴거를 당하고, 가족들은 뿔뿔이 흩어지고, 자신은 여인숙과 여관을 전전하다가 노숙인 쉼터 플래카드를 보고 쉼터에 입소하게 되었다. 사업실패가 곧바로 주거의 상실로 이어지면서 노숙에 진입하는 경로를 보여주고 있다. 한편 박○○ 씨는 진○○ 씨와는 달리 빈곤에 이른 이후에도 자기 소유의 주거를 유지하였다. 그러나 아내와 이혼을 하면서 딸의 양육을 조건으로 집을 아내의 명의로 넘겨주고 자신만 나와 여인숙을 돌다가 노숙에 들어서게 된 경우이다. 이 사례는 사업실패와 주거상실의 중간에 이혼으로 인한 가족관계 해체가 매개 역할을 하면서 노숙 진입이 촉발되었다. 그러나 두 사례는 공통적으로 자신이 유지하던 주거를 경제적 이유로 혹은 가족관계상의 이유로 유지하지 못하게 된 '주거유지 실패'의 사례라고 볼 수 있다.

〈박○○(57)〉

제가 집을 처분하고 동네도 창피하고 그래서, 이사를 가려고 했더니… (집을 나갔던 아내가) 왔어요. 집 내놨다는 소리를 듣고 왔다고 그러더라구요. 그렇다고 하니까, 이제 이혼을 해 달라고 그러더라구요. 그래도 최소한 이혼 소리는 비껴 갔으면, 그렇게 애타게 비껴 가기만을 원했는데 그게 딱 떨어지니까 굉장히 마음이 아프더라구요. 그러고 나서는 깔끔하게 합의이혼을 하기로 했고, 다 털어 먹고 그 연립주택 하나 있는 거… 그걸 어떻게 할 것이냐고 그러더라구요. 그래서 제가 깔끔하게 그랬습니다. 내가 아무래도, 애가 내가 아무리 잘해 줘도 성장하는 데 아빠라는 존재하고 엄마라는 존재는 생각하는 데 차이가 있을 뿐만 아니라 성장하는 데 아빠가 엄마보다는 조금 더 걸림돌이 될 것이다. 그러니까 양육을 하면 내가 이 집을 포기하고 명의이전을 시켜 주겠다, 그래서 합의를 해서 명의를 애엄마로 돌려주고 양육을 거기에 맡기고 저는 현금 300만 원만 들고 나오게 된 거죠.

또한 주거유지 실패의 사례는 고용상실로 인한 노숙위험을 가진 사람뿐만 아니라 개인적인 생활관리능력의 부족으로 인해 노숙에 이르게 된 경우 등에서도 자주 발생하였다. 서○○ 씨의 경우도 사실혼 관계에 있던 여자가 가지고 있던 재산을 가지고 도망가 버려 좌절을 경험하는데, 남은 재산을 세 자녀들에게 분배하고 자신은 거리로 나오게 되었다. 재산상실과 가족관계의 단절로 인한 주거유지의 실패라고 볼 수 있다.

〈서○○(61)〉

동거했죠. 사실 돈도 많이 날렸어요, 그 여자 때문에. 제가 알뜰한 놈인데. 그렇죠… 제가 그것 때문에 이 생활을 하게 됐잖아요. 돈을 가지고 나왔어요. 나와서 호텔에 있었어요. 있다가 외국을 갈까? 하다가 강원도 가서 한 달 있었고, 그러다 보니 돈이 떨어진 거예요. 좋다! 을지로에 자주 갔었어요, 이야기를 듣고. 그러다 나중에 보니까 돈이 다 떨어진 거야. 일도 안 하는데 빌려 달라고 할 수도 없고. 어떻게 될지는 몰라도 내가 여기서 이 생활 해 보자 해서 시작이 돼서 노숙을 3개월 했어요.

'주거유지 실패'의 경우에는 빈곤에 처한 남성 가장 중 상당수가 물리적 주거로서의 집과 가족관계의 장으로서의 집을 거의 동일한 의미로 받아들이고 가족상실과 주거상실을 동시에 겪는 경우가 빈번하게 발견된다. 주거를 확보하고 있었던 사례들 대다수는 혼인상태의 남성 가장들이었는데, 이들이 어떠한 이유에서건(실업이건 알코올중독이나 도박과 같은 정신적 문제이건) 빈곤에 처하면서 가족관계 단절과 주거상실을 동시에 겪게 되었다.

'주거유지 실패'의 경우와 달리, 앞서 살펴본 한○○ 씨처럼 다양한 직종의 불안정한 일자리를 전전하면서 불안정한 주거상태를 벗어나지 못하다가 노숙으로 진입하는 경우도 있다. 한씨는 외조부가 돌아가시고 외조모가 이모 댁으로 가시면서 갑자기 갈 곳이 없어지는 위기를 맞았다. 이미 20대 중반이어서 스스로의 삶을 독립적으로 유지해야 했지만, 불우한 성장과정을 거치며 경제적 자립에 어려움을 겪으면서 안정적 주거를 획득하지도 못하였다. 한씨는 20대 후반에 아내를 만나 아들을 낳았는데, 이때도 처가에 잠시 머물었을 뿐, 스스로 부양능력이 없다고 판단하여 그냥 처가를 나왔다. 이후에도 여전히 커피숍에 기거하며 접시를 닦거나 바텐더 등을 하며 찜질방에서 생활했고, 배가 고프거나 쉬지 못할 때에는 차라리 교도소에 가는 것이 낫겠다 싶어 절도로 교도소행을 선택하였다. 한씨는 성인이 되고 난 이후 단 한번도 가족이나 자신을 위한 보금자리를 스스로 마련하지 못한 셈이다. 청년기 경제적 독립에 어려움을 겪다가 '주거확보 실패'로 노숙에 진입한 사례라고 볼 수 있다.

〈한○○(45)〉

절도죠, 뭐. 절도로. 아, 너무너무 배고파서 힘들더라고요. 너무 추울 때는 추워서 그렇고, 더울 때는 또 뭐 30도 막 폭염, 폭염이고 이럴 때는 진짜 지쳐서 걸어 다니지도 못할 때, 배고프니까는 어쩔 수 없더라고요. 나도 모르게 그렇게 되더라고요. 진짜 사람이 극에 달하면 아무거나 한다고. 진짜 되더라고요. 형제도 없지. 부모, 부모도 없지. 누구한테 가서 '나 지금 배고픈데 몸도 아프고 쓰러질 것 같은데 좀 도와주라' 이런 말 할 사람들이 없는 거예요. 그 안에 인제 내가 인제 열심히 일을 해 갖고 돈을 좀 비축을 해 놨어야 되는데. 지금, 지금 이 나이에도 마찬가지. 모르겠더라고요. 지금도 사는 그 방식을 모르겠고….

또한 성인기 이후 계속 독신으로 살면서 만성적 주거 불안을 경험한 경우도 이러한 주거확보 실패에 해당된다. 평범한 성장기를 보냈지만 성인기에 안정된 취업을 이루지 못한 채로 일자리를 전전하다 일을 잃게 되면서 노숙으로 진입하는 장년층의 사례, 감옥 출소 후나 숙식이 제공되는 일자리를 잃은 후에 노숙에 진입한 사례 등이 발견된다. 앞서 살펴본 정○○ 씨는 중학교 중퇴 이후 고향에서 농사를 짓거나 서울에서 가방공장, 주물공장 등에서 일하면서 기숙사에 기거하는 생활을 하였다. 여자를 만나게 되면서 형에게 부탁해 전세금을 마련하여 집을 구했지만 여자와 헤어진 후 전세금을 도박과 술로 다 날려 버렸다. 결국 친구 집에 얹혀살다가 친구와의 불화로 거리로 나오게 되었다. 지속적으로 불안정한 주거를 경험한 '주거확보 실패'에 해당되는 사례인 것이다.

그러나 앞서 살펴본 최○○ 씨의 경우는 '주거유지의 실패'나 '주거확보의 실패'와 다른 경로의 주거상실을 보여준다. 정신질환 증상으로 무작정 집을 나와 거리를 헤매게 된 경우였다. 최씨는 우울증과 신경쇠약을 가진 정신적 문제로 빈곤에 처한 사례로서 가게를 차리고 혼자 방을 얻어 생활하고 있었다. 그런데 환청에 시달리면서 집에서 스스로 도망을 나와 그때부터 거리를 돌아다니게 되었다고 한다.

〈최○○(54)〉

장사하면서 (우울증과 쇠약으로) 세 번인가를 그냥 문을 닫다시피 해 버렸어요. 보증금도 못 건지고 그냥 닫아 버리고. 돈 있는 거 다 까먹고. 돈도 없고 그러고 나서 월세방 싼 거를 얻은 거죠. 지하방을 들어갔는데 그렇게 환청이 심한 거예요, 거기 들어가자마자. 그래 갖고 그 집에 이사가서 한 달 만에 한 달도 안 돼 가지고 커피 사러 나왔다가, 정신이 그거돼 가지고 집에를 들어가는데 집이 무서운 거예요. 그 환청에 시달리는데. 누군가가 나를 죽인다고 생각을 하고. 나를 누군가가 쫓아온다고 생각이 들어 갖고. 그래 가지고 텔레비고, 뭐고 제가 다 뚜드려 깨 버렸어요. 집을 다 깨 버리고 그러고서 도망을 나온 거예요. 내 집에서 내 혼자서 도망을 나와, 무서워 가지고. 도망을 나왔는데 그때부터 돌아다닌 거예요.

최○○ 씨와 같은 '주거이탈' 경우는 정신질환을 가진 사람의 경우에 흔히 나타나고, 가정폭력으로 집을 나오는 여성의 사례, 알코올중독으로 기관에 입소하여 치료를 받다가 나온 후 집에서 정착하지 못하고 집을 나와 버리는 사례들도 발견된다.

요약하면, 주거의 상실은 크게 세 가지 경로로 발생하는 것으로 보인다. 우선 자신이나 가족이 주거를 비교적 안정적으로 유지하다가 주거를 상실하게 되는 '주거유지 실패' 경로가 발견된다. 이와 달리 처음부터 자신의 안정적인 주거를 확보하지 못한 채 불안정한 삶을 살다가 노숙에 이르게 되는 '주거확보 실패'의 경로도 볼 수 있다. 또 주거를 벗어나 노숙에 진입하는 단순한 '주거이탈' 경로도 보인다. 이들 주거상실의 경로를 종합해 보면 〈그림 1-1〉과 같다. 일반적으로는 '주거유지 실패'를 가장 빈번히 관찰되는 주거상실의 경로로 생각하나, 주거확보 자체에 어려움을 겪은 '주거확보 실패' 경로들도 상당수 존재하였다. 특히 우리나라에서 '주거확보 실패' 경로에서는 서구와 공통적 특성도 나타나지만, 차

주거유지 실패 주거를 비교적 안정적으로 유지하다 상실한 경우	**경제적 실패경로** 실직, 사업실패, 질병치료 등의 경제적 어려움으로 주거를 유지하지 못해 노숙으로 진입
	가족분리경로 가족이 주거는 유지하고 있으나 고용불안정, 사업실패, 도박/사기, 가정폭력, 이혼 등 가정해체 후 본인의 가출로 노숙으로 진입하는 경우
주거확보 실패 지속적으로 안정적 주거를 유지하지 못한 경우	**청년기 독립실패경로** 고아상태, 조부모나 한부모 양육 등 불우한 환경에서 성장하여 성인기 자립에 어려움을 겪으며 노숙으로 진입
	만성적 주거불안정경로 비교적 평범한 성장기를 보냈으나, 불리한 여건 혹은 부적응 탓으로 성인기에 안정된 취업을 이루지 못한 채 일자리를 전전하다 실직하며 주거도 잃게 되는 경우
주거이탈	알코올중독, 정신질환, 도박 등으로 인해 주거를 나오면서 노숙을 하게 된 경우

〈그림 1-1〉 주거상실의 경로

이점도 확인된다. 서구에서는 '청년기 독립실패'가 주요 경로로 발견되는데(Mackenzie & Chamberlain, 2003), 우리의 경우에는 이와 함께 '만성적 주거 불안정' 경로가 확인된다. 이는 성인기 이후 불안정한 일자리와 불안정한 주거가 같이 지속되는 경우로서, 우리 사회 특유의 노숙 잠재집단이라고 할 수 있다.

6. 빈곤과 주거상실의 관계

지금까지는 이 연구의 생애사 자료에 포함된 사례들의 생애에 나타난 빈곤진입과 주거상실의 경험을 각각 살펴보았다. 그렇다면 빈곤경험과 주거상실의 경험은 서로 어떤 관련을 가질까? 여기서는 앞서 살펴본 결과를 토대로 빈곤과 주거상실의 관련양상을 살펴본다.

앞에서 살펴보았듯이, 빈곤원인의 경우 구조적 요인에 근접한 것으로 살펴본 '고용상실'과 '불우한 성장환경'이 주요한 사례들이 있고, '생활관리능력 취약', '일탈', '정신건강'의 문제 등 개인적 요인이 주요한 사례들이 있다. 그리고 구조적 요인과 개인적 요인의 중간적인 성격인 '불운'이나 '가족문제' 등의 이유로 빈곤에 이른 사례들도 확인된다. 이들이 주거상실에 이른 경로로는 먼저 비교적 안정된 주거생활을 하다 경제적 이유나 가족관계 분리로 기존 주거를 유지하지 못하여 노숙으로 진입하는 '주거유지 실패'가 발견되었다. 또 청년기에 경제적 자립에 실패하면서 자신의 안정적 주거를 구하지 못하거나 성인기에 지속적이고 만성적인 경제적 불안정을 벗어나지 못하며 안정적 주거확보에 실패하는 '주거확보 실패' 경우들이 있다. 그리고 단순히 집을 나와 노숙인이 되는 '주거이탈' 경우도 확인되었다.

그런데 '고용상실'로 빈곤에 이른 사례들은 '주거유지 실패'의 경로로 노숙에 진입하는 경향을 보인다. 경제적 실패 이후 가족관계의 해체를 경험하면서 단신 노숙을 시작하는 남성 가장 사례들 외에도 남편과 자신이 불안정한 고용상태에서 경제적 어려움을 겪다가 일거리가 끊기자 남편은 지방으로 일을 구하러 가고, 자신은 주거비를 감당치 못해 자녀들과 여성노숙쉼터에 입소하게 된 사례가 확인된다. 또 직업군인으로 안정적인 생활을 하다가 퇴직금으로 사업을 시작하였으나 IMF 경제위기에 부도를 맞고 살던 집을 내주고 처자식은 처가로 자신은 8년째 상담보호센터에서 생활하고 있는 사례, 양복점을 운영하던 중 점차 일이 잘 되지 않고 일거리가 줄어 결국 친구 집에서 신세를 지면서 살다 길거리로 나온 사례 등이 이러한 경우에 해당된다.

'주거유지 실패' 경로를 밟아 노숙에 진입하는 경우로는 '고용상실' 사례들 외에도 '생활관리능력 취약' 사례들을 볼 수 있다. 이들도 '고용상실' 사례들처럼 과거에는 비교적 경제적 안정을 누렸지만 재산 탕진 등으로 주거까지 잃으며 노숙을 시작하였다.

'불우한 성장환경'을 겪다가 빈곤에 이른 사례들은 청년기에 경제적 독립에 어려움을 겪으며 '주거확보 실패' 경로를 밟곤 한다. 어릴 때 가족이 뿔뿔이 흩어져 청소년기부터 숙식을 제공하는 일자리에서 불안정한 생활을 하다가 교도소 복역을 하였고, 돈이 있으면 고시원 등에서 살고 없으면 노숙을 하는 등 안정적 주거를 가져 본 경험이 없는 사례, 10대 때 가출 이후 서울과 부산을 오가며 신발공장, 목공, 철근, 미장, 재단사, 프레스 등 다양한 일용직에 종사하다 32세에 부모님과 다투고 집을 나온 이후 만화방, 찜질방에서 생활하다 노숙하게 된 사례도 이에 해당된다.

지금까지 살펴본 '고용상실-주거유지 실패' 사례나 '생활관리능력 취약-주거유지 실패' 사례, '불우한 성장환경-주거확보 실패' 사례는 빈곤과 주거상실의 관계 중 어느 정도 예상되는 경우들이다. '고용상실'이나 '생활관리능력 취약' 사례는 비교적 경제적인 여유를 가지고 안정적 주거를 유지하던 경우이고, 불우한 성장환경 사례는 경제적 안정을 이루지 못한 경우이기 때문이다.

그런데 이들과는 달리 알코올중독, 도박, 정신질환 등의 '정신건강' 문제로 빈곤에 진입한 사례들은 '주거유지 실패' 경로와 '주거확보 실패' 경로, '주거이탈' 경로 등 다양한 주거상실경로를 보이는 점에서 주목된다. 사회 선택론에서 시사하듯, 비교적 안정적인 생활을 하면서 가정을 이루고 주거를 유지하다 정신건강상의 문제를 보이며 '주거유지 실패' 경로를 통해 노숙에 진입하는 사례가 있다. 다른 한편으로는 사회 인과론의 주장처럼 경제적 어려움에 시달리다 정신건강상의 문제가 터지며 노숙에 진입하는 '주거확보 실패' 경로를 보인 사례도 있다. 민○○ 씨가 이에 해당된다.

〈민○○(51)〉

결혼한 지 10년 지나고 30대 후반부터 조금 있었던 거 같아요. 전조는 있었던 거 같은데. 심해진 거는 이혼할 무렵에 아주 심해졌죠. 음. 현실적으로 굉장히 어려울 때였어요. 현실적으로 인제 살기가 힘들고, 집안에서 남편하고 관계도 잘 안 좋아지고. 살기가 무척 어렵고. 일종의 스트레스를 굉장히 많이 받았는데요. 살기가 어려우니까 생활의 부담을 져야 되는데 그게 만만치 않고… 이혼을 하고 나서도 근데 딱히 경제적으로 너무 어려워 갖고 그냥 같이 지냈어요. 방 하나밖에 안 남아 있었거든요, 그때 월세방 하나밖에. 그래 갖고 같이 지내다가 거기서부터 인제 완전히 정신이 날아가기 시작해 갖고. 이제 내가 무슨 중요한 인물이라고 생각하면서 시내를 돌아다니기 시작하고. 그러다가 현실적인 상황과는 관계없이 움직이기 시작하더라고요.

그리고 알코올문제로 치료센터 생활을 반복하다가 가족들과의 관계가 멀어져서 노숙으로 들어온 사례, 도박에 빠져 집을 나와 카지노에서

1년 6개월 숙식을 하며 생활하다가 노숙을 하게 된 사례 등 다양한 이유로 무작정 집을 나온 '주거이탈' 경우도 발견되었다.

이러한 경로 이외에 가족관계가 끊어지고 혼자 남게 되면서 경제적 능력과 주거를 동시에 잃으면서 노숙인이 된 '가족문제-주거유지 실패' 사례도 발견된다. 이○○ 씨는 고졸 학력의 49세 남성이었는데, 결혼을 하고 초등학교 기능직 공무원으로 생활하면서 비교적 안정적인 주거생활을 유지하고 있었다. 그러나 아내의 간섭과 불신 등을 참지 못해 이혼을 하면서 다니던 직장도 포기하고 빈 몸으로 집을 나온 후 여관에서 생활하다 결국 노숙인 쉼터로 들어오게 된 경우였다.

〈이○○(49)〉

주식 얼마 안 돼요. 백만 원 가지고 주식투자했는데… (집으로 배달된 거래 내역서를) 그걸 집사람이 뜯어 봤어요, 돈 내놓으라고 다 뺏기죠, 그리고 그때 당시 어려운 소년소녀가장 도우려고 그랬더니, 용지가 날라 오잖아요. 그걸 보고 전화해 가지고 못한다고… 그런 전화를 해 버리면 내 위신이 완전… 저는 순수한 마음에서 한 걸 그걸 갖다가 사람을 이상하게 만들어 버리고 이러니까, 그 당시 (결연 맺은) 어린애가 나한테 크리스마스카드도 보내고 그러더라고요. 근데 그애 꿈을 짓밟아 버렸으니… 한 마디로 정이 떨어져 버린 거죠. 또 시간에 안 들어 오면… 삐삐를 안 받으면 이제 난리나죠. 그러니까 삐삐 받으면 전화를 해 줘야 되고… 어쩔 때는 직원들끼리 회식할 때도 회식도 하다 말고 중단하고 간 적도 있어요. 그러니까 사람이 사람답게 사는 게 아니에요. 결국 합의이혼되면서 당분간 내 거처할 곳이 없으니까… 내가 재산을 다 넘겼고 그러니까 결론은 인자 빈 몸으로 나온 거죠. 빈 몸으로. (질문: 직업도 그만두셨나요?) 그렇죠, 전 자존심이 있으니까 이혼해 버리면 거기 못 다녀요.

또한 절도나 폭행으로 교도소 복역과 출소를 반복하면서 갈 곳이 없게 되자 노숙생활을 시작한 '일탈-주거확보 실패'의 사례에서도 경제적 생활능력과 주거를 동시에 상실하는 경우가 발견된다. 이들은 교도소 수감 이전에도 만성적인 주거불안정을 겪고 있었고, 점차 가족이나 친구 등 사회적 관계도 소원해지면서 출소 이후 돌아갈 곳이 없게 되자 노숙생활에 이르게 되었다. 김○○ 씨는 33세의 젊은 청년이었는데, 10대부터 반복되는 교도소 생활 이후 노숙인 쉼터에서 생활하고 있었다. 쉼터를 벗어나고 싶지만 쉽게 되지 않아 마치 불우했던 자신의 '고향'과도 같은 것으로 여기고 있었다.

〈김○○(33)〉

딱 나왔는데… 집으로 안 갔어요. 집에 안 가고 처음에 ○○교도소에서 새벽 4시 반에 딱 나왔는데… 16만 원인가 주더라구요, 교도관이. 그거하고 영치금 있는 거 하고… 택시를 탔어요. 목욕탕에서 목욕하고… 그렇게 해 갖고 인제 서울로 왔어요. 무작정… 서울로… 집에도 안 가고, 친구한테도 안 가고, 서울역으로 온 거예요. 그때 인제 98년도에 IMF 터진 그 때… 야 뭐 장난이 아니더라구요. 어수선하고 술 먹고 지하도에서 자는데 소주병이 날아다니고, 빡스 깔고 자는데… 야 이런 데도 있구나, 난 놀래 갖고 여관에서 자다가… 제가 돈이 있어 봤자 얼마나… 돈 떨어지니까 다시 친구한테 가기도 뭐하고 그래 갖고 생각을 한 게 눌러앉게 됐어요.

7. 결론

이 연구는 노숙인 생애사 자료를 분석하여 노숙 위험요인인 빈곤의 원인과 노숙의 직접적 촉발원인인 주거상실의 과정을 파악하고자 하였다. 분석의 결과 우선, 노숙 위험요인으로서 빈곤을 경험하게 된 원인이 매우 다양하다는 점을 확인하였다. '고용상실', '불우한 성장환경', '정신건강' 등 기존 연구에서 제시된 원인들과 함께 '불운', '가족문제', '생활관리능력 취약', '일탈' 등으로 빈곤에 이르게 된 사례들이 발견되었다. 대다수 기존 연구에서 경시되었던 후자의 두 경로는 일부 연구(김진미, 2005)에서 하위문화라는 개념으로 제시된 것을 보다 구체적으로 보여주고 있다.

그런데 많은 사례는 특정한 원인이 단독으로 작용하여 빈곤을 초래하기보다는 다양한 원인이 중첩되고 상호작용하면서 빈곤을 겪게 되는 복합적인 양상을 보였다. '고용상실'과 같은 구조적인 요인도 '가족문제'나 '정신건강' 같은 개인적 요인을 통해서 증폭되는 경우가 있으며, '정신건강' 문제가 주된 노숙 위험요인으로 작동하는 경우에도 '가족문제'나 '고용상실' 같은 다른 차원의 문제가 개재되고 있음을 확인할 수 있었다.

이 연구에서는 빈곤원인에 대한 검토와 함께 노숙을 직접 촉발하는 주거상실이 어떠한 과정을 통해 진행되는지를 분석하였다. 국내의 연구에서는 노숙의 촉발요인으로서 주거상실에 대해서 분석한 연구는 드물지만, 국외의 연구(Mackenzie & Chamberlain, 2003)는 다양한 주거상실의 경로에 대해 검토할 필요성을 시사하였다. 이 연구에서 사례들의 주거상실 경험을 분석한 결과 '경제적 실패' 경로와 '가족분리' 경로와 같은 '주거유지 실패' 경로나 '청년기 독립실패' 경로 같은 '주거확보 실패경로' 등 서구에서 보고된 경로들이 상당수의 사례에서 확인되었다. 또 서구와는 달리 '만성적 주거 불안정 경로'의 존재가 확인되어 만성화된 노숙 잠재집단이 존재함을 짐작하게 하였다. 그리고 단순 '주거이탈 경로'도 적지 않게 발견되었다.

마지막으로 사례들에서 빈곤경험과 주거상실 경험이 어떻게 교차하여 발생하는지를 분석하였다. 그 결과 '고용상실'이나 '생활관리능력 취약'으로 빈곤에 진입한 사례들은 '주거유지 실패' 경로를 거치며 노숙에 진입하는 경우가 많았고, '불우한 성장환경' 때문에 빈곤에 진입한 사례들은 '청년기 독립실패' 등으로 '주거확보 실패'를 경험하면서 노숙을 시작한 경우가 많음을 알 수 있었다. 한편 '정신건강' 문제로 빈곤에 진입한 사례들의 경우는 다양한 '주거상실경로'를 통해서 노숙에 진입하고 있었다. 이외에도 '가족문제'나 '일탈'에 해당되는 사례에서는 가족, 친지 등과의 사회적 관계가 단절되면서 경제적 능력과 주거를 동시에 잃는 양상이 나타났다.

이 연구의 발견은 노숙문제와 관련된 정책에 대해 몇 가지 중요한 함의를 제공한다.

첫째, 과거 초기 연구들이 강조한 것처럼 노숙 위험요인인 빈곤발생에서 '고용상실' 등 구조적 요인이 갖는 중요성이 확인되지만 그 밖에도 다양한 빈곤원인이 작동하고 있음을 보여 노숙문제에 고용정책이나 자립지원정책으로 협소하게 대응하는 것에 한계가 있음을 확인할 수 있다. '불운한 성장환경' 문제나 '정신건강'은 물론 '불운', '가족문제', '생활관리능력 취약', '일탈' 등 다양한 개인적 차원의 원인으로 빈곤에 빠지는 사례들이 있다. 또 고용문제가 주요한 사례들의 경우에도 다양한 개인문제가 같이 복합적으로 작용하고 있다. 따라서 고용상실 등 구조적 빈곤원인에 대응하는 정책을 유지함과 함께 가족관계, 생활관리, 정신건강 등 복합적으로 나타나는 다양한 빈곤원인을 확인하고 개별화된 지원책을 마련하는 사례관리 접근을 강화할 필요가 있다. 가령 관계 해체의 위험을 가진 빈곤가족에 대해서 가족관계를 회복하도록 돕거나 정신건강 문제를 가진 빈곤층에 대해서는 소득 지원과 함께 정신건강 문제를 관리하는 지원서비스를 결합하는 접근을 취하는 등의 노력이 필요하다.

둘째, 노숙문제를 고용이나 그로 인한 빈곤문제로만 바라보는 시각에서 벗어나 주거지원정책 차원에서 별도의 대책을 마련하는 것이 시급하다. 노숙은 빈곤과 주거상실이 중첩되어 발생하는 현상이기 때문에 그 대책에서 또한 빈곤해소와 주거지원이 함께 고려되어야 한다. 이런 점에서 기존의 노숙인 정책이 생활시설 중심의 지원서비스로 이루어진 점은 중요한 한계라 하겠다. 과거 전세자금을 지원하는 자활의 집 프로그램이 존재했으나 양적으로 매우 제한적이었다. 2006년부터는 노숙인에게 임대주택을 제공하는 매입임대주택 사업과 거리노숙인을 대상으로 3개월 이내의 기간 월세를 지원하는 임시주거비 지원사업이 실시되고 사례관리도 같이 진행되는 등 민간 차원에서 진일보한 시도가 이루어지고 있으며, 일정한 성과를 거둔 것으로 평가되고 있다(노대명, 2004; 남기철, 2009). 영국에서의 (주거)지원인력서비스(supporting people service)나 미국, 캐나다의 지원주거(supportive housing) 등 서구에서도 주거지원이 핵심적인 서비스로 등장하고 있음을 주목하여 우리나라에서도 공공 차원에서의 주거지원을 핵심적인 노숙대책으로 마련할 필요가 있다. 구체적으로는 일시적으로 주거위기에 빠진 사람들에 대해 현재 주거를 지속적으로 사용할 수 있도록 돕거나 다른 주거를 찾아 주는 방안 등 주거유지 실패를 예방하는 지원책이 필요하며(Jones & Pleace, 2010), 처음부터 주거확보에 실패하는 취약집단에 대한 제도적 주거지원책이 필요하다.

셋째, 빈곤경로와 주거상실경로가 교차하는 양상을 고려하여 잠재적 노숙집단별로 특화된 대책을 검토할 필요가 있다. 고용상실 위험집단에 대해서는 빈곤진입과 주거유지 실패를 방지하는 지원책이 함께 제공될 필요가 있다. 또 경제적 자립과 주거 마련에 어려움을 겪는 청년 집단에 대해서는 주거 마련 지원과 경제적 자립 훈련 등의 지원을 결합해야 한다. 알코올중독, 정신건강문제 등을 안고 있는 개인에 대해서는 정신건강 서비스와 더불어 주거유지와 주거 마련을 지원하는 서비스를 결합하는 것을 기초로 집중적인 사례관리가 이루어질 필요가 있다. 아울러 가족이나 친지 등과의 관계가 단절된 노숙 위험집단에 대해서는 통상적 지원정책 이외에도 사회적 관계 복원을 지원하는 세심한 노력을 기울여야 할 필요가 있다.

김선미(2010).「홈리스법 입법의 필요성 및 입법과제」, 민주노동당 곽정숙 의원 국정감사 정책연구 용역보고서. (미간행)

김수현(1998).「노숙자 대책의 문제점과 방향」,『도시와 빈곤』32: 19-27.

_____(2001).『서울시 홈리스 여성 실태와 대책』, 서울시정개발연구원.

김유경(2005).「상실의 관점에서 본 노숙인 문제: 집을 잃고 거리에서 생활한다는 것의 의미는 무엇인가?」,『아세아연구』48(2): 151-179.

김종천 · 김은주 · 오수정(2003).「노숙자에 대한 사회적 지원이 노숙기간에 미치는 영향」,『대한보건협회학술지』29(1): 89-100.

김진미(2005).「거리노숙 진입과 탈노숙의 장벽」,『아세아연구』48(2): 87-115.

김진미 · 서정화(2006).「거리노숙인의 유대 형성에 대한 문화기술지」,『한국사회복지학』58(3): 51-79.

남기철(1998).「노숙자 문제의 현황과 시각」,『동향과 전망』39: 52-73.

_____(2009).「노숙인 주거지원 프로그램과 효과」,『한국사회정책』15(2): 217-250.

노대명(2004).「노숙자 지원정책에 대한 비판적 검토: 취업노숙자에 대한 주거지원을 중심으로」,『아세아연구』47(1): 87-113.

노숙인다시서기지원센터(2010).『2009년 사업보고서』, 서울시노숙인다시서기지원센터.

서정화(2005).「여성노숙인의 존재와 삶」,『아세아연구』48(2): 59-85.

신명호(2011).「노숙발생 원인에 관한 연구: 한국 남성노숙자의 사례를 중심으로」,『도시와 빈곤』90: 13-44.

신승배(2011).「홈리스의 생활양식과 자아정체성에 관한 연구」,『공공사회연구』1(2): 175-210.

신원우(2009).「여성 노숙인의 우울에 영향을 미치는 요인」,『사회과학연구』25(2): 55-78.

신원우 · 황운성 · 김유경(2009). 「여성노숙인의 자립 준비도에 영향을 미치는 요인」, 『서울도시연구』 10(1): 223-246.

신지숙 · 백주희(2010). 「자아존중감과 사회적 지지가 중, 노년 남성노숙인의 우울에 미치는 영향」, 『한국노년학』 30(4): 1393-1407.

원정숙(2001). 「쉼터노숙자와 무거주노숙자의 가족지지, 자존심 및 삶의 만족도에 관한 연구」, 『정신간호학회지』 10(1): 12-30.

윤일성(2000). 「노숙자 연구」, 『한국사회학』 34: 417-444.

정원오 · 김수현 · 주영수(1998). 「노숙의 원인과 양상: 누가 왜 어떻게 노숙자가 되는가」, 서울시노숙인다시서기지원센터. (미간행)

정원오 · 김수현(1999). 「한국의 노숙원인에 대한 연구」, 『서울시정연구』 7(1): 69-90.

한국도시연구소(1999). 「쪽방지역 실태조사 및 효율적인 정책개발」, 보건복지부 · 서울특별시 용역보고서.

한영란 · 윤희상 · 최애숙(2011). 「노숙인 쉼터 거주 노인의 우울 관련 요인」, 『한국보건간호학회지』 25(2): 289-301.

현시웅 · 최희경(2008). 「노숙인의 발생 원인별 유형화와 정책대안」, 『한국행정논집』 20(4): 1153-1180.

Anderson, I.(2001). "Pathways Through Homelessness: Towards a Dynamic Analysis," Urban Frontiers Program. University of Western Sydney Research Seminar.

______(2003). "Synthesizing Homelessness Research: Trends, Lessons and Prospects," *Journal of Community & Applied Social Psychology* 13: 197-205.

Anderson, I. & Tulloch, D.(2000). *Pathways Through Homelessness: A Review of the Research Evidence*, Edinburgh: Scottish Homes.

Avramov, Dragana(1999). "Data Sources on Homelessness and Data Necessary for Needs-based Research," *In Coping with Homelessness Issues to be Tackled and Best Practices in Europe*. Ashgate.

Caton, C. M.(1990). *Homeless in America*. Oxford University Press.

Clapham, D.(2003). "Pathway Approaches to Homelessness Research," *Journal of Community & Applied Social Psychology* 13: 119-127.

FEANTSA(2007). "ETHOS" in http://www.feantsa.org

Fitzpatrick, S.(2000). *Young Homeless People*. Bising Stocke.

______(2005). "Explaining Homelessness: A Critical Realist Perspective," *Housing, Theory and Society* 22(1): 1-17.

Fitzpatrick, S., Kemp, P. & Klinker, S.(2000). *Single Homelessness: An Overview of Research in Britain*. The Policy Press.

Grigsby, C., Baumann, D., Gregerich, S. E. & Roverts-Gray, C.(1990). "Disaffiliation to Entrenchment: A Model for Understanding Homelessness," *Journal of Social Issues* 46(4): 141-156.

Jones, A. & Pleace, N.(2010). *A Review of Single Homelessness in the UK*. The University of Yoke.

Mackenzie, D. & Chamberlain, C.(2003). "Homeless Careers: Pathways in and out of Homelessness," Counting the Homeless 2001 Project. Austrailia.

Philippot, P., Lecocq, C., Sempoux, F., Nachtergael, H. & Galand, B.(2007). "Psychological Research on Homelessness in Western Europe: A Review from 1970 to 2001," *Journal of Social Issues* 63(3): 483-503.

Pleace, N.(2000). "The New Consensus, the Old Consensus and the Provision of Services for People Sleeping Rough," *Housing Studies* 15(4): 581-594.

Ralston, Meredith L.(1996). *Nobody Wants to Hear Our Thuth: Homeless Women and Theories of the Welfare State*. Greenwood Press.

Toro, P. A., Tompsett, C. J., Lombardo, S., Philippot, P., Nachtergael, H., Galand, B. & Schlienz, N.(2007). "Homelessness in Europe and the United States: A Comparision of Prevelence and Public Opinion," *Journal of Social Issues* 63(3): 505-524.

Shinn, Marybeth(2007). "International Homelessness: Policy, Socio-Cultural, and individual Perspectives," *Journal of Social Issues* 63(3): 657-677.

제 2 장

노숙의 발생원인에 관한 연구*
한국 남성 노숙인의 사례를 중심으로

신명호

1. 노숙의 원인으로 집중되는 관심

대체로 일반인들이 노숙인을 바라보면서 처음 갖게 되는 궁금증은 '저 사람은 어쩌다가 거리로 나오게 되었을까?' 하는 것이다. 보통사람들에게 노숙은 충격적인 생활양식이고, 놀라움은 언제나 그것의 배경이 되는 원인을 궁금해한다. 그런 점에서는 사회현상을 분석하는 연구자들도 마찬가지이다. 절대빈곤을 벗어났다고 믿었던 산업사회에서 노숙인들의 출현은 그 자체로서 충격이고 참으로 난감한 문제였다. 한국사회는 1997년 말 경제위기를 기점으로 바로 그 난감하고 고민스러운 현상에 직면하게 되었다.

이미 수십 년 전부터 노숙인 문제를 연구해 온 서구사회에서도 가장 먼저, 그리고 가장 많은 연구성과물을 내놓은 분야가 노숙 발생의 원인에 관한 것이었다. 뒤늦게 노숙인 연구에 돌입한 한국사회지만, 이 '원

* 신명호(2011), 「노숙발생 원인에 관한 연구: 한국 남성노숙자의 사례를 중심으로」, 『도시와 빈곤』 90: 13-44.

인'이라는 연구주제는 반드시 짚어야 할 테마가 아닐 수 없다. 원인의 제거나 완화가 문제해결을 가져온다는 근대 사회과학의 전제를 부정할 수 없기 때문이다.

이 장은 지금까지 노숙의 발생원인을 다룬 국내외의 선행연구들을 검토하고, 그 연구성과들이 제시한 설명논리가 오늘날 한국사회의 노숙인 문제에도 합당하게 적용될 수 있는지를 살펴보고자 한다. 또한 노숙 원인에 관한 그간의 연구들이 시간의 흐름에 따른 정황의 변화를 소홀히 했다고 보고, 노숙인 개인의 생애사를 통시적 관점에서 분석하고자 한다. 생애사에 담긴 노숙 원인 정보를 일목요연하게 정리하는 데는 레이븐힐(Ravenhill, 2008)이 시도한 생애경로도(route-maps)가 유용하다고 보고, 그의 도구를 원용하여 한국 남성 노숙인 5명의 사례를 분석하였다. 이들 5개 사례는 20대 1명, 30대 1명, 40대 2명, 50대 1명 등으로, 서울대학교 아시아연구소가 채집한 52명의 노숙인 생애사 아카이브 자료 가운데 추출한 것이다. 이 5개 사례들을 선정하는 과정에서는 각 생애사의 특징적 요소들이 가급적 중복되지 않도록 유의하였다.

2. 노숙의 원인에 관한 선행연구들의 설명논리

일찍이 노숙의 원인에 관한 연구는 주로 미국과 영국을 중심으로 활발히 전개되어 왔다. 오늘날에는 노숙에 영향을 미치는 요인들을 크게 개인적인 것과 구조적인 것으로 구분하고, 전자는 개인의 특성과 행동을, 후자는 빈곤이나 실업, 주택시장의 상황과 같은 사회경제적 요인들을 가리키는 것으로 이해된다. 원인논쟁은 때로 노숙을 '주택문제(housing problem)'로 볼 것인가, 아니면 '사회적 문제(social problem)'로 볼 것인가로 입장이 나뉘기도 하였다(Fitzpatrick, 2006). 미국과 영국 사회는 이러한 상반된 담론들이 진퇴를 거듭하는 과정에서 각기 독특한 양상과 궤적을 그려 왔다.

1) 영국의 경우

제2차 세계대전 직후, 영국의 학계는 노숙인의 불건강, 약물복용과 같은 소위 '개인적 병리현상'을 노숙의 주요 요인으로 지목하는 경향이 강하였다. 그러나 이러한 경향은 1960년대 중반부터, 노숙은 주택시장의 실패 때문에 생겨난 결과라는 학술보고와 주거운동단체들의 주장이 거세지면서 변하기 시작하였다(Pleace & Quilgars, 2003). 그래서 노숙을 주택시장의 관점에서 설명하는 구조주의적 논리가 1980년대까지 우세를 지켜 왔으나 1980년대 말부터는 다시, 거리노숙인의 건강문제의 심각성을 지적하면서 사회적 지원의 중요성을 강조하는 주장이 고개를 들기 시작하였다. 그리하여 연구자들은 개인적 요인들을 인정하고 또한 설명하고자 노력하면서도, 전반적으로는 구조적 요인들의 영향이 더 강하다는 입장이 일반적이었다(Fitzpatrick & Christian, 2006). 이것이 소위 '새로운 정설(new orthodoxy)'(Pleace, 2000)이 자리 잡게 된 과정인데, 그 핵심적 요지는 다음과 같다.

첫째, 주택의 부족이나 빈곤율의 상승, 실업률 같은 구조적 변인들은 노숙이 발생할 수 있는 상황을 만들고 노숙의 전반적인 규모를 결정한다. 둘째, 그러나 개인적 문제를 가진 사람들은 이처럼 불리한 사회적 · 경제적 상황 앞에서 다른 사람들에 비해 더욱 취약할 수밖에 없다. 셋째, 따라서 노숙인 가운데 지원을 필요로 하는 사람들의 비중이 유난히 높은 것은 그들이 구조적 힘에 취약하기 때문으로, 개인 차원의 설명이 별도로 필요한 것은 아니다(Fitzpatrick, 2005: 4).

1990년대에 들어서 영국의 노숙인 연구는 이 같은 '정설'의 범주를 넘어서지 않으면서, 다양한 노숙인 집단에 대한 개인적 차원의 지원을 점차 강조하는 방향으로 나아갔다. 개인적 지원의 필요성을 주창하되 이

것이 병리적 현상을 강조했던 과거의 경향과 확연히 다른 것은, 구조적 요인의 영향을 크게 인식했다는 점이다. 정부의 정책도 홈리스 문제가 단순히 주택문제가 아니고, 그 이상의 대책이 필요하다는 것을 인정하기 시작하였다. 사회적 지원의 대상은 최근까지도 주로 단신 노숙인에 한정되는 경향이 있었지만, 점차 자녀가 있는 노숙인에 대한 지원의 필요성도 거론되고 있다.

이 같은 정부정책의 변화는 노숙에 대한 예방, 특히 노숙인 부모 밑에 있는 자녀들의 장래에 대한 우려가 깊어지면서 노숙을 미연에 방지하는 방향으로 관심의 초점이 옮겨간 것과 관계가 있다. 실제로 1990년대 말부터 영국 정부의 노숙인 정책은 위기를 관리한다는 차원에서 예방 지향적인 차원으로 중심이 이동하였다. 이제는 노숙의 원인(causes)이란 개념 대신 노숙을 촉발한다거나(triggers) 사람들을 취약하게 만드는 요인(factors)이라는 개념을 선호하게 되었다(Ravenhill, 2008: 71-72).

2) 미국의 경우

미국 사회학은 노숙인에 관한 초기 연구에서 노숙인을 가족과의 연계가 약한, 그래서 대개 뜨내기 노동을 하는 늙은 사람으로 묘사하기 일쑤였다. 이러한 관점은 사회적 연계 단절(social disaffiliation)과 정신이상(mental disorders)을 강조하는 미국 노숙인 연구의 전통과 일맥상통한다(Sosin et al., 1990). 세계대전 이후에 미국의 노숙인 연구는 주로 커뮤니티를 중시하는 임상심리학의 기반 위에서 이루어졌다. 사회적 연계의 단절과 정신질환을 강조하는 이러한 경향은 공교롭게도 노숙인의 증가 현상과 탈시설화(deinstitutionalization) 정책[1]이 같은 시기에 진행되면서, 자연

1 젱크스(C. Jencks, 1994)는 1980년대에 미국의 노숙인들이 증가하게 된 이유 가운데 하나로 주립정신병원의 입원환자 수를 줄이는 정책을 지목하고 있다. 정신병원에 수용했던 환자들을 통원 치료 및 심리 상담을 받도록 내보냄으로써 거리노숙인이 늘어났다는 것이다.

히 정신건강에 이상이 있는 사람들의 노숙문제에 대한 관심이 높아지는 가운데 더욱 강화되었다.

그러나 1980년대 말부터 이러한 개인 차원의 병리적 접근에 대해 비판의 목소리가 높아지면서 주택시장과 기타 구조적 요인에서 원인을 찾으려는 경향이 생겨났다. 그리하여 영국에서 등장한 '새로운 정설'과 유사하게, 1990년대를 거치면서 개인적 요인과 구조적 요인이 통합되는 양상을 띠게 된다. 최근에는 미국 문헌에서도 주택의 공급과 구매력에 초점을 맞춘 구조적 설명이 강세를 띠는 추세에 있다(Fitzpatrick & Christian, 2006). 예를 들어, 노숙인 발생률에 대해 주택가격, 임대주택 공실률(空室率), 소득 대비 임대료 비율 등을 회귀분석한 결과, 주택의 가격이나 접근 가능성, 저렴주택의 수요 같은 경제적 변인들이 노숙인 규모의 변량을 상당 부분 설명할 수 있다는 식의 주장이다(Quigley & Raphael, 2001).[2] 또 역시 양적 연구방법을 사용해서, 노숙인이 주거안정을 이루는 데는 정신건강이나 약물복용 여부, 사회적 관계망 같은 개인적 요인은 거의 영향을 미치지 않는 반면, 임대료를 보조해 줌으로써 주거를 지원하는 정책이 가장 효과적이었음을 입증한 연구도 있다(Shinn et al., 1998).[3]

이상의 과정을 일별해 볼 때, 영국과 미국이라는 두 사회는 개인적/구조적 요인들을 통합적으로 고려하는 입장에 서 있다는 점에서 소위 '정설'을 공유하고 있으나, 근자에 영국에서는 개인과 가족 차원의 지원

---

2 키글리와 라파엘(Quigley & Raphael, 2001)은 인구 10만 명당 노숙인 수의 비율을 종속변수로 하고, 임대주택 공실률(vacancy rate), 임대료 수준, 소득 대비 임대료 비율, 그 밖의 대도시 지역 변수(1월 기온, 실업률, 인구 1만 명당 장애연금수급자 비율 등) 등을 독립변수로 하여 회귀분석(logarithmic regression)을 실시하였다.

3 신 등(Shinn et al., 1998)은 뉴욕시의 노숙인들 가운데 시정부로부터 주거비 지원을 받은 266가구와 그렇지 않은 298가구를 각각 실험집단과 비교집단으로 설정하고, 5년 후에 다시 인터뷰를 해서 주거가 안정된 정도를 비교한 결과, 임대료 지원을 받은 집단의 4/5가 자기 집을 마련한 것으로 나타났다. 로지스틱 분석 결과, 노숙인이 주거안정을 이룩하는 데는 인구학적 조건인 연령과 임대료 지원 주택의 입주여부가 유의미한 예측요인(predictors)으로 판명되었다.

을 강조하는 경향이 강해지는 데 반해 미국에서는 주택시장의 문제를 강조하는 경향이 부각되고 있다(Fitzpatrick & Christian, 2006).

3) 한국의 경우

한국사회의 노숙인 연구는 그 역사가 극히 짧은 탓에 앞의 두 나라와는 비교가 안 될 정도로 결과물이 적고, 따라서 노숙의 원인에 관한 연구 역시 손에 꼽을 정도이다. 그리고 연구의 결론도 외국의 경우와 별반 다르지 않다.

한국도시연구소(1998)는 노숙인들의 생애과정을 인터뷰해서, 그들이 겪었던 주요 사건 · 사고의 성격에 따라 노숙의 발생원인을 세 가지 유형으로 제시하였다. 첫째, 고용의 악화나 자영사업의 실패, 재산의 손실과 같은 경제부문의 변화, 둘째, 선천적 혹은 후천적 신체질환이나 사고에 의해 노동능력을 상실한 경우, 셋째, 가족의 사망, 이혼 및 가출 등에 의한 가족의 해체가 그것이다.

정원오(1999) 역시 사례조사의 방법을 통해 빈곤과 실업, 불우한 성장배경, 부모의 학대 또는 부모의 조기사망, 청소년기의 가출, 저학력, 어린 나이의 취업, 저임금과 불안정한 고용상태, 사업의 부도 등 다양한 요인들이 노숙을 초래한다고 주장하면서, 이를 사회구조적 요인과 개인적 요인으로 구분할 수는 있으나 양자 간의 관계가 명확하지는 않다고 말하고 있다.

김수현(2002)은 한국사회의 노숙인 발생조건을 절대빈곤 시대의 결손가정 경험, 취약계층을 위한 사회복지시설의 부족, 저렴한 주택 재고의 감소, 노동시장의 양극화로 인한 신빈곤의 발생 등으로 꼽으면서 거시적 차원의 요인에 더 큰 무게를 두고 있다.

한편, 남기철은 흔히 노숙인의 성격을 내재적 요인에 의한 '부랑인'과 외재적 요인에 의한 '실직노숙인'으로 구분하는 경향에 반대하면서, 실직노숙인도 개인적 취약 특성과 실업 및 가족해체라는 개인적 위기요인을 가지고 있다고 주장함으로써 한국의 경우도 개인적 요인, 사회적 요인, 사회경제적 요인 등 세 가지 수준의 요인들이 상호작용한다고 보는 외국 담론의 관점을 견지해야 함을 시사하였다(남기철 1998; 2009). 노숙인과의 심층면접 결과를 바탕으로 발생원인별로 노숙인을 유형화한 연구도 있다. 현시웅 등은 노숙의 주원인이 원가족의 부재와 유년기 교육의 결핍에 있는 생래형, 원가족으로부터의 이탈이 노숙을 초래했다고 보는 가출형, 실직 및 사업의 부도로 인해 노숙에 이른 실직형 등으로 유형을 나눈 바 있다(현시웅 · 최희경, 2008).

그런데 이상의 연구들은 노숙의 원인 내지 촉발요인에 관한 영미권의 선행연구들과 비교할 때, 대략 다음과 같은 특징을 지닌다.

첫째, 영미권의 초창기 연구에서 강조되었던 개인 차원의 문제와 취약성, 예컨대 정신질환, 알코올 및 약물 중독 등이 상대적으로 덜 강조되고 있다. 이러한 현상은 한국사회가 노숙인 문제를 사회문제로 인식하고 학문적 관심을 갖기 시작한 시점이, IMF 경제위기가 발발한 1990년대 후반부터라는 사실과 관련이 있다.

앞에서 살펴본 바와 같이 영미권 사회는 1950년대부터 현재까지 홈리스 문제를 사회 이슈로 꾸준히 다루면서, 학문적 사조(思潮)와 거대담론의 변천, 그리고 정치 · 경제적 상황과 사회운동 등이 상호작용을 하면서 홈리스 담론도 변증법적으로 발전해 왔다고 할 수 있다. 따라서 개인적 요인에 기반한 설명논리와 사회구조적 접근법을 각각 양극단으로 하는 스펙트럼 선상에서 두 사회는 출발점과 이동과정이 다를지언정, 양극단을 절충하는 형태로 노숙의 원인에 관한 담론을 형성하였다. 이에 비해 한국사회는 1997년 외환위기로 인해 대량실업 사태가 일어나고 그런 경제 충격의 여파로 거리에 노숙인이 급증하면서, 자연히 노숙의 주요 원인을 실직과 사업부도로 인식하는 경향이 생겨났다. 이때부터 노숙인 문제에 주목하기 시작한 한국사회는 그전부터 존재하던 소위 '부랑인'과 새로 등장한 '실직노숙인'을 노숙인의 두 부류로 유형화하기에 이른다.

한편, 보다 체계적인 설명에 나선 학계의 연구자들은 '부랑인'과 '실직노숙인'을 아우를 수 있는 설명틀로서 영미권 경험자료의 산물인 '정설'을 수용하였다. 한국 노숙인의 경우에도 노숙을 촉진하는 개인적 요인과 구조적 요인이 모두 작용하는 것이 사실이므로 이 두 가지를 절충한 외국의 담론은 별다른 이의 없이 받아들여졌다. 다만, 개인적 요인에 초점을 맞춘 연구결과물이 극히 적고, 노숙문제를 예방하고 해결하기 위한 정책의 수립을 강조하기 위해서는 구조적 요인에 방점을 찍을 필요가 있었다.

둘째, 노숙의 원인으로 사회구조적 요인을 강조하고, 특히 근자에는 주택시장에서의 실패라는 점을 부각하는 연구들이 등장했지만(김수현 2002; 신원우 · 김소영 2005; 남기철 2009), 이는 한국의 경험자료를 실증적으로 분석한 결과라기보다 한국사회의 거시적 경제지표, 예컨대 산업구조, 실업률, 빈곤율 등의 변화와 사회보장체계의 취약성 등을 보여줌으로써 이처럼 근로빈곤층에게 불리한 사회 · 경제적 구조가 노숙인의 양산에도 영향을 주었을 것이라고 추론하는 수준이었다. 예를 들어 키글리와 라파엘(Quigley & Raphael, 2001)의 연구에서처럼, 인구 10만 명당 노숙인의 수를 종속변수로 하고, 임대료 수준과 실업률 등 경제구조 관련 변인들을 독립변수로 한 종단분석은 구조적 요인과 노숙 발생 간의 인과관계를 명확히 보여주는 데 반해, 한국에서는 아직까지 양자의 관련성을 실증적으로 입증한 연구들이 이루어지지 않았다. 이는 노숙인 문제에 학문적 관심을 갖는 연구자층이 두텁지 않은 때문이기도 하고, 노숙인의 수와 같은 관련 기본통계가 안정적으로 확립되지 않은 탓도 있을 것이다.

그렇다면 주로 사례연구(case study)의 방법에 의존하고 있는 한국의 노숙인 연구에서는 노숙의 원인과 관련해서 영미권의 '정설'을 받아들이는 것이 최선일까? 다시 말해서 노숙의 촉발요인을 개인적 요인과 사회구조적 요인 혹은 개인적 · 사회적 · 사회경제적 요인으로 범주화하는 것이 가장 타당한 설명방식일까?

노숙인과의 심층면접을 통해 노숙에 이르게 된 과정을 정리하다 보면, 질병이나 음주벽과 같은 개인 차원의 특성과 행동이 발견되기도 하고, 구조조정에 의한 실직 혹은 사업실패로 인해 일순간에 자기 집을 잃고 임대주택마저 구하지 못하게 된 거시적 요인도 드러나기 마련이어서, 일견 개인-구조의 설명 패턴은 적절해 보인다. 그러나 이러한 설명방식은 노숙상태로의 진입에 영향을 주는 것으로 보이는 수많은 요인을 두 개 혹은 세 개의 범주로 나눈 것에 지나지 않는다. 결국, 때로는 개인적 요인이, 또 어떤 경우에는 구조적 요인이 노숙의 원인으로 작용한다는 것인데, 그렇다면 예컨대 배우자와의 이혼이라는 사건은 어떤 범주에 속하는 것인가? 노숙인 당사자의 이혼이라는 점에서 당연히 개인적 요인으로 분류되겠지만, 만약 이혼의 동기가 경제위기로 인한 부도로 갑자기 빈곤상태에 내몰렸기 때문이라면 그것을 개인 차원의 원인으로만 보는 데는 무리가 있다. 아마도 예의 설명방식대로라면 경제적 실패를 가져온 구조적 요인과 이혼이라는 개인적 요인이 중첩되었다고 해석할 것이다. 이처럼 이분법(또는 삼분법)적 설명틀은 '인간의 행위를 결정하는 사회구조와 행위자로서의 개인이 어떻게 연관되어 있는가'라는 사회과학 고래의 명제에 관해 답을 하지 않은 채 필요에 따라 양자를 뭉뚱그리고 있다. 또한 개인적 요인이라는 개념도 그 기준이 명확하지 않아서, 어린 시절 부모로부터 학대를 받거나 방임상태로 양육된 경우, 본인이 통제할 수 없는 환경의 문제를 개인적 요인으로 분류하는 것이 합당한지도 생각해 볼 일이다. 개인에게서 발견되는 특징적 요소들 가운데는 신체적 장애와 같이 개인에게 고착된 '조건'이 있는가 하면, 가정폭력처럼 가족의 환경으로 주어진 '정황'도 있고 그로 인해 가출이라는 개인의 '행동'으로 표현되는 요인들도 있다. 성격이 서로 다른 요소들이 개인이라는 관찰단위에서 발견된다는 이유만으로 하나의 범주로 묶여 있다. 굳이 범주의 층위를 나눈다면 개인과 사회구조 사이에 가족이나 지역사회와 같은 중간 규모의 범주를 설정하는 것이 얼마든지 가능하며, 이들 중간 범주의 요인들은 다시 개인적 요인이나 사회구조적 요인들과 긴밀하게 영향을 주고받는다고 할 수 있다. 요컨대, 노숙의 요인을 범주화하는 분류방식은 그 기준이 자의적이고 논리적 근거가 미약하다는 것이다.

한 발짝 더 나아가서, 두 가지 범주를 모두 인정하되 사회구조적 요인이 개인적 요인보다 더욱 근원적이고 영향력이 크다는 식의 '정설' 역시, 실증적 근거가 없기는 마찬가지이다. 사회정책으로 통제하기 어려운 개인적 요인보다는 구조적 원인을 강조하는 편이 큰 변화를 이끌어내는 데 유리하다는 정치적 이유를 제외하면, '정설'을 지지해야 할 과학적 근거는 없다. 이제까지 개인 차원의 요인과 거시적 요인들이 노숙에 미치는 영향력의 크기를 '총체적'으로 비교한 연구는 국내외를 막론하고 없었다. 물론 조작적으로 정의된 두 범주의 요인 몇 가지를 이용한 소수의 분석사례 — 예컨대 앞에서 예시한 신 등(Shinn et al., 1998)의 연구 — 가 있기는 하지만, 소위 '정설'이 주장하는 바와 같은 일반론, 즉 구조적 요인의 항상적 우위를 논증하는 연구는 앞으로도 찾아보기 어려울 것이다. 왜냐하면 이 주제의 핵심에는 쉽게 풀리지 않는 존재론(ontological) 내지 인식론적(epistemological) 이견이 존재하기 때문이다.

우선 노숙 발생의 원인을 밝히기 위해서는 노숙상태란 무엇인가에 대한 합의된 정의가 필요하다. 그러나 '홈리스니스(homelessness)', 즉 노숙인들의 공통된 속성에 관해서는 '과연 그러한 것이 존재하는가'라는 회의론에서부터 '객관적 실체로서 존재한다'는 견해까지 철학적 입장이 뚜렷이 나뉘고 있다. 전자는 "… (단일한) 홈리스니스란 것은 존재하지 않으며, 이질적인 특성들(heterogeneous characteristics)들의 집합이 존재할 뿐으로, 이러한 특성들이 우리가 흔히 '홈리스니스'라고 지칭하는 광범위한 증상들(symptoms)을 일으키는 것"이라고 주장한다(Williams, 2001: 2). 홈리스니스는 한마디로 정의하기 어려울 만큼 다양하고 광범위한 증상들로 이루어져 있으며 이것을 일으키는 원인 역시 매우 이질적이라는 것이다. 이런 관점에서는 주거공간이 없다는 공통점만으로는 노숙인의 개념을 명확히 세울 수 없다고 본다. 가령 노숙을 주택문제라고 개념화하는 것은 이질적인 문제와 상황들을 아무런 논리적 근거도 없이 그냥 하나로 묶는 것에 지나지 않는다(Tosi & Torri, 2005: 7). 따라서 이들은 홈리스를 어떤 식으로든 정의하고 범주화하는 것은 '홈리스니스'라는 객관적 실체가 있어서가 아니라 그것을 정의하는 사람들의 정치사회적 역할, 집단적 태도와 그 나라의 정황에 따라서 주관적으로 이루어진다는 상대주의의 입장에 서 있다.[4] 이들은 그 근거로서, 각 나라마다 노숙인에 대한 정의가 다르고, 또 한 국가 안에서도 정부관리와 학자, 엔지오(NGO) 활동가들 사이에 개념의 범주를 놓고 큰 이견과 갈등이 존재하는 현실을 제시한다.

반면에 거리생활을 한 사람들에게서만 나타나는 독특한 특징들이 있고 그러한 특징과 노숙(rough sleeping) 사이에는 규칙적 인과관계가 성립한다고 보는 실증주의적 관점이 있다. 전 세계의 홈리스 집단에 일관되게 적용할 수 있는 보편적 개념은 존재하지 않더라도, 예를 들어 거리생활자와 쉼터거주자 집단 사이에 유사한 생애사적 특징과 경험, 인구학적 특성들이 발견된다면 이들은 보통의 세입자 집단과는 확연히 구별되는 범주를 형성하는 것이고, 이러한 범주는 허구가 아니라 '실제로 존재하는(real)' 것이라는 입장이다(Fitzpatrick, 2005: 12). 그러나 노숙의 발생원인과 관련해서 전통적 실증주의가 갖는 약점은 원인과 결과 간에 100%의 상관관계를 전제하는 데서 비롯된다. 주택의 부족이나 빈곤이 노숙의 발

4 이러한 인식론적 입장을 구성주의(constructionism)라고 하는데, 인간은 자신의 경험으로부터 지식과 의미를 생성해 낸다고 보고, 어떤 사회현상을 정의할 때 다른 정의(definition) 대신 특정한 한 가지 정의를 채택해야 할 객관적 이유란 없다는 입장이다. 사회문제는 객관적으로 존재하는 것이 아니라 어떤 집단이 그것을 사회문제라고 규정하고 이를 해결하기 위해 정책을 수립하는 등의 행동을 함으로써 비로소 사회문제가 된다고 본다. 사회문제의 정의와 범주는 그것을 정의하는 그룹의 태도와 역할, 그 사회의 정황에 따라 결정되는 것으로, 결국 사회적으로 구성된다고 보는 입장이다. 사회문제를 정의하는 방식이 정책이 구성되는 방식을 만들어내고 정책이 구성되는 방식이 그 문제를 해결하기 위한 조직들을 만들어내는 것이다(Tosi & Torri, 2005; Ravenhill, 2008).

생원인이라고 했을 때, "노숙인은 주택 재고가 전혀 부족하지 않은 지역에서도 나타난다"거나 "가난한 사람들의 극히 일부가 노숙인이 될 뿐 대부분은 거리생활을 경험하지 않는다"는 반론에 부딪히는 것이다.

전자가 노숙과 관련된 다양하고 이질적인 특성과 요인들 속에서 규칙성(regularities) 찾기를 거부하고 오히려 사회가 노숙문제를 다루는 방식에 관해 설명하고 있다면, 후자는 복잡다단한 현상 자체를 단순화해서 설명하고 있으나 지나치게 단순화된 설명체계에 의해서 현실세계의 경험적 요소들이 부분적으로 무시되거나 묻혀 버림으로써 설득력이 반감되는 결과를 낳고 있다. 이 같은 문제점에 관해서는 다음 절에서 한국 노숙인의 생애사 사례를 살펴보면서 구체적으로 다루기로 한다.

3. 노숙 발생요인들의 관계

노숙상태로의 진입 이유와 경로를 다룬 선행연구들은 대체로 최초의 거리생활이 시작된 시점을 기점으로, 이전 몇 년간의 사건들 속에서 주요한 원인을 찾는 경향이 있다. 정상적인 주거를 갑자기 상실하게 된 결정적 계기나 이유가 있었을 것이라는 전제가 깔려 있다. 그래서 '도박이나 빚보증으로 집안 경제가 파탄 나서', '가정폭력을 일삼다가 배우자로부터 이혼을 당해서', '건강이 악화되어 일자리를 잃는 바람에', '사업실패 후 부인이 가출한 탓에' 등등이 노숙의 주요 원인으로 지목된다. 이러한 진단은 대개 개별 노숙인의 생애과정 가운데 거리생활의 직접원인이 되었다고 짐작되는 2, 3개의 사건들을 간추린 결과이다. 노숙인 생애사 아카이브 자료 가운데 필자가 인터뷰에 참여했던 김복동 씨의 예를 통해 기존 연구의 문제점을 살펴보기로 하자.

김복동 씨는 1959년 제주도에서 태어났다. 아버지는 초등학교 교장이었는데 그의 생모는 아버지의 정식 부인이 아니었기 때문에 12세 때까지는 어머니하고만 따로 살았다. 중학교에 들어갈 무렵, 어머니 곁을 떠나 아버지 집으로 들어가 아버지의 본부인 밑에서 이복형제들과 함께 자랐다(두 살 위인 그의 친누나는 그보다 몇 해 일찍 아버지 집에 들어가 살고 있었다). 청소년기에 그는 생모와의 이별에 가슴 아파하면서 아버지에게 반항심을 갖게 되었다. 아버지는 그가 대학에 가기를 원했지만, 그는 고등학교를 졸업하고 군대에 다녀왔다. 제대 후 3년간 뭍으로 나가 국가자격시험 공부를 해 봤지만 능력의 한계를 깨닫고 제주도로 돌아왔다. 작은 서점을 운영하면서 한가롭게 지내던 차에, 친구 따라 구경 갔던 호텔 빠친코에 빠져들게 되었다. 그 후로 도박은 쉽게 떨쳐 버릴 수 없는 버릇이 되었다. 1988년 29세 때 초등 · 중등학교 동창생인 부인을 만나 결혼하게 되었다. 그녀는 피아노 교습소를 운영했고, 그 역시 서점운영을 계속했으므로 경제적으로는 여유가 있었다. 결혼 후 딸을 낳았지만, 부인 몰래 그의 도박장 출입은 계속되었고 마침내 도박 편력이 밝혀져 결혼한 지 2년 만에 이혼을 당하였다. 도둑질과 노름을 가장 백안시하는 제주도 사회에서 노름꾼으로 찍힌 그는 부모, 형제, 친구들로부터도 완전히 외면당하게 된다. 이혼의 충격은 상당히 컸다. 그 충격을 잊기 위해 지인의 소개로 일본의 배터리 공장에 말단 직공으로 취업했으나 중금속을 다루는 탓에 건강이 나빠져 2년 만에 한국으로 돌아왔다. 1992년 아는 사람의 소개로 제주도의 한 회사에 취직을 했고, 입사 후 5년쯤 되면서부터 좋은 실적을 내어 인정도 받았다. 그러다 2002년 부하직원의 잘못으로 회사가 8,000만 원의 손실을 입게 되어 그에 대한 책임을 지고 사표를 썼다. 그때부터 간간히 막노동을 하면서 과수원의 폐가 등지에서 살았다. 우연히 만난 노숙인 친구가 서울로 가자고 해서 2006년 3월, 카페리를 타고 목포를 거쳐 영등포역에 도착하였다. 최근에는 한 달에 약 7일 정도 일용직 노동일을 나가면서 서울역 근처 쉼터에서 생활한다.

김복동 씨의 일생(그림 2-1)을 일별해 보면, '도박'이 그로 하여금 정상적인 생활을 이탈하게 한 결정적인 원인처럼 보인다. 만약 그가 도박에 손을 대지 않았다면 결혼생활도 순탄했을 것이고 따라서 노숙인으로 전락하지도 않았을 것이라는 가정을 할 수 있다. 일본에서 돌아와 다시 제주도에서 취직을 했을 때만 해도 회사로부터 실력을 인정받아 연봉이 4,000만 원 정도까지 되었으니 다시 안정된 생활기반을 갖출 만했는데, 그는 그때까지도 도박을 완전히 끊지는 못했다고 한다. 따라서 이런 사례의 경우 '도박과 그로 인한 가정해체'를 노숙 진입의 주요 원인으로 설정하기 쉽다.

그러나 그가 도박에 빠지게 된 배경에는 어린 시절 '어머니와의 이별'이 가져온 트라우마(trauma)와 그로 인한 '불안정한 성격'이 자리 잡고 있다. 그는 자신의 성향을 순간적으로 극과 극을 달리는 "극단적 성격"이라고 표현했고, 그것이 어머니와 헤어지게 된 사건과 관련이 있다고 스스로 진단하였다. 그는 당시의 충격과 아픔에 관해서 기억조차 하기 싫다며 구체적인 진술을 거부하였다. 그것은 성인이 된 후 이혼하는 과정에서 딸과 헤어지는 아픔을 증폭시켰던 것으로 보인다. 그는 이혼하고 나서 아내와 딸의 신발이 놓여 있는 빈집의 현관문을 들어설 때 "창자가 끊어지는(斷腸) 아픔"을 느꼈다고 말하였다.

> 내가 지금 와서 가만히 담배 같은 거나 도박 같은 거 끊지 못하는 이유가 뭔가 (생각해 보면) … 어릴 때 빨지를 못한 거 같아요. 엄마 젖 같은 거나, 아니면 뱃속에서 엄마가 심한 갈등이 있었거나 해서 … 한 곳에 집착해야 하고 그 집착이 아니면 불안하고 누가 떼어 갈까 봐. 안정된 가정이 아니라는 건 이야기한 거 아닙니까? 성격이 그렇게 따라 형성이 되더라고요. [중략] 도박 내기 좋아하고 어떤 때 혼자 술 먹고 그러는 이유가 나는 이미 성격화돼 있어요. 맞아요.

그리고 이러한 어린 날의 트라우마는 생활을 안정적으로 관리하고 스스로 통제하는 능력의 성장을 가로막기도 한다. 일본에서 돌아와 비교적 고액의 연봉을 받으며 거의 10년간 회사생활을 하면서도,[5] 그는 제대로 저축을 못하고 수입의 대부분을 흐지부지 써 버렸다. 그를 친동생처럼 대해 주던 사장 내외는 그의 성격을 "정서불안정"이라고 했고, "돈을 관리하는 능력은 유치원생 수준"이라고 지적한 바 있었다.

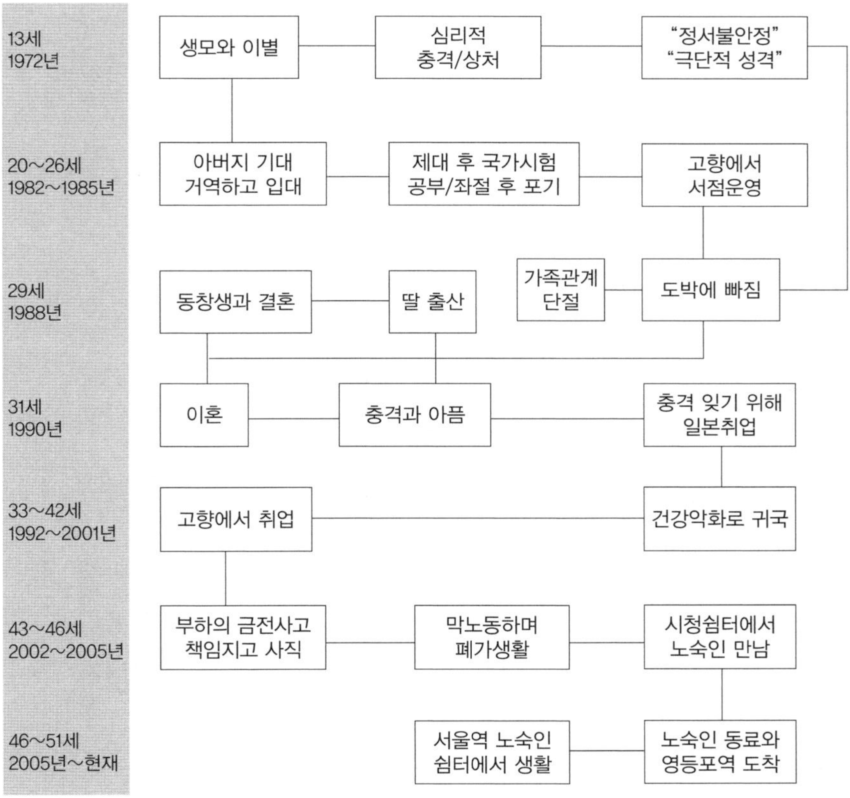

〈그림 2-1〉 김복동(51세) 씨의 생애경로도

5 가족이 없었던 그는 회사의 기숙사에서 숙식을 모두 해결했기 때문에 생활비로 지출되는 돈은 많지 않았다.

이는 아동기의 트라우마적 사건은 우울감과 부적응의 감정을 낳고, 일상생활의 어려움을 정면으로 부딪혀 해결하는 능력의 상실을 가져온다는 선행연구(Ravenhill, 2008: 137)들도 일맥상통한다. 이처럼 노숙을 낳는 결정적 요인인 것처럼 보이는 사건의 이면에는 훨씬 이전의 또 다른 경험과 사건이 요인으로 작용했던 것을 알 수 있다.

박주영 씨(48세)의 사례(그림 2-2) 역시 노숙에 영향을 주는 요인들이

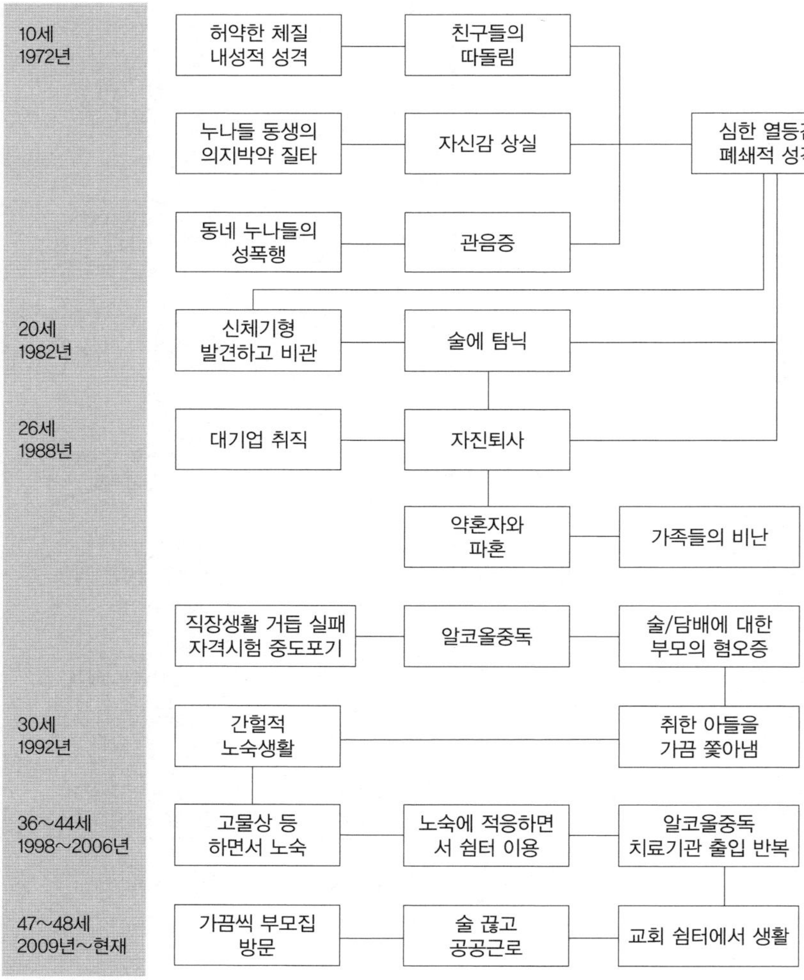

〈그림 2-2〉 박주영(48세) 씨의 생애경로도

복합적이고 누적적이어서 어느 한 가지를 주된 원인으로 지목하기가 어렵다.

그가 괜찮은 대기업에서의 직장생활을 오래 이어가지 못하고 궁극에는 취업을 포기하게 되며 약혼녀에게 파혼까지 당하게 되는 직접적 원인은 알코올중독이지만, 술에 탐닉하게 된 배경에는 극도의 열등감과 폐쇄적인 성격이 있고, 여기에는 자신의 신체가 기형이라는 사실과 그 이전의 몇 가지 경험들이 원인으로 작용하고 있었다.

> 태어날 때부터, 이런 얘기는 좀 하기가 그런데, 정상적인 그런 몸을 갖고 태어나질 않았어요, 제가. 그래 가지고 좀 기형이에요, 체격이. 그러다 보니까 군대 갈 수 있는 충분한 조건이 되는데도 불구하고 단지 그거 하나 때문에 그냥 빠꾸 당해 버렸죠. 그거 때문에 막 그냥 세상 한탄하고. '이제 나는 직장도 필요 없고, 나는 차라리 죽어야 되겠다. 차라리 술이나 왕창 마셔 가지고 죽자 죽자 그냥', 계속 그 생각만 가지고 계속 방황하면서 살다시피 했어요. 그 회사 다닐 때는 맞선도 많이 들어왔었거든요. 그거 때문에 맞선 볼 때 마다 좀 안 좋은 일들이 있었고. 그거 때문에도 정신적인 타격이 좀 컸었어요. 스트레스도 많이 받았었고.
>
> [중략] (누나들은) 재주들도 많고 참 독종이라 그럴까, 나하고는 완전 딴판이었어요. 나는 좀 이렇게 공부하는 거 싫어하고 그냥 좀 뭐 하다가 싫증 내고, 그냥 때려치우고 때려치우고 그러는데. 누님들은 한 번 뭐 했다 하면 그냥 계속 끝장을 보고 마는 그런 성격들이었기 때문에. 그게 어렸을 때는 별로 표시가 안 났는데, 크면서 인제 그게 자꾸 확연하게 들어나다 보니까, 동생에 대해서 '쟤는 투자할 만한 가치가 없는 사람이다' 이렇게 생각을 하고선 그냥 좀 많이 박대를 하고. 박대라기보다는 … 실망감을 느끼고, 많이 무시하고, '쟤는 이제 완전히 포기를 하자' 이런 식으로.

따라서 노숙으로의 진입은 지나온 과거의 산물로서(Ravenhill, 2008:

97), 한두 가지의 주요한 원인이 만들어내는 단선적인 인과적(因果的) 과정이라기보다 여러 가지 요인들이 연쇄적 고리를 이루면서 복합적이고 누적적으로 일어나는 현상으로 이해해야 한다. 즉, 시간이 경과하면서 생활조건을 악화시키는 요인들이 점차 누적되는데, 이러한 요인 가운데는 처음의 박탈 상황을 더욱 심화시키는 자포자기적 행위들이 포함되기도 한다. 박주영 씨의 경우를 예로 들자면, 아동기에 몇 가지 조건과 사건들에 의해서 형성된 열등감은 20세 때 신체기형이라는 사실을 알고 더욱 심화되며, 이로 인해 알코올중독이 심해지고 실업과 파혼이 중첩되면서 가족들의 비난과 홀대로 인한 노숙으로의 진입 가능성은 더욱 높아졌던 것이다.

이렇게 통시적 관점에서 보면, 대부분 노숙을 촉발하는 요인들이 어린 시절부터 나타나는 것이 보통이고 시간이 지나면서 이들 요인이 누적되기 마련이지만, 어떤 경우에는 아동기의 촉발요인 없이, 성인기에 노숙으로 바로 전락한 사례들도 있다.

김종민 씨(그림 2-3)의 경우는 어린 시절을 다소 외롭게 보내고 어머니의 재혼으로 형 집에 살면서 빨리 독립하기를 고대했던 경험이 있기는 하지만, 뚜렷이 노숙의 촉발요인이라고 할 만한 아동기의 특징은 눈에 띄지 않는다. 그가 노숙으로 진입하게 된 계기는 1997년 '한보철강'의 부도로 하도급 업체였던 그의 소유 회사가 파산한 것이다. 이 경우는 개인의 취약한 특성보다 산업구조상의 경제위기가 개인의 거리생활을 촉발했다고 할 수 있다. 그런데 그의 사례에서 주목하게 되는 것은, 남은 약간의 재산을 이혼한 부인에게 주고 노숙으로 접어든 이후 현재까지 12년째 전국의 노숙인 쉼터, 쪽방, PC방, 고시원 등을 전전하고 있다는 것이다. 이제까지 간혹 돈을 모아서 월세방에라도 들어갈 기회가 있었지만 그때마다 경마, 경륜 등으로 목돈을 날리고 다시 쉼터로 돌아오기를 반복하였다. 그렇다고 그가 최초의 노숙을 하기 이전부터 도박벽을 가지고 있었던 것도 아니다. 거리생활을 시작하면서 노숙문화에 젖어든 것이다.

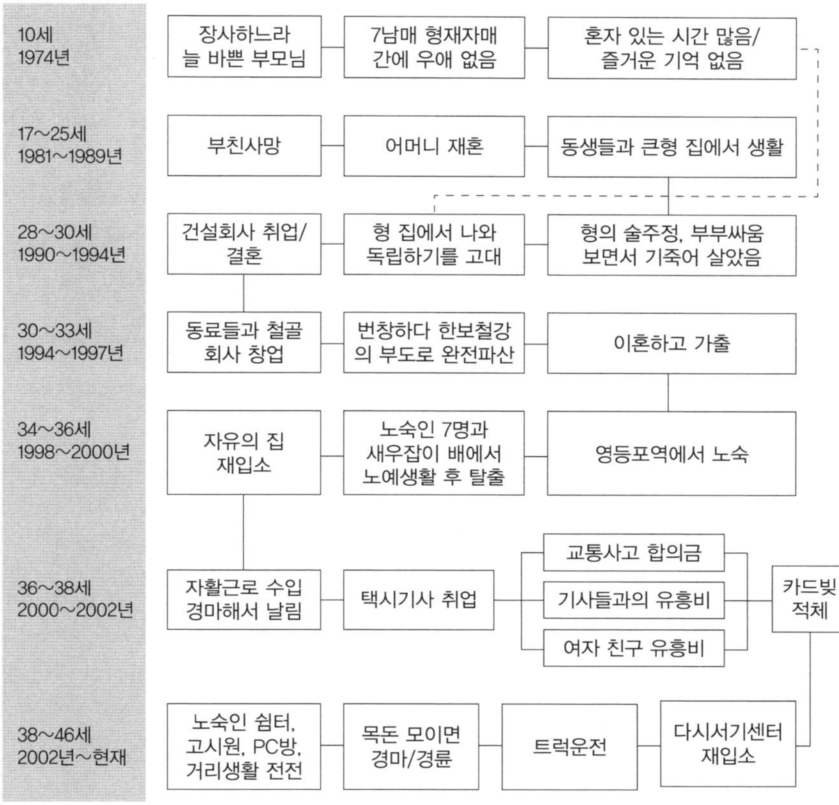

〈그림 2-3〉 김종민(46세) 씨의 생애경로도

그는 12년 전 노숙이라는 새로운 환경에 비교적 빠르게 적응해 들어간 것으로 보인다. 처음 영등포역에서 만난 노숙인들과 함께 바로 새우잡이 배를 타러 가기도 하였다.

> 택시회사는 2000년 들어와서 1년 반 정도, 월드컵 끝날 때까지 꾸준히 다녔죠. 150만 원 정도 받고. 신용불량이다 보니까 … 고시원에 두었지요. 인제 〈자유의 집〉에서 나왔어요. 한 달 월급 타고 나서. 고시원 침대 밑에 다 월급 타면 놔두는 거예요. 300만 원, 400만 원 되니까, 쉬는 날 또 이게 경마 생각나는 거예요. 경마는 안 할 때면 안 하거든요. 근데 사람이 놀면

잡생각이 들어서 반복되는 생활이에요. '경마 이거 도저히 안 되겠다', 한동안 안 하다가 경륜, 자전거를 알게 된 거예요. 또 망가지는 거예요. 벌면 버는 대로 족족 들어가고. 그 당시에는 여자(사귀던 술집 호스티스)가 잘살았으니까. 여자한테 얻어먹기도 하고.

그러면서도 그는 자신처럼 의지가 약한 노숙인을 계속 받아 주는 노숙인 시설이 있기 때문에 오히려 자립심을 기르는 데 방해가 된다고 한탄한다.

> 내가 이제 돈이 없으니까, 그렇잖아요. 남자가 아무것도 없으면 여자는 멀어진다 … 이제 여자도 회사도 그만두고. 돈 떨어지니까 다시 또 이거죠, 다시. 진짜 한 번 발 디뎌 놓으니까 여기서, 이런 데가 없으면 차라리, 노숙인 쉼터 이런 게 없으면, 어떻게 하든 간에 사회에 적응해서 살 텐데, 생각이, '돈 떨어지고 잘 데 없으면 재워 주는데 뭐가 걱정이냐?' 이게 큰 문제에요, 제가.

이상과 같이 노숙인 개인들의 생애과정을 분석해 보면, 노숙은 갑작스럽게 일어나는 주거상의 일회성 위기라기보다, (성인기에 외적 위기가 발생하는 사례들을 제외하면) 비교적 오랜 기간을 두고 잠복해 있던 위기요인들이 어떤 사건들을 통해서 현재화되고, 현재화된 위기에 대해서 개인이 어떤 반응을 함으로써 발생하는 결과라고 할 수 있다. 따라서 노숙에 이르게 하는 요인들 가운데 '중요한' 또는 '결정적인' 원인을 한두 가지로 추려서 범주화 내지 유형화하는 방식은 매우 복합적인 현상을 지나치게 단순화하는 문제를 낳을 뿐 아니라, 요인들 간의 시간적 선후 관계를 무시함으로써 다중적 인과관계를 평면화하는 결과를 낳게 된다. 예를 들어 노숙의 원인으로 빈곤한 가정환경, 가정폭력과 아동학대, 조기의 가출, 저학력, 음주 혹은 도박, 가정해체 등등을 나열한다면, 각 개인의 생애과정에서 이들 요인이 시간의 경과와 함께 영향을 주고받는 과정이 무시된 채, 각각이 노숙을 유발하는 직접적 원인인 것처럼 해석될 수 있다. 또한 '음주형 노숙'이라거나 '조기가출형 노숙'이라는 식의 유형화도 각 개인의 생애사에 깃들어 있는 여러 촉발요인 가운데, '과연 어떤 근거로 '음주'나 '가출'이 가장 주된 요인이라고 단정할 수 있는가?' 하는 반론에 부딪힌다. 〈그림 2-1〉의 김복동 씨 사례에서 보았듯이, 피상적으로는 그가 만약 도박에 빠지지 않았다면 다른 문제가 없었을 것처럼 보이지만, 도박에 탐닉하게 된 배경에는 어린 시절의 트라우마와 그로 인한 불안정한 정서가 원인으로 작용했기 때문에 도박이 아니었더라도 다른 것에 집착하는 행동을 했을 개연성이 높다.

이와 같은 이유에서 노숙의 원인을 분석하는 연구는 노숙이라는 결과를 낳는 '원인(들)'을 찾으려는 종래의 정태적인 분석틀을 벗어나 '잠재된 위기요인들이 시간의 경과와 더불어 어떻게 현재화되는가' 하는 통시적 관점에서 바라볼 필요가 있다. 여기서 위기(risk)란 우연히 발생할 수도 있는 불확실성에 의해서 어떤 결과가 초래되는 통시적 과정(diachronic process)이며, 그 결과는 더 심대한 인과적 상황을 낳을 수도 있고 그렇지 않을 수도 있다(Croft, 2001: 745). 이처럼 '원인'이라는 개념 대신 사람들로 하여금 홈리스니스(homelessness)에 대한 대처능력을 취약하게 만드는 요인(factors)이라는 개념을 채택하게 되면 다음과 같은 실증주의의 논리적 허점을 극복할 수 있다.

흔히 주택의 부족, 빈곤, 실업, 정신건강이나 약물 및 알코올중독과 같은 개인적 취약점을 노숙(rough sleeping)의 원인이라고 말한다. 그러나 주택 재고가 부족하지 않은 지역에서도 노숙문제는 계속되고 있다. 마찬가지로 정신건강에 문제가 있는 사람이나 약물중독자, 그리고 빈곤한 사람들의 대부분은 노숙을 하지 않는다. … 따라서 주택부족, 빈곤, 정신건강, 약물중독 문제를 노숙의 원인이라고 할 수 없다는 결론에 이른다 (Randall & Brown, 1999; Fitzpatrick, 2005: 5에서 재인용).

결국 사회적 취약계층의 생애과정에 잠재되어 있던 위기요소들은 노숙의 촉발요인으로서 시간이 흐르면서 축적되고 중첩되는 가운데 당사자의 대처능력을 떨어뜨리게 되고, 마침내 그들이 불가항력의 사건에 부딪혔을 때 노숙상태로 전락할 수 있는 확률을 높이게 된다. 그러나 똑같은 요인의 조합들이 항상 똑같은 결과를 낳지 않는 것은, 노숙의 촉발요인과 반대 방향으로 작용하는 힘, 즉 노숙을 억제하고 지연시키는 요인들이 개인마다 다르게 작용하고 있기 때문이다. 예컨대 직업능력이 우수하거나 사회적 네트워크가 탄탄하다면 일자리를 잃고 사업이 실패하는 위기에 직면했더라도, 새로운 취업의 기회를 마련함으로써 곧바로 노숙으로 떨어지는 위험을 피할 수 있을 것이다.

김복동 씨의 사례에서도 부인으로부터 이혼을 당하고 부모 · 형제들로부터 외면을 당하는 위기가 도래했지만, 일본으로의 취업을 주선해 주거나 귀국한 이후에 다시 취업을 알선해 준 지인들의 관계가 남아있었기에 그가 노숙으로 진입하게 된 시점은 지연될 수 있었다. 반대로 김종민 씨의 사례는 3년간의 짧은 직장생활 경험 외에는 이렇다 할 직업적 능력이나 경력이 없었을 뿐 아니라 여섯 형제자매가 있음에도 불구하고 어렸을 때부터 우애가 없고 소원한 관계로 일관했던 탓에 그들로부터 전혀 도움을 받지 못한 채 이혼 후 곧바로 노숙으로 접어든 경우이다. 개인 차원의 사회자본뿐 아니라 저렴한 서민주택의 재고, 촘촘한 사회안전망과 예방적 복지프로그램 등도 노숙의 촉발요인들을 상쇄하고 노숙현상을 억제하는 요인으로 작용할 것이다.

4. 사회적 연계와 취업이력

처음 노숙생활로 진입한 사람들에게서는 대체로 두 가지의 공통점이 발견된다. 첫째, 그전까지 지속적으로 유지되어 온 취업이력이 단절된 것이고, 둘째, 가족관계를 비롯한 사회적 연계가 단절된 것이다. 역으로 말하면, 이전까지 꾸준한 취업활동과 사회적 연계의 유지는 여러 가지 위기 가운데서도 노숙으로의 전락을 막아 온 긍정적 힘으로 작용해왔던 것인데, 마침내 그러한 긍정적 요인이 사라짐으로써 거리에서 잠을 자야 하는 상황에 이른 것이다. 그런 점에서 노동경험이 없거나 짧은 사람들은 노숙으로의 진입 가능성이 높은 경향이 있다. 김명섭 씨(그림 2-4)의 사례가 그 전형을 보여준다.

김명섭 씨는 어린 시절 의사소통이 안 되는 장애인 부부에게 입양되어 외롭게 성장하다가 청소년기에 몇 차례 폭력사건에 연루되어 20세에 교도소에 들어간다. 2년여 만에 출소한 그는 집으로 가지 않고 곧장 서울

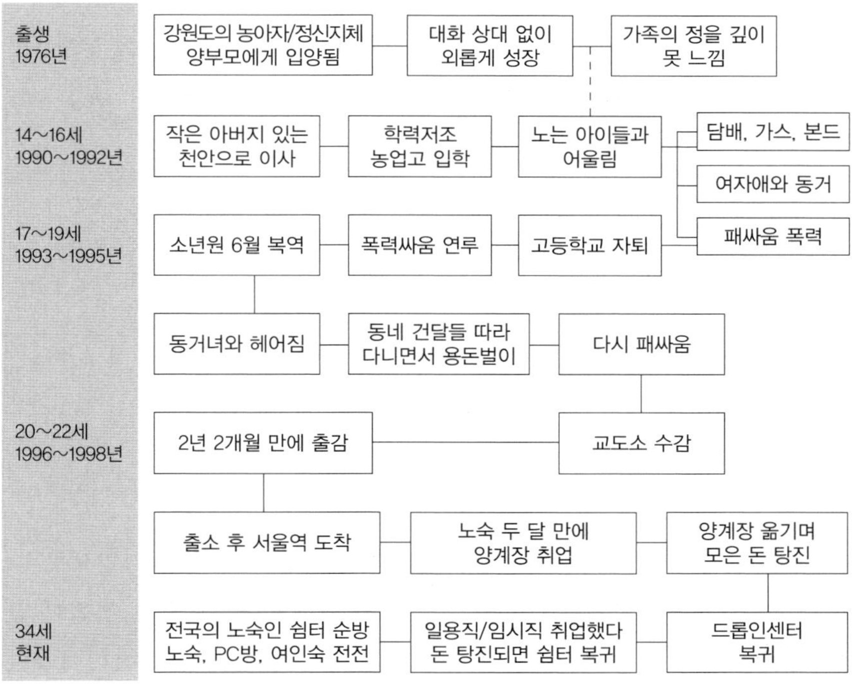

〈그림 2-4〉 김명섭(34세) 씨의 생애경로도

역으로 향하였다.

> 공주교도소에서 새벽 4시 반에 딱 나왔는데, 16만 원인가 주더라구요, 교도관이. 그렇게 해 갖고 인제 서울로 왔어요. 무작정 서울로. 집에도 안 가고, 친구한테도 안 가고, 천안으로 안 갔어요. 서울역으로 온 거예요. 서울역으로. 서울역으로 왔는데 돈도 있겠다, 그래 갖고 돌아다니는데 그때 98년도에 IMF 터진 그때. 야, 뭐 장난이 아니더라구요. 어수선하고 술 먹고 지하도에서 자는데 소주병이 날아다니고, 빡스 깔고 자는데. 야! 이런 데도 있구나, 난 놀래 갖고 여관에서 자다가, … 돈 떨어지니까 다시 친구한테 가기도 뭐하고 그래 갖고 생각을 한 게 눌러앉게 됐어요. [중략] 그때 게스트하우스라고 돌아가신 심철호 씨가 게스트하우스 설립을 하셨는데, 거기서 인제 버스로 와 갖고 버스 안에서 의사 선생님이랑 상담도 하고, … 게스트하우스 가니깐 엄청 좋더라고요. 밥을 24시간 먹고 그때는 처음이니까는, 방송도 많이 했지만… 음식 같은 거 도와주는 게 많았어요. 진짜 막 못 먹어서 버릴 정도였으니까. 밥 아무 때나 먹겠다, 탁구장, 노래방 뭐 다 있더라구요. 거기서 이제 처음 노가다라는 것을 알았어요, 막노동. 아저씨들 따라 가 갖고 막 자재 정리도 하고… 이제 맨날, 맨날 돈 받으니까, "어우, 이런 것도 있네, 좋네", 그래 갖고 그렇게 생활했었죠. 첨에 전 아무것도 연장 이름을 몰랐어요. '야 뭐 갖고 와, 뭐 갖고 와' 하는데 뭘 알아요? 그때는 힘만 있어 갖고 "야아, 아저씨들은 왜 이렇게 농땡이만 피우고 일도 안 하네", 그랬는데 지금 와서 생각해 보니까 그게 맞는 거예요. 요령이 있더라구요, 일하는 것도. 그때 많이 배웠죠.

그가 집을 찾지 않은 것은 양부모에게 정이 없고 가정이 가정으로 느껴지지 않은 것이 일차적 이유였지만, 만약 그에게 일을 해 본 경험이 있어서 취업할 의사와 최소한의 기능이 있었다면 부모님 집이 아니더라도 자립적인 생활을 시작할 수 있었을 것이다. 현재 10여 년간 노숙생활에서 벗어나지 못하는 이유에 관해서 본인은 끈기와 인내심의 부족을 꼽고 있는데, 이는 청소년기까지의 가정환경이 자기통제력과 문제 해결 능력을 길러 주지 못한 때문일 테고, 교도소에서의 생활 역시 그런 점에서 부정적인 영향을 미쳤을 것으로 보인다. 또한 이미 오랫동안 현재 지향적인 노숙문화에 동화되어 온 것도 노숙탈출이 어려운 이유의 하나일 것이다.

> 돈 떨어지면 찾게 되는 데가 이런 데에요. 벗어날 수가 없어요. 뭐 가족이나 처자식이 있어? 뭐가 있어? 내 몸뚱아리 하나니까 아무 개념 없이 사는 거죠, 인생을. 그렇게 살면 안 되는데 그렇게 살아요. 여기 대부분 사람들이 다 이런 생각들을, '이렇게 살면 안 되는데…' 하면서도 그런 생각 다들 할 거예요. 여기 너무 젖다 보니까. [중략] 일은 열심히 하는데, 그 일에 몰입해서 열심히 하는데, 거기 완전 백프로 몰입을 하는 게 아니에요. 요쪽 한 생각은 또 다른 데 이상한 데로 가 있으니까, 돈 생기면 글로 가 버리는 거예요. 만약에 쉽게 말해서 여자가 생각난다고 그러면, 여자 쪽으로 가는… 그런 쪽으로 그러니깐 뭐, 못하는 거지 회사생활.

비교적 최근에 노숙을 시작한 젊은 노숙인 김희진(27세)(그림 2-5) 씨가 처음 거리생활을 하게 된 계기는 장사 밑천을 사기당하고, 그 사기꾼을 잡기 위해 대구역과 부산역전을 지키면서부터였다. 이미 25세 때 사귀던 여자에게 한 차례 속아 3억 원의 빚을 진 바 있는 그는, 그것을 만회하기 위해 경험이 있는 유통업 계통으로 사업계획을 세웠으나 동업하기로 한 사람으로부터 또다시 투자금을 사기당하였다.

그는 사기꾼을 찾을 가능성이 점차 희박해지자 절망스러운 기분에 자포자기의 심정이 되었다.

> 저도 그렇게 처음에 자포자기해서 노숙을 하게 됐어요, 저 역시도. 자

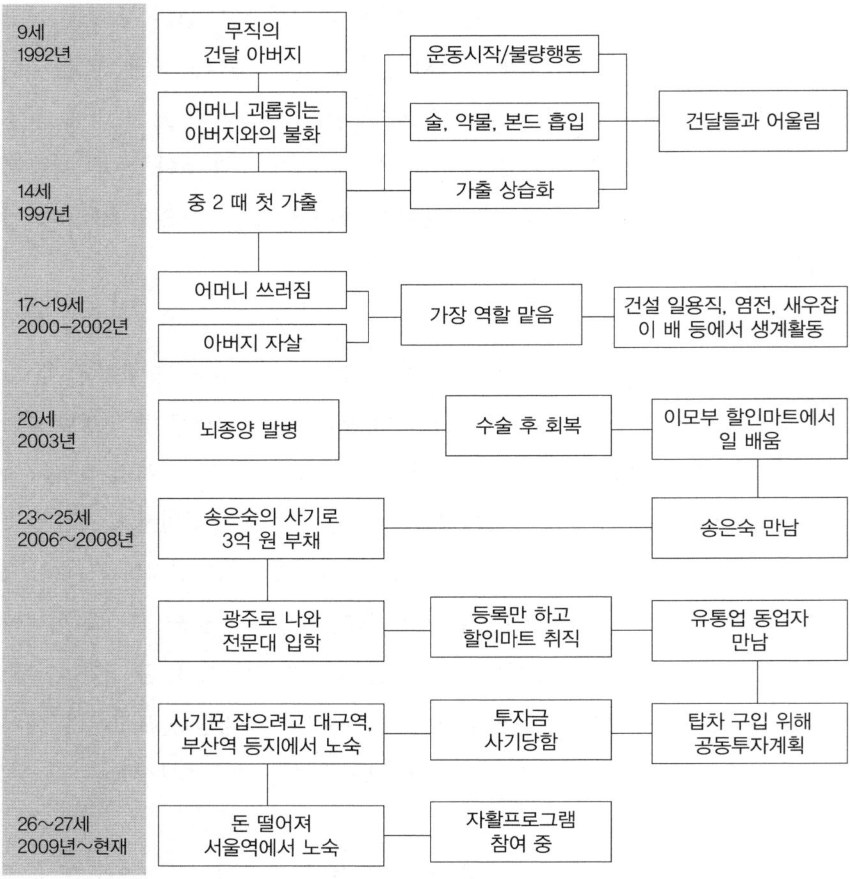

〈그림 2–5〉 김희진(27세) 씨의 생애경로도

> 포자기하는 심정으로 술도 막 엄청 먹어 버리고, 밥도 안 먹고, 막 피똥까지 쌀 지경인데, 죽겠다는 생각은 안 했지만 스스로 죽으려고 한 거예요. 뭐 누가 옆에서 돈 백만 원 쥐어 주는 것도 싫고, 말 거는 것도 싫고… 그게 참 희한한 거예요, 사람 마음이. 그렇게 망가지더라구요. 그게 자포자기가 되는 거예요.

그러나 앞에서 본 김명섭 씨가 취업이력이 전혀 없는 상태에서 노숙으로 진입한 경우라면, 김희진 씨의 경우는 실질적인 가장이 된 이후 꾸준히 일을 해 왔고 유통업 쪽으로는 꽤 경험도 쌓여서 사업에 대한 의욕이 높은 상태였다. 다만, 사업을 진행하는 과정에서 치밀하게 확인하고 판단하는 역량이 부족했던 탓에 쉽게 사기를 당해 경제활동을 중단할 수밖에 없게 되었다. 노숙인의 생애과정에는 간혹 이처럼 사기를 당해 경제적으로 파탄에 이른 경우들이 등장하는데, 가족 중에 그런 위험을 간파하고 정확한 판단을 내려줄 사람이 있다면 그런 위기요인이 상쇄되는 데 반해 그런 인적 네트워크가 취약할 경우 경험과 지식이 부족한 당사자 혼자서 그릇된 결정을 하기 쉬운 것이다. 김희진 씨도 비록 아버지를 미워하기는 했지만 만약 아버지가 살아 계셨다면 자기가 곤궁에 빠지지 않았을 것이고, 설사 일이 벌어졌다 하더라도 아버지가 사람을 동원해서 해결해 주었을 것이라고 믿고 있었다. 그러나 그는 나이가 젊고 아직 노숙문화에 길들여지지 않았을 뿐 아니라 어머니와 여동생을 위해 자신이 다시 일어서야 한다는 의지가 강해서 노숙기간이 오래된 다른 사례자들에 비해 노숙탈출의 가능성이 높아 보인다.

그리하여 개인의 튼실한 사회적 연계는 노숙으로의 진입 위험을 줄이고 방지하는 기능을 하는 반면, 이러한 사회적 네트워크가 취약한 경우에는 위기를 회피하기 위한 노력이 힘들어지는 것이다. 따라서 사회적 연계의 단절이라는 현상은 노숙 진입의 확률에 영향을 주는 요인이면서, 동시에 거의 대부분의 사례에서 노숙으로의 진입 직전 단계에 공통적으로 나타나는 특징이기도 하다. 이전에 맺었던 정상적인 사회적 관계가 단절되었기 때문에 노숙으로 진입했다고 볼 수도 있고, 이전의 사회적 연계의 단절 자체가 홈리스니스의 구성요소라고도 할 수 있는 것이다. 대부분의 노숙인 본인들이 관계의 단절을 노숙의 주요한 촉발요인으로 인식하고 있는 것(Ravenhill, 2008: 129)도 이와 같은 이유 때문일 것이다.

5. 결론: 관념에서 실증으로

이 장에서는 노숙이 발생하는 원인에 관해서 국내외 선행연구들의 결과를 살펴보고, 한국사회에서도 그러한 설명논리들이 타당하게 적용될 수 있는지를 밝히고자 하였다. 흔히 개인적 요인과 사회구조적 요인 또는 개인적 · 사회적 · 사회경제적 요인 등의 구분법이 사용되고 있고, 각 범주의 요인들이 복합적, 중층적으로 작용하지만, 전반적으로는 사회구조적(사회경제적) 요인이 노숙을 발생시키는 구조적이고 본원적인 힘이며, 그 영향이 다른 요인에 비해 더 크다는 것이 영미권에서 수립된 소위 '정설'의 논리이다. 이와 관련해서 국내의 선행연구들을 검토한 결과 다음의 사실을 알게 되었다.

첫째, 사회구조적 요인이 개인의 노숙 발생에 미치는 영향에 관한 실증적 연구는 아직까지 한국에서 이루어진 바가 없다. 한국사회에서도 구조적 요인이 노숙 발생의 주요한 원인이라는 국내 논문들의 주장은 사회취약계층이 그러한 구조적 요인으로 인해 불리한 조건에 처하게 되므로 노숙 발생의 과정에서도 영향을 받을 것이라는 논리적 추정일 뿐이다. 따라서 사회구조적 요인의 영향이 다른 요인들보다 더 크다는 주장 역시 실증적 근거를 갖고 있지는 않다. 앞으로 한국의 경험적 자료에 근거한 분석이 요망되는 부분이다.

둘째, 개인의 생애자료에 입각한 연구는 이상의 사회구조적 요인의 효과를 밝히는 데 한계를 갖고 있다. 구조가 개인의 행위에 미친 영향을 분석하는 데 필요한 정보는 개인을 관찰단위로 하는 자료수집 방법으로는 충분히 확보하기 어렵다. 이 연구가 활용한 노숙인 생애사 아카이브 자료는 이제까지 전례가 없을 만큼 상세하고 구체적인 정보를 담고 있지만, 노숙으로의 진입과 관련해서 파악된 거시적 요인 정보는 1997년 말의 경제위기와 복지시설 이용경험 등이 전부였다. 따라서 사회구조적 요인의 효과를 밝히는 연구는 통계적 일반화가 가능한 접근법을 사용해야 할 것이다.

한국 남성 노숙인 5명의 생애사를 경로도(route-map)의 형식을 빌려 분석한 결과, 노숙으로의 진입은 한두 가지의 주요 원인에 의해 발생한다기보다 장기간에 걸쳐 다양한 요인들이 누적되고 중첩되면서 어떤 사건들을 계기로 현재화된다고 보는 편이 더 합당함을 확인할 수 있었다. 어린 날의 트라우마적 사건과 불우한 가정환경 등은 노숙의 직접원인이기보다는 위기에 대처하는 능력을 손상시키는 촉발요인으로 잠재되어 있다고 할 수 있다. 이러한 잠재요인들은 개인의 심리와 정서 상태에 영향을 주기도 하고, 이는 다시 직업능력을 비롯한 경제적 자립능력의 성장기회, 사회적 네트워크의 구축 가능성에 영향을 주고받으면서 개인의 위기대처능력을 결정해 나간다. 개인에 따라서 노숙의 진입 시점이 늦게 나타나는 것은 위기를 촉발하는 요인들의 효과를 상쇄하고 노숙으로의 전락을 지연시키는 긍정적 힘이 작용했기 때문이다. 이러한 긍정적 요인은 개인 차원에서는 가족관계를 비롯한 사회적 네트워크, 안정적 취업활동을 가능케 하는 학력 및 직업능력 등 사회자본과 경제자본 등일 수 있고, 제도의 차원에서는 사회안전망의 역할을 하는 사회보장체제와 빈곤층을 위한 주택정책 등이 될 것이다.

노숙으로의 진입에 영향을 주는 무수한 요인이 있는 것이 사실이고 관념적 차원에서는 그것들을 '개인' 혹은 '사회구조'라는 범주로 구분하는 것도 가능하겠지만, 정작 그들 간의 구체적인 관계와 상호작용에 주목하지 않는 범주화 내지 유형화는 매우 자의적이라는 점에서 그다지 의미 있어 보이지 않는다. 수많은 요인 가운데 어느 한두 가지가 가장 강력하고 전형적이라는 주장도 그것이 설득력을 가지려면 엄격한 실증적 근거로 뒷받침되어야 할 것이다. 노숙의 발생요인과 관련해서 이 같은 문제들이 명확히 규명되지 않으면 '어차피 개인적 요인은 사회의 정책 · 제도적 접근이 불가능한 영역이고 오로지 구조적 요인의 개선만이 해답'이라는 식의 그릇된 인식이 확산될지도 모른다.

김수현(2002). 「노숙자 문제의 이해와 대안」, 『시민과 세계』 2: 334-344.
남기철(1998). 「노숙자 문제의 현황과 시각」, 『동향과 전망』 39: 52-73.
______(2009). 『노숙인 복지론: Homeless의 사회적 통합』, 집문당.
신원우 · 김소영(2005). 「1990년대 이후 한국 노동시장 변화와 노숙인 문제의 등장」, 『아세아연구』 48(2): 29-58.
정원오(1999). 「노숙자의 실태와 대책」, 『상황과 복지』 5: 164-188.
한국도시연구소(1998). 『홈리스의 발생원인과 실태에 관한 연구』(개정판).
현시웅 · 최희경(2008). 「노숙인의 발생원인별 유형화와 정책대안」, 『한국행정논집』 20(4): 1153-1180.

Croft, J.(2001). "'A Risk' or 'At Risk'?: Reconceptualising Housing Debt in Risk Welfare Society," *Housing Studies* 16(6): 737-753.
Fitzpatrick, S.(2005). "Explaining Homelessness: A Critical Realist Perspective," *Housing, Theory and Society* 22(1): 1-17.
Fitzpatrick, S. & Christian, J.(2006). "Comparing Homelessness Research in the US and Britain," *European Journal of Housing Policy* 6(3): 313-333.
Jencks, C.(1994). *The Homeless*. Cambridge, Mass.: Harvard University Press.
May, J.(2000). "Housing Histories and Homeless Careers: A Biographical Approach," *Housing Studies* 15(4): 613-638.
Pleace, N.(2000). "The New Consensus, the Old Consensus and the Provision of Services for People Sleeping Rough," *Housing Studies*, 15(4): 581-594.
Pleace, N. & Quilgars, D.(2003). "Led rather than Leading? Research on Homelessness in Britain," *Journal of Community and Applied Social Psychology* 13(2): 187-196.

Quigley, J. M. & Raphael, S.(2001). "The Economics of Homelessness: The Evidence from North America," *European Journal of Housing Policy* 1(3): 323-336.

Ravenhill, M.(2008). *The Culture of Homelessness*. Hampshire, England: Ashgate Publishing Ltd.

Shinn, M., Weitzman, B. C., Stojanovic, D., Knickman, J. R., Jiménez, L., Duchon, L., James, S. & Krantz, D. H.(1998). "Predictors of Homelessness Among Families in New York City: from Shelter Request to Housing Stability," *American Journal of Public Health* 88(11): 1651-1657.

Sosin, M., Piliavin, I. & Westerfelt, H.(1990). "Toward a Longitudinal Analysis of Homelessness," *Journal of Social Issues* 46: 157-174.

Tosi, A. & Torri, R.(2005). Homelessness as a process: theoretical approaches and social construction of the question. Available at: http://www.cuhp.org/admin/EditDocStore/BRX_TOSI-TORRI.pdf

Williams, M.(2001). Complexity, probability and causation: implications for homelessness research. *Journal of Social Issues*. Available at: http://www.whb.co.uk/socialissues/mv.htm

제3장

여성 노숙인의 노숙경험과 정체성, 그리고 상흔 관리하기*

신흠 · 정근식

1. 문제 제기

한국에서 노숙인에 대한 사회적 관심은 1997년 경제위기를 겪을 때 실직하거나 파산된 사람들이 갑자기 도시의 주요 공공시설에 몰려들면서 형성되었다. 노숙인들에 대한 일반적인 이미지는 무료급식을 위해 줄을 서서 기다리거나, 도시 중심부의 지하도나 기차역 대합실에서 여기저기에 흩어져 끼리끼리 소주를 마시거나 자고 있는 꾀죄죄한 옷차림의 장년 남성들이다. 이들은 모두 갑자기 불어닥친 불경기 때문에 발생한 실직자들이며 언제든지 기회가 주어지면 일을 할 수 있는 사람들로 인식되었다. 노숙인이라는 사회적 존재는 시장중심의 실업담론 속에 자리잡았다.

보건복지부나 노숙인 지원조직들이 작성한 통계들을 검토해 보면 거리노숙인이 가장 많았던 때는 IMF 경제위기 직후인 1998년 8월경으로 이때 서울지역의 거리노숙인은 약 2,400명이었다(서울시노숙인다시서기지

* 이 글은 신흠(2011),「여성 홈리스의 노숙유입경로 및 생존전략」, 서울대학교 석사학위논문에 기초하여 다시 작성한 것임.

원센터, 2010). 경기가 회복되면 사라질 것으로 예상되었던 노숙인 문제가 쉽게 해결되지 않으면서 2000년 이후 불경기 실업 패러다임은 점차 재고의 대상이 되었고, 이들의 형성경로를 묻기 시작하였다.

노숙인들의 성별 구성을 보면, 여성 노숙인은 남성에 비해 그 수가 훨씬 적어 2000년부터 2009년까지 평균 11.2%를 차지하고 있지만(서울시노숙인다시서기지원센터, 2010), 근래에 여성 신규 노숙인 수가 늘어나면서 기존의 시각이 과도하게 남성중심적인 것은 아니었는가라는 반성이 이루어졌다. 여성 노숙인은 남성 노숙인에 비해 거리노숙보다 쉼터에 수용되는 비율이 높기 때문에 공공영역에서 비가시화되는 경향이 있지만, 이들이 전혀 거리노숙 경험이 없는 것은 아니다. 2005년 3월 개소한 여성 노숙인의 유일한 일일이용시설 '우리들의 좋은 집'의 내부자료에 따르면, 2005년 3월부터 2006년 2월까지 이용자는 250명이었는데, 이 중 거리노숙의 경험이 있는 여성이 56.4%였다.

여성 노숙인들의 문제를 접근할 때 가장 기초적인 질문은, 이들도 남성들처럼 실직이나 파산에 의해 거리로 내몰린 사람들인가 아니면 가족적 요인을 포함한 사회문화적인 변수에 의해 그렇게 되었는가이다. 10여년간 노숙인들에 대한 연구가 상당히 축적되었지만 여성 노숙인에 대한 연구는 이런 초보적인 질문에 대해 충분히 대답할 수 없을 정도로 빈약한 것이 사실이다.

여성 노숙인들에 대한 비교적 초기의 연구에 속하는 김광례의 연구(2001)는 여성들의 노숙 원인을 설명할 때 사회구조적 요인으로 빈곤, 저렴한 주택의 부족함, 열악한 경제적 조건을, 개인적 요인으로 실직, 정신질환, 신체 건강문제, 가족문제, 사회관계의 단절, 개인의 무능 등을 들었다. 김수현(2001)은 5개 쉼터에 입주한 73명의 여성에 대한 설문조사를 기반으로 하여 이들의 노숙 원인을 빈곤 심화와 사회적 소외라는 구조적 원인 외에 가정폭력, 가정해체와 불화 및 정신장애에서 찾았다. 그의 연구 결과에 따르면 여성의 노숙경로는 독신여성과 아동을 동반한 경우가 약간 달랐다. 모자가정의 경우 가정폭력이 77.8%, 가정불화가 11.1%, 사건사고가 11.1%를 차지하였으나 단신여성은 가정폭력이 25%, 정신장애가 25%, 가정불화가 13.5%, 사건사고가 13.5%를 차지하였다.

송제숙(Song, 2006)은 1997~2001년 시기의 여성 노숙인 문제를 신자유주의 정책과 한국의 가족문화와 연결시켜 논의하였다. 그는 경제위기 당시 정부의 노숙인 정책은 가족부양 남성책임문화를 배경으로 여성 노숙인을 '가치 없는' 존재로 보는 인식에 기반을 두었다고 주장하였다. 김용희(2006)는 거리노숙의 경험이 있는 '여성 홈리스의 성적 위험'을 연구했는데, 무차별한 성폭력에 노출되는 여성 노숙인들에 대한 보호가 취약하며, 이들의 성적 인식 역시 가부장제와 밀접한 관련이 있다고 주장하였다.

여성 노숙인들에 관한 연구에서 자주 언급되는 쟁점의 하나가 의료화의 문제이다. 홈리스의 의료화에서는 알코올중독증과 함께 정신질환의 문제가 자주 논의되었다(Mathieu, 1993). 홈리스들의 다수를 정신질환자들로 바라보는 관점은 의료화의 산물로 오래된 '신화'에 속하지만(Snow et al., 1986),[1] 여전히 해결되지 않은 주제이며(Bhui et al., 2006), 한국의 여성 노숙인을 대상으로 한 연구에서도 여전히 중요한 질문이다.

이 장은 서울의 여성 노숙인을 위한 2개의 쉼터에서 각 2명씩, 총 4개 사례를 심층 인터뷰하여 이들의 생애사를 구성한 다음,[2] 여성 노숙인들이 형성되는 과정, 노숙경험, 그리고 노숙경험에 대한 사후 인식과 희망

---

1 이들은 홈리스들이 저임금과 막다른 직업의 악순환에 의한 것으로 보았다. Snow et al., (1986) 참조.

2 필자는 여성 거리노숙인의 현황을 알아보기 위해 서울시노숙인다시서기센터 소속의 진료소에서 봉사활동을 하였고, 현장지원팀의 실무자들과 아웃리치에 참여하면서 거리노숙인의 일상생활을 관찰하였다. 그러나 거리노숙상태에 있는 여성들은 인터뷰를 꺼리거나 정신질환이 심해 인터뷰 대상자로 적합하지 않았기 때문에 홈리스복지시설 실무자의 도움을 받아 쉼터 S1에서 2명, 쉼터 S2에서 2명을 인터뷰하였다. 인터뷰는 주로 쉼터 안의 상담실이나 방에서 진행되었으며, 한 사람당 세 차례씩 인터뷰를 진행하였다.

등을 분석함으로써 이들에 대한 정책적 함의를 밝혀보려는 것이다. 이를 위하여 노숙 진입경로와 쉼터로의 이전경로, 거리노숙에서의 생존전략, 그리고 쉼터로 옮긴 이후의 정체성에 초점을 맞추어 분석할 것이다. 인터뷰가 이루어진 시기는 2009년 하반기부터 2010년 상반기이다. 이 사례들에 대한 기본정보는 〈표 3-1〉과 같다.

〈표 3-1〉 연구사례의 기본정보

사례	쉼터	나이	결혼상태	자녀	학력	거리노숙	쉼터 입주기간	정신질환 치료경험
A	S1	50대	이혼	2남 1녀	무학	2008. 4~5	2008. 8~ 현재	있음
B	S2	50대	이혼	1남 1녀	무학	2003~2006	2008~ 2009. 10	있음
C	S1	50대	이혼	1남 2녀	고교 중퇴	2007. 7~9	2007~ 2010. 2	있음
D	S2	20대	별거	3녀	고교 중퇴	없음	2009. 4~ 현재	없음

출처: 서울대학교 아시아연구소, '노숙인 생애사 구축 사업단' 내부자료.

이 사례 중에서 거리노숙 경험이 있는 사례는 3명이었는데, 이들은 모두 노숙 이전 또는 노숙과정에서 정신질환을 앓은 적이 있었기 때문에 이것과 노숙과의 관계, 그리고 이를 포함한 노숙기억에 관한 관리방식을 탐구할 수가 있다.

2. 여성들의 노숙유입 경로와 요인

"여성이 어떻게 노숙을 하게 되었는가?" 여성 노숙인에 관한 대부분의 연구들은 빈곤 이외에 여성의 노숙 원인으로 가정문제와 정신질환을 언급하고 있다. 가정폭력이나 가족해체 위기를 겪은 여성에게는 가정폭력상담소나 자립시설을 이용할 기회가 제공되고, 정신질환을 앓고 있는 여성들을 위하여 병원 등 치료시설이 마련되어 있으며, 미혼모에게는 미혼모 보호시설이 마련되어 있다. 그런데 이들 중에서 어떤 사람들이 노숙으로 전락하는가는 명확하게 밝혀져 있지 않다.

김수현(2001)은 노숙화 과정을 1단계와 2단계로 나누고, 노숙의 결정요인을 여섯 가지 요인으로 설정한 후 그 경로를 분석하였다(그림 3-1). 그가 분석한 경로에 의하면 여성이 노숙에 이르는 요인이 다양하고 노숙상태도 다양하다. 노숙은 다양한 요소들이 결합되어 함께 작용한 결과이다. 이들은 가출 이후 곧바로 노숙을 하는 것이 아니라 상당한 시간과 다양한 과정을 거쳐 노숙생활에 이르게 된다.

노숙경로는 단일한 것이 아니다. '노숙의 경로'를 연구대상자들이 집

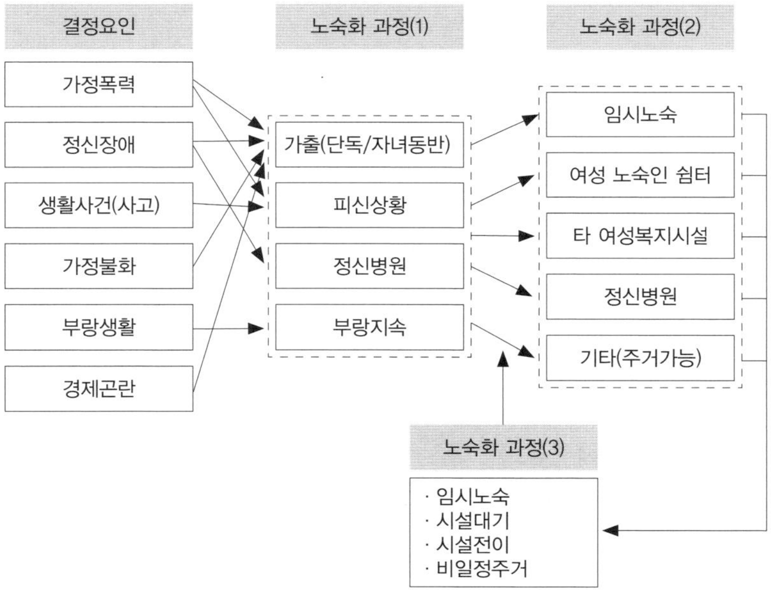

출처: 김수현(2001: 57)에서 재인용.

〈그림 3-1〉 노숙 결정요인 및 과정

을 떠난 시점에서부터 현재 노숙형태(거리 · 쉼터 생활)에 이르기까지의 과정이라고 정의한다면, 여기에는 집을 떠난 시점에서 첫 노숙(거리 혹은 쉼터)까지의 노숙유입경로와 거리노숙으로부터 쉼터로 이동하거나 쉼터에서 거리노숙으로 재이동하는 경로로 구성된다. 자신의 집에서 거주하는 상태와 거리노숙, 쉼터거주의 상태는 '위계적'으로 구분된다. 거리노숙으로의 변화는 '전락'으로 표현되지만, 거리노숙으로부터 쉼터 거주로 이동하는 것을 나타내는 용어는 특별히 존재하지 않는다.

연구사례 중에서 A씨의 노숙유입경로를 보면 다음과 같다. A씨는 두 차례의 결혼과 이혼을 경험했고 세 번째 남편과 살다가 헤어진 후 정신질환이 생겼고, 정신병원에서 처방한 약을 복용했다고 한다. 그 후로 A씨는 성인용품 가게와 분식점을 운영했지만 건강문제로 일을 그만두고 나중에 지하방에서 살게 되었다. 여기서 생활하는 동안 A씨는 환청이 심각해져 "어느 날 무엇을 사러 나갔다가" 거리노숙을 하게 되었다. 그것이 2008년 4월이었다.

> 이혼하고 혼자 있으면서 장사를 몇 번 했어요. … 나 혼자 스스로 결정하고 스스로 해 나가려니까 너무나 힘이 들더라고요. … 그러다가 뭐 장사한다고 그거 하면서도 우울증이 있어 가지고 계속 병원을 다닌 거예요. … 그러고 나서 월세방 얻어 가지고… 들어갔는데. 지하방을 들어갔는데 그렇게 환청이 심한 거예요. … 정신이 그거 돼 가지고 집에 들어가는데 집이 무서운 거예요. (A씨의 1차 인터뷰 녹취록)

반복되는 가족해체를 겪고 결국 홀로 사는 신세가 된 A씨는 우울증에 시달려 병원에서 정신치료를 받아야만 하였다. 그 후 증상이 악화되어 어느 날 집을 나왔다가 거리노숙을 시작했다고 하였다. A씨는 거리에 있는 동안 늘 환각에 빠졌는데, 환각의 내용이 악의를 품은 누군가가 늘 자기를 쫓고 있고 그것을 피하기 위해 항상 도망 다녀야 했다는 것이다.

C씨 역시 남편과 이혼하는 과정에서 점점 정신질환이 생겼다고 구술하였다. 그의 경우 이혼 후 월세방에서 지내다가 건강과 경제적 원인으로 노숙을 시작하였다.

> 자꾸 누군가가 나를 죽인다고 생각을 하게 되고, 나를 누군가가 쫓아온다고. 그런 생각이 들어서, 피해 다녔는데, (그런 상황에서) 텔레비전이고 뭐고 내가 다 두드려 깨 버렸어요. 집에 있는 가구들을 다 깨 버리고 도망을 나온 거예요. … 그때부터 돌아다닌 거예요. (1차 인터뷰 녹취록)

A씨는 1956년 경기도 동두천의 한 가난한 집에서 자랐고, 8세 때 다른 집의 양녀로 들어갔다. 그 이후로 가족과 거의 연락을 못했고, 세 차례 결혼 후 다시 혼자가 될 때도 친정과 연락하거나 도움을 받지 못했다. A씨에게는 첫 남편과의 사이에서 낳은 딸 2명, 세 번째 남편과의 사이에서 낳은 딸 2명이 있었지만, 아이들은 모두 남자 측에서 키웠다. 세 번째 남편과 헤어진 후부터 A씨는 우울증이 생겼는데, 병원에 다닐 때도 장사를 할 때도 혼자였다. 세 범주의 가족, 즉 친족가족, 양부모가족, 그리고 결혼가족들 모두로부터 어떤 도움도 받지 못하였다.

A씨가 노숙에 이르는 과정을 살펴보면, 경제적 어려움은 별로 영향을 미치지 않았다. 그의 구술에 의하면 집을 나올 당시 통장에 돈이 있었다. 그의 노숙은 주로 가족파탄에서 생긴 정신질환으로 인해 시작된 것이라고 볼 수 있다. 복지시설 실무자가 접근하면 피하거나 시설입소를 거부해 거리노숙에 이르렀다.

B씨는 결혼 후 남편으로부터 폭력을 많이 당하였다. 이를 견디지 못해 결국 가출하게 되었다. B씨는 자기가 믿는 대순진리교 교회로 갔고 거기서 취사일을 담당하며 생활했지만 교회의 사역자와 다퉈 쫓겨났다. 그 후 식당 주방에서 한 달 정도 일했지만 일자리가 끊기자 2003년 거리노숙을 시작하였다. 그런데 B씨는 자신의 경험을 명확히 기억하지 못하

였다. 집을 나오게 된 계기를 물어도 한결같이 남편의 '가정폭력' 때문이라고 대답하였다. 아마도 가정폭력의 발단은 주로 종교적인 문제였을 것이다.

> 남편이 목을 딱 쥐고는 나가라 그랬어요, 애들 학교 다 가고 난 뒤에. 니 좀 고생해 봐라…. (B씨 1차 인터뷰 녹취록)

> 대순진리에 댕기는데 그 성감이 자꾸 맞고 지내지 말라고 그러고. 집을 나온 동기는 신랑이 목을 쥐면서 나가라고 해서…. (B씨 3차 인터뷰 녹취록)

B씨는 대순진리교 교회에서 쫓겨나온 후 다방에서 일하다가 그만두고 집으로 다시 돌아간 적도 있지만 집에 들어가자마자 다시 남편이 폭력을 행사하며 내쫓았다. 그 후 B씨가 일자리를 구하지 못해 경제적 어려움을 겪게 되자 찾은 곳이 바로 서울에 사는 친언니 집이었다. B씨는 예전에 친언니에게 돈을 빌려 준 적이 있어 그 돈을 찾고자 했지만 언니는 멱살을 잡고 쫓아냈다. 결국 B씨는 노숙의 길로 들어섰다.

C씨는 남편과 이혼한 후부터 정신질환이 조금씩 생겼다고 한다. 하지만 치료를 받지 않았고, 집을 떠나 단칸방을 하나 얻어서 잠시 살았다. 경제적 원인으로 계속 살 수 없게 되자 동네를 배회하기 시작하였다. 정신질환이 심하지 않을 때는 낮에는 동네를 배회하고 저녁에는 집으로 들어갔다. 하지만 정신질환이 점점 심해져 가족과의 관계도 단절되고 집으로 들어가지 않은 채 2007년 7월부터 노숙을 시작하였다.

C씨 역시 노숙으로 유입될 당시 정신질환이 있었는데 그가 말하는 증상은 주로 환상이었다. C씨는 노숙을 해도 비교적 안전한 곳을 택한다거나 거리노숙이 어려워 복지관을 찾아간 것 등을 보면 정상적 의식이 다소 남아 있었다.

D씨는 거리노숙의 경험이 없이 집을 나와 곧바로 노숙인 쉼터로 입

주한 사례이다. 쉼터 입주 전에 남편과 딸 셋이 함께 월세방에 살았다. 남편은 운전, 배달, 공사장 일 등 다양한 임시노동을 해 왔지만 방세가 밀려 원래 살던 월세방에서 쫓겨났다. 남편은 지방으로 일자리를 구하러 다녔고, D씨는 아이들과 서울에 사는 친언니의 집에 잠시 머물렀다. 그 후 언니의 소개로 여성쉼터를 알게 되어 2007년 7월 쉼터로 입주하게 되었다. 1982년 충남에서 태어난 D씨는 어렸을 때부터 계속 가난을 겪어 왔고, 결혼 후에도 출산할 때 수술비조차 마련할 수 없을 정도로 가난하였다. D씨의 경우 가족의 해체와 불화, 가정폭력을 겪지 않았다. 인터뷰 중에도 D씨의 남편은 전화를 하거나 문자를 계속 보내어 서로의 안부를 묻는 모습을 볼 수 있었다. D씨가 쉼터생활을 하게 된 것은 경제적 빈곤에 의한 것이다.

D씨가 자녀들과 바로 쉼터에 입주하게 된 것은 모자가정이 복지시설에 들어가기가 상대적으로 쉽기 때문이다. 여성쉼터를 소개하고 연결해 주는 데는 그의 친언니가 적극적인 역할을 하였다. 가족의 지지는 그가 거리노숙으로 전락하는 것을 막아 준 요인이다.

여성의 노숙으로의 전락에서 가족해체, 가정폭력, 그리고 자족적 지지의 존재여부는 매우 중요한 요인이다. 김수현(2001)의 연구에 따르면, 단신여성과 아동을 동반한 여성 모두 가정폭력이 노숙화의 가장 큰 요인이다. 그러나 여성의 노숙화 과정에서 아동을 동반한 모자가정과 단신여성은 상당한 차이를 보이고 있다. 아동을 동반한 여성의 경우 가정폭력이 77.8%로 압도적인 비율을 차지하고 있는데, 단신여성은 가정폭력이 25%, 정신장애가 25%, 가정불화가 13.5%를 차지하였다.

연구사례에서 A와 C의 경우 모두 정신질환으로 '거리노숙'에 이르렀으나 구체적인 맥락은 서로 다르다. 정신질환이라는 요인과 다른 요소들이 결합하여 노숙의 경로를 다르게 한다. D씨는 주로 경제적 빈곤이라는 단일 요인으로 노숙을 하게 된 것이다.

3. 거리노숙과 생존전략

1) 공간점유의 질서

서울의 거리노숙인들은 특정한 공간에 밀집되어 있다. 가장 많이 있는 서울역 근처를 살펴보면, 이들은 낮에 지하도나 역 안의 대합실, 밖의 구름다리 밑에 모여 있고, 저녁에는 주로 지하철역 복도에서 잔다. 서울역광장 이외에 영등포역, 을지로입구, 청량리, 용산역, 남산타워, 서소문공원 등도 거리노숙인 밀집구역이다.

서울역이나 다른 지하철역에 머물고 있는 노숙인들을 자세히 관찰해 보면, 그들은 늘 가방을 하나씩 갖고 다닌다. 가방 안에는 자기의 생필품이 모두 들어 있다. 거리노숙인들은 한 장소에 안정적으로 머무는 것이 아니라 늘 일정한 범위 내에서 옮겨다닌다. 연구사례 중 A씨와 C씨는 노숙기간이 짧아 가방을 갖고 다니지 않았지만, B씨의 경우 비교적 장기간 노숙생활을 하면서 늘 소지품을 넣는 가방을 갖고 다녔다.

낮에는, 공공시설에서 누워 자면 경찰이나 경비들이 와서 쫓아내기 때문에, 앉아 있거나 노숙인 밀집구역에서 배회하는 경우가 더 많다. 남성의 경우 길모퉁이에 모여 술을 마시거나 잡담을 하는 경우가 많다.

거리노숙인 밀집구역의 공간점유와 이용에는 나름대로의 규칙이 있다. 서울역 지하도에 가면 많은 노숙인이 종이박스를 펴고 자거나 자기 자리를 지키고 있는 것을 볼 수 있는데, 그들의 자리는 이미 정해진 것이고 새로운 사람이 이러한 질서를 모르고 다른 '집'에 들어갈 경우 구타당하거나 다툼이 일어난다.

노숙인 밀집구역에서 여성이 안정적인 잠자리를 독립적으로 획득하고 유지한다는 것은 여간 어려운 일이 아니다. 힘이 없는 여성이 안정적인 잠자리를 유지하기 위한 한 가지 전략은 다른 남성 노숙인에게 의존하는 것이다. 실제로 연구자가 노숙인 복지시설 실무자와 아웃리치를 갈 때마다 서울역 주변에서 생활하고 있는 여성 홈리스 한 명을 자주 볼 수 있었는데, 그는 늘 검은 옷을 입고 짧은 머리였으며, 몇 명의 남성 노숙인과 같이 앉아 있었다. 복지시설 실무자의 말에 의하면 그는 서울역 주변에서 오랫동안 생활해 왔고, 몇 명의 남성들과 늘 같이 밥을 먹고 같은 곳에서 생활하였다.

노숙인들의 세계에는 보이지 않는 질서가 있고, '대장'이 존재한다. 이들은 대체로 이런 질서를 유지하기 위해 '싸움을 잘해야 하고' 정신장애나 신체장애가 없어야 한다.

> 그 세계에서는 형님이라는 사람에게 깍듯이 존댓말을 쓰더라구요. (B씨 1차 인터뷰 녹취록)

B씨의 경우 주로 종로의 지하도에서 노숙생활을 하였다. 그가 노숙했던 장소가 노숙인 밀집구역이라 거기에 있는 남성 노숙인과 가끔 어울리곤 하였다. B씨는 '대장'이 심부름을 시켰는데 자기가 시키지 않은 일을 하여 구타를 당한 일이 있다고 구술하였다.

> 내가 심부름을 갔어요, 술 심부름을. 근데 내가 자기 담배 사 갖고 오라 소리를 안 했는데 내가 담배를 샀거든요. 그러니까 그게 화가 나 갖고 연거푸 술을 먹고 나 때렸어요. (B씨 3차 인터뷰 녹취록)

> 나보고 '니 가방에 뭐 들어 있어, 이 가방 말고 다른 가방에 뭐 들었냐'고 물어서 비누가 있다고 하니까, 그때 내가 비누를 만들어서 썼어요. 근데 그걸로 나에게 던지는 바람에 다쳐서 여기[3] 세, 네 바늘을 꿰맸어요." (B씨 1차 인터뷰 녹취록)

---

3 왼쪽 광대뼈 쪽을 가리키며 말함. 그때 바늘로 맨 곳의 흉터가 보임.

C씨의 경우 거리노숙의 위험으로 공간점유의 질서를 어겼을 때의 폭력을 들었다. 지하철역에서 자리 때문에 다른 남자 노숙인의 공격을 당한 적이 있었다. 노숙인들 사이에 공간점유의 질서는 중요하고 분쟁의 실마리가 된다. 여성들은 이런 문제 때문에 그런 공간을 회피하는 경향이 있다. C씨 역시 자기가 말 없이 자리를 피하여 심한 폭행을 당하지 않았다고 구술하였다.

> 본동 복지관을 찾아가려고 하다가 길을 잃어서 지하철에서 잠깐 잔 적이 있거든요. 뭐 물건 세워 놓은 구석떼기에서 자고 있는데. 대뜸 나를 걷어차더라고요. 일종의 자리다툼이에요. 누가 자기 자리에서 함부로 자냐 이거지. (C씨 1차 인터뷰 녹취록)

여성은 물리적 폭력을 피하기 위해 남성 노숙인 밀집구역을 떠나 '숨고 감추는' 노숙을 하였다. 하지만 사실 이런 '홀로 노숙' 방식보다 거리에서 더 많이 볼 수 있었던 것은 남성 보호자(?)와 함께 생활하는 것이다.

서정화(2005)의 연구에 따르면 "여성은 스스로 자신을 보호하기 위하여 '여성의 모습'을 감추려고 한다. 남자용 점퍼를 즐겨 입거나 옷을 크게 입기도 하고, 스포츠머리를 하거나 모자를 깊이 눌러 쓰는 방법으로 자신을 가리기도 한다." 거리의 여성이 '남성화'가 된다는 것은 단지 겉모습의 변화에 그치지 않으며, 실제로 냉소적이거나 공격적으로 변한다.

여성들은 최대한 눈에 띄지 않도록 홀로 숨고 감추는 노숙을 하는 경우가 많다. 밤에 남성 노숙인과 같이 지하철 통로에서 자는 것은 위험하기 때문에 폐쇄되어 있는 여자화장실을 이용하는 경우가 많다.

> 바깥에 바들바들 떨고 있다가 아침 5시만 되면 문을 열어요. 그러면 그때 화장실에 들어가서 눈 좀 붙이는 거예요. 그 공간이 제일 따뜻한 거 같아요. 누구 간섭하지 않고. (B씨 1차 인터뷰 녹취록)

여성쉼터 실무자들도 거리생활을 하는 여성들은 주로 화장실에서 잠잔다고 소개하였다. 잠자리로서의 역 화장실이 항상 개방되어 있는 것은 아니다. 기차역이나 지하철역 또는 지하상가의 출입문이 닫히거나 건물 관리자가 화장실에 사람이 있는지 체크하고 내쫓기 때문이다. 거리노숙인의 잠자리를 확인하기 위해 몇 개 지하철역을 돌아봤는데, 일부 전철역 화장실에는 '노숙인 장기간 화장실 이용금지'와 같은 공지사항이 붙어 있었다.

> 나는 물벼락도 맞았어요. 여의도 화장실에 있었는데, 청소하는 아줌마가 사람이 화장실에 들어가 나오지 않는데 문만 잠겨 있다고 하니까, 전경들인가 경비원들이 물을 쏟아 부어 물벼락을 맞았다니까요. (B씨 3차 인터뷰 녹취록)

여성 거리노숙인들은 안전문제를 고려하여 자기가 익숙한 원래의 집 부근에서 노숙하는 경우가 있다. C씨의 경우, 안전을 위해 주로 집 근처에서 노숙했다고 말하였다. 하지만 노숙자들이 과거의 집 근처를 잠자리로 선택한 경우는 많지 않다. 집 근처 사람들은 자기를 웬만큼 알고 있어 자존심이 상하기 때문이라고 생각한다. C씨의 경우 당시 정신질환을 앓고 있었기 때문에 오히려 '남의 시선'을 의식하지 않았다고 설명하였다.

여성들이 거리에서 노숙할 때 사람을 피하는 것은 거의 본능적인 것이다. 노숙경험이 거의 없었던 C씨의 경우가 이를 잘 보여준다.

> 노숙을 해도 밤에는 주로 걸어 다니면서 시간을 보내고 낮에 따뜻할 때 잔다든가 하는 식으로… 거리에서의 위험이라든가 그런 것들을 할 수 있는 한 피해 다니다가 복지관을 찾아간 셈이죠. (C씨 1차 인터뷰 녹취록)

> 거기 서부지방법원이라는 데가 있는데, 밤에 거기 현관 앞에서 노숙을

했던 적도 있어요. 약간 그런 정신에서도 비교적 안전한 장소에서 잠자리를 골랐던 경향이 있어요. (C씨 2차 인터뷰 녹취록)

B씨는 노숙할 때 주로 종로 전철역 안에 있었다고 말하였다. 그때 자기 외의 다른 여성들을 보지 못했지만, 남성 노숙인들이 늘 모여 있었다. A씨와 C씨는 지하철역을 거의 이용하지 않았다. 그것은 주로 안전을 위한 전략이었다.

역 쪽으로는 안 갔어요. 지하철도 웬만해서는 안 갔어요. 지하철에서 한 번 자 보고 안 갔는데, (감독하는 사람이) 내려와서 걷어차더라고요. 자리 때문에 걷어차인 데가 지하철이에요. (C씨 3차 인터뷰 녹취록)

거리노숙에서 지하철역, 특히 홈리스가 밀집되어 있는 지하철역을 이용한다는 것은 다른 노숙인들과 어울려 노숙생활을 한다는 것이다. 송순영(2007)에 따르면, 이런 경우 여성성[4]은 포기해야 한다는 것을 의미한다. 즉 거리노숙인의 세계에서 여성성은 지켜지지 않는다. 심한 정신질환을 앓고 환상 속에 빠져있었던 A씨와 C씨는 그런 상황에서도 노숙인 밀집 구역을 의식적으로 피하고 잠자리를 선택했다고 구술하였다.

2) 끼니 해결

거리노숙에서 잠자리와 함께 중요한 문제가 생존을 위해 먹을 것을 해결하는 것이다. 남성 노숙인들은 무료배식을 이용하는 것이 가장 보편적이고 안정적인 해결방법이다. '무료배식'에 관한 정보는 이들에게 매우 중요하다. 그들을 위한 무료급식소가 꽤나 많다. 서울시에서 제공하는 무료급식 이외에 교회나 기업, 자선단체가 무료배식을 한다. 최근 '서

---

4 이 논문에서 말하는 여성성에는 주로 여성의 순결 및 임신 등의 내용이 포함되어 있다.

울 노숙인 실내 급식소 100일간 8만 명이 이용'이라는 보도에 따르면 이 급식소는 기존 거리급식보다 더 많은 인원을 수용하였다. 무료급식 외에도 끼니를 해결하기 위한 방법이 구걸이다. 과거의 '부랑인'들과 달리 노숙인은 구걸로 끼니를 해결하는 비율이 낮다. 구걸하는 방식도 지하철이나 길가에서 장기간 구걸하는 것이 아니라 주위를 맴돌며 행인들에게 500원 또는 1,000원만 달라는 방식이었다.

그러나 여성들의 경우는 사정이 좀 다르다. 4명의 연구사례 모두 무료급식시설을 이용하지 않았다. 그들은 무료배식에 대한 정보가 없어 이용하지 못했다고 구술하였다.

연구사례에서 3명은 노숙기간 동안 행인이 주는 돈을 받은 적이 있다고 구술하였다.

> 지나다니다 보면 가끔 돈을 주는 사람들이 있어요. 어떻게 알아봤는지는 몰라도. 행색이 드러나나 봐요. 아주 드문 경우지만. 그렇게 해결하기도 하고. (C씨 1차 인터뷰 녹취록)

> 배 고프고. 몇 번 그래 갖고 동냥을. 누가 이제 '이거 갖고 밥이나 사 먹으세요' 하면서 주는 거, 만 원씩 세 번 받은 기억이 있고요. 그러니까 그거 가지고 살았단 얘기인데. 난 무슨 힘으로 버텼는지 나도 지금도 궁금하거든요. (A씨 3차 인터뷰 녹취록)

그렇지만 노숙생활이 길어지고 끼니를 거르게 되면, 구걸에 의존하는 경우가 많아진다. 연구사례 3명 모두 거리노숙 당시 이런 경험이 있었다. 흥미로운 점은 A씨와 C씨는 당시 정신질환을 앓고 있어서 구걸하는 것에 대한 거부감이 없었다고 서술했고, 특히 C씨의 경우 '자기가 중요한 인물'이라는 환각을 갖고 구걸도 '당당하게' 하였다. B씨 역시 자신이 신앙이 있었기 때문에 남에게 도움을 요청하는 것이 자연스러웠다고 설명하였다. 말하자면 거리노숙과정에서 연구대상자들은 구걸할 용기를 주는 정신적 힘(?)을 갖고 있었고, 이러한 힘들은 노숙생활에서 중요한 요소들이다.

> 내가 도를 닦았기 때문에 남한테 손 벌리는 걸 잘했어요. 지금은 거기는 저기 절에 다닐 때는 차비 없으면 지금 지갑을 잃어버려서 차비가 없다고 그러고 공짜로 타고… 저는 그렇게 많이 했거든요. 배고프면, 밥도 좀 달라고 그러고. (B씨 2차 인터뷰 녹취록)

연구사례들에서 끼니 해결의 방법 중의 하나가 교회의 배식을 이용하는 것이다. 이들은 주로 노숙 이전에 자기가 다녔던 교회로 가서 교회 사람들과 어울려 식사하는 것이다. 즉 그들은 거리노숙인을 대상으로 한 '무료급식'을 이용한 것이 아니라, 노숙 이전 자기의 사회관계를 지속적으로 유지하고 이용하였다.

> 노숙하다가 저기 군자역이 있는데 거기에 대순진리회관이 있어요. 그 회관에 가서 밥을 먹고 오고 그랬어요…. 아니까 거기에 밥 먹으러 가고 그랬어요. (B씨 3차 인터뷰 녹취록)

> 교회에도 다녔어요. 먹을 것도 주고 그러니까 같이 가서 사진도 찍고, 맞춰 주고… 끼니 해결하는데 교회가 참 꽤 (도움이 됐어요). (C씨 1차 인터뷰 녹취록)

3) 폭력 노출과 회피

거리노숙은 항상 물리적 폭력의 위험에 노출되어 있다. 특히 여성의 경우 가정폭력을 피하기 위해 가출했지만 거리에서도 뜻하지 않은 폭력을 당하게 된다. 여성이 거리에서 당하는 폭행은 가정폭력의 연장이다.

여성이 남성보다 더 많은 폭력에 노출당한다고 말할 수 없지만 여성은 폭행에 대응하거나 자기를 보호하는 힘이 부족하다.

성폭행은 여성 노숙인들에게 노출되어 있는 중요한 위험이다. 여성들의 구술에 의하면 남성들은 주로 여성 노숙인이 끼니를 해결하려 하거나 실내에서 휴식하고 싶은 마음을 이용하여 범죄를 저질렀다. 이들의 구술에 의하면 악의를 품고 거리 여성 노숙인에 접근하거나 유괴하려는 남자가 항상 있었는데, 그들 중에는 비(非)노숙인도 많았다.

> 그렇게 노는 남자들이 있어요… 살살 구슬려 가지고 계속 맴돌다가… 여자가 혼자 미쳐 가지고 돌아다니면 그렇게 노리는 사람이 있더래요. (A씨 3차 인터뷰 녹취록)

> 한번은 모텔로 끌고 가려는 사람이 있었어요. '무슨 전달사항[5]이 있어서 모텔까지 가야 될 일이 있어서 가는 거라고 생각했는데.' 뭐 나올 얘기는 뻔하죠. 한참 싸우고서 뛰쳐나왔던 적이 있어요. (웃음) (C씨 1차 인터뷰 녹취록)

> 종로에는 거기 남자 노숙인들이 많잖아요. 여관 가자고 하는 사람도 있고. 손도 안 댈 테니까는 가자고. 추우니까. (B씨 1차 인터뷰 녹취록)

이런 내용에서 볼 수 있듯이 성폭력을 피하는 방법이란 남성을 피하거나 낯선 사람을 따라가지 않은 것밖에 없다. 하지만 장기적으로 거리에 사는 여성의 경우 단지 피하고 '안 가는 것'만으로 성폭행을 막기 어렵다.

---

5 당시 C씨는 '자기가 중요한 인물'이라는 환각에 빠진 상태에 있었다. 그래서 그는 모든 사람이 자기와 말을 걸면 자기의 임무와 관련된 사항을 전달한 것으로 생각했다고 한다.

또 하나의 문제는 피해를 당한 여성이 법적 대응을 할 수 없다는 점이다. 여성들을 '노리는' 남성들에 대한 처벌은 거의 이루어지지 않고 있다. 특히 정신질환을 앓고 있는 여성의 경우 성폭력 혹은 유괴나 납치를 막아내거나 피하는 능력이 부족하다. 서정화(2005)의 연구에 따르면 피해 여성은 거리에 있다는 사실 때문에 가해자의 보복이 두려워 경찰에 신고하지 못한다.

> 어떻게 잡아서 넣어? 기억도 못하는데. 그래서 진짜…. (A씨 3차 인터뷰 녹취록)

이런 여성은 몸과 마음의 상처를 입어 나중에 정신질환을 앓게 된다.

4) 정신질환

기존 연구에 따르면, 정신질환은 여성들의 주요 노숙 원인 중 하나이다. 또한 빈곤이나 가정해체로 노숙하게 된 여성도 홀로 노숙생활을 하게 되면 정신질환에 시달릴 가능성이 크다. 신체장애의 경우에는 남성 노숙인들에서 많이 나타나지만 정신질환이나 신체질환의 경우에는 남성보다 여성 노숙인이 훨씬 더 높은 비율을 차지한다(김용희, 2006).

A씨와 마찬가지로 C씨 역시 거리노숙기간 늘 환각에 빠졌는데, 대체로 그 내용은 자기가 아주 위대한 인물이라는 환상이다.

> 내가 이혼을 해서 뭐 특별히 어디 가서 뭐 할만한 뭔가가 있는 것도 아니고 했으니까… 이혼을 하고 나서도 근데 딱히 경제적으로 너무 어려워 갖고 그냥 같이 지냈어요. 그래 갖고 같이 지내다가 거기서부터 인제 완전히 정신이 날아가기 시작해 갖고. 이제 내가 무슨 중요한 인물이라고 생각하면서 시내를 돌아다니기 시작하고. 그러다가 현실적인 상황과는 관계없이 움직이기 시작하더라고요. (C씨 2차 인터뷰 녹취록)

A씨와 C씨의 구술 내용을 비추어 볼 때, 정신질환으로 인해 거리로 나온다고 해도 구체적인 환각의 정도에 따라 거리노숙 때 심리상태의 차이가 존재한다. A씨는 누군가에 쫓겨 도망가는 신세로 모든 사람을 피하고 경계했지만,[6] C씨의 경우 자기가 중요한 인물이라고 착각했기에 노숙생활을 할 때 늘 당당했고 자신감이 넘쳤다고 하였다.[7] A씨는 정신질환으로 자주 위험한 상황에 노출되었다.

> 서울역 앞에서도 보면 차선이 몇 차선이에요. 거기도 그냥 돌아다녔어요. 차들이 나를 비켜 다니니깐 재밌더라고요. 그때 내가 웃으면서 그랬어요. 그래 나 칠 자신이 있으면 니네들이 치어 봐라. 그러면 차들이 다 나를 피해 다니는 거야. 그러면 그게 그렇게 재밌는 거야. 별 희한한 재미도 있어요. (A씨 3차 인터뷰 녹취록)

A씨가 그때의 경험을 떠올리며 장난기가 섞인 웃음을 지었다. 그는 그때의 기분이 '최고'라고 하였다.

'자기가 어떤 사명을 갖고 지구로 온 중요한 인물'이라는 환상에 빠졌던 C씨의 경우 정신이 나가서 노숙을 하였고, 그때는 자부심을 가지고 있었다고 말하였다. 즉 그들의 정신질환이 오히려 거리노숙 생활을 지탱

---

6 "저한테 다가온 사람이 몇 명이 있었어요. 근데 저는 무조건 거부를 했어요. 누가 저한테 와서 말을 못 시켰어요. 그런데 어떤 사람들은 뭐 먹으라고 사다 주고 가면 거기 독약이 들었다고 생각하고 버리고… 횡단보도를 건너려면 저쪽에서 사람이 오면 신문지 같은 거 보통 들고 오잖아요. 저 신문지 속에 칼이 들었다고 생각을 하는 거야, 내가. 그럼 '저 사람이 지금 나를 칼로 나를 죽이려고 온다.' 이렇게 생각을 하는 거예요. 그리고 도망 다니는 거예요, 또. 그렇게 한 게 한 한 달을 그랬다고요." (A씨 1차 인터뷰 녹취록)

7 "이를테면 이런 거예요. 내가 굉장히 중요한 인물이어 갖고 길을 가면서 전 세계에서 온 사람들한테 연락을 하는 거예요. 그니까 이제 그냥 눈짓이나 표정으로 지나가면서 얘기를 하는 거예요. 그렇게 생각을 하고 (거리에) 다녔어요. 길거리에서 사람을 만나게 되는 경우가 있는데. 나는 나한테 연락을 하러 오는 사람 중에 하나라고 생각을 하죠. 내가 워낙 중요한 인물이니까. (웃음) 고민은 없었어요. 나 자신에 대한 절대 긍정만은 아주 확실히 살아 있어요. 그런 상태에서는." (C씨 1차 인터뷰 녹취록)

하는 '힘'이 되었다는 것이다.

> 지하도에서 누군가 걷어차서 깨운 적도 있었다고 했잖아요? 그것조차도 별로 상처가 아니에요. '나같이 중요한 사람을 왜 건드리는 거야?'라는 정도. (웃음) (C씨 3차 인터뷰 내용)

그동안 정신질환은 여성 노숙의 주요 원인으로 인식되었지만, 사실 노숙생활 과정에서 정신질환이 생긴 여성들도 있다. B씨는 장기간 거리생활을 마치고 쉼터로 입주한 지 얼마 안 되어 가려움증이 생겼는데, 후에 병원에서 그것이 정신질환의 증상이라는 진단을 받았다. 여성쉼터의 소개로 B씨는 청량리 정신병원에서 3년간 입원치료를 받았다고 하였다.

> 그때는 내가 ××센터에 있다가 들어갔으니까. 몸이 가렵고 막 거머리같이 올라가는 그런 병이 있는지 몸에 그런 증세가 나타나요. 그런 증세가 나타나서 병원에 갔어요. 핏줄 거머리처럼 올라오는데 온몸이 다 그래요. (B씨 2차 인터뷰 녹취록)

여성 노숙인에게 정신질환은 남성들과 상당히 다른 특징이고, 노숙생활에서 흔히 발견되는 중요한 특징이다. 정신질환은 노숙을 초래한 원인인 경우도 있고 노숙의 결과인 경우도 있으며, 정신질환 상태에서 노숙생활을 유지하기도 한다. 노숙생활에서 정신질환은 다양하고 복합적인 작용을 한다.

4. 탈노숙 준비 단계인 쉼터생활

노숙인들을 위한 시설과 제도들은 기존에 존재하던 부랑자 시설과는 달리 IMF 위기를 겪으면서 새롭게 만들어진 것들이다. 현재 서울시의 노숙인 복지시설은 잠자리를 제공하는 쉼터, 일자리를 포함하여 다양한 정보를 제공하는 상담보호센터, 질병을 치료하는 노숙인 진료소가 있고, 거리의 노숙인을 찾아 물품을 지원하거나 상담하는 현장지원프로그램이 마련되어 있다.

쉼터는 숙식을 모두 제공하는 것과 잠자리만 제공하는 것으로 구분된다. 쉼터의 또 하나 중요한 기능은 일자리 소개를 포함한 상담 기능이다. 노숙인들은 쉼터에서 쇼핑백을 접는 등 간단한 노동으로 일정한 '용돈'을 벌기도 하고, 쉼터를 통해 자활프로그램을 소개받기도 한다. 현장지원프로그램은 자원봉사자들이나 프램그램 활동가들이 주로 '아웃리치'를 통해 거리노숙인이나 쪽방거주자 등을 만나 상담을 하고 물품을 지원해 주는 것이다. 노숙인 밀집구역인 서울역과 영등포역 주변에 상담소가 설치되어 있는데, 여기서 생활필수품을 제공하거나 쉼터를 소개한다. 서울역 근처에는 노숙인을 위한 진료소가 마련되어 있다.

흥미로운 점은 여성 노숙인들은 이러한 시설을 거의 찾지 않는다는 것이다. 필자가 1개월가량 진료소에 자원봉사자로 있을 때, 한 번도 여성이 진료를 받는 것을 본 적이 없었다. 또한 여성 노숙인을 위한 유일한 시설이었던 여성 거리노숙인 상담보호센터가 2009년에 폐쇄되었고, 집을 나온 여성을 위한 드롭인센터도 2005년에 폐쇄되었다가 2007년에 다시 열게 되었다. 이외에도 교회에서 잠자리와 일자리를 제공하는 경우도 있는데 대표적인 예가 서울시 청량리에 위치한 '가나안 교회'이다. 노숙인을 대상으로 하는 복지시설은 대개 정부나 종교단체에서 운영하는 경우가 많다.

1) 쉼터입주경로

여성들의 쉼터입주경로는 노숙을 거치는 경로와 그렇지 않은 경로로 구별되지만 구체적인 내용을 보면 개인적 상황에 따라 다양하다. A씨는 정신질환으로 한 달 정도 거리에서 헤매다가 어느 날 문뜩 정신이 들었는데, 거리에 쓰러져 있는 그를 본 행인들이 '서울역 노숙인 복지센터'에 연락했고, 센터 직원들이 그를 병원에 보냈다. A씨는 노숙 이전 자기가 다녔던 ××병원에 보내달라고 하였고, 그곳에 입원하여 치료를 받았다. A씨는 병원에서 치료 중에 '사회복지사'를 만나 사정을 이야기하여 복지사의 소개로 S2 여성쉼터로 왔고, 2008년 8월부터 조사시점(2010년 2월)까지 그 쉼터에서 살고 있다. A씨는 쉼터로 들어간 첫날의 기억을 다음과 같이 말하였다.

> 여기 오니까 빵하고 커피를 주는데 그렇게 좋을 수가 없는 거예요. 그래서 내가 우와~, 이렇게 우리나라에 좋은 데가 있었구나. 사람이 그렇게 생각이 들더라고요. (A씨 3차 인터뷰 녹취록)

병원에서 복지사의 소개로 쉼터에 입주한 A씨와 달리 B씨의 경우는 경찰이 서울역에 있는 노숙인 복지시설 '다시서기센터'를 알려주어 찾아갔다. 거리에서 바로 쉼터로 들어온 사례이다. B씨는 여성쉼터에 들어간 후 얼마 지나지 않아서 몸에 가려움증이 생겼는데, 병원에서 정신적 질환으로 진단되어 2006년부터 청량리 정신병원에서 3년간 치료를 받았다. 그 후 B씨는 다시 S1 쉼터로 들어갔고 1년 동안 생활한 후 쉼터 소개로 임대주택에 살고 있다.

C씨의 경우 두 달 정도(2007년 7~9월) 노숙한 후, 날씨가 추워지자 스스로 동네 복지관으로 찾아갔고, S2 쉼터를 소개받았다고 구술하였다.

> 마포구청에 복지과 있죠? 거기를 찾아갔더니 거기서 서울역전에 노숙

인 상담소가 있다고 하여 거길 찾아가 봤더니, 거기서 본동복지관, 종합복지관이라는 데를 소개해 주었어요. (웃음) (C씨 1차 인터뷰 녹취록)

쉼터 입소에서 중요한 것은 여성쉼터에 대한 정보와 쉼터 입소에 대한 태도이다. 여성 거리노숙인들이 쉼터로 입주하는 경로는 쉼터에 대한 정보 없이 복지시설 실무자가 주선하는 경로와 복지시설에 대한 정보를 알고 능동적으로 시설을 찾아가 도움을 요청하는 경로로 구별된다. 연구사례들은 복지시설 실무자의 주선이 있는 경우 쉼터로 들어갔지만, 아웃리치를 나가는 실무자들에 따르면 입소를 거부하는 경우도 많다. 이런 거부는 거리노숙의 '만성화'와 연관된다. 이런 태도는 쉼터의 질서에 대한 나름대로의 판단 또는 선입견이 작용한 결과이다.

2) 쉼터의 질서

여성 노숙인을 위한 쉼터 S1과 S2는 현재 한국 여성쉼터의 주요 유형을 대표하는 것으로, S1은 잠자리 및 일자리 제공을 중심으로 하는 일반여성쉼터이고 S2는 정신질환이나 알코올중독 치료와 자활을 겸비한 치료 및 자활 기능을 가지고 있다. 현재 서울에 있는 여성 노숙인 쉼터는 모두 7곳으로 250여 명만 수용할 수 있다. 자녀가 없는 여성이 생활할 수 있는 곳은 이 가운데 2곳에 불과하다.

쉼터 S1에는 단신 여성과 자녀 동반 여성들이 입주하고 있다. 심한 정신질환이나 기타 질환이 있을 경우 이 쉼터에 입주할 수 없다. 이 쉼터는 여성에게 숙식을 제공하고, 그들의 경제문제를 해결하여 자립할 수 있도록 지원하고 있다. 또한 기타 일자리를 소개해 주거나 취업에 필요한 기술 및 지식을 가르쳐 주기도 한다. 하지만 대부분 시간은 개인의 자유시간이고, 이 쉼터에 있는 여성은 낮에 각자의 일을 할 수 있다. 기상시간과 취침시간도 비교적 자유로웠다.

쉼터 S2의 경우 숙식제공과 자활프로그램을 소개하는 것 외에 치료기능이 있다. 이 쉼터의 경우 알코올중독자와 정신질환이 있는 여성만 입주할 수 있다. 증상이 심하면 병원으로 보내겠지만, 병원에서 이미 치료를 받은 여성은 쉼터로 들어와 일상치료를 받는다. 이 쉼터는 월요일부터 금요일까지 다양한 프로그램을 마련하고 있다. 주요 프로그램은 마음을 치유하는 '미술치료' 수업, 음악, 에어로빅, 생활체조, 쇼핑백 접기 등이다. A씨의 경우 몸을 많이 쓰는 에어로빅 수업을 선호하였고, C씨는 '미술치료' 수업이 인상적이라고 설명하였다. 개인의 자유시간은 주말이었고, 평일에는 취침 · 기상 시간에 따라 생활하고, 매일 2, 3회씩 인원수를 파악한다고 하였다.

두 쉼터의 기능 및 상황을 비교해 볼 때, S1은 여성에게 숙식 및 자활기회 제공을 중심으로 하는 쉼터로서 다수 여성쉼터와 비슷하다. 남성쉼터의 경우도 주요 기능은 S1 쉼터와 흡사하다. S2는 자활 외에 치료기능이 있고, 쉼터 수용자들은 이러한 프로그램에 참여해야 한다. 두 센터 모두 여성들이 실내에서 담배를 피우거나 도박, 음주를 하는 것을 엄격히 금지하고 있다.

S1에서 낮은 개인의 자유시간으로 배정되어 있다. 가끔 희망근로나 자활프로그램이 마련되어 있지만 매일 있는 것은 아니다. 이 쉼터는 저녁에 들어오는 시간을 통제하고 있다. S2의 경우 단체 프로그램이 훨씬 많고 관리도 비교적 철저한 편이다. S2에 있는 A씨와 C씨 모두 자유로운 시간이 부족하고 가끔 간섭받는 느낌도 든다고 말하였다. A씨는 개인에 대한 간섭이 주로 돈을 철저하게 관리하는 데 있다고 설명하였다.

> 쉼터에서 일주일에 두 번 금전관리를 하는데, 돈 탈 때[8] 진짜 화날 때 많아요. (A씨 3차 인터뷰 녹취록)

8 쉼터에서 생활하고 있는 여성은 자신의 저축통장을 '실무자 선생님'께 맡기고, 용돈을 타서 쓰고 있다.

C씨 역시 단체생활을 하면서, 특히 불편한 점은 없지만 상대적으로 자기만의 자유로운 시간이 부족하다고 설명한 바 있다. 쉼터의 규정 이외에 쉼터에서는 공동체 생활을 하므로 서로 의식하고 배려해야 한다. 일부 노숙인들은 이 때문에 쉼터에서는 자유를 박탈당했다고 여겨 쉼터 입소를 거부하는 것이다. 비슷한 맥락에서 일부 남성 거리노숙인들도 쉼터 입소는 '여성화'되는 것이라고 인식하기도 하였다.

S1과 S2의 관리방식 차이가 여성 노숙인들에게 주는 영향과 이에 대한 태도를 더 구체적으로 검토해야 한다. 핵심은 개인의 자유와 쉼터의 개입 간의 균형을 유지하는 것이다.

3) 고민 및 희망

A씨, B씨, C씨 모두에게 건강은 가장 현실적인 고민이다. A씨에게 현재 가장 큰 고민거리는 '허리통증'이다. 그는 '허리통증' 때문에 가끔 잠이 오지 않고, 정형외과나 한의원을 다녀도 정확한 진단을 받지 못하였다. 그렇기 때문에 A씨의 희망은 몸 건강이었다.

B씨 역시 건강문제를 언급했는데, 최근에 정신과에서 주는 약을 제때에 안 먹으니 옛날의 가려움증이 조금씩 돌아오는 것 같다는 내용이었다. 하지만 B씨는 약을 계속 먹으면 증상이 좋아질 것임을 믿고 있었다.

C씨는 쉼터생활을 하면서 도서관에서 책을 빌려 읽고 스스로 판타지 소설도 쓰고 있었다. 하지만 현재 건강 때문에 작품 창작의 힘이 부족하다고 말하였다. C씨는 활기가 없는 것이 가장 큰 문제라고 설명하였다.

연구자가 인터뷰한 여성들은 이미 치료를 받고 어느 정도 건강을 되찾았고, 쉼터 안에서 상대적으로 '건강한' 편에 속한다. 쉼터에 있는 다수 여성은 더 심한 건강문제가 있다. 이 때문에 여성쉼터는 잠자리, 끼니, 일자리를 제공할 뿐만 아니라 질환 치료와 상담을 겸비한 종합적 기능을 갖춘 시설이다.

노숙인들에게 노숙 이전의 가족은 사라진 과거인가, 아니면 여전히 이들을 지배하는 사회적 단위인가? A씨 외의 다른 연구사례들은 모두 가족과 관계를 회복하는 것 또는 가족과 떨어져 사는 것에 대해 고민하고 있다. A씨는 자녀들과 연락할 의향이 없었는데, 그것은 자신의 "처지가 안 좋기 때문"이라고 설명하였다.

> 글쎄요. 내가 일부러 찾고 싶지는 않아요. 내가 너무 지금 내가 처지가 안 좋으니까. 뭐라도 하고 있고 돈이라도 좀 쥐고 있을 때 같았으면 찾았을 거예요. 나 이런 꼴 보면 또 마음 부담스럽잖아요. (A씨 2차 인터뷰)

A씨는 가족해체를 겪고 난 후 첫째 딸을 초등학교 다닐 때 한 번 멀리서 본 적이 있었고 그 이후로 다시 연락하거나 본 적이 없었다고 하였다. A씨의 형제에 대해 물어봤는데, 어렸을 때 같이 자라지 않았기 때문에 형제와도 별다른 감정이 없다고 구술하였다. A씨는 가족뿐 아니라 계속 연락하고 지내는 사람이 없기 때문에 쉼터에서 떠난 후의 생활에 대해 걱정하고 있었다. 여성 노숙인들이 보편적으로 사회관계가 결핍되어 있다는 점은 기존 연구들에서 많이 입증된 사실이다.

> 지금도 걱정되는 게, 여기서는 이렇게 여럿이 어울려서 사람과 사람이 부딪히니까 덜 외롭잖아요. 나중에 준비해서 쉼터를 나간다 해도 그 외로움을 어떻게 감당할까 싶어. (A씨 1차 인터뷰 녹취록)

B씨는 인터뷰 과정에서 자녀에 대한 사랑과 미안한 마음을 수차례 말하였다. 집을 나온 지 10여 년이 된 B씨는 계속 집에 연락하며 자녀의 안부를 물어봤지만, 단 한 번만 딸과 통화했다고 말하였다.

> 한 달 전까지만 해도 내가 연락을 했는데, 지금은 전화번호를 바꿔 버렸어요. 딸은 저번에 통화를 한 번 했는데. 추석 때… 작년 추석 때 했는

데. 엄마란 소리는 안 하고 '나 순천에서 다녀.' 그래요. (B씨 1차 인터뷰 녹취록)

B씨는 늘 자녀에 대해 미안하다고 생각하고 자녀들이 자기를 용서하거나 받아줄 수 있을지 고민하였다. B씨는 자녀 이야기를 하다 필자에게 조언을 구하기도 하였다.

아들, 딸을 찾아보려고 해도 내가 돈이 많아서 찾는 것도 아니고, 아프다 보니까 내 몸만 하나 달랑 있으니까 찾아도 어떻게, (보고 싶어서 집에) 찾아가면 또 (남편한테) 매 맞죠. 옛날에도 찾아갔는데 허리가 분질러졌어요. 허리가 네 대나. (B씨 2차 인터뷰 녹취록)

C씨는 쉼터에서 생활하는 동안 자녀들에게 다시 연락했다고 하였다.[9] B씨와 달리 C씨는 자녀들과의 관계회복을 걱정하는 단계를 넘어서서 관계를 회복하려고 노력하였다. A씨, B씨와 달리 C씨는 쉼터에 입주한 후부터 자녀들에게 연락을 하기 시작했고, 설날에 자녀들을 만나 점심을 같이했고, 용돈도 조금씩 나눠 주었다고 구술하였다.

D씨의 경우도 '딸들과 같이 쉼터에 살고 남편과 떨어져 있는 것'이 고민이라고 말하였다.

같이 일을 하며는 돈을 모을 수 있는 건데. 근데 가족은 뿔뿔이 헤어지면 또 멀리 떨어져 있으면. 몸도 마음도 떨어져 있으면 마음이 멀어진다잖아요. 그럴까 봐 조금 두려워요. 그래도… 내 신랑이고 애들이고 하니까 같이 모여 살았으면 좋겠어요. (D씨 3차 인터뷰 녹취록)

9 C씨에게는 첫째 딸과 그 아래로 쌍둥이 남매가 있었다. 3명의 자녀 중 C씨는 맏딸과 자주 만나고 있다.

D씨는 일주일에 한 번씩 딸들을 데리고 남편과 만났으며, 매일 통화하여 서로의 안부를 확인하였다. 인터뷰 당시에도 D씨의 남편은 몇 차례 전화했고, 일과를 이야기하였다. D씨의 경우는 가족해체의 위기가 현실화되지 않았다.

여성 노숙인들이 쉼터에서 생활하게 되면 건강회복, 가족관계의 복원 이외에 경제적 자립에 대한 희망을 갖게 된다. 그러나 이들에게 충분한 노동 기회는 쉽게 주어지지 않는다. 4명의 여성 모두 일자리를 구하는 데 어려움을 겪었다고 말하고 있지만 실제로 그들이 일자리를 구함에 있어 '노숙인'이기 때문에 차별받거나 어려움을 겪은 적은 거의 없었다. 오히려 공공근로와 희망근로 같은 경우 쉼터노숙인이었기 때문에 가능하였다. 그들은 일자리 구하는 경우, 항상 자신의 학력과 건강을 의식하고 있었다. A씨는 공장일이나 청소일을 하는 것이 소원인데 그것도 구하기 어렵다고 말하였고, B씨는 어느 식당 일자리를 구하러 갔는데, 고기 재는 방법과 한글을 몰랐기 때문에 채용되지 못했다고 하였다. C씨는 체력이 달려 작품을 만드는 일보다 단순직 노동이 더 현실적이라고 말하였다. D씨 역시 일자리를 구할 때 자신이 너무 허약해 보여 어려움을 겪는다고 토로하였다.

이들은 쉼터에 있는 동안 쉼터 소개로 희망근로 등 자활프로그램에 참여할 수 있다. 하지만 현재 쉼터에서 하는 부업은 주로 쇼핑백 접기 등인데, 한 달 수입이 대략 10~20만 원으로 기본적인 생활을 하기에는 턱없이 부족하다.

쉼터 여성들의 고민은 쉼터가 영구 거주시설이 아니어서 일정 기간이 지나면 퇴소해야 한다는 조건과 결부되어 있다. 희망 또한 퇴소문제가 얼마나 현재 자신의 삶의 조건을 규정하고 있는가에 따라 달라진다. 신원우 등(2009)에 따르면, 여성 노숙인들은 쉼터거주 2년 후가 지나면 현저히 퇴소 가능성이 감소한다. 이들은 일종의 만성적 노숙인이 될 가능성이 있다.

쉼터의 여성들은 자기의 삶을 어떻게 생각하는가. 이들은 여전히 희망을 가지고 있는가. 앞에서 언급했듯이 이들은 나름대로의 희망을 가지고 있지만, 이런 희망은 현재의 어려움과 연관되어 있다. A씨는 장래의 희망을 몸이 건강해져 즐겁게 사는 것이라고 말하였다.

정규교육을 받지 못한 B씨는 지금이라도 한글공부를 계속해야겠다고 말하였다.

> 내가 엄마로서는 그냥 딱 접어 두고 저희들 잘 크도록 내가 마음속으로 빌고 그랬는데. 그 마음을 이해를 못하니까 내가 편지라도 써서 이래, 이래 했다 그러고 싶은데 그거 못하니까, 내가 공부해 갖고 편지를 하면, 딸은 주소를 모르니까, 신랑한테라도 하면은 신랑도 내 마음을 이해할 거 아니에요. (B씨 2차 인터뷰 녹취록)

B씨는 한글공부를 통해 편지를 쓰고, 아들과 딸이 자기의 심정을 이해해 줄 것을 기대하였다. B씨가 궁극적으로 바라는 것은 자녀들과 관계를 회복하는 것이다.

쉼터에 있을 때 C씨는 자녀와 다시 연락하게 되었고, 관계회복에 힘쓰고 있었다. 쉼터에서 글 쓰는 능력이 회복되길 바라고, 장래 희망은 자기의 힘으로 집을 얻어 자녀들과 같이 사는 것이다.

> 돈 모아놓은 게 조금 있는데 많지는 않아요. 그래서 공공임대주택이라는 게 있더라고요. 그런 거라도 하나 얻어서 독립할 수 있으면, 애들을 불러서 같이 살아 볼까 뭐 그런 계획을 짜고 있죠. (C씨 2차 인터뷰 녹취록)

D씨도 쉼터생활이 아무리 안정적이더라도 하루빨리 돈을 모아서 (쉼터) 밖에 방을 구하고 온 가족이 같이 사는 것을 바란다고 하였다.

> 애들 아빠가 멀쩡히 살아 있고 같이 살 수 있는 집이랑 돈이 우선순위죠. 돈과 가족, 가족이요. (D씨 3차 인터뷰 녹취록)

여성 노숙인들의 희망은 무엇보다도 가족관계의 회복이었다. 이들의 희망은 자존심의 회복을 조건으로 한다.

4) 과거 경험에 대한 인식과 정체성

여성 노숙인들은 자신의 과거 경험, 특히 거리노숙에 대해 어떻게 인식하고 있는가. 그들은 아픈 과거로부터 얼마나 거리를 두고 있는가. 기존의 연구에 따르면 쉼터에 있는 노숙인들의 정체성은 쉼터에서의 주체화 전략에서 사용되는 담론, 즉 의료화 담론에 영향을 받아 자기 비난이나 자기모멸로 나타나고 넓은 의미에서의 정치경제적 과정에 초점을 맞추는 담론은 주변화되거나 비합리적인 것으로 간주된다고 지적되었다(Lyon-Callo, 2000). 그렇다면 연구사례들에서는 어떻게 나타나는가.

A씨는 거리노숙을 포함한 자기의 전반 삶에 대해 후회하고 있다고 말하였다.

> 지금 이렇게 치료받고 나서 느끼는 게 그런 모든 행동이나 그 내 지저분한 상황들이 정신병에 의해서 일어난 게 아닐까 그런 생각이 들어요. 그래서 지금 같으면 그렇게 어리석게 안 살아요. 왜 그렇게 전부 어리석었는지 몰라요. (A씨 2차 인터뷰 녹취록)

A씨는 자신의 거리노숙이 정신질환 때문에 일어난 '뜻하지 않은' 것이라고 생각하고, 삶의 대한 회한을 가지고 있었다. 그는 자신의 삶이 '지저분하다'고 묘사했지만 자기에게 상처를 준 사람들을 탓하지는 않았다.

B씨 역시 자기가 '참 어리숙하게 살았다'고 말하였다. 특히 자기가 그

동안 가정부 생활도 많이 해 왔는데 '왜 일찍 남의 집에서 일하는 걸' 생각하지 못했는지 후회하였다. 하지만 그는 인터뷰 과정에서 거리노숙했던 경험을 돌이키고 싶지 않은 경험임을 드러냈다. 거리노숙의 위험과 생활을 질문하면 엉뚱한 답으로 회피하거나 화제를 돌리곤 하였다.

그러나 C씨는 노숙생활에 대한 후회의 감정이 없었다. 대신 허전함과 '좀 아쉬울 뿐'이라고 설명하였다. 그는 '노숙'은 자신의 진실된 경험이 아니라고 생각하였다.

> 솔직히 말하면 진짜 경험이 아니에요. 왜 그러냐 하면… 환상에 겹쳐서 돌아다녔기 때문에 특별한 경험이 없어요. 그 점은 좀 아쉬웠어요. 그 정도 돌아다녔으면 뭔가 남는 게 있어야 되는데 없더라고. (C씨 2차 인터뷰 녹취록)

> 세상에 노숙을 한다는 건 지붕이 없다는 뜻이거든요. 지붕이 없는 곳에 있다는 뜻인데… 꾸미지 않는, 자기가 타고난 그대로 느끼게 되는 게 있어요. 나라는 한 생물체로 느끼게 되는 게 있어요. 뭐라고 설명하기가 참 곤란한 얘긴데. 이 지상에서 생을 허락받은 한 생물체로서 느낌이라고 할까. (C씨 3차 인터뷰 녹취록)

그렇다면 이들은 현재의 거리노숙인들에 대해 어떻게 인식하는가. A씨는 그들의 생활을 이해한다는 반응을 보였다. A씨의 이와 같은 태도는 자신의 노숙경험 및 노숙 당시 다른 사람한테 들은 말에서 영향받은 것이다.

> 노숙인들 보면 정신 멀쩡한 사람들도 많아요. 그 생활이 오히려 더 좋아서 노숙생활을 포기 못하는 사람도 있고요. 근데 여자들은 거의 안 그럴 거다 생각하는데, 여자들도 그런 사람이 많다고 하네요. (A씨 3차 인터뷰

녹취록)

한 가지 주목할 점은 A씨는 거리노숙을 나쁘게 보지 않는다는 것이다. 그는 자기의 독특한 경험을 예로 들면서 거리 홈리스의 '신난 기분'을 이렇게 소개하였다.

> 서울역 혼자 왔다갔다 할 때, 차들이 나를 도망다닐 때, 그때 기분 같으면 노숙을 계속 할 수 있을 거 같아요. 아니 그때 기분 같으면, 내가 최고야. 무서운 게 없는 거야… 그 기분을, 그 신난 그 기분을 가지고 노숙하는 사람들이 하고 있는 거 아닐까, 나는 그런 생각이 들어요. (A씨 3차 인터뷰 녹취록)

A씨가 거리노숙인에 대한 태도는 자기의 노숙경험과 밀접히 연결되는 듯하다. 하지만 그는 다수의 거리노숙인들이 자기와 다르다고 강조하였다. A씨는 거리에서 생활할 때도 다른 노숙인들과 어울리지 않았고, 노숙생활을 거부하는 태도를 보였다.

B씨는 그들이 쉼터로 들어가 생활하고 치료받아야 한다고 주장하였다. 그는 정부에서 노숙인들에게 일자리를 많이 지원해 줄 것을 희망하였다. 그러나 그는 자기의 거리노숙 경험을 언급하지 않고, 제3자의 입장에 서서 나라와 정부가 더 많은 지원을 하고, 거리노숙인은 쉼터로 들어가야 하며, 치료받을 것을 강조하였다. 하지만 그의 생각은 자신의 경험에 입각한 것이었다.

C씨는 노숙을 개인이 자신의 생활에 대한 책임을 회피하는 것으로 보았다.

> 노숙하는 사람들을 보면 자기 생활에서 뭔가를 내려놓는 것 같아요. 생활에서 뭔가를 얻으려면 책임을 져야 되잖아요? 그 책임들을 전부 내려

> 놓고 책임지지 않는 상태에서 사는 거예요. 막막하죠…. 노숙인들은 개인적인 문제가 많다고 생각해요. 개인적으로 진짜로 책임을 있는 대로 다 내려놓고, 벗어버린. 본인이 그렇게 판단을 해서 선택을 하는 그런 상태인 거 같아요. (C씨 3차 인터뷰 녹취록)

주목할 점은 A씨, B씨, C씨 모두 거리노숙 경험이 있었지만, '거리 홈리스를 어떻게 생각하는가'에 대한 질문에서 모두 분명하게 제3자의 입장에서 대답했다는 사실이다. 그들은 모두 '거리노숙인'을 자신과는 다른 부류로 인식하고 있었다. 또한 그들이 거리노숙을 할 때 다른 사람과 어울려 다니지 않았거나 자기의 노숙경험이 진짜 경험이 아니라고 인식하였다. 왜 그런 태도를 보이는가. 그들은 아주 쉽게 자신을 자신의 과거와 분리시키고 있었다. 그것은 그들이 현재 쉼터에 거주하고 있거나 쉼터에서 퇴소했기 때문일 수도 있지만, 오히려 자기부정이 현재적 자기존재의 유지방식이기 때문에 그런 태도를 보이고 있다고 해석할 수도 있다.

그렇다면 거리노숙의 경험이 없는 D씨에게 '노숙'은 무엇인가. 그는 인터뷰에서 '노숙'이라는 단어를 거의 언급하지 않았고 자신을 홈리스 혹은 노숙인이라고 생각하지 않는 듯하였다. D씨는 단 한 번 '거리노숙'을 언급한 적이 있는데, 딸 셋과 갈 곳이 없을 때 여성쉼터의 소장이 자기를 받아들이지 않았더라면 '거리노숙'을 하게 되었을지도 모른다는 것이었다. D씨가 현재 생활하고 있는 쉼터나 그가 참여했던 다양한 프로그램에서 거리노숙 경험이 있는 사람들을 만났지만, 따라서 그에게 '거리노숙'은 매우 생소한 것이다. 실제로는 서로 교류가 거의 없고, 대화를 나눌 경우에도 간단한 인사와 일상생활에 대해서만 말하는 정도라고 설명하였다. 거리노숙 경험이 없는 D씨는 거리노숙에 대한 개념이 없다고 할 수 있다.

거리노숙인에 대한 인식이나 태도를 볼 때, 거리노숙 경험이 전혀 없는 D씨는 물론 나머지 세 사례 모두 거리노숙인과 자신을 분리시켜 인식하고 있었다. 심지어 거리노숙 경험자도 자신을 다른 노숙인들과 다른 존재로 파악하고 있었다. 이들의 구술에 따르면 쉼터에서의 자활담론이 노숙인들의 자기 모멸감이나 정체성 관리에 얼만큼 작용하는지는 분명하지 않다. 노숙인들의 세계에서 자주 발견되는 자신으로부터의 거리화 또는 '초월'의 기제는 앞으로 좀 더 연구해야 할 중요한 주제이다.

5. 결론: 다양한 요인을 고려한 새로운 정책의 필요성

지금까지 검토한 여성 노숙인 4개 사례를 통하여 이들의 노숙유입 요인은 기존 연구에서 밝힌 바처럼 경제적 원인 이외에 가족해체, 가정폭력, 정신질환 등의 요인들이 복합적으로 작용한다는 것을 확인하였다. 이들의 거리노숙에서 나타나는 공간이용은 나름대로 규칙과 질서에 의해 규정되는데, 여성들은 폭력의 위험 때문에 집단적 생활을 회피하려는 경향이 있다는 것을 알 수 있다. 거리노숙인들이 끼니와 생필품을 마련하는 데에는 집단 내 연결망이 중요한 작용을 한다. 집단에 속한 여성은 서로 정보를 교환하면서 다양한 자원을 이용할 기회를 갖지만 집단에 속하지 않은 여성은 이러한 정보가 부족할 수밖에 없다.

여성 노숙인들은 거리노숙인 밀집구역에서 다른 노숙인들과 어울려 있는 경우 '남성 노숙인에 의존하여' 살아가지만, 그보다는 '홀로 노숙'을 선택하는 경향이 있다. 이들이 거리노숙을 거쳐 쉼터에서 생활하는 경우 거리노숙을 경험했음에도 불구하고 '거리노숙인' 정체성은 약하다. 거리노숙 경험이 있었지만 그들은 자기의 과거 거리노숙 때의 특징을 언급하면서 현재 거리노숙인과는 다르다는 태도를 보여주었다. 이런 의식은 사실 '쉼터화'되었거나 '노숙인 정체성'에서 다소 벗어났음을 보여준다.

여성 거리노숙인들에게 나타나는 중요한 특징 중의 하나가 정신질환 경험이다. 이것은 노숙의 원인이기도 하고, 노숙의 결과로 발생하기도 한다. 여성 노숙인 정책에서 정신질환의 치료나 노숙에서 발생한 트라우마를 치유하는 것은 이미 시행되고 있고, 이 연구에서도 다시 확인하였다. 쉼터생활을 하는 여성들은 건강, 가족관계, 그리고 일자리 문제 등 세 가지 문제를 안고 있다. 일부는 가족관계 회복에 대한 희망을 가지고 있었다.

현재의 노숙인 정책이 여성의 특수성을 소홀히 하고 있다는 비판을 받고 있다면 그것은 여성쉼터의 중요한 기능, 즉 숙식제공, 일자리 알선, 상담과 심리치료와 함께 이들이 상실한 가족관계의 복원에 정부나 지원단체가 함께 노력해야 함을 시사해 주는 것이다.

김광례(2001). 「여성노숙자 실태에 관한 연구, 서울특별시를 중심으로」, 서울시립대학교 석사학위논문.

김수현(2001). 『서울시 홈리스 여성 실태와 대책』, 시정개발연구원.

김용희(2006). 「여성노숙인의 성 인식 연구: 거리 노숙의 경험이 있는 여성 노숙인을 중심으로」, 성신여자대학교 석사학위논문.

노숙인다시서기지원센터(2010). 『2009년 사업보고서』, 서울시노숙인다시서기지원센터.

서정화(2005). 「여성노숙인의 존재와 삶」, 『아세아연구』 48(2): 59-85.

송순영(2007). 「여성노숙인의 원인과 문제해결을 위한 연구: 여성 상담보호센터 사례를 중심으로」, 성신여자대학교 석사학위논문.

신원우 · 김유경 · 김경휘(2009). 「여성 노숙인의 쉼터 퇴소에 영향을 미치는 요인」, 『사회복지연구』 4(2): 5-32.

'우리들의 좋은 집' 내부자료.

Bhui K., Shanahan L., & Harding G.(2006). "Homelessness and Mental Illness: A Literature Review and a Qualitative Study of Perceptions of the Adequacy of Care," *International Journal of Social Psychiatry* 52(2): 152-165.

Lyon-Callo, V.(2000). "Medicalizing Homeless: The Production of Self-Blame and Self-Governing within Homeless Shelters," *Medical Anthropology Quarterly* 14(3): 328-345.

Mathieu, A.(1993). "The Medicalization of Homelessness and the Theater of Repression," *Medical Anthropology Quarterly* 7(2): 170-184.

Snow, D., Baker, S., Anderson, L. & Martin, M.(1986). "The Myth of Pervasive Mental Illness Among the Homeless," *Social Problems* 33(5): 407-423.

Song Jesook(2006). "Historicization of Homeless Spaces: The Seoul Train Station Square and the House of Freedom," *Anthropological Quarterly* 79(2): 193-223.

제 4 장

한국 노숙인의 하위문화와 '정상적인 집'이라는 이상

황익주 · 선소영

1. 하위문화의 관점에서 노숙인의 생활세계를 조망함의 의미

이 장에서는 한국 노숙인들의 생활세계를 '하위문화(subculture)'라는 준거틀에 의거하여 설명해 보고자 한다. 이는 노숙인들의 삶에서 발견되는 문화적 양상들 가운데 현대 한국사회의 여타 구성원들에게서 나타난다고 '상정되는' 일반적이고 평균적인 행동, 사고방식, 태도 등과는 차이가 난다고 여겨지는 지점들에 보다 주목함을 의미한다. 한 사회의 문화는 논리상으로는 무한대의 측면 내지 양상들을 지니므로 특정집단 구성원들에게서 나타나는 문화적 양상들도 역시 논리상으로는 무한대의 측면들을 지닌다고 볼 수 있다. 따라서 그 집단 구성원들의 삶에서 드러나는 무수한 문화적 양상들 가운데는, 만약 항목 수를 계산한다면, 여타의 사회구성원들과 공통되는 것들이 압도적으로 많을 것이다. 그럼에도 불구하고 하위문화라는 관점에서 특정집단 구성원들의 삶을 조망한다는 것은, 그런 공통적 부분들보다는 그들을 여타의 사회구성원들로부터 구분지우는 변별적 특징에 해당하는 그 집단 구성원들의 행동 및 사고방식의 양상들에 강조점을 둠을 의미한다. 따라서 이 장에서는 한국사회의 일반적이고 평균적인 구성원들과 구별되는 특수한 '하위문화 집단(subcultural group)'으로서 한국 노숙인들에게서 발견되는 특징적인 행동과 사고방식 및 태도에 초점을 맞추어 고찰하고자 한다.

그러나 이 장에서 한국사회의 일반 구성원들과 구별되는 노숙인 하위문화의 양상들을 포괄적이고 체계적으로 분석하기에는 그러한 작업을 곤란하게 만드는 우리의 공동연구에 내재된 방법론적 난점들이 존재한다. 이에 이 장에서 전개될 논의의 수준을 설정하기 위해 이들 방법론적 난점들이 어떤 것인지를 먼저 검토하고자 한다.

첫째로 지적할 사항은, 이 연구에서 주축을 이루는 자료가 노숙인들의 구술생애사로 이루어져 있다는 데서 생겨나는 난점이다. 어떠한 개인사적 배경하에서 어떠한 경로를 거쳐 노숙에 이르게 되었는지, 그리고 그에 더하여 탈노숙에 성공한 소수 사례의 경우 어떻게 노숙에서 벗어날 수 있었는지를 계기적 사건들로서 서술하는 인터뷰 대상자들의 서사(narrative)가 노숙인들 삶의 경험에 대한 이야기들 가운데서도 단연 큰 비중을 차지하도록 연구의 기본적 자료가 이루어져 있다. 이처럼 노숙생활로의 진입과 그로부터의 이탈이라고 하는 통시적(diachronic) 변화의 문제, 그리고 그와 직결된 복지정책 내지 제도상의 문제들에 초점이 맞추어지다 보니 노숙생활의 일상이 반복적으로 지속되는 가운데서 나타나는 공시적(synchronic) 구조의 문제는 우리 연구진이 수집한 구술생애사 자료들에서 애당초부터 상대적 비중이 낮아지게 되었다. 하지만 노숙생활의 반복적 일상 속에서 드러나는 공시적 구조야말로 바로 노숙인 하위문화 연구의 근간이 될 내용이다. 물론 연구진도 이 같은 문제점을 인지하고 공동연구의 중간 단계가 지나면서부터는 추가로 수행되는 인터뷰 작업들에서 그러한 내용을 반영하기 위해 나름대로 노력을 기울인 바 있다. 그럼에도 불구하고 최종적으로 생산해 낸 구술생애사 자료들을 전체적으로 평가해 볼 때는 노숙인 하위문화의 특징적 면모들에 대한 체계적 논의를 펼치기에는 노숙생활의 공시적 구조에 관련된 내용이 상당히 부족하다는 평가를 할 수밖에 없는 실정이다.

이 연구가 애당초 노숙인의 구술생애사 아카이브를 구축하는 작업으로서 시작되었던 데서 연원하는 이러한 한계점은, 만약 한국 노숙인들의 일상적 생활문화에서 드러나는 공시적 구조를 민족지적(ethnographic)[1]으로 조명한 다른 연구들이 충분히 존재한다면, 그다지 심각한 문제점이 되지 않을 수도 있을 것이다. 그러나 유감스럽게도 그러한 내용을 담은 민족지적 연구는 한국 노숙인들에 관한 별로 많지 않은 선행연구 중에서도 극소수에 지나지 아니한다는 사실이 이 연구가 안고 있는 두 번째의 방법론적 난점이다. 이는 무엇보다도 노숙인들의 생활세계에 대한 참여관찰을 주된 방법으로 삼아 연구를 수행한다는 일이 애초에 연구를 목적으로 그들의 생활세계에 접근하는 단계부터 너무나도 힘든 작업이다 보니 생겨난 현상이다. 그간에 선진국 학계에서 행해진 하위문화 집단들에 대한 연구에서는 연구자가 연구대상 집단의 일원이 되어 그들의 생활을 참여관찰하는 것을 연구방법의 주축으로 삼는 민족지적 현장연구가 주류를 이루어 왔다. 그럼에도 불구하고 노숙인이라는 하위문화 집단의 경우에는 선진국 학계에서조차 참여관찰을 주축으로 한 민족지적 연구(예컨대, Wasserman & Clair, 2010; Gowan, 2010; Parsell, 2010; Ravenhill, 2008)가 다른 하위문화 집단들에 대한 연구에 비해 현저히 낮은 비율에 머물고 있는 실정이다.

한편, 한국에서는 노숙인들에 대한 선행연구들 가운데 연구자가 직접 노숙인의 일원이 되어 참여관찰을 수행하는 방법을 통해 이루어진 민족지적 연구로는 서울역 거리노숙인에 대한 김준호의 연구(2010)가 독보적

1 'ethnography'에 해당하는 우리말 용어로서 '문화기술지'나 '민속지'가 아닌 '민족지'를 사용하는 이유에 대해서는 이용숙 외(2012: 14-15)를 참조할 것.

이라고 해도 과언이 아니다. 또한 노숙인들에 대한 심층 인터뷰를 주된 방법으로 삼되 철도역이나 지하철역, 노숙인 쉼터나 상담보호센터 등과 같은 노숙인의 주요 생활공간들에 대한 현장답사를 수행하는 방식으로나마 참여관찰적 요소를 가미한 성격의 민족지적 연구조차도 몇 손가락으로 꼽을 정도에 불과한 실정이다(예컨대, 김진미 · 서정화, 2006; 강미연 · 김위정, 2005; 안준희, 2000). 이처럼 노숙인들의 일상적 생활문화, 특히 그들의 생활세계 내에서의 인간관계 및 상호작용의 양상을 다룬 민족지적 선행연구들이 크게 부족하다는 사실은 한국 노숙인 하위문화의 특성에 대한 포괄적 · 체계적 분석을 곤란하게 만드는 요인이 되고 있다.

하위문화의 관점에서 한국 노숙인들의 생활세계를 연구하고자 할 때 직면하는 세 번째의 방법론적 난점은 상당 정도는 앞에 언급한 두 가지 난점들이 결합적으로 작용한 결과로 생겨나는 난점이다. 그것은 바로, 현재로서 가용한 자료들 및 선행연구의 결과들만으로는 우리의 연구에서 사용하는 광의의 노숙인 집단 전체에 걸쳐 나타나는 하위문화적 공통분모가 과연 존재한다고 보아야 하는 것인지를 판단키 곤란하다는 점이다. 만약 그런 공통분모가 존재치 않는다면, 거리, 쉼터, 상담보호센터, 부랑인 시설, 쪽방이나 고시원, 매입임대주택 등 잠잘 공간의 유형에 따라 혹은 일용노동, 재활용품 수집, 구걸 등 생계의 방편으로 행하는 돈벌이 활동의 종류에 따라 얼마든지 세분될 수 있는 수많은 하위문화 집단들이 병존하는 상황인 셈이다.

이 문제와 관련하여 매우 중요한 시사점을 제공하는 연구로서 미국 샌프란시스코 지역의 노숙인들의 생활세계를 다년간에 걸쳐 직접 참여관찰한 테레사 가우원의 연구가 있다(Gowan, 2010). 이에 따르면 샌프란시스코 지역 노숙인(homeless)들의 생활세계 내에는 세 개의 변별적 하위문화들이 존재한다. 그 하나는 재활용품 수집을 통해 소득은 적지만 정상적인 경제활동에 종사하면서 거리노숙 생활을 하는 'New Hobo'들이며, 다른 하나는 좀도둑질, 마약거래, 매춘 혹은 행인들로부터 돈뜯어내기 등의 정상적이라 간주되지 않는 방식으로 돈벌이를 하면서 거리노숙 생활을 하는 'Hustler'들이다. 그리고 또 하나의 하위문화는 쉼터에 입소하여 자신이 치료와 도움을 필요로 하는 사람임을 공공연히 인정하는 대신에 잠자리와 음식 등의 복지서비스를 비교적 안정적으로 제공받는 'Backslider'들이다. 저자는 이들 세 집단의 구성원들이 비단 생존을 확보하는 방식뿐 아니라 삶에 임하는 태도, 그리고 개인적 생애 속에서 펼쳐지는 삶의 궤적 등에서 모두 다르다는 사실을 알게 되었기에 각각을 변별적 하위문화들이라고 해석한 바 있다. 우리의 연구가 직면한 세 번째 방법론적 난점이란 이처럼 생존 확보의 방식, 삶에 대한 태도, 삶의 궤적 등을 종합적으로 파악한 결과로서, 우리로 하여금 몇 종류의 변별적 하위문화들이 한국 노숙인의 생활세계 내에 존재한다고 판단케 해 줄 수 있을 만큼의 적합하고도 충분한 자료 및 선행연구들이 가용치 않다는 사실이다.

이상에 언급한 이 연구의 방법론적 난점 내지 한계들은 포괄적인 한국의 노숙인 하위문화에 대한 연구라면 마땅히 다루어야 할 여러 측면에 대한 체계적 분석과 해석을 거의 불가능하게 만들고 있다. 그런 측면들이란 예컨대 노숙인 집단 내에서의 사회분화, 특히 위계서열의 형성에는 어떠한 변인들이 작용하는가, 노숙생활에서 만난 친구 내지 동반자와의 유대관계는 어떤 것들을 매개로 형성되고 또 해체되는가, 노숙인들은 비노숙인들과의 관계 혹은 다른 노숙인들과의 관계 속에서 자신만의 프라이버시 유지를 위해 어떤 전략들을 구사하는가, 노숙인들이 지닌 신체위생 및 질병에 대한 관념과 태도는 어떤 특성을 지녔는가, 죽음의 문제에 대한 노숙인들의 태도는 어떠한가, 음식과 식사에 대한 노숙인의 관념과 태도는 어떠한가, 생일이라든가 기타 기념할 만한 날들에 관련된 노숙인의 의례에는 어떤 것들이 있는가, 이름이나 별명 등 개인적 정체성을 구성하는 요소들에 관련된 정보는 노숙인의 생활세계 내에서 어떻게 동료 노숙인과 공유되는가 하는 등등의 물음과 연관된 것들이다. 그러나 한국 노숙인 하위문화의 그런 측면들에 대한 체계적 설명을 제시하기에는 우리의 공동연구가 확보하고 있는 자료적 토대가 너무 빈약하다.

이러한 한계점을 고려하여 이 장에서는, 노숙인이라는 집단 자체의 판별 및 자기인식에서 중추를 이루는 부분인 까닭에 이 연구의 기본 자료인 60명의 노숙인 구술생애사에서도 가장 많은 분량의 정보가 확보될 수 있었던 부분을 중심으로 한국 노숙인 하위문화의 양상에 대한 분석과 해석을 수행하고자 한다. 그 부분이란 바로 다양한 유형의 잠잘 공간들에 관련한 노숙인들의 행동 및 관념이다. 아울러 그와 긴밀히 연관된 것으로서 취업 혹은 구걸 등의 활동을 통한 생계 확보의 문제에 대해 노숙인들이 지닌 관념과 태도들도 이 장에서의 분석을 위한 주요 자료로서 검토하였다. 우리는 이들 측면이 '정상적인 집'에 대해 한국사회의 구성원들이 일반적으로 지니고 있는 관념과의 연관 속에서 이해될 수 있음을 강조할 것이다. 하지만 노숙인 하위문화의 여타 측면들에 대한 충실한 자료적 기반이 없는 상태에서 제시될 이하의 설명은 어디까지나 시론적 성격에 그칠 수밖에 없다는 점도 미리 밝혀둔다.

2. 노숙인 생활세계와의 대조항으로서 '정상적인 집'이라는 이상

노숙인이라는 사회집단은 그간에 하위문화의 개념을 원용하여 설명되어 왔던 다른 사회집단들과 중요한 차이점이 한 가지 있음에 유의해야 한다. 하위문화 집단이라는 개념은 펑크족, 히피족 등을 필두로 흔히 '~족'이라는 이름이 부쳐지는 사회집단들이라든가, 여행 마니아, 마라톤 마니아 등 흔히 '~ 마니아'로 불리는 집단들, 또 팬덤(fandom) 연구에서 다루어 온 특정 연예인이나 스포츠팀에 대한 열성적 팬 집단들, 그리고 특정 종교라든가 정치적 신념을 열렬히 실천하는 집단들, 나아가 소방관, 배달부 등의 특수직업 집단들 등등에 흔히 적용되어 왔다. 이들 사회집단의 경우에는 여타의 사회구성원들에게서는 나타나지 않는 특정한 행동이나 사고방식의 존재(presence)가 하위문화 집단으로서 해당 집단의 변별적 특징을 이룬다(Gelder & Thornton, 1997; Bennett & Kahn-Harris, 2004). 그에 반하여 노숙인들의 경우에는 여타의 평균적 사회구성원들이 갖추고 있는 어떤 요소의 부재(absence) 내지 부족, 즉 결여가 이 집단의 변별적 특징이라고 간주된다는 점에서 여타의 하위문화 집단들과는 차이를 보인다.

바로 이런 점에서 노숙인이라는 집단에 대한 사회적 인식이 형성되는 기제가 장애인의 경우와 흡사하다는 사실은 매우 의미심장하다. 장애인에 대한 일상적 개념은 '정상적인' 몸을 가지지 못한 사람들, 즉 몸의 기능이나 외관의 측면에서 정상인 여타 사회구성원들에 비해 심각한 문제가 있다고 간주되는 사람들이다. 하지만 인간의 몸을 이루는 무수한 부분 중 어떤 부분에서의 얼마만큼의 기능상 내지 외관상 문제가 있어야 비정상의 몸을 지닌 장애인이 되는 것이냐는 점에 관한 한, 일반적 사회구성원들이 가지고 있는 장애에 대한 일상적 개념은 지극히 모호하다. 가령 한쪽 팔다리가 없는 사람에 대해서는 장애인이라 부르면서 위나 장 등 내장기관의 기능에 심한 장애가 발생하여 일상생활에 곤란을 겪는 사람에 대해서는 장애인이라 부르지 않는 것이다. 또한 일상적 개념으로는 정상인이라 간주되는 사람들이 의학적으로는 장애인으로 간주되기도 하며 그 반대의 경우도 있다. 하지만 이러한 자의성, 모호성, 가변성 등에도 불구하고 사람들은 막연히 몸이 정상이 아닌 장애인과 정상적 몸을 지닌 비장애인 간에는 뚜렷한 구분선이 존재한다고 생각한다.

이와 마찬가지로 사람들의 일상적 인식 속에서 노숙인은 정상인으로서의 비노숙인이 갖추고 생활한다고 상정되는 그 무엇을 갖추지 못한 사람들이라고 생각된다. 하지만 일상적 인식에서 노숙인의 변별적 특징이라고 간주되는 그 무엇의 결여가 구체적으로 어떤 것을 지칭하는지를 파악하고자 할 때 장애인의 경우에서처럼 각종 자의성, 모호성, 가변성의 문제에 직면하게 된다. 이와 관련하여 '노숙인'의 글자 그대로의 의미이자 사회의 일반 구성원들 사이에 만연되어 있는 노숙인에 대한 관념, 즉 '이슬을 맞으며 바깥에서 잠을 자는 사람'이라는 의미에 부합하는 경우는 이 공동연구에서 노숙인으로 정의되는 집단 전체 내에서 오히려 소수에 지나지 않는다는 사실은 시사점이 매우 크다. '거리노숙인'이라고 분류되는 그런 사람들 외에도 이 연구에서는 찜질방, PC방, 만화방, 다방 등을 전전하는 사람들, 나아가 자신이 월세를 내고 입주한 고시원이나 쪽방, 심지어 매입임대주택에 거주하는 사람들조차도 노숙인의 범주에 포함시키고 있다. 결국 이 연구에서는 '정상적인 집'에 살지 아니하는 모든 사람을 광의의 노숙인으로 간주함으로써 노숙인들을 '주거빈곤층'이라는 보다 포괄적인 사회집단 일부분으로 취급하려는 것이다.

하지만 여기서 '정상적인 집'이라는 판별기준은 '정상적인 몸'과 마찬가지로 너무나도 모호하다. 그리고 이러한 모호성은 이 공동연구에서 채택한 노숙인에 대한 개념정의가 안고 있는 문제점이기 전에 이미, 우리 사회가 노숙인들을 바라보는 시선임과 동시에 노숙인들 스스로 내면화하여 자신들의 현재의 삶의 모습을 부정적으로 평가하게 하는 시선이기도 하다는 점이 바로 이 장에서 강조하고자 하는 바이다. 나아가 노숙인 문제를 둘러싼 사회적 담론들에 커다란 자의성, 모호성, 가변성의 여지가 존재하고, 그 결과로 노숙인 문제 해결을 위한 정책적 내지 운동적 실천에도 온갖 오해와 왜곡의 소지가 존재하게 되는 현상도, 근원적으로는 노숙인에 대한 개념정의가 장애인의 경우와 유사하게 여타의 평균적 사회구성원들에게 갖추어져 있다고 가정된 어떤 속성의 결여를 근거로 하여 이루어지는 데서 연원한다고 본다.

그렇다면 노숙인까지도 포함한 사회구성원들이 일반적으로 가지고 있으며, 노숙인에 관련된 각종 사회문제를 연구하고 정책 내지 지원체계를 수립하고 집행하는 사람들까지도 공유하고 있는 '정상적인 집'이라는 관념은 과연 어떤 내용으로 이루어진 것인가? 한국 노숙인들이 살아온 노숙생활의 전체 과정을 놓고 보면, 그들은 수시로 거리, 쉼터, 상담보호센터, 찜질방이나 만화방, 쪽방이나 고시원, 그리고 매입임대주택 등 다양한 잠잘 공간을 찾아 유동하며, 또한 일용노동, 폐품수집, 희망근로 내지 자활근로 등의 취업활동 혹은 짤짤이나 구걸 등의 다양한 돈벌이 활동들에 종사하는 양상이 발견된다. 그리고 어떤 사람들은 자신이 탈노숙을 하게 될 미래의 희망 속에 열심히 일하고 저축하는가 하면, 다른 사람들은 그러한 희망을 포기한 채 노숙생활의 현재만을 체념적으로 받아들이며 살아가는 듯이 보인다. 이처럼 노숙인들이 매우 다양한 방식으로 노숙생활에 임하는 행태들의 이면에는 바로 현실 속에 존재하는 불완전한 집들의 모습을 넘어서는 그 무엇, 즉 이상적(ideal) 실재로서의 '정상적인 집'이라는 관념이 자리 잡고 있다고 판단된다. 그러므로 가시적 행동으로 나타나는 한국 노숙인들의 노숙생활에 대한 대응방식의 다양성을 체계적으로 인식하기 위해서는 '정상적인 집'의 관념을 구성하고 있는 요소들에 대한 분석이 필요하다. 이들 요소 중 주요한 것은 다음의 네 가지이다.

첫째, 정상적인 집이란 제대로 된 지붕과 방을 갖추어 비바람이나 추위로부터 그 안에 사는 사람을 보호하여 생물학적 생존에 도움을 줄 뿐만 아니라 용변보기라든가 옷갈아입기, 목욕, 성 행위 등등 남들에게 노출되면 껄끄러운 일련의 활동들과 관련하여 최소한도의 신체적 프라이버시를 유지할 수 있도록 해 주는 물리적 구조물, 즉 주택이다. 그에 반해 노숙인들이 활용하는 건축물 중 노숙인 쉼터나 상담보호센터 혹은 찜질방, 만화방 등은 비바람이나 추위로부터 보호해 주는 기능은 있지만, 남들과 여러 명이 침실, 화장실이나 욕실 등을 공동으로 사용해야 하다보니 신체적 프라이버시 보호의 기능이 크게 미흡하여 정상적인 집으로서의 물리적 여건을 갖추지 못했다고 간주되는 셈이다. 그러나 이러한 주택으로서의 여건 구비라는 물리적인 요소는 정상적인 집의 필요조건일 뿐이지 충분조건은 못 된다.

둘째, 정상적인 집이란 거기에 사는 사람들이 자유로이 출입할 수 있으며, 또한 집안에서 잠을 자거나 식사를 하거나 혹은 기타의 활동을 정해진 시간에 구애받지 않으면서 자율적으로 행할 수 있는 곳이다. 그에 반해, 노숙인들을 위한 지원시설인 쉼터나 상담보호센터 등은 정해진 시간에 정해진 활동을 해야 하는 공간들이다. 이러한 신체 규율에 관한 한 이들 노숙인 지원시설들은 정상적인 집보다는 병영이나 감옥 혹은 정신병동 등에 근사하다고 말할 수 있을 것이다. 서구에서 이루어진 연구들이나 한국에서 이루어진 연구들에서 공히 거리노숙인들이 쉼터에 들어가기를 꺼려하는 주된 이유로 보고된 것은 바로 이러한 규율들에 따른 자유와 자율성의 상실이라는 측면이었다.

셋째, 정상적인 집이란 가족구성원들 간의 상호작용이 전개되는 공간, 즉 '가정(home)'이다. 집에서 가족구성원들은 잠자고, 밥 먹고, 이야기하고, 놀면서 일상생활의 많은 시간을 공유한다. 이를 통해 가족구성원들 간에 긴밀한 정서적 유대가 형성되기에, 흔히 정상적인 집은 그 외부에서 세상사에 시달리고 돌아온 가족구성원들이 다른 구성원들과의 상호작용을 통해 다시금 집 밖에서의 생활에 임하기 위한 활기를 회복할 수 있게 되는 장소라고 인식된다. 이 연구에서 생애사 인터뷰를 했던 노숙인 중 상당수가, 현재는 자신이 돈을 벌어 장만한 쪽방이나 고시원, 심지어는 이보다 훨씬 나은 매입임대주택 등과 같이 제대로 된 지붕과 방을 갖추고 있으며, 자율적으로 출입할 수 있는 주택에서 살고 있음에도 불구하고, 아직도 자신들이 정상적인 집에 살고 있지 않다고 인식하게 되는 주된 이유는 바로 가족구성원들의 상호작용 공간으로서의 가정이라는 요건이 충족되지 않고 있기 때문이다. 이와 반대로, 글자 그대로의 판잣집이나 비닐하우스 등과 같이 물리적 요건상으로는 너무나도 열악한 불량주택들에서 한가족이 생활하는 경우에 사회에서는 그들을 노숙인의 범주에 포함시키지 않는다. 그 이유는 비록 불량주택이긴 해도 그 집이 가족구성원들의 상호작용 공간의 기능을 수행하고 있기 때문이다.

넷째, 정상적인 집이란 가족구성원들이 경제적 생존을 공동으로 확보해 나가는 최소단위를 이루며, 이를 위해서는 정상적인 소득이 있어야 한다. 그러한 소득이 있기에 가족구성원 중 현시점에서는 신체적 여건상 소득활동을 할 수 없는 유아나 노인 혹은 병자 등도 더불어 살아갈 수 있는 것이다. 그런데 자본주의 시장경제 체제인 한국사회에서 사람들이 인식하는 경제적 공동생존을 위한 최소단위로서의 정상적인 집이란 주민등록제도를 통해 드러나는 사회생활의 법적 · 제도적 단위로서의 '가구' 혹은 '세대'의 개념과는 다르다. 정상적인 집의 구성원에는 현재 실제로 매일 함께 거주하고 있는 사람들 외에도 결혼하여 분가한 사람들이라든가 학업 혹은 직장일 관계로 타지에 떨어져 거주하고 있는 사람들이 포함된다. 한국 노숙인들의 절대적 다수를 이루는 중년 남성들이 현재의 자신들로서는 노숙생활에서 벗어나 반지하방, 옥탑방, 비닐하우스 등의 불량주택에서나마 가족구성원들과 더불어 생활할 처지가 못 된다고 생각하는 주된 이유는, 자신이 행하고 있는 생계활동들의 내용이 가족의 다른 구성원들, 특히 어린 자녀를 제대로 부양할 수 있도록 안정적이면서도 충분한 소득을 제공해 주는 것임과 동시에 남부끄럽지 않은 정상적인 것이라고 여겨지지 않기 때문이다.

그런데 이상에 설명한 네 가지 주요 구성요소들로 이루어지는 '정상적인 집'의 관념은 어디까지나 이상적 구성물일 뿐이지 현실에서 비노숙인들이 생활하는 집들이 한결같이 이러한 관념에 합치하는 모습을 지닌 것은 아니라는 점을 유념할 필요가 있다. 비노숙인들이 실제로 생활하는 집들 가운데는 비닐하우스라든가 기타 물리적 요건상으로는 지극히 열악한 것도 상당수 존재하거니와 집안에서 펼치는 활동들에서의 자유와 자율성이 상당 정도로 제약당하는 경우도 있다. 특히 가족구성원 상호간의 관계가 너무나 나빠져 집이 외부의 생활에서 시달리고 돌아온 구성원을 위한 안식처가 되는 게 아니라 오히려 스트레스를 가중시키는 원천으로 작용하는 경우는 너무나도 흔하다. 또한 매스컴에 이따금 보도되는 일부 극빈층 노인들의 경우 분가하여 사는 자식들이 부양의 의무를 다하지 않아 생존을 위협받고 있는 데서 보듯이 비노숙인들의 삶에서도 가족이 경제적 공동생존을 위한 최소단위의 기능을 다하지 못하는 양상은 드물지 않게 발견되는 것이 엄연한 현실이다. 그럼에도 불구하고 노숙생활의 문제에 관한 한 비노숙인들이나 노숙인들이 한결같이 이상으로서의 정상적인 집과의 대조를 통해 노숙인의 삶을 비정상적인 삶, '망가진' 인생이라고 부정적으로 평가하는 현상이 나타나고 있다.

3. 상이한 유형의 잠잘 공간들에 대한 노숙인들의 인지방식

우리의 공동연구에서 수집한 생애사 인터뷰들의 내용과 각종 선행연구들[예컨대, 안준희(2000)]에서 보고된 바로 미루어 보면, 한국 노숙인들은 그들이 노숙생활을 하면서 활용하게 되는 다양한 유형의 잠잘 공간들에 대한 나름대로의 인지방식을 지니고 있다. 이러한 인지방식의 근저에 잠잘 공간으로서의 정상적인 집을 구성하는 몇 가지 속성들이 각각 잠잘 공간마다 얼마만큼 갖추어져 있는가 혹은 부족한가에 대한 노숙인들의 복합적 평가가 깔려 있는 것으로 보인다. 생애사 인터뷰 자료들을 분석한 것을 종합해 보면, 이들 속성이란 추위나 비바람 등으로부터의 '신체보호', 용변보기 등 남들에게 노출하고 싶지 않은 활동들에 관련한 '신체적 프라이버시', 개인의 신상정보를 노출하지 않고도 해당 잠잘 공간을 이용할 수 있는가의 문제로서 '개인정보 프라이버시', 시간대에 구애받지 않고 해당 공간을 자유로이 출입할 수 있으며 그 안에서 무슨 활동이든 마음대로 할 수 있는가의 문제로서 '공간이용의 자율성', 그리고 해당 공간에서 잠을 자는 것이 하루 단위로 이루어지는가 아니면 최소한 한 달 또는 그 이상의 기간을 단위로 비교적 지속해서 이루어지는가의 문제로서 '공간이용의 지속성' 등의 다섯 가지로 요약할 수 있다. 이에 노숙인들이 활용하는 잠잘 공간의 주요 유형별로 이들 다섯 가지 속성에 따른 평가가 어떻게 나타나는지를 요약해 보면 다음과 같다.

우선, 분석자의 관점에서 '거리'라고 총칭할 수 있는 공간들이 있다. 이 범주에 해당하는 것은, 서울역을 필두로 한 용산역, 영등포역, 청량리역 등 서울의 주요 기차역, 시청역과 을지로입구역 등으로 대표되는 지하철역, 그리고 남산공원과 서소문공원, 영등포의 중마루공원 등으로 대표되는 도심 공원 등의 공간들이다. 이들 공간은 각기 나름대로 특성이 있음에도 불구하고 잠잘 공간으로서 정상적인 집의 다섯 가지 속성의 측면에서 보면 노숙인들이 활용하는 다른 유형의 잠잘 공간들에 대비하여 '거리'라는 하나의 분석적 범주로 묶여지게 하는 공통분모를 지니고 있다. 거리는 추위나 비바람으로부터 신체보호의 측면에서는 대안적 잠잘 공간의 유형들 가운데 가장 취약하며, 용변보기나 몸씻기를 위해 인근의 공중화장실을 이용해야 하는 만큼 신체적 프라이버시의 측면에서도 매우 취약하다. 그러나 거리는 개인의 신상정보를 노출하지 않고도 해당 잠잘 공간을 이용할 수 있으므로 개인정보 프라이버시의 측면에서는 좋은 편에 속한다. 또한 기차역의 대합실을 제외하고는 시간대와 관계없이 해당 공간의 출입에 제약을 받지 않으며 그 공간에서 하는 활동의 내용에 대해서도 크게 제약을 받지 않기 때문에 공간이용의 자율성도 비교적 높은 편에 속한다. 한편, 공간이용의 지속성 측면에서 거리는 동료 노숙인들을 통해 특정 잠잘 자리에 대한 점유권이 실질적으로 확보되기는 하지만, 본질적으로는 그날그날 잠재적 경쟁자들을 물리치고 잠잘 자리를 확보해야 하는 만큼 매우 취약하다고 평가할 수 있다.

잠잘 공간들 가운데 거리와 주된 대립항을 이루는 것은 '쉼터'라고 총

칭할 수 있는 노숙인을 위한 복지시설들이다. 노숙인에 대한 지원체계의 주축을 이루는 시설공간의 하나인 쉼터는 내부적으로 다시 운영주체가 국가기관인가 교회나 사찰로 대표되는 민간단체인가에 따라, 또한 장기적 체류가 가능한 곳인가 아니면 자활교육을 받는 동안에만 한시적으로 머물 수 있는 곳인가에 따라 여러 하위유형으로 구분해 볼 수 있을 것이다. 이들 여러 하위유형 사이에 존재하는 차이점에도 불구하고 노숙인 쉼터들은 거리와 대비되는 공통분모를 지니고 있다. 우선, 쉼터는 신체보호의 측면에서는 거리에 비해 훨씬 우수하다. 하지만 여러 명이 작은 방에서 함께 자야 하고, 화장실과 욕실 등을 공동으로 사용해야 하는 만큼, 용변과 세면을 위해 인근의 공중화장실을 이용해야 하는 거리보다는 조금 나을지언정 여전히 신체적 프라이버시의 측면에서 상당히 취약하다.

더욱 취약하다고 평가되는 면은 개인정보 프라이버시와 공간이용의 자율성이다. 쉼터에 입소하기 위해서 노숙인들은 쉼터 근무자에게 자신의 신상정보를 모두 노출하지 않으면 안 된다. 또한 쉼터들에는 출입할 수 있는 시간, 소등을 통해 입소자들 모두가 잠자리에 들도록 하는 시간, 식사시간 등이 정해져 있다. 그에 더하여 음주금지, 예배 등 종교적 의례에의 참석 의무 혹은 입소기간 중 자활교육에의 참가의무 등 일상적 행동의 각종 수칙이 존재하는 것이 일반적이다. 그런 까닭에 쉼터는 노숙인들이 활용하는 잠잘 공간들 가운데 공간이용의 자율성이 가장 낮다고 간주되며, 노숙인들은 흔히 이런 면을 가리켜 "터치가 심하다"고 표현한다. 끝으로, 쉼터에 따라 원하는 사람들은 계속 머물 수 있는 곳으로부터 수개월 간의 자활교육을 받는 동안에만 머물 수 있는 곳에 이르는 편차가 존재하기는 하지만, 공간이용의 지속성 측면에서 쉼터는 좋은 편에 속한다.

거리와 쉼터의 중간항에 해당하는 노숙인들의 잠잘 공간으로 한편으로는 '상담보호센터', 다른 한편으로는 찜질방, 비디오방, PC방, 만화방, 다방, 여인숙 등의 각종 '방'들이 있다. 노숙인에 대한 지원체계상에서 쉼터와 쌍벽을 이루는 시설공간인 상담보호센터는 신체보호 및 신체적 프라이버시의 측면에서는 쉼터와 대동소이하다. 즉, 추위나 비바람으로부터의 보호는 잘 이루어지지만 화장실과 욕실을 여러 사람과 공동으로 사용해야 하는 만큼 썩 편하지는 않은 공간이다. 한편, 상담보호센터는 정해진 시간에 해당 센터의 수용 능력에 해당하는 순번 이내로 들어와야만 잠을 잘 수 있고, 이튿날 이른 아침 정해진 시간에 나가야 하며, 금주 등 센터 내에서 금지된 행동들이 존재하므로 공간이용의 자율성은 쉼터만큼 낮은 편이다. 그리고 상담보호센터에는 한 달 중 총 15일까지만 센터에서 잠을 잘 수 있도록 하는 규정이 있어 공간이용의 지속성 측면에서는 쉼터보다 매우 낮다. 그럼에도 불구하고 생애사 인터뷰 대상자들 가운데는 거리노숙을 하는 한편으로 상담보호센터의 월 15일 이내라는 규정에 저촉되지 않는 선에서 심지어 몇 년에 걸쳐 같은 센터를 이용하는 사람도 있었다. 그런데 상담보호센터에서 하룻밤을 지내기 위해 개인의 신상정보를 노출할 필요는 없지만, 같은 센터를 한 달에 도합 15일씩이나 드나들다 보면 센터에 근무하는 직원들과 일정 정도 안면 관계가 형성되어 가면서 자연히 개인정보 중 어떤 부분들이 노출되는 것이 불가피해진다. 그런 점에서 상담보호센터는 개인정보 프라이버시의 측면에서 쉼터보다는 낫지만 거리에 비해서는 떨어진다고 평가된다.

찜질방과 만화방 등의 각종 '방'들은 하루 단위로 소정의 돈을 내고 들어가서 잠을 자고 나올 수 있는 공간이다. 이들 공간은 신체보호의 측면에서는 모두 양호하나 신체적 프라이버시의 측면에서는 방에 따라 편차가 있다. 즉, 본디부터 숙박용 시설인 여인숙이 가장 양호하다면, 찜질방이 목욕이나 샤워를 할 수 있다는 점에서 그다음으로 양호하고, 반면 만화방, 비디오방, PC방, 다방 등은 가장 낮은 셈이다. 한편, 이들 공간은 돈만 내면 누구나 이용할 수 있으므로 개인정보 프라이버시에 있어서 양호하다고 볼 수 있다. 그리고 공간이용의 자율성에 있어서는 해당 공간으로의 출입시간상으로는 제한이 없지만, 여인숙을 제외한 나머지 방들은 기본적으로 수면이 아닌 다른 특정한 활동들을 염두에 두고 조성된 공간들이어서, 노숙인으로서는 공간 내에서 할 수 있는 활동의 내용에 일정 정도 제한을 받는다고 평가할 수 있다. 끝으로, 이들 공간은 기본적으로 하루 단위로 돈을 내야만 잠잘 공간으로 확보될 수 있으므로 공간이용의 지속성은 가장 낮다. 이들 각종의 방들은 상담보호센터와 더불어 거리노숙인들이 간헐적으로, 즉 일용노동 등으로 돈이 좀 생겼다든가 혹은 자신의 몸 상태가 거리에서 자기에는 너무 안 좋다고 느껴질 때 대안으로써 활용하는 잠잘 공간으로 중요한 기능을 한다.

쪽방 및 고시원과 매입임대주택은 앞서 언급한 공간들에 비하면 잠잘 공간으로서의 정상적인 집이 지닌 속성들을 훨씬 많이 갖추고 있는 공간들이다. 그런 까닭에 이들 공간에 거주하는 사람들 가운데 일부는 자신들이 노숙상태를 벗어난 사람이라고 간주하기도 한다. 잠잘 공간으로서 정상적인 집의 속성 측면에서 쪽방 및 고시원은 하나의 범주로 묶을 수 있다. 쪽방 및 고시원은 신체보호, 개인정보 프라이버시, 공간이용의 자율성, 공간이용의 지속성 등의 네 가지 속성에 관한 한 모두 양호한 편인 반면 신체적 프라이버시의 측면에서는 다소 미흡하다고 평가된다. 잠자기나 옷갈아입기 등을 타인의 시선에 노출되지 않고 행할 수 있지만 낯모르는 타인들과 화장실, 욕실 등을 함께 써야 하고, 벽이 매우 얇아 자기 방에서 나는 소리가 옆방에서 쉽게 들리는 문제점으로 인해 성행위라든가 TV 시청, 라디오 듣기 같은 활동 등에 상당 정도 제약을 받기 때문이다. 그리고 여기서 분석하는 주요 속성상의 차이는 아니지만, 고시원은 건물 내에 비교적 저렴하게 밥을 사 먹을 수 있는 공동식당이 있고, 필요하면 라면이라도 끓여 먹을 수 있는 간단한 부엌이 갖추어져 있다는 점에서 쪽방보다 나은 잠잘 공간으로 간주된다. 잠잘 공간으로서 쪽방에 대비한 고시원의 상대적으로 높은 위상은 현실에서는 고시원의 보다 비싼 월세 수준에 반영되어 있다.

쪽방 및 고시원에 대비하여 매입임대주택은 신체보호, 신체적 프라이버시, 공간이용의 자율성, 공간이용의 지속성 등의 네 가지 속성에 관련하여 양호하다고 평가할 수 있다. 매입임대주택이라는 것이 본디 비노숙인들이 거주하던 다가구주택을 지방자치단체가 매입하여 노숙인들에게 임대하는 것이기 때문이다. 하지만 개인정보 프라이버시에 있어서는 다소 미흡하다고 평가되는데, 그 이유는 노숙인들이 입주할 수 있는 매입임대주택이 노숙인 쉼터들에서 운영을 대행하는 것들이다 보니 애당초 쉼터에서 관리대상으로 삼던 노숙인들 가운데서 입주자가 선정되기 때문이다. 따라서 쉼터에 입소할 때와 마찬가지로 매입임대주택에 입주하기 위해서도 개인의 신상정보를 쉼터 관리자들에게 노출해야 한다는 문제점을 안고 있다. 그러나 입소자들 매일매일의 생활이 관리자들의 시선에 노출되는 쉼터와는 달리 매입임대주택에서는 입주자가 월세를 꼬박꼬박 내는 한은 쉼터 관리자들의 일상적 시선에 노출되지 않으므로 개인정보 프라이버시가 어느 정도는 확보된다고 할 수 있다. 그리고 역시 매입임대주택의 운영을 노숙인 쉼터가 대행하다 보니 경우에 따라서는 해당 쉼터의 자체 규정에 따라 매입임대주택 내에서도 음주금지 따위의 공간 내 활동에 대한 제한이 가해지기도 한다. 하지만 잠잘 공간으로서 정상적인 집의 다섯 가지 속성들에 따른 노숙인들의 평가를 종합해 보면, 노숙인들이 활용하는 대안적 잠잘 공간의 유형 중에 매입임대주택이 정상적인 집의 이상에 가장 근접한 것이라고 할 수 있다.

앞에서 살펴본 상이한 유형의 잠잘 공간들에 대한 노숙인들의 인지방식을 요약해 보면 〈표 4-1〉과 같다. 이 표에서 기호 ○는 양호함을, ×는 미흡함을, △는 중간 정도임을 각각 나타낸다.

〈표 4-1〉 잠잘 공간들에 대한 노숙인들의 인지 방식

잠잘 공간	신체보호	신체적 프라이버시	개인정보 프라이버시	공간이용의 자율성	공간이용의 영속성
거리	×	×	○	○	×
상담보호센터	○	×	△	×	△
찜질방, 만화방 등의 방들	○	×	○	△	×
쉼터	○	×	×	×	○
쪽방, 고시원	○	△	○	○	○
매입임대주택	○	○	△	○	○

4. 상이한 유형의 잠잘 공간들에 대한 노숙인들의 선택에 작용하는 요인들

한국 노숙인에 대한 선행연구의 결과(예컨대, 윤일성(2000))와 이 공동연구에서 인터뷰했던 노숙인들의 생애사는 노숙생활을 처음 시작하게 될 때 잠을 자게 된 공간이 어디였든지 간에, 노숙인들이 노숙생활의 과정을 통해 한 가지 유형의 잠잘 공간에서만 머물지 않고 다양한 잠잘 공간들 사이에서 수시로 유동하는 것이 일반적 양상임을 말해 준다. 이렇게 노숙인들이 다양한 잠잘 공간들을 유동한다는 사실은 노숙생활에서도 어느 정도는 대안적 잠잘 공간들 사이에 선택의 여지가 존재함을 가리킨다. 그렇다면 대안적 잠잘 공간들을 두고 이루어지는 노숙인들의 선택에는 어떠한 요인들이 작용하는가?

첫째로 들 수 있는 것은, 앞서 분석한 바의 상이한 유형의 잠잘 공간들이 지닌 객관적 속성들이다. 그리하여 잠잘 공간으로서 정상적인 집의 이상에 더욱 근접한 공간 유형들이 선호된다. 즉, '거리'보다는 찜질방이

나 PC방, 만화방 등의 '방'들이, '방'들보다는 쪽방이나 고시원이, 쪽방이나 고시원보다는 매입임대주택이 더 나은 잠잘 공간이라는 데에는 노숙인들의 평가가 대체로 일치한다. 하지만 거리와 쉼터, 상담보호센터와 찜질방이나 만화방 등의 '방'들 간의 비교 평가에 있어서는 개인에 따른 선호도 차이가 크게 나타난다. 예컨대 어떤 사람들은 신체보호의 측면에서 매우 미흡하다는 점을 들어 '거리'를 매우 좋지 않게 평가하는 반면, 다른 사람들은 상담보호센터나 쉼터가 공간이용의 자율성 측면에서 매우 미흡하다는 점을 들어 이들 공간을 '거리'보다 열악한 공간으로 평가하는 것이다.

이처럼 특정의 객관적 속성을 지닌 잠잘 공간에 대한 노숙인들의 선호도가 달라지게 되는 이유는 한마디로 노숙인들이 지닌 개인적 배경들이 저마다 다르기 때문이다. 대안적 잠잘 공간의 유형들에 대한 노숙인들의 선택에 작용하는 주체적 내지 주관적 요인이라고 말할 수 있는 개인적 배경을 구성하는 요소들은 논리상으로는 무수하겠지만, 여기서는 그것들을 다음과 같이 몇 가지로 간추려 보고자 한다.

우선, 소득원천의 보유여부가 있다. 가령 일용노동을 함으로써 소득이 생기게 되면 추위에 떨며 거리에서 잠을 자는 대신에 돈을 내고 찜질방에 가서 하룻밤을 지낼 수 있다. 또한 비교적 지속해서 일용노동 혹은 자활근로 · 공공근로 · 희망근로 등을 통해 소득을 올릴 수 있는 사람이나 국민기초생활수급자로서 국가로부터 지급되는 복지수당을 받을 수 있는 사람의 경우는 거리, 상담보호센터, 쉼터 혹은 '방'에 비해 훨씬 나은 잠잘 공간이라고 보편적으로 인식되는 쪽방이나 고시원, 나아가 매입임대주택 같은 공간들까지도 일상적인 잠잘 공간으로 활용할 수 있다.

소득원천의 보유여부뿐 아니라 소득활동에 수반되는 시 · 공간적 요구도 노숙인들의 잠잘 공간에 대한 선택에 영향을 미친다. 가령 폐지 등의 폐품을 수집하는 사람들의 경우는, 비노숙인들도 포함하여 폐품수집을 하는 사람들 간의 경쟁이 점점 심화하는 가운데 심야에서 새벽에 걸친 시간대에도 일해야 하다 보니, 출입 시간에 대한 엄격한 통제가 있을 뿐더러 폐품수집용 손수레를 보관하기도 여의치 않은 쉼터나 상담보호센터 같은 공간은 선호되지 않는다. 또한 새벽 인력시장에 나가 일용노동을 하는 것을 주된 소득활동으로 삼는 사람들의 경우는, 그 어떤 유형의 잠잘 공간이든 간에 새벽 인력시장에서 물리적으로 너무 멀리 떨어진 곳에 위치한 것은 선호하지 않는다. 예컨대, 기차역을 주된 잠잘 공간으로 삼는 거리노숙인이라도 북창동 새벽 인력시장에 나가는 거리노숙인이라면 영등포역이나 청량리역과 같이 북창동에서 멀리 떨어진 곳을 잠잘 공간으로 선택하기는 곤란하다는 것이다.

신체의 건강상태도 잠잘 공간에 대한 선택에 영향을 미치는 요소이다. 지병이나 장애 등으로 신체활동에 크게 제약을 받는 사람들은 거리노숙보다는 훨씬 안정적이고 지속적으로 잠자리와 식사가 확보되는 쉼터를 선호한다. 또한 굳이 지병이나 장애를 가지지 않은 거리노숙인도 일시적으로 건강상태가 안 좋아지게 되면, 쉼터나 상담보호센터 혹은 각종 방처럼 신체보호의 기능 면에서 거리보다 우수한 공간으로 옮겨가고 싶어 하는 것이 일반적이다. 이런 경향은 특히 신체보호 기능에서 거리라는 공간이 지니는 취약성이 두드러지게 되는 동절기에 현저해진다.

개인적 기질이나 성향도 잠잘 공간의 선호도에 영향을 미친다. 낯선 사람들과 동일한 공간에서 상호작용하는 것을 좋아하거나 적어도 못 견디게 싫어하지는 않는 사람들은 쉼터에서의 생활을 긍정적으로 받아들인다. 반면 낯선 사람들과 최소한으로나마 상호작용을 해야 하는 상황을 매우 거북스럽게 느끼는 사람들은 경제적 여건이 허락하면 '방'들을, 그렇지 못하면 '거리'를 쉼터보다 선호하는 경향을 보인다. 나아가 거리노숙인들 중에도 어떤 사람들은 남산공원이나 용산역 인근의 텐트촌 같은 데서 무리를 지어 생활하는 것을 선호하는 반면, 다른 사람들은 외톨이로 혹은 마음이 잘 맞는 한두 명 정도와 더불어 호젓하게 생활하기를 선호하는 등의 차이가 나타난다.

신체의 건강상태 및 개인적 성향과 밀접히 연관되어 있는 또 하나의 요소로 음주에 대한 개인적 태도가 있다. 노숙인들 가운데 알코올중독이나 그에 가까운 정도의 음주 탐닉이 노숙생활에 빠져들게 되는 과정에서 주요인 중의 하나로 작용했던 비율이 상당히 높거니와, 노숙생활을 하는 과정에서도 술에 계속 탐닉해 있는 사람들의 비율도 상당히 높은 실정이다. 그런 만큼 쉼터나 상담보호센터 등의 노숙인 지원시설에서 음주에 대한 규제를 상당히 엄격히 시행하고 있다는 점은 일부 노숙인들로 하여금 이들 시설을 기피하게끔 하는 요인으로 작용한다.

음주에 대한 기호와 정반대에 해당하는 개인적 배경 요소로 들 수 있는 것은 탈노숙에 대한 의지이다. 그리하여 기필코 노숙생활을 벗어나야겠다는 강력한 의지를 지닌 사람들의 경우에는 자신의 개인적 기질이나 성향으로는 쉼터나 상담보호센터의 생활이 잘 맞지 않음에도 이들 시설을 잠잘 공간으로 선호하는 양상이 나타나기도 한다. 쉼터나 상담보호센터 등을 활용함으로써 한편으로는 이들 시설에 등록된 노숙인들에게 우선으로 주어지는 자활근로 · 희망근로 · 공공근로 등의 취업기회를 획득할 수 있을 뿐만 아니라, 다른 한편으로는 이들 시설에서 운영하는 의무저축 프로그램 등에 참여하여 자신이 번 돈 가운데 일부를 동료 노숙인들과 술 마시는 일이라든가 경마도박과 같은 데 쓰고 싶은 유혹을 차단하는 효과도 기대할 수 있기 때문이다.

한편, 탈노숙에의 의지와 밀접히 연관되면서 잠잘 공간에 대한 노숙인들의 선택에 영향을 미치는 개인적 배경의 구성요소로 가족원과의 관계가 있다. 특히 일단 헤어졌던 가족원 중 일부와의 관계가 복원된다든가 혹은 노숙생활 중에 정식 결혼은 아니더라도 동거할 사람을 얻게 되고 나면 지금까지보다는 객관적 속성상 낫다고 평가되는 잠잘 공간들을 보다 선호하는 경향이 나타난다. 가령 이전까지는 거리를 주된 잠잘 공간으로 삼았던 노숙인일지라도 가족원과의 관계가 회복되거나 새로이 형성되고 나면 최선책으로는 매입임대주택, 차선책으로는 쪽방이나 고시원, 아니면 적어도 각종 '방'들을 잠잘 공간으로서 선호하는 쪽으로 변화하는 양상이 나타나는 것이다.

이상에서 서술한 바와 같이, 상이한 유형의 잠잘 공간들이 지닌 객관적 속성들에 대한 평가와 매우 다양한 요소들로 이루어진 노숙인들의 개인적 배경이 복합적으로 작용하면서 잠잘 공간들에 대한 노숙인들의 선택이 이루어진다. 대안적 잠잘 공간들을 두고서 이루어지는 노숙인들의 선택이 이처럼 복잡한 객관적 · 주관적 요인들의 결합적 작용으로 생겨나는 것이다 보니 일견 여기에는 아무런 규칙성이나 방향성이 없는 듯이 보이기까지 한다. 그러나 잠잘 공간들의 객관적 속성들에 대한 평가뿐 아니라 주관적 요인으로서 개인적 배경을 구성하는 요소들을 전체적으로 살펴보면, 그 근저에 정상적인 집이라는 이상이 깔려 있다고 생각한다. 다시 말해 노숙인들은 비록 자신들이 처한 현재 조건의 제약으로 인해 잠잘 공간으로서 정상적인 집의 이상을 추구할 처지는 못 되지만, 여전히 그런 관념에 비추어 자신이 현실적으로 선택할 수 있는 차선책에 해당하는 공간이나마 확보하고자 나름대로 모색을 하면서 다양한 대안적 잠잘 공간들 사이에서 유동하고 있다는 것이다. 하지만 이러한 유동의 과정은 수많은 시행착오를 내포한다. 특정한 내용의 기대를 하고 선택한 잠잘 공간에서 노숙인들은, 자기 자신에서 연원한 것이든 아니면 그 공간에서 조우하게 되는 어떤 사람이나 상황에서 연원한 것이든 간에, 미처 예기치 못한 현실에 직면하게 된다. 그럴 때면 노숙인들은 각자가 지니고 있던 현실적으로 선택할 수 있는 '정상적인 집'의 차선책에 대한 관념을 수정하면서 새로운 유형의 잠잘 공간을 찾아 옮겨가게 되는 것이다.

5. 생계활동의 상이한 유형들과 그 선택

우리는 앞의 2절에서 정상적인 집이라는 이상을 구성하는 요소들을 설명하면서, 정상적인 집이란 가족구성원들이 경제적 생존을 공동적으로 확보해 나가는 최소단위를 이루며, 이를 위해서는 정상적인 소득이 있어야 한다는 점을 지적한 바 있다. 그런데 주로 직업활동을 통해 벌어들인 소득을 가지고 의식주 및 생활에 필요한 기타의 물품이나 서비스를 구매하는 것이 비노숙인들이 경제적 생존을 영위하는 기본적 패턴인 데 반하여 노숙인들이 경제적 생존을 영위하는 기본적 패턴 속에는 색다른 요소가 하나 포함되어 있다. 이는 바로 자신의 소득을 가지고 물품이나 서비스를 구매하는 대신에 타인들이나 국가기관의 도움이나 시혜를 받아서 무상으로 생존에 필요한 물품이나 서비스를 확보하는 것이다. 이에 해당하는 활동들에는 무료급식소에서 밥얻어먹기, 상담보호센터나 쉼터 등에서 무료로 숙박하기, 무료진료소에서 무료로 치료받기, 노숙인을 대상으로 무상으로 나누어 주거나 혹은 극히 저렴한 가격으로 판매되는 중고의류 구해 입기, 교회에서 나누어 주는 구제금 받기[2], 혹은 행인을 상대로 한 구걸 따위를 통해 용돈벌기 등이 있다. 이 외에 노숙인들이 지하철 등의 대중교통 수단을 무임승차하는 것과 같이, 이를테면 국가기관으로부터의 혜택을 훔치는 행위도 노숙인들의 하위문화 속에는 경제적 생존을 위해 가용한 방편으로 존재한다.

그러나 이들 일련의 활동들은 노숙인 자신들도 내면화하여 지니고 있는 전체 사회의 가치관 속에서는 정상적인 집에서 이루어지는 경제적 생존 영위의 정상적인 방식으로 간주되지 않는다. 따라서 비노숙인이었을 때는 그러한 활동들을 비정상적인 것, 비도덕적인 것으로 간주해 왔던

2 노숙인 세계의 은어로는 이를 가리켜 '짤짤이'라고 부른다.

사람들이 노숙생활에 접어들었다고 해서 즉각적으로 그것들을 자신의 생존을 위해 불가피한 일이라고 합리화시키며 실행하게 되지는 않는다. 이런 점을 고려할 때, "이들 일련의 활동 중 어떤 활동들을, 노숙생활의 어느 단계에 이르렀을 때, 개별 노숙인이 자신이 취할 생계활동으로 수용하게 되는가의 문제, 탈노숙을 위한 준비하는 과정에서는 어떠한 우선순위에 따라 이들 활동으로부터 자신을 이탈시키는가의 문제" 등은 노숙인의 '도덕 경제(moral economy)'의 변별적 특징을 파악할 수 있게 해 주는 연구 질문들이라 하겠다.

따라서 이하에서는 소득활동에 국한하지 않고 최대한 포괄적으로 노숙인들이 경제적 생존을 영위하는 방식을 서술할 수 있게 해 주는 것으로서 '생계활동'이라는 용어를 사용하여 경제적 측면에서 본 한국 노숙인 하위문화의 특성을 고찰해 보고자 한다. 상이한 유형의 가용한 생계활동들을 두고서 이루어지는 노숙인들 선택의 기본적 패턴은 앞서 잠잘 공간들의 경우와 마찬가지로 객관적 속성의 측면에서 보다 나은, 보다 정상적인 것들을 선호하되, 노숙인 개개인들이 지니고 있는 주체적 내지 주관적 특성에 보다 잘 부합하리라 여겨지는 생계활동을 선택하는 패턴이라고 볼 수 있다. 그러므로 노숙인에게 가용한 생계활동의 유형들은 각기 어떠한 객관적 속성을 지닌 것인가 하는 문제를 우선으로 고찰할 필요가 있다.

노숙인이 취할 수 있는 생계활동의 유형들 가운데도 직업을 통한 정상적인 소득활동에 해당하는 것들이 존재한다. 하지만 그런 직업들이란 한결같이 고용의 안정성이 매우 낮거나 수반되는 소득의 수준이 낮은 것들이며, 최악의 경우로 고용은 극히 불안정하면서 수반되는 소득마저 극히 적은 것들도 존재한다. 고용이 안정되어 있으면서 괜찮은 수준의 소득이 보장되는 직업을 가진 사람들은 애당초 노숙인의 삶에 들어서지도 않았으리라는 점을 고려한다면 노숙인들에게 가용한 정상적 직업이란 것들이 불안정하고 저소득의 직업들로 국한되는 현상은 자명하다.

노숙인들에게 가용한 생계활동의 유형 중 정상적인 직업에 가장 근접한 것은 몇 개월에 걸쳐 정해진 임금에 더하여 숙식이 모두 제공되는 단기계약직 노동일 것이다. 고기잡이 배의 선원 일이나 흔히 '함바'로 불리는 외딴곳에 위치한 건설공사 현장의 간이숙소에 묵으면서 하는 건설노동 등이 그에 해당한다. 그런데 이런 종류의 직업에 종사하는 몇 개월 동안 해당 개인은 개념정의상으로는 노숙인이 아니다. 하지만 이 연구에서 인터뷰한 일부 노숙인들의 사례에서 나타나는 바와 같이 노숙인들의 생애 궤적 전체를 놓고 보면, 이런 단기계약직 노동은 노숙인들에게 가용한 생계활동 유형 중의 하나로 존재한다고 간주할 수 있다.

노숙인의 개념정의에 명백히 부합하는 개인들이 단기계약직 노동보다 훨씬 높은 비율로 행하는 것이며 정상적인 직업의 모습에 가장 근접해 있는 생계활동의 유형으로 폐품수집이 있다. 비노숙인들이 버리는 각종 폐품을 손수레를 끌고 돌아다니며 수집하여 흔히 '고물상'으로 불리는 재활용품 수집상에 가져다 팔아서 돈을 버는 일이다. 폐품수집의 가장 일반적 형태는 혼자서 손수레를 끌고 돌아다니며 폐지를 위주로 폐품을 수집하는 것이지만, 다른 노숙인과 팀을 이루어 구리 전선이라든가 기타 무게가 많이 나가는 금속제 폐품들을 수집하는 예도 이 연구의 생애사 인터뷰 사례들 속에서 찾아볼 수 있다. 고용형태상으로는 자영업처럼 보인다는 점에서 드러나듯이, 폐품수집이라는 생계활동의 유형은 노동의 시간과 강도를 자유로이 조절할 수 있다는 것을 커다란 장점으로 지니고 있다. 반면, 그로부터 얻는 소득이 투입되는 노동시간의 양에 비해 턱없이 적다는 것은 폐품수집이 지니는 중대한 단점이다. 허울만 자영업이지 실질적으로는 임노동과 다름없는 폐품수집 일의 낮은 임금률을 상쇄하기 위해 노숙인들은 더 긴 시간에 걸쳐 폐품을 찾아 도시의 구석구석을 돌아다니게 된다. 또한 최근 들어 노인층의 비노숙인들 가운데 폐품수집 일을 하는 사람들이 급증한 상황 속에서 경쟁자들을 피해 괜찮은 폐품들을 더욱 효율적으로 수집하고자 심야 혹은 새벽 시간에도 일하게 된다. 그러나 이와 같은 폐품수집의 노동 패턴은 그것을 생계활동으로 선택한 노숙인으로 하여금 노숙인 쉼터처럼 입소자들에게 일정한 시간 규율을 적용하는 잠잘 공간의 유형을 선택하는 것을 곤란하게 만든다. 또한 노숙인 대상 무료급식소의 배식시간과의 충돌로 인해, 설령 무료급식을 받아 먹음으로써 번 돈을 조금이라도 더 저축해 보고자 하는 태도를 지니고 있는 경우조차도, 하루 식사 중 어떤 것은 자기가 번 돈을 내고 사 먹지 않으면 안 되게 된다는 점도 폐품수집이라는 생계활동이 지닌 단점에 해당한다.

한국 노숙인들에게 가용한 생계활동의 유형 중 또 하나의 정상적인 직업활동에 해당하는 것으로 '일용노동'이 있다. 일용노동은, 노숙생활의 전체 과정을 놓고 보자면, 누구나 한 번쯤은 활용하게 되는 것일 정도로 노숙인의 생활세계에서 대단히 높은 비중을 지니는 생계활동의 유형에 해당한다. 또한 인터뷰 대상자였던 상당수의 노숙인이 과거 아직은 자신을 노숙인이라 인식하지 않던 시절에 마지막으로 종사했던 직업활동이 바로 일용노동이었다는 사실이 말해 주듯이 일용노동은 비노숙인과 노숙인의 경계선에서 삶을 영위하는 많은 도시빈민이 마지막 보루로서 기댈 수 있는 정상적 직업활동의 주요 유형이기도 하다.

그런데 한국 노숙인들에게 가용한 생계활동으로서의 일용노동에 대한 면밀한 분석을 펼치기에는 이 연구의 기본 자료에 중대한 한계점이 내재하고 있다. 그것은 노숙인 생애사를 채록하기 위한 인터뷰 작업에서, 노숙인들이 흔히 '노가다(막노동)'라는 말로 지칭하는 일용노동에 종사했던 경험의 세부적 내용이 적절하고 충분하게 확인되지 못했다는 점이다. 그 가운데서도 특히, 특정의 일용노동이 기술 습득 혹은 인간관계 네트워크의 확장을 통해 더욱 안정적인 취업기회 확보로 이어질 수 있는 성격을 지닌 것이었는가의 여부는, 노숙생활 중에 어떤 유형의 잠잘 공간을 주로 선택할 것인가 하는 문제, 나아가 탈노숙을 위한 준비를 어떻게 할 것인가의 문제 등과 직결되어 중대한 함의를 지니는 세부적 내용

이다.[3]

이제 우리 연구의 기본 자료에 내재한 이 같은 한계점을 고려하면서 조심스럽게나마 한국 노숙인들에게 가용한 생계활동의 한 유형으로서 일용노동이 지닌 객관적 속성을 몇 가지로 추려 보고자 한다. 우선 지적할 사항은, 건설공사 현장에서의 막노동을 지칭하는 일본말인 '노가다'가 노숙인들이 일용노동을 가리키는 일반명사로 널리 사용되고 있는 데서 보듯이, 주로 건설업에서의 미숙련 노동이 압도적으로 높은 비중을 차지한다는 점이다. 더구나 한국 노숙인들의 평균 연령이 50대 초반이라는 사실을 고려한다면, 건설 노동 중에서도 목공, 미장, 조적 등등 특정 분야 기능공의 휘하에서 일하면서 이루어지는 기술 습득을 통해 장차 숙련 기능공으로 발전할 여지가 애초부터 없는 채로 공사 현장에서의 자재 운반, 잔심부름, 주변 정리 따위의 허드렛일을 담당하는 일용노동만이 노숙인들에게 주어지는 것으로 보인다. 또한 흔히 '알바'라는 말로 표현되는, 건설업 이외 업종에서의 일용노동으로서 가용한 것들 역시 기술 습득이나 인간관계 네트워크 확장을 통해 더욱 안정적 취업기회 확보로 이어질 만한 것들은 거의 없다고 추정된다.[4] 이상의 두 가지 속성에 따른 당연한 귀결을 이루는 세 번째 속성은 고용안정성이 극도로 낮다는 점이다. 그 결과 일용노동은 앞서 검토한 폐품수집이나 뒤이어 검토할 근로복지제도에 따른 일자리에 비교해 볼 때 하루 노동시간은 적당히 길면서 하루에 버는 돈의 액수는 높다는 장점이 있는 반면 소득의 안정성이

---

3 이런 한계점이 생겨난 데에는, 우리 연구진이 노숙인 생애사 채록을 위한 인터뷰 작업의 실무를 담당했던 청년 인턴들이나 대학원생 연구보조원들에게, '인터뷰 대상자가 일용노동의 경험을 언급할 때는 어떤 식의 후속 질문들을 통해 어떠한 세부적 사항들을 확인해 보라'는 인터뷰 지침을 미리 제공치 못했던 점이 주된 요인으로 작용하였다. 그리고 이는 바로 우리 연구진 스스로 연구의 초기에는 한국 노숙인들의 생활세계에 대해 지극히 빈약한 수준의 사전지식밖에는 못 갖추고 있었다고 하는 배경 요인으로부터 생겨난 결과였다.

4 우리 연구의 노숙인 생애사 인터뷰에서 등장하는 이런 '알바' 일거리들의 대표적 예로는 전단 돌리기, 영화 엑스트라, 이삿짐 운반, 인터넷 댓글 달기 등이 있다.

크게 떨어진다는 단점이 있다. 일용노동이 지닌 이러한 장단점은 가용한 생계활동 유형 간의 선택에서 노숙인들의 주된 고려사항으로 작용한다.

이상에 언급한 단기계약직 노동, 폐품수집, 일용노동 등은 비록 고용 안정성이 낮고 수반되는 소득이 적기는 해도 비노숙인들 중에도 다수 사람들이 종사하는 정상적인 생계활동이라고 간주된다. 이에 대비되는 것이 근로복지제도에 따른 일하기, 무료급식소에서 밥얻어먹기, 쉼터나 상담보호센터에서 무료로 숙박하기, 노숙인 대상 무료진료소에서 진료받기, 무상이나 무상에 가까운 염가로 제공되는 중고 의류 구해 입기 등이다. 이들 생계활동은 비록 불법적이거나 부도덕한 행위는 아니지만 노숙인을 대상으로 한 복지서비스 프로그램의 수혜자가 됨을 통해 자신이 비노숙인과는 다른 존재임을 인정하게 되는 행위라는 점에서 정상성의 정도가 상대적으로 낮은 생계활동의 유형으로 간주된다. 그런 까닭에 노숙생활을 시작하게 되는 개인들이 이것들을 자신이 취할 생계활동으로서 수용하게 되기까지는 어느 정도의 시간이 경과하는 가운데 노숙인으로서의 자신의 정체성을 확인하게 되는 경험들이 축적되어야 한다. 그리하여 당분간은 생존을 위해서 혹은 장차 탈노숙하여 정상적 생활로의 복귀를 위한 준비로서 불가피하게 그것들을 자신의 생계활동으로서 취하는 것일 뿐이라고 자신의 행위에 대해 새로이 의미부여를 할 수 있게 되어야 한다는 말이다.

노숙인을 대상으로 한 복지서비스와 맞닿아 있는 이들 생계활동의 유형들 가운데서 자활근로 · 희망근로 · 공공근로 등의 근로복지제도에 따른 일하기[5]는 여타의 것들과는 중요한 차이점을 지니고 있다. 첫째는, 여

5 노숙인들에게 적용되는 '자활근로' 제도의 주된 내용은, 쉼터나 상담보호센터 활동의 일환으로서 노숙인 중에서 선발된 사람들로 하여금 시설관리, 기관의 직원들과 입소 노숙인 중 문제를 일으키는 사람들 간의 대화 창구 기능, 심각한 신체적 곤경에 처한 거리노숙인들을 병원으로 데려가 치료를 받게 하는 '동행 서비스' 등의 활동에 종사케 하고 매월 40만 원 정도의 임금을 지급하는 것이다.

타의 것들이 국가기관이나 NGO가 단지 사회적 최약자층인 노숙인이라는 이유로 아무런 대가 없이 제공하는 서비스를 수혜받는 활동임에 반하여, 근로복지제도에 따른 일하기는 노숙인의 입장에서 보자면 자신이 하는 일에 대한 대가로 돈을 받는 것이라고 인식할 수 있는 여지가 존재하고, 그만큼 비정상적이라고 간주될 수 있는 소지는 줄어드는 생계활동이라는 점이다. 둘째는, 여타의 것들에서는 그 생계활동을 취하는 노숙인 개인에게 돌아가는 현금 소득이 없는 반면, 근로복지제도에 따른 일하기는 많은 금액은 아닐지언정 그것을 통해 얻어지는 소득이 있기에 이를 노숙생활에 필요한 용돈으로 사용하거나 혹은 탈노숙하는 미래를 도모하며 저축할 수 있게 해 준다는 점이다. 이들 두 가지 차이점은 근로복지제도에 따른 일하기라는 생계활동 유형이 지니는 장점에 해당한다. 그런데 각종의 복지근로 중에서도 특히 기간의 제한을 받지 않으면서 쉼터나 상담보호센터 등 노숙인 지원기관들의 활동의 일환을 이루는 일을 할 수 있는 제도인 자활근로를 할 기회를 잡기 위해서는 해당 기관의 직원들에게 좋은 인상을 심어 주어야 한다. 이를 위해서는 해당 지원기관들에서 시설에 입소하는 노숙인에게 요구하는 각종 행동규율을 충실히 준수하는 모습을 보여주는 것이 전제되어야 하는데, 이에 따라 행위주체로서의 개인적 자율성을 상당히 제약받게 된다는 점은 복지근로라는 생계활동 유형이 지닌 단점으로 간주될 소지가 있다. 실제로 쉼터나 상담보호센터를 주된 잠잘 공간으로써 활용하는 노숙인 중에서도 일부 사람들은 '관리자들에게 잘 보여' 복지근로를 할 기회를 잡고자 하기보다는 일용노동을 계속하고자 하는 태도를 드러내기도 한다.

마지막으로 검토할 노숙인들에게 가용한 생계활동의 유형들은 정상/비정상의 스펙트럼상에서 비정상의 극단에 가까이 위치한 것들이다. 이에 해당하는 것들 가운데서도 다시 편차가 존재하는데, 그중 비정상적인 정도가 가장 낮다고 인지되는 것은 지하철 무임승차이다. 이는 엄밀히 따지자면 불법행위의 범주에 속할 것임에도 불구하고 아마도 그 행위로 인한 피해자가 불특정 다수이고, 비노숙인들 중에도 동일한 행위를 하는 사람들이 드물지 않게 존재하는 실정인 까닭에 노숙인으로서의 생활에 들어서는 개인들이 가장 먼저 수용하게 되는 생계활동의 유형에 해당한다. 지하철 무임승차에 비해 좀 더 비정상적이라고 간주되고, 그 결과 이 연구에서 생애사 인터뷰를 했던 노숙인 중 일부는 자신의 노숙생활 내내 한 번도 해 보지 않았다고 말하는 생계활동으로 흔히 '짤짤이'라고 칭해지는 행위가 있다. 일부 개신교 교회들에서 해당 교회 출신의 자원봉사자가 서울역 인근 등 노숙인들이 많이 집결하는 장소를 방문하거나 혹은 반대로 자기네 교회를 찾아온 노숙인들에게 '구제금'이라는 명목으로 몇백 원에서 천 원에 이르는 소액의 돈을 선착순으로 나누어 주는 사업을 펼치는데, 이런 현장을 방문하여 줄을 서서 기다려 돈을 받아 오는 행위가 '짤짤이'이다. 교회에 따라 돈을 나누어 주는 요일과 시간이 다르기 때문에 '짤짤이'를 생계활동의 하나로 활용키로 한 노숙인들의 입장에서는 동선을 잘 배치하게 되면 많은 수의 교회들을 방문하여 제법 쏠쏠한 액수의 용돈벌이를 할 수도 있다. 우리 연구의 관점에서 흥미로운 점은 지하철 무임승차는 엄밀한 기준으로 보자면 불법행위에 해당하는 반면 '짤짤이'는 불법적 요소는 전혀 없음에도 불구하고, 대다수 노숙인들은 후자를 더욱 거북스럽게 여긴다는 사실이다. 이는 아마도 지하철 무임승차가 역무원이 없는 틈을 타서 이루어지는 개별적 행위인 데 반해, '짤짤이'는 비록 다수 노숙인들의 무리 속에 섞여 이루어지는 것이긴 해도 낯모르는 비노숙인이 건네주는 얼마 안 되는 돈을 받는 순간을 내포한 상호작용이라는 점이 '구걸'이라는 느낌을 자아내기 때문으로 보인다.[6]

한국 노숙인들이 취하는 생계활동의 유형들 가운데 가장 비정상적이

6 또 하나의 흥미로운 점은, '짤짤이'에 대해서는 약간의 거리낌을 느끼는 노숙인들이 교회 구제금을 받기 위해 이동을 할 때 지하철 무임승차를 하는 행위에 대해서는 그러지 않는다는 사실이다.

고 가장 도덕적으로 부적절하다고 간주되는 것은 바로 구걸이다. 거리를 스쳐 지나가는 낯모르는 행인을 상대로 소액의 돈이나마 베풀어 달라고 요청하는 구걸의 행위는 노숙인과 비노숙인이 모두 내면화하여 지니고 있는 전체 사회의 지배적 가치관 속에서 독립적 행위능력을 지닌 개인으로서의 자존감에 대한 손상을 감수하고서야 할 수 있는 행위이자 낯모르는 특정 개인에게 직접 피해를 주는 행위라고 간주되기 때문이다.

이 연구에서 생애사 인터뷰를 했던 60명의 노숙인 가운데 자기 자신이 노숙생활 중에 한 번이라도 구걸을 직접 해 본 적이 있다고 말하는 사람들이 일부에 불과하거니와 구걸의 경험이 있다는 사람들조차도 자신이 구걸해 본 경우는 생존의 위협을 느낄 만큼 처한 상황이 절박했거나 혹은 심리적으로 완전히 자포자기의 상태였을 때였다고 말하고 있다. 또한 생애사 인터뷰에 응했던 노숙인들은 한결같이 현재는 더는 구걸은 하지 않는다고 말한다. 한국 노숙인에 관한 선행연구 중에서 구걸 행위가 현재 진행 중인 사례를 보고한 것으로는 서울역 앞의 거리노숙인들 사이에서 신분을 숨긴 채 참여관찰을 수행했던 김준호의 연구(2010)가 유일하다. 이러한 사실들은 구걸이 객관적 속성의 측면에서 한국 노숙인에게 가용한 생계활동의 유형들 가운데서 가장 도덕적으로 거부감을 주는 것으로 노숙인들 사이에서 인식되고 있음을 단적으로 말해 준다.

이상에서 우리는 한국 노숙인들에게 가용한 생계활동을 정상/비정상의 구분축을 중심으로 몇 가지 유형으로 분류하여 각각의 객관적 속성을 비교·분석해 보았다. 그 결과, 한마디로 비노숙인들이나 국가기관으로부터의 시혜나 지원에 의존치 않고도 자립적으로 노숙생활을 영위할 수 있게끔 해 주는 안정적 직업활동일수록 선호도가 높은 경향이 나타났다. 그런데 특정의 생계활동으로부터 얻어지는 소득의 규모는, 비록 같은 유형으로 분류한 생계활동 내에서도 편차가 크고 상이한 유형 간에는 비교가 불가능할 정도로 편차가 심하여 앞의 논의에서는 제외하였지만, 해당 활동의 정상성이나 안정성에 못지않게 중요한 고려사항을 이루는 객관적 속성이다. 결국 노숙인들에게 가용한 생계활동들이 지닌 정상성 · 안정성 · 소득규모 등의 객관적 속성들을 우선으로 고려하여 특정 생계활동에 대한 개별 노숙인의 선택이 이루어진다고 말할 수 있을 것이다. 그러나 행위주체로서의 노숙인들은 그러한 객관적 속성들을 각자의 개인적 여건들에 비추어 보면서 자신에게 적합하리라 여겨지는 생계활동의 유형들을 취하게 된다. 그리하여 한 시점에서 특정의 생계활동이 자신의 개인적 특성에 잘 부합하리라 여겼던 판단이 실제에서는 오류였다고 판명될 수도 있다. 그런가 하면, 노숙생활의 진행 속에서 이루어지는 신체적 · 심리적 조건들의 변화에 따라 한 시점에서는 자신에게 적합하다고 여겨졌던 특정의 생계활동을 다른 시점에 가서는 부적합하다고 여기게 되기도 한다. 따라서 이하에서는 노숙인에게 가용한 생계활동의 유형 간의 선택에 작용하는 주체적 내지 주관적 요인들은 어떤 것인지를 고찰하고자 한다.

우선, 노숙생활 이전의 직업경험을 들 수 있다. 이 연구에서 수행한 노숙인 생애사 인터뷰의 내용으로 미루어 보면, 노숙 이전부터 안정적인 직업을 가져 보지 못했던 사람들보다는 고용이나 소득이 모두 안정적인 직업에 오래 종사했던 사람들일수록 노숙생활에 임하면서도 일용노동, 폐품수집, 복지근로 등과 같이 상대적으로 정상성이 높은 생계활동을 채택하는 경향성이 나타난다. 나아가 노숙생활 이전의 직업경험은 일용노동이라는 넓은 범주에 속하는 것 중 구체적으로 어떤 분야의 것을 주로 찾아서 하게 되는가의 문제에 관련해서도 영향 요인으로 작용한다. 그리하여 아무래도 노숙 이전의 경험에 비추어 친숙한 분야의 일용노동이 선호된다.

다음으로 들 수 있는 것은, 신용불량자 여부이다. 여하한 이유로든 신용불량자가 되어 버린 것이 노숙생활로 접어드는 주요 계기가 되었던 노숙인들의 경우에는, 자신들의 소재가 채권자들에게 노출될 위험이 수반된다고 여겨지는 종류의 생계활동은 아무리 직업으로서의 정상성이 높은 것이라 할지라도 기피하는 경향을 보이기 때문이다. 같은 이유에서, 만약 노숙 이전의 직업경험의 연장선상에 위치하는 어떤 일용노동이 과거에 알던 인물과의 조우를 통해 자신의 소재지를 채권자에게 노출시킬 위험을 안고 있다고 생각되면, 그런 일용노동보다는 근로조건이 더욱 열악하더라도 소재지 노출의 위험이 적은 일용노동을 찾게 된다.

국민기초생활 수급권자인가의 여부도 노숙인의 생계활동에 큰 영향을 미치는 주체적 요인이다. 이는 상이한 생계활동 유형 간에서 이루어지는 노숙인의 선택에서 이를테면 '양날의 검'과도 같은 영향 요인으로 작용한다. 한편으로 기초수급권자라는 사실은, 최소한이나마 복지수당이 제공하는 안정적 소득원을 기반으로 삼으면서 거기에 일용노동이나 복지근로 등을 통해 추가적 소득을 올릴 수만 있다면 자신도 장차 탈노숙을 할 수 있으리라는 기대하에 해당 노숙인으로 하여금 열심히 일거리를 찾도록 동기부여를 하는 요인으로 작용할 수 있다. 다른 한편으로, 기초수급권자라는 사실은 노숙인들이 구할 수 있는 일자리의 내용에 상당 정도 제한을 가하는 요인으로 작용한다. 근로복지제도 중 공공근로 및 희망근로에는 기초수급권자는 참여할 자격이 없으며, 일용노동을 하는 경우에도 그로부터 얻어지는 자신의 추가적 소득이 국가에 노출되어 자칫 기초수급권자의 자격 자체가 박탈되지 않을 일거리, 다시 말해서 정상성의 정도가 상대적으로 낮은 일거리만을 구해야 하기 때문이다.

신체적 건강상태는, 잠잘 공간에 대한 선택에서와 마찬가지로 생계활동의 유형에 대한 노숙인의 선택에 커다란 영향을 미치는 주체적 요인이 된다. 지병이나 장애 등으로 인해 신체활동이 크게 제약된 노숙인에게 돌아갈 수 있는 취업기회라는 것은 거의 없으므로 그런 신체적 조건을 지닌 노숙인들은 불가피하게 쉼터 같은 시설에 입소하여 국가나 NGO들이 제공하는 의식주 및 의료서비스를 수혜받는 정상성이 낮은 생계활동을 통해 생존을 영위하게 된다. 또한 지병이나 장애를 지니지는 않았다 하더라도 일시적으로 건강이 나빠진 노숙인들로서는, 가령 폐품수집 일을 하며 번 돈으로 밥을 사 먹던 사람이 무료급식소에서 밥을 얻어먹는다든가 혹은 일용노동을 해서 번 돈으로 찜질방에서 잠을 자던 사람이 상담보호센터에서 무료로 잠을 잔다든가 심지어 구걸하지 않던 사람이 구걸을 한다든가 하는 방식으로, 평소에는 하지 않던 상대적으로 정상성이 낮다고 간주하는 생계활동의 유형을 선택함으로써 위기상황에 대처하기도 한다.

가족원과의 관계 또한 노숙인에게 가용한 생계활동 유형 간의 선택에 영향을 미치는 요인이다. 특히 가정 경제의 어려움으로 인해 뜻하지 않게 가족과 헤어져 노숙을 하게 된 사람들은, 적어도 노숙생활의 초기에는 어떻게든 돈을 벌어 가족과 재결합하고자 일용노동 등 상대적으로 정상성이 높은 생계활동을 선택하는 경향을 보인다. 노숙생활이 상당히 경과한 시점에서 헤어졌던 가족원과의 관계가 일부라도 복원되었거나 혹은 노숙생활 중에 새로이 만나 정식 결혼은 아니어도 동거를 할 상대자를 만나게 된 노숙인들에서도 우리는 유사한 경향성을 발견할 수 있다. 이런 사람들은 잠잘 공간으로서도 매입임대주택이라는 정상적인 집의 물리적 형태에 가장 근접한 것을 선택하고, 월세로 납부해야 하는 집세를 감당하기 위해서라도 더욱 정상성이 높은 생계활동들에 더 열심히 임하는 모습을 보인다.

끝으로, 잠잘 공간에 대한 노숙인의 선택에 작용하는 요인들에 관한 앞의 논의에는 포함되지 않았으나 생계활동 유형 간의 선택을 논의하면서는 포함해야 할 요인이 하나 있다. 그것은 바로 노숙생활의 장기화에 따른 부작용의 문제이다. 노숙생활로 진입하게 된 경로가 어떤 것이든간에 노숙생활이 장기화되어 감에 따라 개인들은 자신도 모르게 노숙생활의 타성에 빠져드는 경향이 존재함을 생애사 인터뷰 자료들이 보여준다. 이른바 '노숙생활에 젖어드는' 경향성이 나타나는 것이다. 가령 정상적인 직업을 가지고 가족과 더불어 생활하다가 의외의 경제적 곤경에 처하게 되어 노숙생활에 들어선 사람들은 처음에는 무료급식소에서 밥얻어먹기나 쉼터 및 상담보호센터에서 무료로 숙박하는 것도 자존감에 상처를 입히는 것으로서 거부한다. 하지만 일용노동 등을 통해 돈을 모아 탈노숙을 하고자 하는 시도가 거듭 좌절되는 가운데 일시적인 질병이나 혹은 구직활동에서의 불운 등으로 인해 생존의 위협에 처하게 되면, 어쩔 수 없이 '잠시뿐'이라고 합리화하며 종전에는 거부하던 무료급식이나 무료숙박을 자신이 취하는 것을 용인하게 된다. 문제는 이처럼 자신이 용인할 수 있는 생계활동의 도덕성에 관한 기본 원칙이 일단 한번 무너지게 되면 다음번에 또다시 무너지기는 훨씬 쉽다는 점이다. 물론 개인에 따라서는 노숙생활이 장기화되어 가는 가운데 신체적, 사회적, 도덕적으로 피폐화되는 자신의 모습을 보면서 오히려 자기 변신을 결심하는 경우도 있다. 그럼에도 불구하고, 노숙생활이 장기화됨에 따라 상대적으로 정상성이 높은 생계활동을 통해 노숙생활을 영위하고자 하는 의지는 약화되어 가는 것이 일반적 경향성이라고 조심스럽게나마 결론짓고자 한다. 바로 이런 점에서도 노숙생활의 장기화를 막기 위한 실천적 처방들이 절실히 요청된다고 하겠다.

6. 맺음말

이 장에서 우리는 하위문화 집단으로서 한국 노숙인의 생활세계가 지니는 특성을 조망해 보고자 하였다. 우리는 노숙인을 바라보는 사회의 지배적 시선이 장애인의 경우와 마찬가지로 정상/비정상의 이분법에 기초하고 있음에 주목하면서, 지배적 시선에서 노숙인의 삶을 비정상의 부정적인 것이라고 선험적인 평가를 하게 만드는 개념적 전제를 이루는 '정상적인 집'이라는 이상이 어떠한 요소들로 이루어진 구성물인가를 분석해 보았다. 이어서 한국 노숙인들이 드러내는 잠잘 공간 및 생계활동에 대한 인식과 선택의 양상이 '정상적인 집'이라는 이상과 어떠한 연관성이 있는지를 이 연구의 기본 자료인 60명 노숙인의 생애사 인터뷰 내용을 토대로 삼아 설명해 보았다.

'거리'로부터 상담보호센터나 노숙인 쉼터, 찜질방이나 만화방 등의 '방'들, 쪽방 및 고시원, 그리고 매입임대주택 등에 이르는 노숙인들이 주로 활용하는 잠잘 공간의 유형이라든가, 단기계약직 노동으로부터 폐품수집이나 일용노동, 각종의 복지근로, 무료급식소에서 밥얻어먹기를 필두로 하는 무상의 복지서비스 활용하기, 지하철 무임승차, 그리고 '짤짤이' 및 구걸 등에 이르는 노숙인들이 주로 활용하는 생계활동의 유형만을 놓고 본다면, 한국 노숙인들의 생활세계는 평균적인 비노숙인들의 생활세계와는 확연히 다른 것처럼 보인다. 하지만 그러한 잠잘 공간이나 생계활동의 유형들에 대한 한국 노숙인들의 선택이 어떠한 주체적 내지 주관적 요인들의 매개를 통해 이루어지는가를 살펴보면, 그들도 비노숙인과 마찬가지로 '정상적인 집'의 이상을 추구하고 있음에도 불구하고 다만 노숙인 개개인들이 처한 현실적 여건의 제약으로 인해, 이를테면 2차 혹은 3차의 차선책에 해당하는 잠잘 공간 및 생계활동의 유형만을 실제로 취하고 있을 뿐임을 이 연구에서 확인할 수 있었다.

이런 의미에서 일견 드러나는 차이점들에도 불구하고 노숙인들은 비노숙인들과 별반 다르지 않은 사람들인 것이다. 2009년 가을 이 연구가 노숙인 생애사 아카이브 만들기 사업으로서 발족하여 한국 노숙인들에 대한 인터뷰 작업이 갓 시작되었을 당시 인터뷰 작업을 수행하였던 청년 인턴들에게 깊은 인상을 남긴 여러 인터뷰 대상자 노숙인들의 공통적인 요청이 있었다. 그것은 바로, "우리를 그냥 보통 사람으로 봐 주세요."라는 요청이었다. 그로부터 2년 남짓한 시간이 경과한 현 시점에서 이 장이 결론적으로 제시하고 싶은 바도 그 요청과 크게 다르지 않다. 즉, 노숙인들이 주로 잠을 자는 곳이나 생계를 유지하기 위해 주로 하는 활동들이 평균적 비노숙인과는 달라 보이지만 '정상적인 집'이라는 이상을 추구하고 있다는 점에서는 본질적으로 비노숙인과 마찬가지라는 것이다. 노숙인들이 '보통 사람'과 '다르면서도 같다'는 점과 그 사회적 함의를 정확히 인식하는 것이야말로 노숙인 문제를 둘러싼 각종의 사회적 오해와 갈등들을 해소하기 위한 첫걸음일 것이다.

강미연 · 김위정(2005).「주거의 관점에서 본 노숙의 사회적 배제: 쉼터 노숙인들의 생활 경험을 중심으로」,『도시와 빈곤』 74: 116-169.

김준호(2010).「거리노숙인이 생산하는 '차이의 공간'에 대한 연구: 서울역 거리노숙인을 중심으로」, 경희대학교 석사학위논문.

김진미 · 서정화(2006).「거리노숙인의 유대형성에 대한 문화기술지: 삭막한 세계의 동맹자 만들기」,『한국사회복지학』 58(3): 51-79.

류정순(2009).「고시원, PC방, 찜질방, 만화방, 다방 거주자의 생활실태 조사」,『한국빈곤문제 연구소 논문집 2009』 4-45.

안준희(2000).「'노숙자'의 생활양식에 관한 인지인류학적 연구」, 서울대학교 석사학위논문.

윤일성(2000).「노숙자 연구: 노숙생활의 시공간에 대하여」,『한국사회학』 34: 417-444.

이용숙 · 이수정 · 정진웅 · 한경구 · 황익주(2012).『인류학 민족지 연구 어떻게 할 것인가』, 일조각.

Bennett, A. & Kahn-Harris, K. (eds.) (2004). *After Subculture: Critical Studies in Contemporary Youth Culture*. Basingstoke: Palgrave Macmillan.

Gelder, K. & Thornton, S. (eds.) (1997). *The Subcultures Reader*. London: Routledge.

Gowan, T.(2010). *Hobos, Hustlers and Backsliders: Homeless in San Francisco*. Minneapolis: University of Minnesota Press.

Parsell, C.(2010). "Homeless Is What I Am, Not Who I Am: Insights from an Inner-City Brisbane Study," *Urban Policy and Research* 28(2): 181-194.

Ravenhill, M.(2008). *The Culture of Homelessness*. Aldershot: Ashgate Publishing

Company.
Wasserman, J. A. & Clair, J. M.(2010). *At Home on the Street: People, Poverty and a Hidden Culture of Homelessness*. Boulder: Lynne Rienner Publishers, Inc.

● 다큐멘터리 비디오
"노숙 10년, 위풍당당 민반장", KBS TV, 현장르포 동행(2007년 11월 29일 방영).
"을지로, 겨울이야기", KBS TV, KBS 스페셜(2009년 2월 15일 방영).
"길 위에서 만난 사람들, 나는 노숙인입니다", KBS TV, 현장르포 동행(2011년 3월 3일 방영).

제 5 장

노숙생활의 진입과 탈출
학습생애사적 접근

강대중

1. 노숙인과 학습

'생존'은 경시해서는 안 되는 첫 번째 문제이며, 또한 가장 기초적인 문제이다. 기본적으로 의식주를 해결한 국가에서는 이미 단순히 산다는 것에 만족한다는 것은 불가능한 일이며, 또 만족해서도 안 된다. 그런데 생존의 문제가 해결된 다음에는 무엇을 해야 하는가? 살아 있다면 반드시 뭔가를 해야 하지 않겠는가? 생존 다음에 가장 중요한 문제는 '무엇을 했는가'이다. 그것이 삶의 가치와 질을 결정한다. 당신이 어떻게 살아왔는가를 묻는다면, 그것은 당신이 살아오면서 어떠한 일을 했는지 묻는 것이다 (왕멍, 2004: 32-33).

1) 생존과 학습

노숙인에 대한 우리 사회의 일상적인 시선은 노숙인을 사회구조의 급격한 변동에 따른 구조적 약자 혹은 술, 도박 등으로 자신과 가족을 파멸시키며 삶을 소비하는 인생의 패배자로 그려 내는 것이 일반적이다. 서울역 노숙인들을 역사 밖으로 쫓아내겠다는 코레일의 방침을 알리는 언론의 보도는 이런 일상적 시선을 보여주는 전형이라 할 수 있다.[1] 이 시선은 노숙인을 사회적으로 어떻게 관리할 것이냐는 문제를 제기해 왔다. 노숙인에 대한 보다 적극적인 실태조사와 그들의 이동경로에 관한 모니터링 시스템을 구축하자는 제안(남기철, 2011)은 이러한 관리적 시선이 집약된 것이라 할 수 있다. 관리적 시선의 이면에는 노숙인들의 성, 연령, 과거직업, 학력 등 인구학적 특성을 묘사하거나 노숙의 원인을 찾아내는 설문조사에 기초한 노숙인 연구가 자리 잡고 있다. 이는 마치 질병의 발생경로를 파악하고 이를 관리하는 시스템의 구축을 촉구하는 보건의료적 접근과 형태상 매우 유사한데, 노숙인에 대한 이런 관리적 · 의료적 시선의 연구 경향은 1980년대 노숙인 문제가 심화한 미국에서도 나타났던 현상이다.

스노, 앤더슨과 쾨겔(1994)은 미국의 노숙인에 관한 설문조사 연구들이 다음과 같은 문제가 있다고 지적한다. 첫째, 단 한 번 만나 실시한 설문에 기초한 통계를 노숙의 전형을 보여주는 자료인 것처럼 다룬다. 둘째, 정신의학적 용어들을 비판 없이 사용한다. 셋째, 노숙인의 삶과는 유리된 탈맥락적인 분석을 한다. 넷째, 무기력 또는 무능력이라는 용어를 사용해 노숙인을 묘사하는 왜곡을 범하고 있다. 그들은 노숙인 연구가 장기적 관점에서 노숙인들의 시간과 공간을 추적하고, 노숙인들의 삶의 맥락을 고려하며, 노숙인의 관점과 목소리를 이끌어낼 수 있어야 한다고 주장한다. 특히 그들은 노숙인의 생애사적인 약점(biographical vulnerabilities)에 주목하는 연구가 필요하다고 요청하고 있다.

1 '노숙인에 점령당한 도시 한복판… 밤에 여자 혼자 다니기 겁난다. 방치된 거리의 인생들… 노숙인 전국 1만 명 시대' '왜 재활시설 안 가나… 금주 · 규칙 생활 등 규율 적응 못해' '외환위기 이후부터 노숙인 급증했는데 10여 년간 손 놓은 정부. 책임부처 어딘지도 불분명' '"서울역 쫓겨나면 영등포역 가지" 노숙인 퇴거 풍선효과 우려도' 등의 기사 제목들(『조선일보』, 2011년 7월 21일자)은 노숙인을 바라보는 일상의 시선을 대변한다. 언론의 노숙인을 다루는 시선에 대해서는 강내원(2007)을 참조.

노숙인들의 생애사 구술자료를 바탕으로 그들의 생애와 학습을 다루는 이 장은 노숙인을 의료적 · 관리적 시선의 대상이 아니라 자기 삶의 주체적 구성자로 바라본다. 노숙인의 생애사적인 약점에 주목하면서 이 장은 다음의 질문들을 중심으로 그들의 삶을 이해하고자 한다. 노숙인은 어떻게 노숙이라는 세계에 진입하는가? 비노숙인에서 노숙인으로의 정체성의 변동은 어떻게 일어나는가? 노숙인들은 어떻게 노숙생활에 적응하는가? 그들은 어떻게 노숙생활에서 벗어나는가? 이 질문들은 '노숙생활 이전-노숙생활-노숙생활 이후'로 도식화할 수 있는 노숙인의 생애경로에서 이행이 일어나게 되는 계기와 경험이 무엇인지를 묻는다. 이 질문들은 또 그 이행과정에서 노숙인이 부여하는/부여받는 정체성을 재구성하는 계기가 되는 사건들에 주목한다. 이 질문들에 답하기 위해서는 노숙인이 생애경로의 전환과정에서 경험한 사건들 속에서 무엇을 배웠는가를 물어야 하는데 이는 노숙인을 학습자로 전제하는 것과 다르지 않다.

노숙인을 학습자로 바라본다는 것은 그들을 '시혜 대상' 혹은 '관리 대상'이 아니라 자신의 삶을 결정하고 이끌어 가는 주체로 인정하는 것을 의미한다. 왜냐하면 학습은 인간이 주체로 존재하기 위해 필요한 삶의 과정이자 방식이기 때문이다. 즉, 인간이 스스로 삶의 조건을 바꿀 수 있는 주체로 성장하는 힘은 학습에서 나온다. 노숙인을 학습자로 바라보려는 시도는 서두에 제시한 왕멍의 질문 — 생존 다음에 가장 중요한 문제는 무엇인가 — 에 대한 답변과도 일맥상통한다. 13세의 나이로 중국공산 혁명에 참여했던 혁명가이자 현대 중국을 대표하는 문호이기도 한 왕멍은 이 질문에 다음과 같이 답한다.

> 나의 경우 대답은 두 글자, '학습(學習)'이다. 물론 나는 혁명에 참가했지만, 그보다 일관되게 한 번도 쉬지 않고 했던 일은 '학습'이었다. 나의 생활 구석구석에 녹아 있는 인생의 줄거리는 바로 배움이다. 나는 배우는 것을 시종일관 멈춘 적이 없었고, 그 가치나 의의를 전혀 의심하지 않았

> 다. 그리고 배움은 언제나 나를 고무시켰고, 힘을 주었으며, 존엄과 신념, 즐거움과 만족을 주었다. 내게 배움은 가장 명랑한 것이며, 가장 홀가분하고 상쾌한 것이다. 또한 가장 즐거운 것이며, 가장 건강한 것이다. 그리고 가장 티 없이 깨끗하고 떳떳한 것이며, 가장 진실한 것이다. 특히 아무 일도 할 수 없는 역경에 처했을 때, 배움은 내가 파도에 휩쓸리지 않도록 매달릴 수 있는 유일한 구명 부표였다. 배움은 내가 의지할 수 있는 유일한 의탁처이자 암흑 속의 횃불과 같았고, 나의 양식이자 병을 막아주는 백신과 같았다. 배움이 있었기에 비관하지 않을 수 있었고, 절망하지 않을 수 있었으며, 미치거나 의기소침해지거나 타락하지 않을 수 있었다. 배움을 지속함으로써 나는 하늘을 원망하며 눈물을 흘리거나, 무위도식하며 세월을 허송하지 않을 수 있었다. 나에게 배움은 타인에 의해 결코 박탈당하지 않는 유일한 권리였다(왕멍, 2004: 33).

분명 노숙인들은 생존의 한계 상황에 내몰려 있다. 그렇지만 이들이 기본적인 의식주를 전혀 지원받을 수 없는 극한에 처한 것은 아니다. 우리 사회에 노숙인 문제가 사회문제로 표면화된 것은 1997년 말 IMF 경제위기였다. 당시 경제위기는 각종 사회 안전망을 구축하는 계기가 되었고 노숙인 역시 그 대상에서 예외가 아니었다. 노숙인들에게 기본적인 의식주를 제공하는 정부와 여러 사회종교단체의 가시적 활동도 노숙인 문제의 표면화와 더불어 시작되었다. 이런 사회적 노력으로 대다수 노숙인은 생존의 문제를 어느 정도 해결할 수 있게 되었다. 물론 생존의 질적 수준을 논할 수 있다. 또 의식주 공급이 소위 인간다운 삶을 보장하기에 충분하지 않을 수도 있다. 그러나 이 장은 노숙인들이 "단순히 산다는 것에 만족한다는 것은 불가능한 일"(왕멍, 2004: 32)이라는 것을 잘 아는, 생존 다음의 문제를 생각하는 이들이라고 전제한다. 왕멍은 생존 다음의 중요한 일은 삶의 가치와 질을 결정하는 학습이라고 주장한다. 왕멍은 학습이란 인생에서 한 번도 쉬지 않고 삶의 구석구석에서 일어나는 무엇이라고 간파한다. 이때 학습은 인생의 줄거리, 즉 생애경로를 만드는 활동이라고 할 수 있다.

2) 학습자로서 노숙인

(1) 관련 선행연구[2]

노숙인을 학습자로 바라보는 것, 즉 노숙인을 학습자로 사고하고 말하는 것은 학계에서는 매우 낯선 작업이다. 인간을 학습자로 전제하는 교육학에서조차 노숙인에 과한 관심은 미미하였다. 정혜령(1999)의 석사학위논문은 국내 교육학계에서 노숙인의 학습을 직접 다룬 첫 연구이다. 정혜령은 1997년 말 경제위기로 노숙인이 급증하면서 생겨난 쉼터에서 생활하던 실직노숙인 5명을 인터뷰하여 이들이 노숙생활 속에서 어떤 학습을 했는지를 탐색하고 있다. 노숙생활 초기 연구 참여자들은 생존의 기술들을 습득하는 한편 노숙인이라는 변화된 정체성을 받아들이지 못하는 갈등상황에 놓인다. 하루 끼니를 해결하기 위한 정보를 얻지만 배고픔이라는 생리적 욕구와 공짜밥을 얻어먹기 싫다는 자존심 간의 갈등은 노숙생활 초기의 갈등을 잘 보여준다. 이런 갈등은 새로운 학습이 일어나는 것을 방해하기도 하지만 연구 참여 노숙인들은 변화된 자신의 상황을 인정하고 동료 노숙인들과 관계를 맺으며 새로운 자아정체성을 형성하는 학습경험을 한다.

외국의 경우도 성인 노숙인을 대상으로 한 교육학 분야의 학술연구는 많지 않다. 미국, 영국, 오스트레일리아 등은 교육학적인 맥락에서의 노숙인 연구가 한국보다 활성화되어 있기는 하지만 주로 홈리스 가정의 아

2 이 부분은 김의태 · 강대중(2012), 「노숙인 자립을 위한 인문교양교육의 가능성: 〈성프란시스대학 인문학과정〉을 중심으로」, 『평생교육학연구』 18(3): 197-226에 실린 내용 중 일부를 수정한 것임.

동과 청소년을 대상으로 삼은 경우가 대부분이다. 미국의 경우 1987년 McKinney-Vento Homeless Assistance Act에 따라 홈리스 가정의 아동과 청소년의 학교교육을 지원하는 국가 수준의 센터(National Center for Homeless Education)가 설치되고 이와 관련된 연구들은 상당수 축적되어 왔다(최근 사례로 Hallett, 2011; Miller, 2011; Murphy, 2011). 같은 법에 따라 연방정부 차원에서 노숙인을 위한 성인 교육프로그램(Adult Education for the Homeless Program, AEH)에도 재정 지원이 이루어져 1995년 중단될 때까지 8년간 약 32만 명이 참여하였다(Office of Vocational and Adult Education, 1998). 이 시기에는 노숙인들을 위한 교육프로그램을 기획 운영하기 위한 실천적인 지침을 담은 자료들이 간행되기도 하였다(가령, Office of Vocational and Adult Education, 1994; The University of the State of New York, 1995). 또한 AEH에 대한 종합적인 평가보고서로 이른바 Pelavin 보고서가 작성되기도 하였다(Drury & Koloski, 1995). 그렇지만 성인 노숙인의 교육 관련 학술연구는 상대적으로 찾아보기 어렵다. 이는 대개 빈곤층이고 기초학력이 부족한 성인 노숙인들을 독립된 연구의 대상으로 확립하기보다는 기존의 빈곤층 성인을 대상으로 한 연구결과를 기초로 현장에서 실천할 수 있는 프로그램의 기획과 실천이 더 많이 이루어졌기 때문으로 추측된다.

미국에서 발행되는 노숙인 연구 전문 학술지인 *Journal of Social Distress and the Homeless*나 유럽에서 최근 생겨난 *European Journal of Homelessness*에도 성인 노숙인들을 대상으로 한 교육학적 맥락의 연구들은 찾아보기 어렵다. Google Scholar, World Cat OCLC 등 학술 엔진을 통해 검색된 교육학적인 맥락의 성인 노숙인 학술연구를 살펴보면, 피어스(2001)는 여성 노숙인 5명을 심층 인터뷰한 연구에서 노숙생활에서 생존하기 위해 배우는 내용과 전략을 '거리의 지혜(street smarts)'라고 명명하며, 이들이 노숙생활 중에도 학습을 지속하고 있다는 것을 지적하였다. 수멜린(1996)은 미국 남부의 노숙인 145명에게 노숙경험(homeless experience)으로부터 배운 것은 무엇이냐는 질문을 던지고 그 반응을 분석한 연구에서 노숙인들이 재산, 직업, 관계 외에 나는 누구인지에 대한 물음에 답하며 본질적인 자아를 발견하는 경험을 했다고 보고한 바 있다. 미국 보스턴 지역에서 노숙상태를 과거에 경험했거나 현재 노숙상태에 있는 50명의 여성을 대상으로 1995~1998년간 진행된 민중교육(popular education) 프로그램에 대한 리베라(2003)의 문화기술지연구에 따르면 이 프로그램에 참여한 여성들의 자존감이 높아졌을 뿐만 아니라 그들이 자신들의 권리를 주장하는 방법을 배우고 자녀들의 교육에 적극적으로 관여하는 변화가 일어났다. 일부 오스트레일리아 학자들은 인문학 강좌 제공으로 노숙인들에게 나타난 변화상을 보고한 논문들을 발표한 바 있다. 스티븐슨, 야신-샤와 하워드(2007)나 하워드 등(2008)의 연구는 대학과 연계된 클레멘트 코스에 참여한 성인 노숙인들이 대학 수준의 인문학 강좌를 통해 변화하는 모습들을 보고하고 있다. 성인 노숙인 대상 교육프로그램과 선행연구들은 성인 노숙인들을 위한 교육프로그램들이 그들의 자존감을 높인다는 것을 공통적으로 보여주고 있다.

(2) 노숙인과 학습권

소수의 국내외 선행연구들은 노숙인들을 지원하기 위한 각종 교육프로그램의 내용과 이를 학습한 노숙인들의 변화상을 주목하고 있다. 이 장에서는 노숙인을 학습할 권리, 즉 학습권을 지닌 시민으로 바라보고자 한다. 학습자는 한국사회가 법적으로 보장하고 있는 학습할 권리를 향유할 주체이며 노숙인도 그 예외가 아니다. 학습권은 1995년 5 · 31 교육개혁의 결과로 1997년 제정된 〈교육기본법〉 제3조에 "모든 국민은 평생에 걸쳐 학습하고, 능력과 적성에 따라 교육받을 권리를 가진다."라고 명문화되었다. 교육기본법에 학습권 조항이 도입되는 데 영향을 미친 사건은 1985년 프랑스 파리에서 열린 제4차 유네스코 세계성인교육회의의 학습권 선언 채택이었다. 이 선언은 학습할 권리를 다음과 같이 규정하고 있다.

> 학습권은 읽고 쓸 수 있는 권리이며, 문제를 제기하고 분석할 수 있는 권리이며, 상상하고 창조할 수 있는 권리이며, 자신이 살고 있는 세계를 이해하고 역사를 쓸 수 있는 권리이며, 교육 재화에 접근할 수 있는 권리이며, 개인 그리고 집단에 의하여 배울 수 있는 기술을 개발할 수 있는 권리이다(임해규, 2011: 57에서 재인용).

유네스코 학습권 선언은 학습권 없이는 인간 발달 그 자체를 기대할 수 없다고 보고 있다. 김신일(2005)은 학습권이 학습활동의 자유, 교육받을 권리, 교육선택의 권리, 교육에 관한 의사결정에의 참여권, 지식과 사상 창출에의 자유라는 다섯 가지 요소로 구성된다고 제시한다. 학습권의 이 요소들은 제도화된 학교교육과 직간접적으로 연결되어 있기 때문에 학습권이 학교의 학생들이나 학부모들에게 국한된 권리라고 생각할 수도 있다. 그러나 학습권은 보편적 인권을 구성하는 요소이며 교육기본법이 규정한 대로 모든 국민이 평생에 걸쳐 누리는 권리이다.

노숙인을 이런 학습할 권리를 지닌 시민으로 바라보기는 쉽지 않은 일이다. 왜냐하면 그들이 학습권을 충분히 향유할 수 있는 조건에 처해 있지 않기 때문이다. 첫째, 노숙인들이 접근할 수 있는 장기 교육프로그램이 절대적으로 부족하다. 현재 노숙인들을 대상으로 6개월에서 1년 동안 진행되는 교육프로그램은 노숙인다시서기지원센터의 〈성프란시스대학 인문학과정〉이나 서울시에서 지원하는 〈희망의 인문학과정〉이 유일하다. 전자는 2005년부터 매 기수 20~25명을 선발하여 1년간 교육을 진행해 왔다. 후자는 2008년부터 시작했으며 6개월간 약 120시간의 교육을 서울시내 대학에 위탁하여 제공한다. 2010년의 경우 쉼터거주 노숙인 512명을 대상으로 5개 대학이 프로그램을 운영해 모두 330명이 수료를 하였다. 이외에 여러 노숙인 지원기관들이 신용회복, 단(斷)도박, 자활, 알코올 관련 프로그램들도 제공하지만 대부분 일회성 강연 위주인 경우가 많아 교육의 효과를 기대하기 어렵다. 둘째, 노숙인들은 유년기와 청소년기에 학교교육을 제대로 받지 못한 경우가 많다. 학교에서도 교사와의 갈등 혹은 공부 못하는 학생이라는 부정적 낙인 등으로 학교 자체에 부정적인 인식을 갖게 된 경우도 많다. 이런 학교교육 결손은 성인이 되어서도 영향을 미쳐 무엇을 배우는 것은 자신의 일이 아니라는 생각을 하기 쉽다. 학령기에 학교교육을 받은 기간이 짧은 사람이 성인이 되어서도 각종 교육에 참여하는 비율이 낮다는 이른바 '마태효과'(Pallas, 2003)는 노숙인도 예외가 아니다. 셋째, 막상 교육기회가 주어진다고 하더라도 교육받는 것이 인생에 별 도움이 되지 않으며, 당장 생존을 위해서는 같은 시간에 돈을 버는 것이 더 중요하다고 생각하는 경우가 많다. 생계가 막막한 노숙인들에게 당장 소득을 보장하지 않는 교육프로그램 참여는 큰 매력이 없기 때문이다.

2. 노숙인과 학습생애사 연구

노숙인들을 학습자로 바라보는 현실적인 어려움에도 불구하고 이 연구에서 노숙인을 학습자로 탐색하는 이유는 노숙생활 탈출을 위한 교육적 지원을 고민하기 위해서이다. 탈노숙을 위한 교육적 지원을 위해서는 노숙인들이 생애를 통해 어떤 학습경험을 해 왔는지를 이해하는 것이 절대적으로 필요하다. 따라서 이 장의 목적은 노숙인들의 생애사 구술에 나타난 학습경험의 양상과 이 학습경험이 노숙인들의 삶에 어떻게 영향을 미쳤는지를 이해하는 것이다. 이를 위한 연구문제는 다음과 같다.

첫째, 노숙생활 이전에 노숙인들의 학습경험은 어떤 양상으로 전개되었는가?

둘째, 노숙생활로의 진입과 적응 과정에서 노숙인들은 무엇을 어떻게 학습하는가?

셋째, 노숙생활로부터 탈출을 가능하게 만드는 학습경험은 무엇인가?

1) 연구자료

서울대 노숙인 생애사 아카이브에 포함된 60명 가운데 노숙인을 위한 교육프로그램을 경험한 이는 22명이었다. 이들 중 인문학프로그램을 경험한 이들이 12명이었고, 도박, 알코올, 파산면책 등과 관련한 단기 교육프로그램을 경험한 이는 인문학프로그램 중복 경험자 3명을 포함해 모두 13명이었다. 이 장에서는 아카이브 구축 후기에 수집한 10명의 사례를 분석대상으로 삼았다. 분석대상을 아카이브 구축 후기 수집 자료로 한정한 것은 아카이브 구축 작업 초기에 교육학을 전공한 연구자가 직접 참여하지 않았기 때문이다. 인터뷰 질문지에 학교교육 등 교육과 관련된 내용이 본격적으로 포함된 것은 필자가 참여한 뒤부터였다. 물론 필자 참여 이전에 수집된 자료에도 교육 관련 경험이 포함되어 있었지만 인터뷰 실시자가 이 경험에 의미를 부여하며 추가적인 질문을 하지 않은 경우가 대부분이었다. 따라서 교육 관련 내용은 최종학력을 묻는 등 기초적인 내용을 확인하는 수준에 머물러 있는 경우가 많았다.

분석대상으로 선정한 10명 중 필자는 3명의 인터뷰를 직접 시행하였다. 필자의 인터뷰를 포함해 이 장의 분석대상 10명의 인터뷰는 개별적으로 2, 3회씩 진행되었으며, 매 회 약 두 시간 안팎으로 실시되었다. 10명 중 노숙인을 위한 인문학 교육프로그램 이수자가 6명이었으며, 이 중 1명은 알코올 관련 교육을 경험하기도 하였다. 또 인문학프로그램을 이수하지 않은 4명 가운데 2명은 각각 파산 신청 교육과 알코올 및 도박 교육을 받은 경험이 있었다. 따라서 이 장의 분석대상 중 2명을 제외하고는 모두 노숙생활 중에 교육프로그램에 참여한 경험이 있다. 〈표 5-1〉은 분석대상 노숙인들의 일반적인 특성을 요약한 것이다.

〈표 5-1〉 연구참여자 인적 사항

	ID*	성명(성별, 나이)	출신지역	최종학력	인터뷰 기간(횟수)**	노숙기간	거주형태	결혼상태(자녀)	노숙 이전 직업
1	54	이태성(남, 47)	충남 부여	고졸	1. 17~1. 20(2회)	2년 6개월	쉼터	독신(무)	의류도소매업체 직원
2	55	김현석(남, 40)	서울	고졸	1. 18~2. 1(3회)	14년	쉼터	독신(무)	피복공장노동, 음식점 주방보조
3	56	정진환(남, 43)	서울	대졸	2. 11~2. 22(2회)	3년 3개월	고시원	이혼(1남)	케이블네트워크사업
4	58	백경섭(남, 57)	부산	대학교 중퇴	3. 5~3. 16(3회)	3년	매입임대주택	이혼(1녀)	건설 열관리사, 냉난방기자영업
5	59	신상문(남, 56)	부산	대학교 중퇴	1. 6~1. 18(2회)	2년 7개월	고시원	별거(무)	밀수업, 건설사 자재관리직
6	60	김장훈(남, 41)	인천	중학교 중퇴	2. 26~3. 12(3회)	10년	매입임대주택	독신(무)	양돈, 양계장, 김 양식장, 중국집 배달, 신문배달, 봉제공장
7	61	박재희(남, 56)	경북 김천	중졸	2. 18~2. 23(2회)	2년	매입임대주택	독신(무)	맞춤양복업
8	62	김상민(남, 39)	경북 김천	중학교 중퇴	1. 25~1. 29(3회)	6년	매입임대주택	동거(1남)	섬유공장노동, 일용직노동
9	63	이재호(남, 54)	경남 사천	고졸	1. 26~1. 29(3회)	3년	월세	이혼(1남 1녀)	의류업체 직원, 선반공장운영
10	64	김호철(남, 58)	서울	중학교 중퇴	2. 11~2. 18(2회)	10년	고시원	독신(무)	인테리어사업

* ID는 노숙인 생애사 아카이브의 식별 번호임.
** 인터뷰는 모두 2011년에 실시됨.

2) 분석방법

생애사를 구술하는 것은 그 자체가 구술자에게 학습활동이다. 구술자는 자신의 삶을 회고하며 자신을 성찰하는 학습경험을 하기 때문이다. 연구자에게 생애사를 구술하는 행위를 통해 구술자는 자기 자신의 정체성을 확인하고 재구성하는 작업에 능동적으로 참여하는 경험을 하는 것이다. 즉, 구술과정에서 구술자는 "자신의 삶의 이야기를 객관화시키는 경험을 통해 자신의 내적 가치관이나 갈등상황에서의 선택을 보다 확실히 알게 되고 나름대로 의미를 부여"(강대중, 2009: 205)하는 경험을 한다. 생애사 인터뷰 과정에서 구술자가 자신의 과거 삶의 경로를 연구자에게 재구성하여 전달하는 과정은 스스로 과거 삶을 반성하며 돌아보는 것을 수반한다. 따라서 구술된 생애사는 구술자가 과거에 겪었던 사건을 소재로 하지만 구술자의 현재 모습이 투영된 것이라 할 수 있다. 과거의 재구성과 해석은 현재 자신의 모습을 기초로 이루어질 수밖에 없기 때문이다. 또 연구자에게 구술한 생애사에는 연구자의 의도를 구술자 나름대로 해석해 연구자가 듣고 싶어하는 것으로 가공된 것이기도 하다. 연구자는 이런 과정을 거쳐 수집된 생애사 자료를 해석한다. 따라서 생애사는 불가피하게 '경험과 해석의 중층성'(조용환, 1999: 130-133)이라는 난제를 안고 있다. 연구자료의 수집부터 선택과 배제, 축소와 확대, 변형과 왜곡이 수반된 생애사 연구과정은 따라서 일어났던 사실 그대로를 확인하고 이를 연구물이라는 형태로 재현하는 목적으로 진행되지 않는다. 오히려 생애사 연구는 구술자와 연구자 사이에서 새롭게 구성되는 무엇이라 할 수 있다.

이 장에서는 객관화 혹은 일반화할 수 있는 노숙인의 삶과 학습의 관계를 규명하지 않는다. 그보다는 분석대상으로 삼은 노숙인들이 회고한 지나간 삶 속에서 드러나는 학습의 양상을 연구자의 시각으로 포착해 내고, 노숙인의 생애를 학습이라는 관점에서 바라볼 때 우리 사회가 겪고 있는 노숙인 문제에 어떤 시사점을 제시할 수 있는지를 탐색하고자 한다. 따라서 이 장에서 제시하는 노숙인의 삶과 학습의 관계는 노숙인 문제 해결을 위한 교육(학)적 시사점을 찾으려는 연구자의 맥락을 반영한 것이다.

연구자는 10명의 생애사 자료를 마인드맵핑(mindmapping) 프로그램의 일종인 XMind(http://www.xmind.net)의 생선가시 맵핑(fishbone mapping) 도구를 이용하여 분석하였다. 생선가시 맵핑 도구는 생선의 큰 가시 구조에 아이디어를 배치하고 큰 가시에 덧붙일 수 있는 개별 가시에 하위 아이디어를 추가할 수 있다. 이 구조를 활용하여 우선 생선 머리에서 꼬리 쪽을 향해 시간 순서로 생애사 자료에 담긴 주요 사건을 나열해 생애과정을 일목요연하게 파악하였다. 생선의 큰 가시에는 주요 생애사건을 적고, 작은 가시에는 이와 관련 있는 인물, 장소, 구술자의 의미부여 등을 덧붙이며 분석작업을 수행하였다. 생선가시 맵핑은 자료를 읽어가면서 지속적으로 수정되었다. 〈그림 5-1〉은 김상민의 분석 맵핑이다. 노숙인들의 생애는 노숙생활 이전, 노숙생활, 노숙생활 이후라는 세 시기로 개념적으로 쉽게 맵핑이 되었지만 개별 노숙인들의 생애경로에서 각각의 시기를 구분하는 경계선을 특정하는 것은 쉬운 일이 아니었다. 특히 노숙생활로부터 탈출한 시점을 특정하는 것은 불가능에 가까웠다. 왜냐하면 노숙생활에서 탈출은 점진적이고 지속적인 과정으로 파악되었기 때문이다. 자료의 해석은 10명 노숙인의 생선가시 맵들을 서로 비교 대조하는 과정을 통해 주제어를 도출해 가는 방식으로 이루어졌다. 이 과정을 통해 노숙인의 삶과 학습을 포착하는 개념으로 '분리'와 '접속'이라는 두 개의 주제어를 도출해 연구결과를 구성하였다.

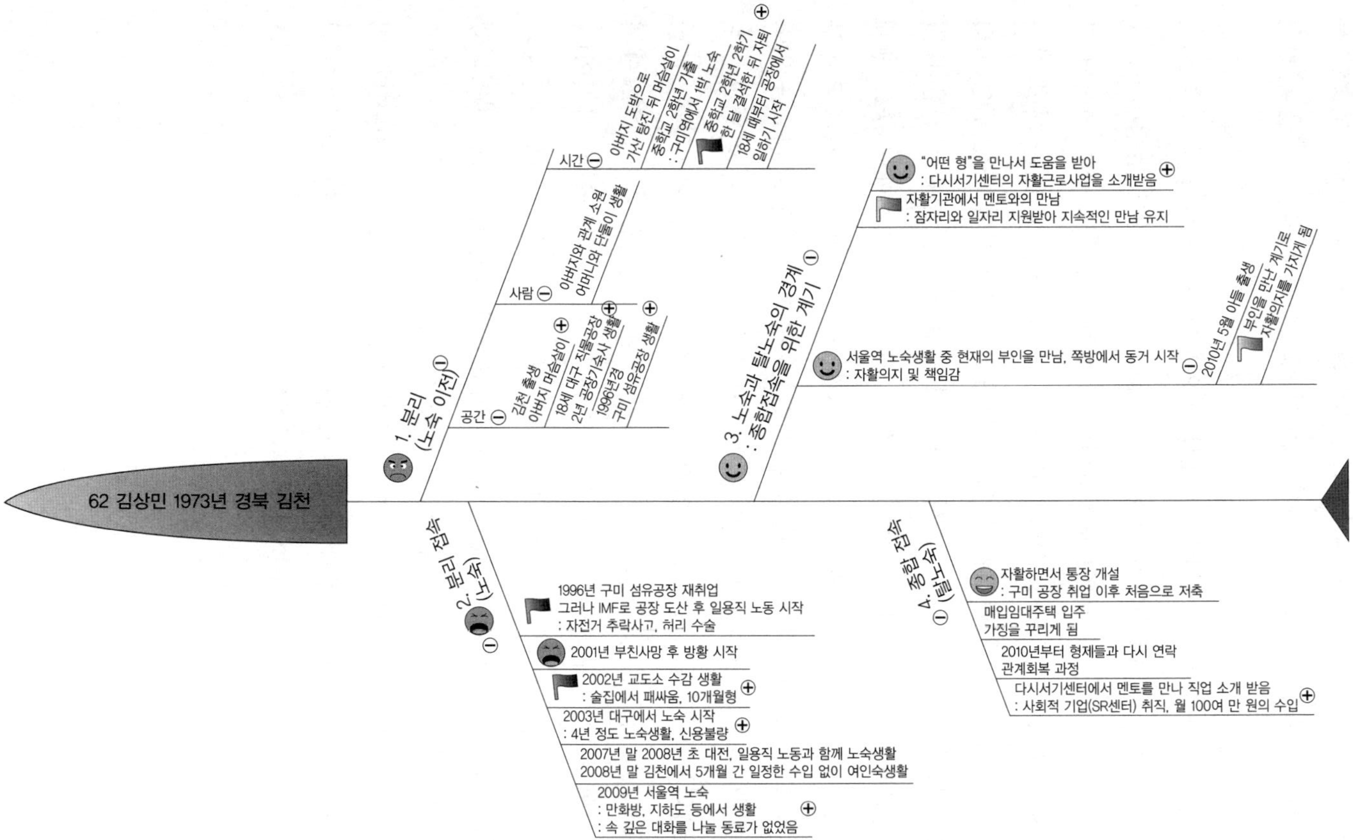

〈그림 5-1〉 XMind 프로그램을 통한 김상민(ID 62)의 맵핑

3. 노숙생활의 진입: 이전 삶으로부터의 분리

1) 분리 이전의 학습경험

캐나다 토론토의 노숙인 정체성을 연구한 보이델, 고어링과 모렐-벨라이(2000)는 노숙인들이 자신의 자아를 과거, 현재, 미래로 나누어 생각한다는 점을 제시한 바 있다. 즉, 노숙인들은 자신의 생애를 '노숙생활 이전-노숙생활-노숙생활 이후'로 구분해서 사고한다는 것이다. 이런 생애시기 구분은 어쩌면 노숙을 선택할 수밖에 없었던 이들에게는 당연한 것일 수 있다. 노숙인이 '노숙생활'을 경험한 사람이라면 노숙생활은 이전의 삶과의 '분리'로부터 시작한다. 다음에서는 우선 노숙생활 이전의 학습경험을 각각의 생애사적 배경 소개와 함께 제시하고자 한다. 특히 노숙인들의 생애사적 약점에 주목하기 위해 기초학력과 직업능력을 중심으로 학습생애사를 살펴본다.

(1) 기초학력 결손: 학교와 불화

분석대상 노숙인들은 대부분 학교공부를 제대로 하지 못한 경우였다. 학력사회, 학벌사회로 불리는 한국사회에서 정상적으로 학교에 다니지 못했다는 것은 이후 삶에서 큰 약점으로 작용한다. 10명 중 4년제 대학 졸업자는 1명도 없었고, 전문대학 졸업자가 1명(정진환)이다. 2명은 전문대학과 대학에 각각 기부입학을 했지만 모두 중도에 그만두었다(백경섭, 신상문). 검정고시로 중고등학교를 마친 경우가 1명(김현석)이며, 야간 고등학교 졸업자가 2명(김현석, 이재호)이다. 중학교 졸업자가 1명(박재희)이고, 3명은 중학교 중퇴(김장훈, 김상민, 김호철)가 최종학력이다.

① 학교공부가 너무 싫었어요

김현석, 김장훈, 김상민은 가출을 이유로 중고등학교 시절 퇴학을 당한 경험이 있다. 3명은 모두 1970년대 초반 출생이었지만 비교적 노숙경험이 오래되었다는 공통점이 있다.

1972년생으로 2011년 1월 인터뷰 당시 14년간 노숙생활을 해 왔던 김현석은 고등학교 1학년 때 무단결석과 가출로 퇴학을 당하였다. 야간고등학교를 졸업했지만 공부와는 아예 담을 쌓고 살았다.

1970년 인천의 한 산동네에서 2남 1녀 중 장남으로 태어난 김장훈은 1983년 중학교 1학년 어느 날 "학교에서 젤 무서운 선생님"이 내준 숙제를 하지 않은 채 학교 정문까지 갔다가 그냥 학교에 가지 않은 것이 학교에 대한 마지막 기억이다. 그날부터 보름 정도 산동네 폐가에서 잠을 자고 낮에는 집에 들어가서 밥 먹고 동생들 돼지저금통을 들고 나온 돈으로 살다가 귀가했을 때는 학교에서 이미 퇴학 처분을 받았다. 그는 절도범으로 소년원에 두 번 수감되기도 했지만 딱 한 번 어머니가 면회를 왔을 뿐 가족들도 그에게 관심을 기울이지 않았다. 김장훈은 중학교 중퇴 뒤 서울로 가출했고 1996년 무렵부터 본격적인 노숙생활을 시작하였다.

1973년 경북 김천의 시골 마을에서 4남 1녀 중 바로 위의 형님과 8세 차이 나는 늦둥이 막내로 태어난 김상민은 다른 형제들은 모두 고등학교까지 졸업했지만, 자신은 중학교 2학년을 자퇴하였다. 28명으로 기억하는 초등학교 동기들도 자신을 제외하고는 모두 고등학교까지 나왔다. 그가 살던 동네에는 중학교가 없어 초등학교 동창들이 모두 김천시내 중학교로 배정되었는데 아무도 자신과 같은 중학교로 배정되지 않았고, 그래서 자전거로 통학했던 중학교 생활에 쉽게 적응하지 못했다고 한다. 결국 결석과 가출을 반복하다가 중학교 2학년 때 학교를 아예 그만두고 집에서 놀기만 하며 지냈다. 그의 첫 노숙경험은 첫 가출 때 구미역에서 잔 것이었다. 그는 2003년 말 거리노숙을 시작하였다.

퇴학을 당하지는 않았지만 이재호의 경우도 학교에 제대로 적응하지 못하고 기초학력을 제대로 쌓지 못한 경우이다. 1958년 경남 사천에서 5남 2녀 중 여섯째로 태어난 그는 중학교 2학년 때 시험 중 부정행위를 했는지를 두고 교사와 다툰 기억이 있다. 시험시간에 책을 가방에 넣지 않고 서랍 안에 두었는데 교사가 부정행위를 했다고 지적했던 것이다. 부정행위를 하지 않았다고 항변한 것이 오히려 교사에게 대드는 것으로 간주되어 전 과목 0점 처리를 당하였다. 그것은 그가 공부와 담을 쌓는 결정적인 계기가 되었다고 한다. 그렇지만 이미 초등학교 시절부터 그는 공부에 별 흥미가 없었고 학습결손이 누적된 상태였다.

> 중학교 가서도 선생님들이 교과서를 읽으라 그러잖아요. 그게 안 되는 거예요. 못 읽었어요 제가요. 중학교 가서까지도. 2학년 때인가부터는 틀리더라도 읽기도 하고 손 들어서 읽기도 하고, 정확하게 읽은 건 중학교 2학년 때인 것 같아요. 중학교 1학년 때는 아예 읽을 생각도 안 하고 시키면 못 읽는다고 그러고. (이재호)

중학교 2학년 때 전 과목 0점 사건 뒤 그는 집에서 받은 학교 등록금을 가지고 서울로 가출을 감행하였다. 한 달간 직물공장에서 일하다가 형님에게 붙들려 내려갔지만, 공부에는 전혀 관심이 없었다. 그는 중학교 졸업식을 하기도 전에 서울로 올라와 가방공장, 시계공장에서 일을 배우기 시작하였다. 다행히 사장의 배려로 1975년 야간 고등학교에 입학했지만 제대로 공부를 한 것은 아니었다. 그에게 공부보다 더 가까웠던 것은 초등학교 3학년부터 마시기 시작한 술이었다.

② 공부하고 싶었지만 뜻대로 되지 않았어요

김호철, 이태성, 박재희는 가정 형편 때문에 학교를 제대로 다니지 못한 경우였다. 1954년생인 김호철은 아버지가 서울에서 5, 6개의 제과 체인점을 운영할 정도로 유복한 환경에서 자라났지만 그가 중학교 1학년 때 화재로 사업체가 전소되면서 하루아침에 집안이 망하였다. 가족이 속초로 이주해 제과점을 다시 열었지만 아버지의 술과 도박으로 경제적 형편이 나아지지 않았고 결국 중학교 중퇴가 최종학력이 되었다.

1965년 충남 부여에서 2남 3녀 중 막내로 태어난 이태성은 아버지가 학교에 부정적인 생각을 가지고 있어 중학교 1학년을 중퇴하였다. 이태성의 아버지는 일제 강점기 학창 시절 공부를 잘했던 동생이 헌병으로 끌려가 죽은 기억 때문에 학교 자체를 싫어하게 되었다고 한다. 이태성은 중퇴 뒤에 서울에서 작은 공장을 운영하던 형님과 함께 생활하였다. 형님의 지원으로 학원을 다니며 중학교와 고등학교 검정고시에 합격했지만 형님은 "공부하고 싶으면 공부하고, 놀고 싶다고 하면은 놀고… 너 뭐 해라 어떻게 공부는 해야 한다 꼭 해야 한다"는 간섭이 전혀 없었다. 중학교 검정고시에 합격한 뒤에는 ○○기술학교에도 합격했지만 한의대를 가면 더 좋을 것 같은 생각에 잠실의 독서실에서 혼자 대학입시 준비를 하였다. 그렇지만 1988년에 한의대가 아닌 서울대 정치학과에 무작정 지원했다가 낙방하면서 공부를 접었다.

박재희는 1956년 경북 김천에서 농사를 짓던 집안의 4남 1녀 중 넷째로 태어났다. 부유하지는 않았지만 200호 정도 되는 동네에서 가장 넓은 집을 가지고 있었고, 큰 형님은 고등학교까지, 다른 형제들은 중학교까지 공부하였다. 16세 위였던 큰 형님이 집안의 논밭을 다 팔아 사업을 했다가 실패하면서 가세가 기울었다. 그 바람에 초등학교 시절 늘 우등상을 받을 정도로 공부를 잘했지만 고등학교 진학을 포기해야 하였다. 중학교 때 선생님이 김천에서 두 번째로 좋은 고등학교에 장학생으로 입학할 수 있다는 얘기를 했지만 당장 일류 고등학교에 못 간다면 나중에 재수를 해서라도 가고 싶은 욕심에 거절하였다. 공부를 잘했던 그가 아까워 어릴 때부터 다니던 교회 목사가 간호고등학교에서 급사를 하며 청강을 할 기회를 잡아 주었지만 "나보다 공부를 못했던" 초등학교 동창 여학생들이 다니던 학교라서 견디지를 못하였다. 큰형이 서울로 불러 파출소에서 심부름하며 고등학교 입시 준비를 할 자리를 알아봐 주기도 했지만 파출소에서도 키가 너무 크다고 거절당하였다. 결국 대구에서 양복집을 하던 친척이 야간학교를 알아봐 준다며 불러서 갔지만 학교는 다니지 못하고 양복 기술을 배우는 길로 접어들었다.

③ 대학교육도 별 의미가 없었어요

백경섭과 신상문의 경우 본인들은 공부에 관심이 없었지만, 집안의 강권으로 대학에 기부입학까지 한 특이한 경우였다. 백경섭은 1955년 부산의 가난한 가정에서 1남 3녀 중 장남으로 태어났다. 그의 아버지는 제조업 공장의 열관리사였지만 어머니가 행상을 할 정도로 가정 형편이 좋지 않았고, 이로 인해 가정불화가 끊이지 않았다. 그는 공부에 흥미가 없었지만 아버지의 교육열이 높았고 장손이라는 이유로 집안 어른들이 돈을 모아 전문대학 식품영양학과에 기부입학을 시켰다.

> 아버님이 아들이 혼자라고 공부는 잘하든 못하든 나중에 사회생활하는 데 어려움이 있을 것이니까는 어떻게든 해 보신다고… 저희 아버님도 장남이시고 그러다 보니까 작은 아버님이랑 고모님이 도와주시고, 장조카고 집안을 끌어가야 하는 사람이니까 집안 어른들이 이렇게 저렇게 도와주신 모양이에요. 이렇게 저렇게 모아서, 그 과정은 제가 상세히 모르지만 그래서 기부등록식으로 해서 들어간 걸로 알고 있습니다. (백경섭)

미달학과였던 식품영양학과에 기부입학했지만 남학생은 자기 혼자였고, 기본적으로 공부에 관심이 없었기 때문에 백경섭은 학교 근처 음악다방에서 DJ 생활에 더 열중하다가 결국 부모 모르게 자퇴를 하였다.

신상문은 1954년 부산에서 3남 1녀 중 막내로 태어났다. “부모 잘 만난 덕으로 한 40세까지 백수로 살았다고 해도 과언이 아닐 정도”인 삶을 살았는데, 수산업과 주류도매업을 했던 집안은 초등학교 재학 시절 과외를 받을 수 있을 정도로 풍족하였다. 공립 중학교에 성적우수 장학생으로 입학했지만 부유한 집안 출신 아이들끼리 어울리기 시작하면서 학업을 게을리하게 되었고, 고등학교 시절에는 전교생이 다 알아주는 '불량학생'이 되었다. 대학 진학할 실력이 안 됐지만 부산에서 같이 놀던 부유층 자제들이 모두 서울 소재 대학교 신문방송학과에 청강생으로 기부입학을 하였다. 그렇지만 공부에는 도무지 흥미를 붙이지 못하였다. 고향에서 방위 복무를 마치고 대학 3학년으로 복학하러 서울에 왔지만 동향출신 선후배들과 어울려 놀기만 하다가 복학을 포기하고 귀향하였다. 그는 대학을 졸업하지 않은 것이 다행이라고 생각할 정도로 공부에 흥미가 없었다.

정진환은 10명 중 유일하게 노숙생활 이전에 고등교육 학위를 받은 경우였다. 그는 경찰공무원인 아버지와 형, 누나가 있는 평범한 가정에서 자랐다. 경제적으로 어려운 형편은 아니었지만 아버지가 매우 엄했기 때문에 화목한 가정은 아니었다. 인문계 고등학교 입학 때까지는 성적이 양호했으나 호국학도단에서 만난 선배들과 어울리면서 성적이 떨어졌다. 결국 1988년 자신과 다른 1명을 제외하고 반 친구 전부가 4년제 대학에 진학할 때 그는 공업계 전문대에 장학금을 받고 입학하였다. 전문대 재학 시절에는 도서관리를 하던 장학생 동아리 회장도 하며 원만한 학창 시절을 보냈다. 10명의 노숙인 중 정진환은 유일하게 '보통의 학교생활'을 보낸 경우였다.

(2) 직업생활의 단절과 불안

10명 중 6명은 노숙생활 이전에 사업체를 운영하거나 확실한 직업기술을 보유했었다. 그중에는 비교적 안정적인 경제생활을 유지했던 이들도 있었다. 특이한 점은 백경섭을 제외하고는 학교나 직업훈련시설에서 기술을 체계적으로 배운 경우가 없었다는 것이다. 모두가 직업 현장에서 기술을 익혔다. 그러나 이들은 경제위기와 산업구조 변화라는 외적인 요인(백경섭, 김호철, 정진환, 박재희)이나 알코올중독 등 내적인 요인(이재호, 이태성)으로 재기할 수 없는 실패를 경험하였다. 10명 중 나머지 4명은 지속 가능한 고용에 필요한 직업기술을 아예 습득하지 못한 경우이다. 이들 중 신상문은 가족의 경제력 덕분에 큰 어려움을 겪지 않고 청장년기를 보냈지만 다른 3명(김상민, 김장훈, 김현석)은 기초학력 결손에 이어 직업기술도 거의 익히지 못한 채 성인기를 맞이하였다.

① IMF 경제위기와 직업생활 단절

1997년 IMF 경제위기로 인한 대량 해고와 기업의 연쇄 부도 사태와 더불어 서울역 등의 거리노숙인은 사회적 주목을 받기 시작하였다. 당시 노숙인은 부랑아와 달리 경제위기로 인한 피해자로 인식되었다. 즉, 경제위기가 아니었다면 직장생활이나 자기 사업을 영위할 수 있었지만 본인의 의지와는 관계없는 외부 환경의 급격한 변화로 노숙에 이른 점이 부각되었다. 백경섭, 김호철, 신상문, 김상민은 전형적인 IMF 경제위기로 사업에 실패하거나 다니던 직장을 잃은 뒤 여러 요인이 겹치면서 노숙에 이르게 되었다.

백경섭은 전문대학을 중퇴한 뒤 입대 전까지 뚜렷한 직장생활을 하지 않았다. "가끔씩 친구들이랑 용돈이 필요하다 그러면 동네 친구들 몇 명이 막노동판에 가서 하루 일을 해서 돈을 받아서 술을 사 먹거나" 하는 생활을 하였다. 군 복무를 마친 뒤 "뭔가 일을 해야겠는데 딱히 제가 할 수 있는 것은 없고… 그러다 보니까 아버님이 내 밑에 와서 좀 일을 배워서 생활은 해야 할 것 아니냐"고 해서 열관리 분야로 발을 들여놓게 되었다. 백경섭의 아버지는 그가 중학교 3학년 때까지 열관리 자재상을 운영하기도 했고, 고등학교 1학년 때부터는 공장의 보일러실 기관장으로 일하고 있었다. 부친의 소개로 부산의 열관리 관련 중소기업에서 일하면서 학원에 다녀 열관리 2급 자격증을 취득하였다. 냉동 관련 자격증도 도전해 이론은 합격했지만 실기 쪽에서는 "수학적으로 풀어야 하니까, 공부에 취미가 없다 보니까" 결국 실패하였다. 그렇지만 이 자격증으로 주로 건설현장의 열관리 부분 일을 하며 직장생활을 하였다. 결혼 뒤 서울로 이주해서 대기업의 협력업체에서 일할 때는 중동으로 5년 6개월간 파견근무를 나가기도 하였다. 중동에서 돌아와 규모가 작은 업체로 이직했을 때 IMF가 터지면서 1998년 내근직으로 발령이 났다.

> 그 당시 저는 IMF가 뭔지, 뭐 어떤 소용돌이를 치는지 전혀 몰랐으니까, 그런가 보다, 아, 그랬는데, 하다 못해 책상도 없고, 쉽게 말하면 대기 발령 식으로 간 거죠. 하루 종일 휴게실에 앉아서 신문이나 보거나 복도에 소파에 앉아 있거나 그러다 점심때 되면 밥 먹고 들어오고… 그러다 보니까 제 스스로가 눈치가 보이더라구요. 누가 그만둬라 소리는 안 했는데 그냥 앉아 있는 것도 하루 이틀이지…. (백경섭)

결국 회사에 사표를 쓰고 더 작은 회사로 옮겼지만 이 회사도 직장 상사와의 갈등으로 2년 만에 그만두게 된다. 백경섭은 몇 달 쉬다가 영등포에 업소용 냉동기기를 파는 가게를 냈지만 경기불황으로 2년 만인 2002년 가을 무렵 문을 닫게 되었다. 경제적 무능력 상태로 전락하면서 가정불화가 심해지고 2003년 아내의 외도로 이혼하면서 백경섭은 영등포역에서 노숙을 시작하였다.

아버지가 운영하던 제과점 화재로 서울에서 중학교 1학년을 중퇴한 김호철은 가족과 함께 이주한 속초에서 열대여섯 살 때 천주교회가 운영하던 야학을 1년간 다니며 중등과정을 이수하였다. 비록 정규학교는 아니었지만 30~40명은 되었던 학생 중에서 "머리가 좋아서 그런지 노다지 1등만 했어요."라고 기억할 정도로 공부를 잘하였다. 가족들은 속초에서도 제과점을 했기 때문에 빵 만드는 기술을 배우기도 하였다. 아버지의 도박과 음주로 제과점이 도산한 뒤에는 부산과 서울의 제과점과 음식점에서 아르바이트를 하며 떠돌기도 하였다. 21세가 되던 1974년 입대 전에는 속초의 한 무료 학원에서 주산 3급, 부기 1급, 암산 1급 자격을 받기도 하였다. 공식적인 학력은 초등학교 졸업이 전부였지만 그는 암기력이 매우 뛰어났다. 운전면허 시험도 준비 시작한 지 3일 만에 합격할 정도였다. 장기복무를 신청했던 군에서도 정보 주특기를 배정받아 한글을 숫자로 암호화하는 음어관리 보직을 받았다. 그러나 축구를 하다가 고환을 심하게 다쳐 군병원에서 1년간 치료를 받고 1979년 5월 중사로 전역하였다. 전역 뒤 무작정 부산으로 내려가 다방과 술집에서 일하며 돈을 모아 가족에게 1,300만 원짜리 아파트를 장만해 주었다. 남은 돈으로 해수욕장에서 여름장사를 시도했지만 연이은 태풍으로 실패하고 말았다. 그는 1980년 말 서울로 올라와 처음으로 노숙생활을 하다가 1982년쯤 한 인테리어 업체에 취직하였다. 그러나 1987년 도박에 빠져 그동안 모은 재산을 탕진하고 1988년 속초로 내려가 4년 정도 고깃배를 타 돈을 모았다. 1990년 다시 상경하여 인테리어 일을 시작해 하청업체까지 둘 정도로 사업을 확장하였다. 그러나 1997년 IMF 경제위기가 치명타가 되었다. 공사대금을 받지 못해 부도가 나면서 모든 것을 잃은 것이다. 김호철은 암기력이 뛰어나고 인테리어 일을 눈썰미로 익혀 업체를 운영할 정도로 손재주도 있었다. 그러나 그는 군에서 입은 부상 때문에 평생 독신으로 지냈고 재산을 제대로 관리하지도 않았다. 결국 그는 1998년부터 자유의 집을 비롯해 여러 쉼터와 복지관 등을 전전하며 건설현장의 일용직 노동일을 하게 되었다.

IMF 경제위기로 직장을 잃었지만 백경섭과 김호철이 그래도 나름의 직업기술을 가지고 있었던 데 반해 신상문과 김상민은 직업생활을 통해 기술을 전혀 습득하지 못한 경우이다. 집안이 부산에서 재력가였던 신상문은 대학을 중퇴한 뒤 고향에 내려가 1979년 무렵부터 인맥 외에는 특별한 기술이 필요하지 않았던 밀수업으로 상당한 돈을 벌었다. 그렇지만 모두 유흥비로 탕진하였다. 1988년쯤에는 4개월 동안 상선을 타고 선원생활도 하였다. 매형의 소개로 1990년 건설회사에 입사해 현장 자재관리를 담당할 때까지 그는 뚜렷한 직업 없이 지냈다. 현장 자재관리 일도 특별한 기술이 필요한 것은 아니었다. 술과 여자에 빠진 방탕한 생활이 계속되었다. 그러다 1997년 IMF로 다니던 회사가 부도가 나면서 그는 직장을 잃었다. 특별한 기술이 없던 그는 1996년 결혼한 12세 연하의 부인과 이런저런 사업에 손을 댔다. 아내와 일본으로 건너가 식당을 열었지만 불경기로 실패했고, 중국을 오가며 보따리 장사를 하기도 했지만 단속에 걸려 그만두어야 하였다. 결국 2007년 6월 고향 부산에서는 "옛날처럼 대우받고 살려면 경제적인 면도 뒷받침이 있어야" 하는데 그렇지 못하고 "인자 전부 다 나약한 면만 다 보여지"는 것이 싫어서 돈 한 푼 없이 서울로 단신 상경해 노숙생활을 시작하였다. 그의 노숙생활은 서울에서는 자활근로를 하고, 먹여 주고 재워 주는 서너 달짜리 일거리가 있는 지방을 떠도는 것이었다.

중학교를 자퇴한 김상민은 김천에서 농사를 짓던 어머니와 단둘이 생활하였다. 학교를 그만두기는 했어도 어머니와 비교적 안정적인 가정생활을 하다가 18세가 되던 1990년에야 작은형의 소개로 대구의 직물공장에 취직하였다. 기숙사에서 생활하며 자기 손으로 돈벌이는 했지만 직물기계에 실을 채워 주고 잡일을 거드는 것이 주로 한 일이었다. 공장 사람들이 기숙사에서도 잔심부름을 시키며 무시하는 것이 싫어서 채 2년을 채우지 못하고 친구 소개로 구미의 섬유공장으로 옮겼지만 거기서도 일은 비슷했고 특별한 기술을 배우지는 않았다. 그 무렵 어머니가 위암으로 돌아가신 충격으로 공장을 그만두고 2년 정도 건설현장 일용잡부로 일하면서 방황하였다. 다시 구미 섬유공장에 취직했지만 1997년 IMF로 공장이 부도가 나면서 일자리를 잃었다. 이후 김상민은 구미, 김천, 대전, 부산, 목포, 대구 등지를 떠돌며 건설현장 일용직 노동일을 하였다. 체구가 왜소한데다 김천에서 술 마시고 자전거를 타다가 언덕에서 굴러 허리에 철심을 박는 수술까지 받은 그는 건설현장에서도 청소 등 허드렛일을 주로 하였다. 특별한 기술이 없는데다 건설경기가 나빠지면서 2009년 1월 무작정 서울역으로 올라왔지만 결국 거리노숙에 이르게 되었다.

② 재기 불가능한 사업실패

백경섭, 김호철, 신상문, 김상민이 노숙에 이르게 된 생애경로에 IMF 경제위기가 뚜렷이 자리 잡고 있다면, 정보통신 관련 업체를 운영했던 정진환이나 양복점을 운영했던 박재희는 IMF와는 관계없이 사업이 실패한 경우에 해당한다. 두 사람은 모두 사업 도산 이전에는 비교적 안정적인 생활기반을 갖추고 있었다는 공통점이 있다.

유일한 대졸자인 정진환은 원래 경찰이 되고 싶었지만 아버지의 반대로 1993년 용산전자상가 휴대전화기 대리점에 영업사원으로 취직하였다. 4~5년 일을 배워 자기 매장을 차렸고, 이 무렵 만난 부인과 27세에 결혼해서 아들도 얻었다. 신혼집으로 도봉동에 빌라를 살 정도로 형편이 좋았다. 결혼한 지 3년 뒤에는 안양에서 여관을 두 개 운영하던 처가 근처에 큰 집을 사서 이사를 할 정도로 사업이 괜찮았다. IMF도 종업원을 2, 3명 감원하기는 했지만 잘 이겨냈다. 그는 휴대전화기 매장에서 번 돈으로 인터넷 케이블 네트워크 장비 설치 사업을 시작하였다. 그러나 34세쯤 군부대 공사를 하다 크게 손해를 본 뒤 사업이 기울기 시작했고, 거래하던 대기업의 부도 여파로 은행대출과 사채를 막지 못해 집과 차량을 압류당하였다. 이런 와중에 2004년쯤 우리나라에 자신이 여덟 번째라는 희귀 암 판정을 받아 억대의 치료비가 들면서 형편은 더 어려워졌다. 결국 2005년 아내와는 서류상 이혼하고 아들은 법무사 일을 하는 형님에게 양자로 보내야 하였다. 처가의 도움으로 은행빚은 갚았지만, 원금이 오륙백만 원이었지만 이자 때문에 삼사천만 원으로 불어난 사채 일부는 갚지 못하였다. 정진환은 2008년 11월 휴대전화기 하나만 들고 용산역에서 노숙생활을 시작하였다.

공부에 욕심이 있었지만 가정 형편 때문에 중학교 졸업으로 학업을 마친 박재희는 5년 정도 대구 친척 형님이 운영하던 양복점에서 먹고 자며 일을 배운 뒤 군에 입대하였다. 군 제대 후에는 "양복 일은 대한민국에서 제일 알아주는" 서울 소공동 양복점에서 처음부터 새로 일을 배웠다. 그가 소공동 양복점에서 도급제로 일하던 1980년대는 "공무원들, 웬만한 회사원들도 안 부러웠"을 정도로 벌이가 괜찮았다. 그렇지만 군에서 배운 술과 담배 때문에 돈을 제대로 모으지는 못하였다. 1990년쯤에는 고향 김천에 양복점을 내고 제법 운영을 했지만 점 만 원짜리 고스톱판에 끼었다가 가게를 다 들어먹고 2년 만에 서울에서 다시 양복점 도급제 일을 하였다. 2005년쯤 주변에서 돈을 빌려 도봉구 삼양동에 작은 양복점을 시작했지만 대기업들이 기성복 양복 시장을 장악하면서 맞춤 양복점은 사양길에 접어든 때라 3년 만에 가게를 정리하였다. 그 뒤 1년여 정도 친구 집에 얹혀살다가 서울역에서 노숙생활을 시작하였다.

③ 알코올중독과 안정적 직업생활의 붕괴

이재호와 이태성은 노숙생활 이전에 비교적 안정적인 직업기술을 가지고 있었지만 알코올중독으로 일을 지속하지 못해 노숙에 이르게 된 경우이다. 이재호는 1984년 군 복무를 마치고 서울 동대문 의류상가에서 점원으로 일하다가 1986년 성동구의 선반공장에 취직해서 5년간 기술을 배웠다. 그 사이 1988년에 결혼해 1남 1녀를 두었다. 1991년부터는 자신의 공장을 운영하기 시작하였다. 주로 자동차에 들어가는 부품을 납품하던 공장은 벌이가 좋아 집도 살 수 있었다. 그러나 야간 고등학교 다닐 때부터 본격적으로 마시기 시작한 술 때문에 그는 심각한 알코올중독에 이르렀다.

> 남들보다 술이 셌고 잘 먹었고, 술 잘 먹는 것이 자랑인 줄 알았고 또. 어디 가 가지고 술 먹는 거 그 멋으로 살았어요. 그게 나는 대단한 줄 알았어요. 그래서 술 좋아했고 기분이 나빠서 마시는 게 아니라 기분이 좋고 나쁘고를 떠나서 그냥 술은 나한테는 생활이었고, 술이야말로 나에게 친구요, 벗이요, 애인이요, 신이요 이런 것이었죠. (이재호)

그는 1992년 의사로부터 알코올중독 진단을 받았지만 치료를 거부하고 계속 술을 마셨다. 정신을 잃을 때까지 술을 마시고 길거리나 지하철역에서 잠이 드는 빈도가 높아졌지만 납품 기일은 술을 아무리 먹어도 지켰다. 그러나 2000년 무렵부터는 술 때문에 일을 제대로 못하는 날이 생기기 시작하였다. 그런데도 술을 한 잔만 마시면 멈출 수가 없었다. 결국 부인이 2002년 이혼 소송을 제기했는데 법정에서 자식들로부터 "엄마 아빠가 헤어지는 것이 가정행복이다. … 친구들이 니네 아빠 술 먹고 저 길거리에 누워 있더라 어디 지점에, 그 소리를 안 들었으면 [좋겠다]"는 얘기까지 듣게 되었다. 이재호는 이혼을 당한 뒤 상실감에 빠져 2005년 형제들이 정신병원에 강제 입원을 시킬 때까지 "초등학교 3학년 때부터 2002년도까지 마신 술보다" 더 많은 술을 마셨다. 그리고 이때부터 공장 근처 한강 지천 다리 밑에서 노숙인들과 어울려 지내기 시작하였다.

1988년 대학입시에 실패한 뒤 이태성은 재수를 하며 어울리던 고등학생들과 술을 마시며 놀기 시작하였다. 술은 대학입시도 포기하게 만들었다. "애들하고도 술 한 잔씩 마시고 이러다 보니깐 술이 많이 늘었어요…. 그러고 나서는 시험 다시 생각도 안 하고 여름 때쯤부턴가 89년 여름 때부터 공부에 흥미가 없어지더라고요." 당시 3~4년간 서울 잠실 부근 포장마차에서 아르바이트를 하며 번 용돈으로 술을 마시며 살았다. 이 무렵부터 형님으로부터 경제적 지원을 받지 않았고, 1993년쯤 부모님의 연이은 죽음 이후에는 형제들과 거의 왕래를 하지 않고 지내기 시작하였다. 이후 친구가 하던 간판 가게에서 2년 정도 일하며 배운 기술로 날품을 팔며 월세방에서 살았지만 저축은 하지 않고 모두 술을 마시는 데 썼다. 34세가 된 1998년부터 지인의 소개로 동대문 종합시장 의류자재 가게에서 기계 다루는 것을 배우며 생활의 안정을 찾았다. 그렇지만 인생의 의미를 찾지 못해 『반야심경』 등 불교 관련 서적을 모으고 읽기도 했지만 답을 얻지 못하면서 술에 의존하는 생활을 하였다.

면담자: 그 특별히 술 많이 마시고 싶게 만드는 무슨 다른… 이유가 있었던 거는 아니고요?

이태성: 예 이유가 없고, 그런 어렸을 때부터 의미 없이 느꼈던 것을 이제 그전에는 불교 쪽에 관심이 있어 가지고 책자도 사다가 보고, 『반야심경』 같은 거 그런 거를 하루에 한 번씩 염불을 썼었어요. 그래 가지고 한번 해 봐야겠다. 그것도 한 달 가까이했었어요. 가뜩이나 일이 없고 내가 이렇게 살아서는 안 되겠다, 불교 쪽에 관심도 있었고, 근데 한번 생각이 아니다 그러던은 세상에 대한 어떤 불평들이나 이런 거는 아니고 뭔가 머릿속에 떠오르는데 그거를 잡을 수가 없는 거예요 안돼, 그래서 생각하기 싫으니까 복잡하고 머리에 생각도 없는 거를… 이제는 술을 다시기 시작하는 거야. 그러면은 그렇게 일주일 내내 끝을 봐요.

이 시기 그는 두 차례 동거를 했으나 결혼에 이르지는 못하였다. 특히 두 번째 동거녀와 헤어진 뒤에는 술에 의존하는 것이 더 커졌다. 결국 2008년 말 알코올쇼크로 거리에서 몇 번을 쓰러지고 직장도 더는 나가지 못하는 상태가 되었다.

④ 직업기술 부재와 불안정 고용상태의 지속

인천에서 태어난 김장훈과 서울에서 태어난 김현석은 단기 아르바이트를 전전하며 10대와 20대를 보냈다. 두 사람 모두 자신을 내성적인 성격의 소유자로 규정하며, 마음을 열고 지낸 친구들이 없었다고 할 만큼 우울한 청소년기를 보냈다. 김장훈은 중학교에서 퇴학당하고 동네 형들과 구멍가게의 돈통을 훔쳐서 집을 나와서는 서울역에서 10대를 보냈다. 당시 남대문경찰서 뒤편 여인숙에서 석 달쯤 지냈지만 돈이 없을 때는 서울역에서 자기도 하였다. 서울역에서 만난 “좀 안 좋은 형들”과 사귀어 절도에 가담하기도 하였다. 나이가 들면서 서울역 인근에 있던 “지금 말하면 인신매매라 그래야 하나 그런 사람들"의 소개로 양돈장, 양계장, 김 양식장, 봉제공장, 중국집 배달, 신문배달 등 밑바닥 생활을 하였다. 지방에 내려가면 두세 달 먹여 주고 재워 주는 곳에서 일하고, 몇십만 원을 손에 쥐면 서울역으로 올라와 형들과 모두 다 써 버리고는 또 다른 일을 찾는 생활을 거의 10년간 하였다. 그러다 23세가 되던 1992년에 구로공단 봉제공장에 시다로 들어가 기숙사에서 먹고 자면서 봉제일을 배웠다. 그렇지만 1996년 같은 공장에 다니며 사귀던 어떤 누나를 믿고 봉급을 맡겨두었는데 그 누나가 돈을 가지고 달아나 버렸다. 또 공장에서 절도사건이 일어났을 때 과거 절도 전과기록으로 인해 누명을 쓰고 해고되었다. 이 일들을 겪은 뒤 그는 서울역으로 돌아와 본격적인 노숙생활을 시작하였다. 이듬해 IMF가 터지면서 쉼터가 생겨나자 그는 전국의 쉼터와 기도원을 떠돌기 시작하였다.

김현석은 양어머니와 불화로 고등학교 1학년 때 가출했다가 친구의 형이 자신을 경기도 시흥 인근의 자동차 부품 공장 사장에게 '인신매매' 해 강제노동을 두어 달 한 경험이 있다. 과자 사 먹을 돈만 조금씩 받고 화장실 갈 때도 감시자가 따라붙었는데, 공장 회식 때 간신히 도망을 쳤다. 당장 집으로 돌아갈 수가 없어 서울역에서 보름을 지낸 것이 첫 노숙 경험이었다. 집으로 돌아간 뒤 생활비를 보태라는 양어머니의 성화로 잠시 공장에서 일했지만 "고등학교도 졸업을 못하면 군대도 못 가"는 것이 걱정되어 야간 고등학교에 편입하였다. 고등학교를 졸업하자마자 군 복무를 마치고는 전선 제조 공장과 설렁탕집에 취직했지만 "몇 달 벌고 돈이 생기면은 나오는 나쁜 버릇" 때문에 오래 다니지를 못하였다. 직장을 다니지 않을 때는 형과 누나에게 용돈을 받아 술이나 마시는 생활을 하다가 결국 생활비를 보태라는 양어머니와 크게 싸우고는 27세 때 집을 나와 거리노숙을 시작하였다.

2) 분리의 두 측면

노숙생활로의 진입, 즉 이전 삶으로부터의 분리에는 두 측면이 있다. 한 측면은 주거상태이다. 노숙생활에 진입했다는 것은 자기 집이 없어서 거리나 쉼터에서 잠자리를 해결해야만 하는 상태에 이르렀다는 것을 의미한다. 노숙생활 진입의 다른 측면은 사회적 유대관계, 특히 가족으로부터의 분리이다. 전자가 노숙생활 여부를 판단하는 절대적인 기준이라면 후자는 그 판단의 상대적인 기준이라 할 수 있다. 왜냐하면 노숙인들 사이에서도 사회적 유대관계의 유지 수준은 차이가 있기 때문이다.

(1) 주거

노숙생활은 안정적인 주거상태로부터 분리되는 것을 뜻한다. 이는 노숙인을 정의하는 방식에도 나타난다. 〈노숙인 및 부랑인 복지시설 설치 운영규칙〉 제2조 1의 2는 "노숙인이라 함은 일정한 주거 없이 상당한 기간 거리에서 생활하거나 그에 따라 노숙인 쉼터에 입소한 18세 이상의 자"로 규정하고 있다. 즉, 노숙인을 거리나 쉼터에서 생활하는 이로 보는 것이다. 그러나 노숙인의 주거지가 거리와 쉼터에 국한되는 것은 아니라는 의견도 있다. 김수현(2009: 104)은 거리노숙인, 쉼터 등 응급 및 임시 주거시설 생활자 외에도 여인숙이나 쪽방 등 장기 거주시설로 적당하지 않은 공간에서 생활하는 사람도 노숙인의 범주에 포함하고 있다. 10명의 노숙인들은 예외 없이 거리와 쉼터에서 생활한 경험이 있다. 이들은 표면적으로 사업의 실패(정진환, 백경섭, 신상문, 박재희), 가족과의 불화(김현석), 장기간의 알코올 의존과 중독(이태성, 이재호)으로 인해 거리노숙을 시작한 경우와 어린 시절부터 가출(김장훈)하거나 성인기에 접어들면서 경제적으로 가난한 가족과 떨어져 불안정한 주거생활을 전전(김상민, 김호철)하다가 거리노숙에 이른 경우로 나눌 수 있다. 거리노숙 기간에는 상대적으로 차이가 있었지만 한강 지천 다리 밑에서 노숙인들과 어울리며 노숙생활을 경험한 이재호를 제외하고는 모두가 서울역, 영등포역, 용산역 등 역사 주변에서 노숙생활을 시작한 공통점이 있다.

(2) 사회적 유대관계

노숙생활을 시작하면서 노숙인들은 어린 시절부터 형성해 온 사회적 유대관계가 단절되는 경험을 한다. 노숙생활의 진입은 따라서 노숙인들이 그들의 생애를 통해서 구축해 온 일종의 생활공동체로부터 분리되는 것이다. 이 분리는 그들의 존재 기반의 붕괴를 의미한다. 가장 두드러지는 것은 물론 가족과의 분리이다. 다수 노숙인들(김현석, 이태성, 김장훈, 박재희, 김상민, 김호철)은 노숙생활을 시작한 이후 가족과는 아예 연락을 끊었다. 김현석은 "연락 안 해요. (가족의) 전화번호도 모르고 어디 사는지도 모르고" 가족들도 자신을 찾지 않을 것으로 생각한다. 모든 노숙인들이 가족들과 완전히 연락을 끊는 것은 아니다. 정진환은 노숙생활을 하며 가족을 만나는 것은 사치라고 생각하지만, 형님댁에 양자로 보낸 아들은 가끔 만나고, 경제적인 문제로 어쩔 수 없이 이혼했던 부인과도 전화 연락을 한다. 백경섭은 노숙생활 중에도 어머니와는 연락을 했고, 매입임대주택에 입주하면서는 어머니를 모시고 함께 살기 시작하였다. 신상문은 유산 문제로 다툰 큰형을 제외한 다른 가족들과는 연락관계를 유지하고 있다. 이재호는 알코올중독으로 사업에 실패하고 이혼을 당하면서 가족들에게 버려졌지만, 친형제들은 그를 정신병원에 입원시키면서까지 돌봐 주었다.

가족이나 친척과의 유대관계 단절 외에도 이들은 친구들과 관계가 단절된다. 이 단절은 가족과의 단절보다 더 심각한데, 아예 어린 시절부터 친구가 없었다(김현석)고 말하기도 한다. 학창시절과 직업생활을 통해 형성된 긴밀한 친구관계(신상문, 정진환, 백경섭)도 노숙생활을 시작하면서는 완전히 단절된다. 전문대 동아리 회장 출신으로 용산전자상가에서 사업체를 경영할 때는 친구들 사이에서 술값을 도맡아 냈던 정진환의 사례는 친구관계의 단절을 극적으로 보여준다.

면담자: 사업하실 때, 사회생활하실 때나, 이제 학창 생활 친구분 중에 지금 연락하시는 분이….

정진환: 아무도 없어요.

면담자: 아, 그런 분 없어요?

정진환: 다 끊어 버렸어요. 뭐 정이 없으면 그렇죠.

노숙인 관련 연구들은 노숙생활을 시작한다는 것은 주거상태의 변화뿐만 아니라 노숙인이 생애과정에서 가족이나 친구 등 타인들과 맺는 유대관계로부터 분리되는 측면에 주목한다. 대개의 노숙인이 가족이나 친구 등과 맺고 있는 사회적 관계의 단절을 경험하기 때문이다(Gory, Ritchey & Fitzpatrick, 1991; Grigsby, Baumann, Gregorich & Roberts-Gray, 1990; Snow, Leufgen & Cardinale, 2007; Zlotnick, Tam & Robertson, 2003; 김진미 · 서정화, 2006). 노숙생활은 따라서 가족, 친구 등 이전에 맺고 있던 사회적 유대관계가 단절된 채 혹은 매우 불안정한 상태에서 거리, 만화방, 심야 PC방, 공공건물 또는 쉼터 등 노숙인 수용시설에서 잠자리를 해결하며 생활하는 것으로 정의할 수 있다.

4. 노숙생활로의 접속: 학습양상

노숙생활 초기는 이전의 사회적 관계들이 더는 기능하지 않고 새로운 도움과 지원은 아직 받지 못하는 일종의 위기상황이다. 이때 가장 큰 도전은 주거를 비롯한 기본적인 의식주 문제 해결과 새로운 사회적 관계를 어떻게 형성하는가이다. 따라서 이 시기는 노숙생활 이전의 삶과 완전히 분리되는 과정이자 노숙이라는 새로운 생활양식에 접속하는 과정이다. 이 접속의 과정에서는 두 가지 특징적인 학습양상이 나타난다. 하나는 노숙생활에 필요한 정보를 습득하는 것이고, 다른 하나는 노숙인이라는 독특한 정체성을 형성하는 것이다.

1) 노숙생활에서 살아남기: 학습 = 습득의 양상

일반적으로 학습은 지식이나 기술, 태도, 가치관 등을 습득(acquisition)하는 활동을 뜻한다. 우리가 무엇인가를 "학습했다"고 할 때 학습이라는 활동 이전에 존재하지 않았던 어떤 것이 우리에게 생겨난 것을 지칭한다. 즉, 학습활동 이전과 이후를 나누고 두 시점 사이의 변화 원인을 학습으로 간주하는 것이다. 이렇게 '학습=습득'으로 이해하는 것은 일상생활에서 삶에 필요한 여러 정보를 획득하는 것, 그리고 그 정보를 획득하는 방법을 터득하는 활동과 긴밀하게 연결되어 있다(성태제 · 강대중 · 강이철 외, 2012: 425).

(1) 선배 노숙인 멘토

노숙생활은 거리에서 살아남기 위한 기술을 터득하는 것에서 시작한다. 어디에서 밥을 먹고, 잠을 자고, 거리의 노숙인들과 어울리기 위해서는 어떻게 처신해야 하는지를 습득하는 것은 노숙세계에서 생존의 필수조건이라 할 수 있다. 부산에서 서울로 올라온 신상문은 영등포역 앞 거리에 있던 책상 위에서 노숙 첫 밤을 맞았다. 박재희는 서울역 대합실 의자에 앉아 있다가 역무원에게 쫓겨나면 계단에서 밤을 새우고 새벽 지하철에 올라 잠을 청하였다. 김상민은 서울역 앞 만화방에 들어갈 돈도 없던 날 저녁, 서울역 앞 지하도에 '자기 자리'가 있던 다른 노숙인을 만나 그의 옆에 몸을 누일 수 있었다. 잠자리는 닥치면 어떻게든 해결할 수 있지만 먹는 것은 다른 일이다. 자존심 때문에 구걸하거나 음식쓰레기를 뒤질 수 없는 이들에게 무료급식소의 존재와 이용시간은 배고픔을 해결하는 데 절대적인 정보이다. 대졸자 정진환은 이 정보가 없어서 꼬박 사흘을 굶었다.

잠자리와 먹을 것이라는 두 가지 조건을 해결하는 과정에서 노숙인들은 동료 노숙인들과 '만남'을 경험한다. 이 만남은 그들이 노숙생활에 필요한 잠자리와 먹을거리와 관련된 정보를 습득하는 데 결정적인 역할을 한다. 정진환은 용산역 앞에서 그를 '거두어 준' 선배 노숙인들 덕분에 살아남을 수 있었다.

> 용산역 뒤에 보믄 용산공원이라고. 공원 안에 보믄 상당히 좁아요. 철거촌 소유지고 그래 갖고. 거기서 인제 노숙생활하신 분이 한 20명 됐어요. (그분들은) 잠깐잠깐 왔다 갔다 하시는 분이고, 토박이들은 텃새 잡고 있는 분들은 세 분, 네 분밖에 없어요. 거기서 합류를 하게 된 거죠. 그런데 처음에 가니까 이불도 없이 아무것도 없으니까, 덜덜 떨었어요. 그분들이 잠바 하나하고 양말도 거의 주시고, 이불도 있잖아요. 11월이니까 얼마나 추워요 밤에. 그전에는 용산역 앞에 계단에서 개 떨듯이 떨면서… 용산역이 12시 반이면 문을 닫는다구요. 쫓가낸단 말이에요. 그러믄 인제 첫 기차가 5시 15분엔가 있어요. 그전까지는 못 들어간다 얘기예요. 밖에서 떨고 있어야 된다 말이에요. 그걸 4시간, 5시간 떨고 있으믄 사람이 정말 살기 싫어요. 어떻게 해서 운이 좋아 가지고, 그분들 만나 가지고 정말 4일 만엔가 5일 만이구나. 그분들이 불러 가지고 5일 만엔가 불러 가지고 뜨뜻한 이불 덮고 잔 거. 그다음부턴 그분들한테… 어디 가믄 밥을 얻어먹고, 어디 가믄 어느 교회 가믄 300원 준다, 500원 준다 그런 정보를 그분들한테 첨 얻었죠.

'우스운 정보'를 가지고 있는 선배 노숙인들이 노숙생활을 처음 시작하는 이들에게는 중대한 '학습 자원'을 가진 일종의 멘토 역할을 한다. 27세에 집을 나와 14년째 노숙을 하고 있는 김현석은 노숙생활 초기에 무료급식소에서 '아저씨'를 만나 그가 하자는 대로 따라 하며 살았다. 서울시내의 성당과 교회를 도는 속칭 '짤짤이'를 해서 많으면 15,000원, 적으면 10,000원의 돈을 모아 쪽방을 얻어 같이 자고 다음날 무료급식소에서 밥 얻어먹고 다시 '짤짤이'를 도는 생활을 6, 7개월 함께한 것이다. 김천에서 아는 사람이 아무도 없는 서울로 올라온 김상민에게는 '형'이 거리에서 생존할 수 있도록 도와준 사람이었다.

개인적인 멘토 관계를 형성하지 않더라도 잠자리와 음식, 그리고 노숙 관련 각종 정보를 공유하는 동료 노숙인들을 알게 되면서 '유사 가족 공동체'가 형성되기도 한다. 정진환은 용산공원에서 만난 이들 덕분에 "노숙생활을 아주 쉽게 시작하고 쉽게 끝냈다"고 하였다. 백경섭 역시 영등포역에서 거리노숙을 하다가 죽마루공원에서 다른 노숙인들과 천막을 치고 공동생활을 하였다. 김장훈은 2003년부터 2005년까지 남산에서 동료 노숙인 11명이 함께 생활했는데 이들 사이에는 형제보다 나은 관계가 형성되었다고 회상한다.

면담자: 그러니까 고정적으로 거기서 주무시는 분들이, 고정되어 있었군요.

김장훈: 예예. 그리고 다른 사람들은 절대 못 오고. 우리가, 왜 그러냐면은, 텃세라 그러나, 그런 게 좀 있었어요. 거서, 열한 명이서 맨날, 돈 없으면 두 명, 세 명씩 하루 고물 나가 갖고 벌어 오면 또 그걸로 또 술 사다가 먹고, 그러면 거기 남산 뒤쪽에 가면은요, 무당골이라고 있거든요, 무당들이 와서 푸닥거리하는 데가 있어요. 거기 가면은, 그 푸닥거리 끝나면은 막걸리도 받아 오고, 돼지머리도 구해 오고, 그 푸닥거리하고 나머지 음식 같은 거 있잖아요, 그런 거 거둬 와서 먹고, 또 뭐, 그렇게 계속 인제 한 2년, 3년 가까이 그렇게 계속 생활했었죠.

면담자: 그럼 거기 같이 살던 분들끼리는 아주 우애도 좋고.

김장훈: 어떻게 보면 형제, (웃으며) 형제보다 더 좋았죠. 그때는, 그 당시에는 돈을 한 곳에 모아 갖고 그걸로 다 자기 필요한 거 쓰고, 그렇게 했었어요.

(2) 노숙인 지원서비스

동료 노숙인 외에 노숙생활에 필요한 것들을 습득하는 다른 통로는 노숙인을 지원하는 사회서비스를 활용하는 것이다. 노숙인들은 쉼터와 급식소를 운영하는 공공과 민간의 여러 단체에서 일하는 실무자들과 관계를 맺고 생존에 필요한 서비스를 지원받는다. 이태성은 2008년 알코올중독으로 거리에 쓰러졌는데 행려병자로 시립병원에서 무료로 치료를 받고 퇴원하는 길로 구청 사회복지과를 찾아갔다. 그는 거기서 소개받은 쉼터에서 계속 지내왔다. 김현석은 14년간 노숙생활 대부분을 전국의 쉼터와 길거리를 오가며 보냈다. 정진환은 용산공원 천막의 노숙인들과의 공동생활을 7개월 만에 청산하고 상담보호센터의 도움으로 희망근로와 자활근로에 참여하며 고시원을 얻었다. 백경섭 역시 햇살보금자리센터를 통해 자활근로를 소개받고, 파산신청을 하면서 '홈리스행동'이라는 노숙인 자조모임을 통해 여러 정보를 얻었다. 신상문은 노숙 첫날 영등포역 부근 우체국 앞길에 놓여 있던 사무용 책상 위에서 잠을 청했는데, 자기 가방을 훔쳐 가는 노숙인을 붙잡았다. 그 노숙인의 소개로 다시서기센터 영등포상담소를 찾아가게 되었다. 상담소에서 연결해 준 보현의 집을 거쳐 장위복지관 쉼터에 들어가게 되었다. 또 쉼터 실무자의 도움으로 서울시일자리갖기사업에 지원해 여의도공원 청소를 하며 돈을 벌었다. 박재희 역시 동료 노숙인에게 다시서기센터를 소개받고 쉼터 입소를 위한 건강검진 과정에서 결핵을 발견하였다. 무료로 입원치료를 받은 뒤에도 다시서기센터 간사들의 도움으로 쪽방을 얻을 수 있었다. 이밖에 정진환, 김상민, 김호철 등 다른 노숙인들도 다시서기지원센터 등을 통해 자활근로를 소개받았다.

2) 노숙인이라는 정체성: 학습 = 참여의 양상

노숙생활에 적응하며 살아남는 과정은 동시에 '노숙인'이라는 새로운 정체성을 확보하는 과정이기도 하다. 노숙인들은 쉼터와 거리에서 제공되는 밥을 먹고 서울역이나 용산역 등에서 모여 시간을 보내는 동안 그들의 의도와 관계없이 노숙인이라고 불리는 정체성을 공유하게 된다. 이런 의미에서 학습은 참여(participation)의 과정이다. 사회적 존재인 인간은 태어나는 순간부터 항상 집단의 구성원으로 살아간다. 학습은 어떤 집단의 구성원으로 참여하는 과정에서 일어나는 현상이며, 그 집단은 특정한 지식이나 실천의 역사를 공유하고 있다(성태제 · 강대중 · 강이철 외, 2012: 426-427; Lave & Wenger, 2000; Wenger, 2007). 똑같은 밥을 먹어도 노숙생활을 시작하기 이전과 이후의 밥 먹는 행위가 매우 다른 의미를 갖는 것은 그들이 참여하고 있는 집단의 성격에 따라 정체성에도 변화가 일어나기 때문이다.

(1) 공적인 정체성 확보: 노숙인 지원 시스템과의 접속

노숙인을 지원하는 사회서비스는 정체성 확보라는 학습=참여 과정에서 결정적인 역할을 한다. 인터뷰 당시 신상문은 월세방에 살고 있었지만 구청 등에 찾아가 일자리를 알아볼 때는 자신의 신분을 노숙인라고 당당하게 밝힌다고 하였다. "표면적으로는, 내 노숙인이다, 왜? 노숙인 명단에는 올라가 있으니까" 그럴 수 있다는 것이다. 이 글의 분석대상인 10명의 노숙인들 중 인터뷰 당시 쉼터거주자(이태성, 김현석)는 있었지만 거리생활자는 없었다. 나머지는 고시원, 매입임대주택, 월세방 등 법령이 정한 노숙인의 정의에 해당하는 주거에 머물고 있지 않았다. 주거상태만으로 판단한다면 나머지 8명은 노숙생활에서 벗어났다고도 할 수 있다. 그렇지만 이들은 대부분 자신이 노숙생활에서 벗어났는지에 대해 유보적인 입장을 보였다. 그 이유는 이들 대부분이 노숙인을 위한 사회적 지원서비스의 혜택을 여전히 받고 있기 때문이었다.

면담자: 선생님 아까 말씀하셨을 때 내가 완전히 노숙에서 벗어났다고 말할 수는 없지만 그렇다고 노숙인은 아니다라고 말씀하셨는데 노

숙에서 벗어나는 거는 어떻게 해야 노숙에서 벗어날까요? 뭐, 좀 마음적으로 뭐가 어떻게 돼야 되는 걸까요. 아니면 경제적으로 어떻게 돼야 되는 건지. 선생님 어떻게 되면은 누가 노숙에서 벗어나셨어요? 라고 했을 때 자신 있게 예라고….

박재희: 이제… 내가 저, 저, 뭐야, 가정을, 아니 집을, 매입임대가 아닌 내가 정말로 내 돈, 보통 월세나 그런 생활, 하면은 인제 노숙을 벗어났다고 봐도 되겠죠. 이건 노숙인을 위한 매입임대니까, 내가 그런 신세를 지고 있으니까, 노숙인을 위한 매입주택을, 그러니까 내가 벗어났다고 할 수 없겠죠.

박재희는 서울역 인근 마트 주차장에서 함께 밤을 새우던 다른 노숙인에게 "이러지 말고 차라리 쉼터에 가서 있어 봐라"는 말을 듣고 노숙인 지원 시스템에 대해 처음 알게 된 경우였다. 쉼터 입소를 위한 건강검진을 받던 중 결핵 판정을 받아 100일 동안 무료치료를 받고 회복했는데, 퇴원 뒤에 다시서기지원센터에서 서울역 근처에 쪽방을 얻어 줘서 5개월 동안 생활하였다. 점심, 저녁은 교회나 성당의 급식소에서 해결하고, 양복일을 함께하던 친구들을 가끔 만나 용돈을 받은 것으로 근근이 생활하였다. 실제 열흘 정도밖에 안 되는 거리와 쉼터 노숙생활이었지만 박재희에게는 '노숙'이라는 그림자가 짙게 드리워져 있다. 그는 "쪽방에서 생활한다거나 고시원에서 생활한다거나 그런 사람들한테는 노숙인이라는 말을 하는 게 좀 아닌 거 같애"라면서도 "무료급식소 가서 밥을 얻어먹고 하니까, 어차피 뭐 노숙이나 똑같죠."라고 말한다. 노숙인을 지원하는 사회적 시스템에 포섭되어 있는지 여부는 이 점에서 노숙인의 정체성을 이해하는 데 매우 긴요하다. 이 시스템과의 접속관계를 통해 노숙인이라고 공적으로 호명되기 때문이다.

(2) 노숙생활이 빚어내는 정체성

이런 공적인 호명과는 별개로 노숙인들은 노숙생활에 적응하는 과정에서 자기 자신에 대한 생각, 공간과 시간에 대한 생각을 형성하게 된다. 이 생각들은 노숙생활의 접속과정에서 형성되는 정체성을 엿볼 수 있는 단서가 된다. 우선 이들의 자아 개념에는 부끄러움, 고립감, 외로움, 상처받은 자존심 등이 혼재되어 있다. 10년이 넘는 노숙생활을 경험한 김현석은 자신이 가정과 사회로부터 버림받은 존재라고 생각한다.

> 면담자: 서울역에서 잠자고 그러실 때 그때는 나는 노숙인이다라는 생각이 드셨나요?
>
> 김현석: 저는 그전부터 들었죠. 구걸해서 사람들한테 구걸해서 몇천 원 받아 가지고 술 사 먹고 쓰러져서 길바닥에서 자 본 적도 있고 사람들 왔다가, 젊은 사람들 연인끼리 와서 막 쳐다보고 웃고 지나가고 그런 모습 보면서 인생 낙오자다 그런 생각까지 해 봤는데요. 노숙, 노숙인이라는 그런 거를 떠나서 인생 낙오자다 나는 인생에서 버려졌다 집에서 가정에서도 버려지고 사회에서도 버려지고.

노숙생활 초기 길거리 무료급식소에서 지나가는 사람들의 눈치를 보며 밥을 얻어먹던 기억이나 구제헌금을 받는 '짤짤이'를 돌 때의 처량함, 행인에게 구걸한 돈으로 컵라면을 사서 먹으며 눈물을 흘린 사건은 김현석의 기억에 또렷이 각인되어 있었다. 그래서 노숙생활 초기에 그를 데리고 다녔던 노숙인 '아저씨'는 자신을 살려 준 은인이기도 하지만 동시에 자신을 노숙에 젖어들게 한 장본인이라고 생각한다.

노숙인들은 외로움과 고독감에 시달린다. 신상문은 '해보자모임', 노숙인을 위한 잡지인 『빅 이슈』 창간준비모임, 〈성프란시스대학 인문학과정〉 등에 끊임없이 참여하고 있는데, 그 근본 동기를 외로움에서 찾았다. 그는 "어떨 때는 참 혼자 있을 때, 가만히 앉아서 생각해 보면 서글플 때도 참 많아요. 그기 어디서 오는지 하면, (웃으며) 외로움에서 오겠죠, 서글픈 게."라고 말하였다. 이런 노숙인들의 외로움과 고독은 기존의 사회적 관계와 분리로 인해 불가피한 것이라 할 수 있다. 정진환은 노숙하며 만난 아주 가까운 사람들과도 한 발짝 떨어져 지낸다. 노숙인을 위한 인문학과정을 수강하며 알게 되어 정기적으로 만나 관련된 정보를 나누는 다른 노숙인들과도 거리를 두려고 한다.

> 면담자: 그러면 노숙하는 사람들이나 이렇게 인제 그렇게 사시는 분들은 동료 관계나 친구, 이렇게 더 가까워지는 그러니까 뭐. 뭐라 그래야 하나 친구 하여튼. 마음을 나눌 수 있는. 이런 관계 형성되기가 굉장히 어려운 거예요?
>
> 정진환: 항상 한 발짝은 나도 뭐 마찬가지지만 친하다고 하는 뭐냐 ○○형이나 ○○형이나 ○○이 하고… 나도 항상 반 발자국은 물러나 있어요. 자기가 나한테 어떤 해코지할지 모른다고. 이 사람이 나한테 어떤 생각하는지 모른단 말이에요.

동료 노숙인들과 속내를 드러내고 얘기하지 않는 노숙인들 사이의 일종의 '불문율'은 고립감을 심화시킨다. 김현석은 자신과 함께 반 년 정도 생활을 함께했던 '아저씨'의 이름을 물어보지도 않았다. 노숙생활을 제대로 일러준 '아저씨'에 대해서 그는 잘 모른다. 정진환은 용산역에서 자신을 거두어 살게 해 준 '형님'들과 자세한 인생사를 얘기한 적이 없다. 신상문은 노숙인들이 서로 자기 얘기를 하지 않는 것은 서로 도움을 기대할 수 없기 때문이라고 생각한다.

> 왜 말을 안 하느냐, 그게 왜 서로가 쉼터에서 생활하거나 고다음에 이래 길거리에서 만나 갖고 분명히 친하게는 지내는데 왜 그런 자기 과거사나 뭐 자기가 어려움 있어도 이런 거를 왜 이야기를 안 하느냐면은 그런

부분에서 뭐 외로움이나 이런 거를 느껴서, 그런 부분이 아니고, 일단은 내가 상대가 이 사람인데, 뭔가가 이야기했을 때는 뭔가가 해답을 얻어야 되잖아요, 그죠? 그 상대가, 친하게 지내고 있는 상대가 해답을 줄 수 있는 상대가 아니기 때문에. (신상문)

노숙이라는 사건은 자존심에 상처를 준 부끄러운 기억이다. 박재희는 자신의 생애에서 길거리와 쪽방에서 보낸 시간을 절대로 입 밖에 내지 않는다고 한다.

옛날에 노숙한 삶, 내가 노숙생활을 한, 일주일, 십일 간, 한 십일 정도 되죠? 서울역에서 일주일 영등포역에서 이틀 하면서 한 십일 간 되는데 그거는 정말로, 그거는 입에도 안 내봤고, 서울역 앞의 쪽방 생활도 친구들한테는 못하죠. 내 자존심이 허락을 안 하니깐요. 그거 지금도, 저, 저, 매입주택 살면서도 이것도 그냥 매입주택이라고 그 이야기도 안 해요. 내가 그냥 산다, 월세 얻어서 산다 그렇게 얘기하지 그 차마 거 뭐 또 매입, 뭐, 센터에서 또 매입, 주택이다 그런 걸 얘기, 자존심 때문인지 그 말이 안 나오데요, 친구들한테. (박재희)

한편으로 적지 않은 노숙인들은 노숙생활에 적응하는 과정을 통해 노숙생활이 편하고 자유로운 삶이라는 생각을 하게 된다. 특정한 공간에 얽매이지 않고, 자기 하고 싶은 대로 하며 살 수 있다는 점에서 쉼터보다 거리를 더 선호한다. 또 월세로라도 방을 구하는 것 자체가 필요 없다는 생각도 하게 된다.

저도 ○○자활의 집 들어가기 전에도 쉼터 들어가기가 좀 꺼려졌어요. 아무래도 단체생활 와서 이 사람 저 사람 터치 받아야 되고 참견받아야 되고 그리고 터치 받아야 되고 구속, 구속감이 있잖아요, 바깥에는 자유롭게 구걸하고 수, 술 사 먹고 밥 주는 데 있고 잠자는 데 있고 뭐 하는데 그런 곳 들어가서 남 터치받고 구속받는다고 생각했는데 쉼터 들어왔다 하더라도 또 못 견뎌서 나가는 사람도 많고. (김현석)

방을 얻으면은 또 인자 방세를 내야 되고, 생활을 해야 되잖아요. 그러면 그, 일을 해야 되잖아요, 어차피. 그게 싫었죠, 그 당시 노숙을 할 때는. 왜냐면 그냥 아무 데서 누워서 자면 내 방이고, 돈 없으면 교회 같은 데 가서, 주십시오, 그러면 뭐 많이 주는 데는 이천 원, 적게 주는 데는 뭐 몇백 원. 그걸 몇 군데 돌아다녀 갖고 모아 갖고 뭐 그날 담뱃값을 번다든가, 아니면은 뭐 목욕탕 가서 잘 수 있는 돈은 생긴다든가, 그러면은 목욕탕 가 갖고 그런 식으로, 인제 했었죠, 그 당시에는. (김장훈)

근데 이쪽 분들이 거의 보믄 열에 아홉은 다시 돌아가거든요 그 생활로. 방황하다가. 얽매이는 걸 싫어하시고 통제받는 걸 싫어하니까 그분들이. 그 생활도 젖어 봤기 때매 이분들한테 밥 먹는 건 해결이 된 단 말이에요. 돌아다니다 보믄 해결되고. 저희 짤짤이라는 게 있어요. 그건 삼백 원, 오백 원씩 받는 거. 그거 돌아댕기믄 오천 원, 육천 원 벌어요 하루에. 근까 담뱃값은 되고, 소줏값은 되니까. 그 생활이 편하단 말이에요. (정진환)

노숙생활에 '젖어드는' 이런 삶의 특징적인 면은 미래는 전혀 생각하지 않고 오직 현재의 시간만을 사는 것이다. 신상문은 노숙인들이 내일에 대해 생각하지 않게 되는 것이 주머니에 돈 한 푼 없이 시간을 보내는 경험을 통해 형성되는 것이라고 말한다. 이들은 현재의 시간을 부유하며 주로 공공장소를 점유하게 된다(김준호, 2011).

실질적으로 노숙인, 돈이 없는 사람들은 예, 그만큼, 모든 게 있잖아예, 진짜 황폐해집니다, 실제. 그래도 호주머니에 돈이 있으면은 내가 만 원이 들어가 있다면은, 이, 만 원을 가지고 무엇을 할 것인가, 생각하고 사고 할 수 있는, 그런 게 생기잖아예. 호주머니에 돈이 없으면은! 뭔가 할려고 하는 의지가 없어진단 말입니더. 예를 들어서 돈이, 내가 2만 원이 있다, 3만 원이 있다 그러면은, 아, 내가 만 원은 쓰고, 만 원은 내일 어대 용역 일하러 가는 데 차비를 해야겠다든지 뭐 이런 식으로 자기가 계획을 세울 수가 있잖아예, 그지예… 호주머니에 돈이 없으면은 그런 계획도 못 잡잖아예. 아, 어디서 밥을 한 그릇 얻어묵긴 얻어묵으야 되는데, 혹시 무료급식소 가면은 문은 안 닫았을까, 우선은 묵는 게! 걱정이잖아예. 그러면은, 거, 묵기 위해서 인제 뭐 자존심은 있어갖고 무료급식 이런 데는 못 가고 또 그렇다 보면 우짭니까? 그렇다고 어대 쭈그리고 앉아 있을 수도 없는 노릇이고. 배회한다 아입니꺼, 그지예? (신상문)

5. 노숙생활 탈출과 분리/접속

노숙생활로의 진입이 주거와 사회적 유대관계로부터의 분리과정이라면, 노숙생활에서 벗어난다는 것은 독립적인 주거를 확보하는 동시에 사회적 유대관계를 회복하거나 재구성하는 것을 의미한다. 완전한 탈노숙은 노숙인을 지원하는 사회 시스템과의 단절을 통해 노숙인이라는 정체성을 벗을 때 가능할 것이다. 이렇게 보면 탈노숙이란 노숙인들이 노숙생활과 완전히 '분리'되어 노숙생활 이전의 삶 혹은 새로운 어떤 삶과 '접속'하는 것을 뜻한다. 유감스럽게도 10명의 노숙인 가운데 이런 완전한 탈노숙 사례는 없었다. 매입임대주택에서 살며 주거가 안정되어 있어도 그들은 여전히 노숙생활과 접속되어 있었다. 대개는 노숙생활에서 벗어나는 것이 마치 마약을 끊는 것만큼 어려운 일로 인식하고 있었다. 신상문은 "한 번 해병은 영원한 해병이 아니고 한 번 노숙인은 영원한 노숙인이다."라며 탈노숙의 어려움을 토로하였다.

그렇지만 10명의 노숙인 모두가 거리에서 잠을 청하거나 길거리를 배회하며 "바닥을 친 삶"을 계속 살고 있는 것은 아니다. 적어도 그들은 "바닥"으로부터 올라와 다른 삶을 살고 있었다. 이태성은 다시 알코올중독에 빠질 것을 두려워하며 쉼터에 머물며 장애인들을 위한 삶을 살기를 소망하였다. 김현석은 직장을 구해서 쉼터에서 나가 살 수 있게 되기를 희망하였다. 불치병으로 거동이 불편한 정진환은 노숙생활 이전으로 돌아갈 수는 없어도 현재 고시원 생활을 유지할 수 있기를 바랐다. 백경섭은 어머니와 가족을 이루어 매입임대주택에 입주하였다. 김상민은 거리노숙 생활 중에 만난 이와 가정을 꾸리고 아들도 낳아 매입임대주택에 보금자리를 잡았다. 김장훈과 박재희도 매입임대주택에서 미래를 계획하고 있었다. 이재호는 사회복지사 자격증을 취득해 과거 자신과 유사한 처지에 빠져 있는 사람들을 돕는 삶을 계획하며 헤어진 가족과 다시 결합할 가능성을 꿈꾸기도 하였다. 신상문, 백경섭은 노숙인들을 위한 자조모임 '홈리스행동'에서 활동하였다. 김장훈은 마음이 맞는 노숙인들끼리 생활공동체를 만드는 희망을 이야기하였다.

어떻게 이들은 바닥에서 튀어 올라 노숙과는 다른 새로운 삶을 갈구하게 되었는가? 이 과정은 동료의 죽음이나 종교 귀의 등이 변화의 촉매가 되기도 했지만 대부분은 일회성 사건이 아니라 장기적인 학습활동과 더불어 일어났다. 이 학습활동은 두 가지 유형으로 구분된다. 하나는 멘토링으로 불릴 수 있는 인적인 관계망을 통한 일상에서의 무형식 학습이다. 노숙인 지원단체의 실무자나 자원봉사자, 교회 관계자, 탈노숙 과정의 동료 노숙인 등은 노숙생활 중인 이들에게 일자리와 잠자리만 제공하는 것이 아니라 노숙생활 외부의 삶과의 접속을 돕는다. 다른 하나는 비교적 조직화된 교육프로그램에 참여하는 것이다. 탈노숙 과정의 노숙인들은 알코올중독 치료과정 등 당면한 문제를 해결하기 위한 프로그램에 참여하는 경우도 있지만 인문학프로그램 수강, 사회복지사 등 자격증 취득, 한국방송통신대학교나 학점은행제를 통한 학위과정 등록 등 미래지향적인 교육프로그램에 참여하기도 한다. 이 두 가지 학습활동은 노숙인들이 자존감을 회복하고 현재에 젖어 사는 것에서 벗어나 미래를 설계할 수 있도록 돕는 효과를 거두었다. 이는 그들의 정체성에 변화를 초래한 일종의 '학습사건'으로 생애경로의 방향을 바꾸는 계기가 되었다.

1) 충격적인 사건경험

김장훈은 2000년 친하게 지내던 동료 노숙인이 피를 토하고 죽은 것을 목격한 뒤 술을 끊었다. 술을 끊은 뒤에도 노숙생활은 이어졌지만 이 사건은 확실한 변화의 계기가 되었다. 금주는 자신을 돕는 이들에게 좋은 모습을 보여주기 위해 강화되었다.

> 면담자: 선생님 같은 경우는 인제 변했잖습니까?
>
> 김장훈: 예, 제가 아까도 얘기했다시피 거 젤 친했던 사람이 술 먹고 그렇게 죽고.
>
> 면담자: 아 그분이 친한 분이었어요?
>
> 김장훈: 예. 젤 친한 사람이었어요, 되게. 그니까 어떻게 보면 진짜 친형 같은 형이었었고, 되게 좋아했던 형이었었는데 그렇게 죽고 나니까요. 하, 한순간, 아니다 싶더라고요. 젊었으니까, 그 당시에는 젊었으니까 뭘 해도 하긴 해야 되겠다, 딱 생각이 들더라고요. 그다음서부터는 술을 딱 끊게, 되겠더라고요. 가끔 생각하긴 하는데 절제를 하죠 많이… 그리곤 저, 지금, 만난 사람들 있잖아요, 노실사라든가, ○○○ 선생님이라든가 뭐 기타 여러 선생님한테 그런, 뭐라 해야, 추한 모습을 보여주기 싫어 갖고 술을 안 먹으려고 되게 노력을 하고 있고, 먹더래도 뭐 딱 몇 잔만 정해 놓고 그 이상은 먹지 않고. (웃으며) 좋은 이미지를 계속, 해 줘야 되기 때문에 술을 아예 안 먹죠.

알코올쇼크로 쓰러져 행려병자 치료를 받은 이태성은 쉼터에 입소해 깊은 종교 체험을 하였다. 이태성은 과거 알코올중독에 빠진 것도 "어떤 하나님의 인도가 아니었으면, 나는 이미 그런 것들이 예정된, 나를 완전히 거꾸러뜨린 다음에 이쪽으로 인도하신 그런 게 된 거예요."라고 해석하며 "그 시간이 없었더라면 내가 어떻게 되었을지 모른다."고 생각하게 되었다. 그는 쉼터를 운영하는 목사님의 끊임없는 교화에서 자신이 삶의 의미를 발견하게 되었다고 생각한다. 이런 종교 귀의 사건을 통한 변화는 다른 노숙인들에게서는 발견할 수 없었다. 김현석은 이태성과 같은 쉼터에 머물며 술을 끊었지만 종교에 귀의하지는 않았다. 쉼터에서 연세가 많은 분을 보게 되고 설교를 들으면서 자신의 삶에 대해 다시 한 번 생각해 보게 되지만 종교를 받아들이는 것은 어렵다고 하였다.

2) 멘토링 관계 형성

10명의 노숙인들은 모두 노숙인 지원단체 실무자를 통해 일자리와 잠자리를 소개받아 거리노숙에서 벗어날 수 있었다. 이 과정에서 그들은 이 실무자들과 안정적인 관계를 형성하였다. 이 가운데 이태성은 쉼터의 목사와 국장, 정진환은 상담보호센터 팀장, 김장훈은 '노숙인 인권을 실천하는 사람들(노실사)'의 실무자와 교회 관계자, 김상민은 다시서기지원센터 팀장과 지속적인 멘토링 관계를 형성하였다. 김장훈과 김상민의 사례는 멘토링의 전형적인 모습을 보여준다. 김장훈은 자포자기 상태에서 매주 목요일 남산에서 노숙인 지원 봉사 활동을 하는 대학생들을 만난 것이 탈노숙의 시작이었다.

> 첨에는 학생들이, 에 한두 번 올라오면은 안 올라오겠지, 그렇게 생각을 하고서 별로 관심을 안 가졌었거든요. 근데 그 친구들이 올라와 갖고, 매주 목요일마다 올라와 갖고서 뭐 커피도 타 주면서 뭐 자기 사는 애기라든가 나 사는 애기 뭐, 그렇게 하다가 인자, 돼 갖고선 이렇게, 인연이

돼 갖고선 인제. (김장훈)

김장훈은 이들을 통해 2005년 노실사를 알게 되었다. 노실사 실무자의 도움으로 월 17만 원짜리 유료쉼터에 들어갔고, 상담보호센터를 통해 자활근로에 참여하였다. 2006년과 2007년에는 서울시 일자리갖기 사업에 참여하였다. 2009년에는 보증금 100만 원을 모아 매입임대주택에 입주할 수 있었다. 그는 돈이 생기면 노실사 실무자에게 맡겨 놓고 사용할 정도로 실무자들을 의지하고 있다. 또 남산에서 "3년, 4년 알면서 일을 절대 안 했"던 같이 노숙하던 형이 교회를 다니면서 방을 얻고 집사가 되는 것을 보고는 자신도 그 교회를 나가기 시작하였다. 거기서 세례를 받고 "어떻게 보면 양아버지라고 그래야 되"는 장로님을 만나 일대일 양육을 받으며 자신도 집사가 되었다. 그 장로님에게 매달 5만 원씩 후원을 받고 있는데 그중 3만 원을 2009년부터 청약저축에 납입하고 있다. 2011년 3월부터는 홈리스행동을 통해 소개받은 장애인복지관에서 계약직으로 근무하고 있다. 그는 마음이 통하고 성실한 노숙인 동료와 함께 공동체를 이루어 생활하는 것을 꿈꾸고 있다. 그래서 노숙인들이 자조공동체를 꿈꾸며 결성한 '홈리스행동'에 월 2만 원의 회비를 납부하고 있다.

김상민은 서울역에서 거리노숙 생활을 4개월 정도 한 뒤에 동료 노숙인에게 다시서기지원센터 실무자를 소개받아 자활근로를 시작하였다. 이 무렵 "노숙생활은 아니지만 집을 나온" 지금의 부인을 만난 것이 자활에 참여하게 된 큰 동기가 되었다. 남대문경찰서 뒤에 쪽방을 얻어 동거를 시작하고 부부가 함께 자활에 참여하였다. 자활을 시작하면서 처음으로 통장도 만들었다. 그의 성실성을 눈여겨본 다시서기센터의 실무자는 그를 서울시가 지원하는 사회적 기업에 소개해 좀 더 안정적인 일자리를 얻게 도와주었다. 또 강남의 매입임대주택에 입주할 수 있도록 도와주었다. 김상민은 "(다시서기지원센터) 선생님들이 많이 도와주니까 선생님들 때문에 여기까지 온 거고, 방도 얻어 가지고 또 직장도 그 선생님들이 해 주고, 당장 내가 충실한 게 일하는 거밖에 없고 그것뿐이에요."라고 말하였다. 그는 정기적으로 다시서기지원센터 팀장을 만나며 관계를 지속하고 있다.

3) 교육프로그램 참가

노숙인 지원단체 실무자들과의 멘토링 관계를 통해 더욱 안정적인 주거와 일자리를 얻을 수 있었다면, 각종 교육프로그램은 노숙인들이 자존감을 회복하고 구체적으로 미래를 설계하는 데 영향을 미쳤다. 이태성은 쉼터노숙인 30여 명과 함께 서울시립대 인문학프로그램을 수강하였다. 그는 인문학프로그램에 집중하기 위해 서울시 희망근로를 포기했을 정도로 큰 영향을 받았다. 글쓰기에 흥미를 느끼게 되어 방송통신대 국문과를 한 학기 다니기도 하였다. 인문학을 수강하면서 다른 사람들을 위한 삶을 꿈꾸게 되었고, 장애인복지관에서 일한 것을 계기로 장애인들을 위한 삶을 자신의 사명으로 여기게 되었다.

이재호의 사례는 장기간의 치료와 교육프로그램의 효과를 잘 보여준다. 알코올중독으로 노숙인들과 어울렸던 그는 형제들의 도움으로 2005년 국립정신병원에 입원해 4개월간 집중적인 알코올중독 치료를 받았다. 퇴원 후에는 알코올중독 치료시설에 입소해 4년을 보냈다. 시설에서 지속적인 상담과 대화 프로그램에 참여하고, 시설 내 사회복지사의 소개로 〈성프란시스대학 인문학과정〉에도 참여하였다. 그는 자신의 과거 모습인 알코올중독자와 노숙인을 위해 일하고 싶어 학점은행제를 통해 전문학사학위와 사회복지사 2급 자격도 취득하였다. 가족과의 관계를 완전히 회복하진 못했지만 아르바이트로 모은 돈으로 딸의 대학 등록금을 지원하고 이혼한 아내에게도 매달 20만 원씩 생활비를 지원하고 있었다. 그는 조심스럽게 가족과의 재결합을 꿈꾸고 있을 정도로 크게 변화하였다.

신상문, 이재호, 박재희, 김호철, 정진환은 〈성프란시스대학 인문학과정〉을 통해 자아 존중감을 회복하고 동료 노숙인과 더 깊은 관계를 형성하게 되었다며 큰 의미를 부여하였다.

> 면담자: 인문학 공부가, 나름 어떤 의미라고 해야 하나요, 하기 전과 한 후가 좀 달라진 점이 있나요?
>
> 신상문: 달라진, 아니 그거는 달라지는 점 있어요! 사실은. 뭔가 이렇다!, 라고 내세우지는 안 해도 스스로의 자기 자존심이 거거, 자존감이라고 그랍니까, 그게 확실히 달라요.

> 자기 자신에 대한 자존감이, 눈을 뜬다는 것이 뭐냐면 자존감이 생긴다는 거죠. 내가 매일 알코올중독자라서 나는 이런 사람이야, 나는 이렇게밖에 살 수 없어, 이렇게만 살고 있다가 아니야 내가 이렇게만 살 수 없어 이런 것들이 생길 때 자기 자존감을 자기가 찾는 거잖아요. 이런 것들이 생겼을 때에 업그레이드가 일어날 수 있는 거거든요. 인문학에서도 사실 그런 것들이 만들어진다는 거죠. (이재호)

양복점 사장에서 노숙인으로 전락했던 박재희는 2010년 〈성프란시스대학 인문학과정〉에 등록해 결석 한 번 없이 공부해 학장상을 받았다. 그는 인문학과정을 통해 동료 노숙인들을 만나고 그들과 지속적인 관계를 유지하며 마음을 나눌 수 있게 되어 같은 기수들의 인터넷 카페에 지속해서 글을 올리고 있다. 2010년 노숙인 매입임대주택에도 입주한 그는 희망근로사업 참여를 통해 장애인 복지센터에서 일하고 있는데, 장애우를 위해 자신이 무언가를 할 수 있다는 기쁨을 느끼며 사회복지사 자격증을 취득하기 위해 노력하고 있다.

김호철은 이력서를 쓸 때 초등학교 졸업 외에는 쓸 것이 없었지만 인문학과정을 수료한 뒤에는 "성프란시스대학 5기 졸업"이라고 쓸 수 있게 된 것을 자랑스러워한다. 그는 인문학과정 동료 학습자들과의 인터넷 카페에 글을 쓰는 것을 계기로 개인 블로그까지 운영하고 있다. 이 카페는 그에게 노숙인의 정체성을 성찰하는 공간으로 역할을 하고 있다. 그는 동료 노숙인이 "자유스러운 노숙인"이라고 쓴 것에 "변질된 노숙인"이라며 반박하는 글을 올린 적이 있다.

> 우리가 인문학 받으면서도 자꾸 난 노숙인인데, 노숙인인데 이게 뭐 자랑은 아니잖아요. 그래서 내가 그 자랑 안 하고 나는 노숙인이 아니다라고 얘기하는 거죠. 그 사람이 노숙인이면 나도 노숙인이예요 어차피. 자기만 노숙인이고 다른 사람은 노숙인 아닌 것처럼 이렇게 얘기하는 것보다 그게 창피하고 저걸 알아야지. 조금 자기가 노숙을 벗어나려고 자기가 인문학도 하고 있고 이러는데 그걸 벗어나려고 노력을 해야지, 어디 가서 불리할 때만, 불리할 때만 자기가 노숙인이다고 내세우는 건 노숙인을 욕하는 거라고, 저기 변질된 노숙인. (김호철)

대졸자인 정진환은 인문학과정에서 학문 자체를 배운 것은 거의 없지만, 마음의 안정을 찾고 자신의 마음을 열 수 있는 동기들을 얻었다는 점에서 매우 중요하게 생각한다. 자기와 함께 졸업한 21명 중 대여섯 명을 제외하고는 여전히 과거 노숙생활에서 벗어나지 못하고 있지만 그에게 이 과정은 다시 설 수 있는 계기를 만들어 주었다. 그는 인문학과정에 비판적인 다른 노숙인들과는 몸싸움을 할 만큼 인문학과정에 애착을 가지고 있었다.

> 남들이 5기 욕하믄 불끈 한다구요. 니가 5기한테 해 준 게 뭐가 있냐. (인문학 수강했다면서도 계속) 술 쳐 먹고 자빠졌냐 그러면 니가 술이나 한 번 사 줘 봤냐, 제대로 아가리 다물어라. 저 같은 경우는 아주 심하게 얘기를 하거든요. 이상하게 그런 게 들더라구요. 팔이 안으로 굽는다고 내 식구들이니까 그래도. 동기들이니까 그런 게 있더라구요. 싫구 얘기하는 게, 남들(이 동기들) 얘기하는 게. 그러니까 내 앞에서는 남들이 5기 얘

기를 안해요 5기 얘기를. 어제두 한 번 말했다가 아주 그냥 ○○ 해 가지구 패대기 쳐버렸는데, 땅바닥에다가. 말조심하라구. 근데 그런 게 싫더라구요. 이러저렇든 저한테 다시 설 기회를 제공한 데고 마음을 줬던 분들이기 때매 그런 얘기 싫고 언젠가 정신 차리겠지 그런 마음을 갖고 있어요. (정진환)

이재호 역시 인문학과정 4기 동기들과 월례 모임에 지속적으로 참가해 탈노숙의 의지를 다지는 한편 개인적으로는 인문학과정 출신들이 노숙인들을 위한 자조 모임의 산파가 되어야 한다는 생각도 하고 있다.

지금 우리 4기 모임이 하고 있는데 우리 4기 모임이 많이 나와야 5명 어떤 때는 10명 정도 하고 있는데 여기서 그런 이야기가 나오고 있습니다. 우리는 탈노숙인이다, 다시 옛날로 박스시대로 돌아가서는 안 된다고 하고 있고. 저번에 인터뷰할 때 말씀드렸지만 참 서운하기는 해요. 우리 4기가 술 없이 모이는 모임이었는데, 11월 달 모임부터 (이 원칙이) 깨져 버려 가지고 서운하다고 4기 카페에 올렸어요. 그랬더니 미안하다는 우리 동기들의 댓글도 올라오고 하더라고요. 그 부분을 잘 살려 가지고 이것이 그런 모임(자조 모임)이 만들어졌으면 좋겠다 우리 성프란시스 인문학이. 이제 모임이 만들어지고 앞으로 한국사회에서는 가장 선두주자 주체적으로 나갈 모임이나 이게 우리 성프란시스 인문학이 아닐까, 해야 되지 않을까 하는 사명감도 저는 솔직히 들어요. (이재호)

6. 탈노숙과 교육적 지원

노숙인 대책은 탈노숙을 전제한다. 김수현(2009: 117)의 다음 글은 우리나라에서 탈노숙과 관련된 대책의 현주소를 보여준다.

> 노숙인은 단기간에 노숙상황에 이른 것이 아닌 만큼 사회로 복귀하기도 간단하지 않다. 즉, 단순히 소득기회만 제공한다고 해결될 문제가 아니라 주거, 생활태도(음주 습관, 자기관리 능력 등), 일상적으로 지지해 줄 수 있는 관계 — 그것이 가족이라면 더욱 좋겠지만 — 와 같은 것들이 갖춰지지 않는다면 불완전한 복귀일 수밖에 없다. 그만큼 어렵다는 이야기다. 따라서 노숙인 정책의 가장 바람직한 방향은 '노숙상태에까지 이르지 않도록 예방'하는 데 있다. 그러나 앞서 밝힌 대로 우리나라는 한계적 빈곤층이 누적되고 복지 인프라가 취약해 효과적인 예방이 쉽지 않은 상황이다. 결국 우선은 현재 노숙인들에게 기본적인 생활을 보장하고 사회로 복귀할 수 있는 대책을 마련하는 가운데 전반적인 예방체제가 효과를 발휘하도록 노력하는 수밖에 없다.

위 글에서 노숙에서 벗어나는 것은 사회로의 복귀로 그려진다. 이는 노숙 상황의 외부, 소위 '사회'라고 불리는 곳을 전제한다. 그런데 노숙생활을 거친 이들에게 '사회'는 무엇일까? 그것은 노숙 이전의 삶이 있던 어떤 공간일까? 이 연구에서 살펴본 10명의 노숙인 사례를 통해 볼 때 그 '사회'는 노숙 이전의 삶은 분명 아니다. 그들은 노숙생활 이전의 사회적 관계로 돌아갈 수 없다. 그들을 받아 줄 사람과 공간이 그들을 위해 준비되어 있지 않다. 일용직이나 자활, 희망근로 등으로 얻을 수 있는 수입의 한계도 분명해 독자적으로 주거를 해결하는 것조차 쉬운 일은 아니다. 따라서 '사회'로 복귀하는 것은 상상 속에 그릴 수는 있어도 현실에 주어져 있는 것은 아니다. 그렇다면 탈노숙은 노숙인들이 다가오는 미래의 삶 속에서 고된 작업을 통해 만들어 가야 하는 무엇이라고 할 수 있다. 주거나 일자리 측면에서 보면 노숙을 벗어난 듯 보이는 사람들도 여전히 새로 만들어 나가야 할 삶 앞에서 힘겨워한다. 이들에게 근본적으로 필요한 것은 장기적인 탈노숙 과정을 포기하지 않고 이어갈 수 있는 의지력과 그 의지력을 북돋울 수 있는 지원체제이다. 이재호는 과거의 자신처럼 음주문제가 심각한 노숙인들의 경우 이 과정이 적어도 3년 혹은 5년은 걸릴 것이라고 말한다.

> 어차피 우리 노숙하고 알코올중독, 이 정도 오게 되면 모든 게 인생의 바닥이거든요. 우리들 세계에서는 바닥치기라고 하는데 거기까지 왔을 때 우리는 아무것도 가진 게 없어요. 이제는 솔직히 아무것도 없어요. 친척도 없고 모든 자식도 떠나고 없고 돈도 없고 쪽방 하나도 구하기 쉽지 않은 그런 상태에 놓여 있고, 간다고 해야 시설 정도 있는데, 이 사람들이 일어나서 자립하게 됐을 때에 빨라도 3년 정도는 그런 계기를 찾아내고, 그냥 여유 있게 5년을 이런 시설이나 이런 쪽에서 힘들지만 시설이나 치료선상에서 돌면서 갖춰 가지고 있을 때. 만약 그 전에 쪽방이라도 구해 가지고, 아니면 전세방이라고 구하고 직장이라도 구해 나가면 그것이 오히려 더 큰 화근을 만들어내는 경우가 더 많았어요. 5년 동안에 있었을 때, 이 상태에서 5년 동안에 내적인 준비가 충분이 갖춰지고 자타 교수님, 상담사, 병원의 원장님들도 같이 상담을 다 빠뜨릴 수가 없어요. 정신적인 거, 신체적인 거 다 같이해야 되거든요. 병원도 같이해야 되고 상담사도 같이 해야 되고 시설과 같은 프로그램 인지행동 이런 것들도 같이해 줘 가지고 모든 것이 같이 이루어져서 내공이 많이 쌓였을 때. 그래도 사실은 5년도 교수님들이나 상담사 의사 선생님들은 이 정도는 해요. 그런데 그 정도는 갔었을 때에 월세라도 방이라도 임대주택이라도 한 개 구해진다면 도움이 될 거 같아요. 그 이전에는 사실 임대주택, 쪽방, 직장, 제가 거의 99프로 봐서 그거 먼저 얻어 가지고 나가 재활을 한 사람들이 거의 성공한 사례가 거의 없어요. (이재호)

맥니와 머빈(2002: 304)은 북미에서 탈노숙에 성공한 노숙인들이 경험한 결정적 사건들에 주목하며 탈노숙을 위한 열 가지 처방을 내리고 있다. ① 주류 사회의 역할 모델이나 멘토, 지원단체 전문가, 가족, 의미 있는 영적인 실재와 지원 관계를 만들어야 한다. ② 학교에 다니거나 재활 프로그램을 수강해 거리노숙 환경과 노숙인 동료들과 분리되어야 한다. ③ 자신감과 자존감을 고양하기 위해 창의적이고 학문적인 또는 지도자적인 능력을 회복하고 계발해야 한다. ④ 개별적인 문제나 가족의 어려움을 드러내 개인적인 책임감을 받아들여야 한다. ⑤ 만약 부모라면 자녀양육이 얼마나 중요한 일인지를 깨달아야 한다. ⑥ 알코올과 약물 중독을 이겨내야 한다. ⑦ 복지나 사회적 지원으로부터 독립해서 살아갈 수 있어야 한다. ⑧ 노숙인을 위해 특별히 만들어진 교육프로그램에 참여한다. ⑨ 합법적인 고용상태를 유지한다. ⑩ 자신이 육체적, 정서적, 영적, 도덕적으로 결함이 있다는 사실을 인정한다. 이 열 가지 처방들을 요약한다면 탈노숙 의지를 불러일으키는 계기를 만들고, 비교적 장기간에 걸쳐 진행되는 탈노숙 과정을 포기하지 않고 버틸 수 있는 주체로 노숙인들을 세우는 것이라 할 수 있다. 열 가지 처방 중 네 가지가 직접적으로 교육적 지원을 언급하고 있을 만큼 의지력 있는 주체 형성에서 교육은 매우 중요하다. 이 주체 형성을 위한 교육적 지원을 임파워먼트(empowerment)라고 부를 수 있을 것이다.

10명의 생애사를 살펴본 이 연구에서도 지속적인 교육적 지원에 노출된 노숙인들이 상대적으로 강력한 탈노숙 의지를 가진 것을 볼 수 있었다. 특히, 인문학프로그램 이수자들에게서 나타나는 학위와 자격증 취득 노력은 이런 의미에서 주목할 필요가 있다. 그들은 과거의 삶으로 복귀하는 것이 아니라 자존감을 가지고 새로운 삶을 모색하고 있다. 신상문은 마약 같은 노숙생활에서 벗어나기 위해서는 체계적인 교육프로그램이 절대적으로 필요하다고 주장한다.

면담자: 돈을 쓰기보다는, 아, 내가 계속 모아야겠다. 한 일이십 만 원이면

사실 돈을 모아야겠다는 생각보다는 써지잖아요.

신상문: 인자, 그게 인자 내가 봤을 때는 왜 그 돈이 써지느냐, 비전이 없어서 그래요.

면담자: 예, 그러니까요.

신상문: 그니까, 그런 거를! 그런 프로그램을 만들어 갖고, 계속 상담하고, 뭔가가 그런 프로그램을 만들어 갖고, 그 사람이, 아, 내가 천만 원 정도 만들 수 있겠다, 그래 만들어 줘야 되는데 그래 시스템이, 되가 있는 데가 (책상을 크게 두드리며) 없단 말입니더, 대한민국에, 지금. 장애인이나, 예! 알코올이나, 예! 도박이나 이런 데 빠진 사람들은 그렇게 해 주는데, 예! 심리 상담사가 있어 갖고 이런 식으로 자꾸 해 주는데 근데 노숙 저것도 (책상을 크게 두드리며) 마약하고 똑같아요! 실제. 안 해 보셨죠?

2012년 6월 〈노숙인 등의 복지 및 자립지원에 관한 법률〉이 시행되어 노숙인 지원 정책에 큰 변화와 도약이 기대되고 있다. 1997년 IMF 경제위기 이후 응급구호와 주거 및 일자리 제공을 중심으로 전개되어 온 기존의 노숙인 대책에 덧붙여 멘토링과 노숙인을 위해 특화된 장기 프로그램 제공 등 교육적 지원을 좀 더 적극적으로 모색할 필요가 있다. 노숙인을 학습자로 인식하고 이들이 자신의 생애사적인 약점을 극복할 수 있도록 자존감을 높여 주는 교육적 지원이 장기적인 탈노숙 과정을 버틸 수 있게 해 줄 수 있다. 〈교육기본법〉의 학습권 조항은 '모든 국민은 평생에 걸쳐 학습하고, 능력과 적성에 따라 교육받을 권리를 가진다'고 명시하고 있다. 노숙인도 이 학습권을 향유해야 할 국민의 일원이다. 우리 사회에서도 노숙의 상태에 처한 국민에게 필요한 교육받을 권리를 적극 보장해 주는 다양한 종류의 장기적인 교육적 지원이 절실하다.

강내원(2007). 「사회적 배제 대상으로서의 노숙인에 대한 언론의 프레이밍: 조선일보와 한겨레신문을 중심으로」, 『스피치와 커뮤니케이션』 8: 203-231.

강대중(2009). 「평생학습 연구 방법으로 학습생애사의 의의와 가능성 탐색」, 『평생교육학연구』 15(1): 201-223.

김신일(2005). 「'학습권론'의 형성과 전개」, 김신일 · 박부권 편, 『학습사회의 교육학』, 학지사.

김준호(2010). 「거리노숙인이 생산하는 '차이의 공간'에 대한 연구」, 경희대학교 석사학위논문.

김진미 · 서정화(2006). 「거리노숙인의 유대 형성에 대한 문화기술지」, 『한국사회복지학』 58(3): 51-79.

남기철(2011). 「한국 홈리스 모니터링 체계 구축의 모색」, 『보건사회연구』 31(1): 158-193.

성태제 · 강대중 · 강이철 외(2012). 『교육학개론』(2판), 학지사.

왕명, 임국웅 옮김(2004). 『나는 학생이다』, 들녘.

임해규(2011). 『교육에서 학습으로: 학습권과 그 보장 원리』, 교육과학사.

장일호(2010. 6. 17). 「신문 가위질 서신검열 알몸검신 … 뒤로 가는 재소자 인권」, 『시사 IN』 144.

조용환(1999). 『질적 연구: 방법과 사례』, 교육과학사.

Boydell, K. M., Goering, P. & Morrell-Bellai, T. L.(2000). "Narratives of Identity: Re-presentation of Self in People Who are Homeless," *Qualitative Health Research* 10(1): 26-38. doi: 10.1177/104973200129118228

Drury, D. & Koloski, J.(1995). *Learning to Hope: A Study of the Adult Education for the Homeless Program*. Washington DC: Pelavin Associates, Inc.

Gory, M. L., Ritchey, F. & Fitzpatrick, K.(1991). "Homelessness and Affiliation," *Sociological Quarterly* 32(2): 201-218. doi: 10.1111/j.1533-8525.1991.tb00353.x

Grigsby, C., Baumann, D., Gregorich, S. E. & Roberts-Gray, C.(1990). "Disaffiliation to Entrenchment: A Model for Understanding Homelessness," *Journal of Social Issues* 46(4): 141-156. doi: 10.1111/j.1540-4560.1990.tb01803.x

Hallett, R. E.(2011). *Educational Experiences of Hidden Homeless Teenagers: Living Doubled-up*. New York, NY: Routledge.

Howard, P., Marchant, T., Hampshire, A., Butcher, J., Egan, L. & Bredhauer, K.(2008). "Promoting Social Inclusion: Emerging Evidence from the Catalyst-clemente Program," *Australian Journal of Adult Learning* 48(3): 479-501.

Lave, J., & Wenger, E.(2000). 전평국 · 박성선 옮김, 『상황학습』, 교우사.

______(1991). *Situated Learning: Legitimate Peripheral Participation*. New York: Cambridge University Press.

MacKnee, C. & Mervyn, J.(2002). "Critical Incidents that Facilitate Homeless People's Transition off the Streets," *Journal of Social Distress and the Homeless* 11(4): 293-306. doi: 10.1023/a:1016837231886

Miller, P. M.(2011). "An Examination of the Mckinney-vento Act and Its Influence on the Homeless Education Situation," *Educational Policy* 25(3): 424-450. doi: 10.1177/0895904809351692

Murphy, J.(2011). "Homeless Children and Youth at Risk: The Educational Impact of Displacement," *Journal of Education for Students Placed at Risk* 16(1): 38-55. doi: 10.1080/10824669.2011.554143

Office of Vocational and Adult Education(1994). *Materials for Serving Homeless Adult Learners. A Resource Guide*. Washington, DC: Division of Adult Education and Literacy, Department of Education.

Office of Vocational and Adult Education(1998). *Adult Education for the Homeless: A Program in Jeopardy*. Washington, DC: Division of Adult Education and Literacy, US Department of Education.

Pallas, A. M.(2003). "Educational Transitions, Trajectories, and Pathways," In J. T. Mortimer & M. J. Shanahan (Eds.), *Handbook of the Life Course* (pp. 165-84). Springer.

Rivera, L.(2003). "Changing Women: An Ethnographic Study of Homeless Mothers and Popular Education," *Journal of Sociology and Social Welfare* 30(2): 31-

51.

Snow, D. A., Anderson, L. & Koegel, P.(1994). "Distorting Tendencies in Research on the Homeless," *The American Behavioral Scientist* 37(4): 461-475.

Snow, D. A., Leufgen, J. & Cardinale, M.(2007). "Homelessness," In G. Ritzer (Ed.), *The Blackwell Encyclopedia of Sociology* (pp. 2146-2151). Malden, MA: Blackwell.

Stevenson, J., Yashin-Shaw, I. & Howard, P.(2007). "Reclaiming Bodily Dispositions Through the Humanities: Homeless People Learning," *Journal of Vocational Education and Training* 59(4): 419-434. doi: 10.1080/13636820701579654

Sumerlin, J. R.(1996). "What have you learned from your homeless experience? A phenomenological approach for counseling unsheltered homeless men," *Psychological Reports* 79(3): 883-890.

The University of the State of New York(1995). *Education for Homeless Adults: Strategies for Implementation*. Albany, NY: The State Education Department. Retrieved from http://www.nald.ca/library/research/hudson/homeles1/370_1.pdf

Wenger, E.(2007). 손민호 · 배을규 옮김, 『실천공동체: 지식창출의 사회생태학』, 학지사.

Zlotnick, C., Tam, T. & Robertson, M. J.(2003). "Disaffiliation, Substance Use, and Exiting Homelessness," *Substance Use & Misuse* 38(3-6): 577-599.

제6장

한국 노숙인의 건강에 대한 재조명*

윤창교 · 김창엽

1. 들어가며

노숙인은 주거취약 집단의 가장 극단적인 형태로 주거가 건강에 미치는 영향을 관찰할 수 있는 집단이다. 노숙은 다양하고 중층적인 단계를 거쳐 발생하고 유지되는데, 이 과정의 여러 단계에서 노숙과 건강의 상호관련성이 나타난다. 인과관계를 기준으로 파악하면 상호관련성의 여러 측면을 이해하기 쉽다.

우선 노숙은 건강을 심각하게 위협하는 위험요소이다(Morrison, 2009). 많은 노숙인들이 노숙생활에서 질병을 얻거나 거리 혹은 쉼터에서 죽음을 맞이한다. 한편, 건강문제는 노숙을 시작하게 하는 요인이 될 수 있다. 흔히 건강악화와 이에 따르는 보건의료 비용지출이 노숙진입의 중요한 요인으로 작용한다. 또한 건강은 노숙에서 탈출하는 데에 중요한 요소가 되기도 한다. 건강문제 때문에 노숙인이 되었다면 이론적으로 건강문제

* 이 글은 윤창교(2011), 「도시 노숙인의 의료서비스 이용 및 건강 보장 수준조사: 서울 · 대전 지역을 중심으로」, 서울대학교 석사학위논문에 기초하여 다시 작성한 것임.

가 해결되면 노숙에서 탈출할 가능성이 그만큼 커진다. 특히 정책적으로 노숙문제 해결의 일차적 목표를 자활을 통한 노숙에서의 탈출이라고 한다면 이를 위한 필수적인 요소로 최소한의 건강이 필요하다.

건강과 노숙의 상호관련성을 중층적이고 복합적으로 이해하게 되면 노숙의 시작, 노숙생활, 탈출을 포괄적으로 다룰 수 있다. 이는 다른 분야와 협력하여 취약계층이 노숙인으로 전락하는 경로에 개입하는 기초가 된다. 그러나 노숙인의 건강은 이러한 도구적 가치도 중요하지만 권리의 측면에서 그 자체로 중요하다는 것을 강조할 필요가 있다. 시민이 동등한 삶의 기회를 가질 수 있도록 이에 필요한 건강을 유지하는 것은 노숙인이라고 해서 예외가 될 수 없다.

이처럼 노숙인의 건강을 종합적으로 이해하는 것이 매우 중요한 과제임에도 국내에서 건강을 초점으로 해서 노숙인을 다룬 연구는 양이 적고 범위도 매우 좁다. 2011년 현재까지 건강 영역에서 노숙인을 다룬 연구는 단일 기관(병원, 쉼터 등)에서 특정 지역의 노숙인의 건강수준을 보고하는 차원을 벗어나지 못하고 있으며(박형숙 · 여순자, 2004; 송홍지 · 조종희 · 강재헌 · 황원석 · 한혜경, 2000; 유인술 · 이석우, 2002), 의료이용이나 건강보장 등의 주제는 거의 찾아보기 어렵다(Yoon, Ju & Kim, 2001). 건강수준이나 의료이용을 넘어 노숙이 노숙인에게 건강과 보건의료를 어떻게 보게 만들며 다시 이것이 노숙에 어떤 영향을 주는지 종합적으로 검토한 것은 더욱 찾기 어렵다.

어느 사회에서나 노숙인 집단은 그 발생과정이나 생활을 유지하면서 사회적으로 소외되고 배제되는 경험을 하는 것으로 잘 알려져 있고, 이러한 상황은 건강과 보건의료 분야에서도 예외가 아니다(남기철 · 김진숙, 2005; 심미영, 2007; 국가인권위원회, 2005). 특히 건강과 보건의료를 시민의 기본적 권리로 이해한다면, 노숙의 여러 양상 중에서도 이러한 소외와 배제는 특별한 중요성을 갖는다고 하겠다. 이 때문에 노숙과 건강의 상호관련성을 이해하는 것이 충분치 않은 가운데서도 건강과 보건의료의 여러 과정에서 소외와 배제가 어떻게 나타나는지가 이 장의 일차적 관심이다.

이상과 같은 맥락에서 이 장에서는 한국사회 노숙인의 건강, 특히 의료이용의 접근성에 대해 설문조사 결과를 중심으로 하되, 다른 연구나 조사의 결과를 종합하는 방식으로 노숙인의 건강문제를 재조명하고자 한다. 특히 분석에서 두드러지게 나타난 노숙인 내에서의 의료이용의 격차와 미충족 의료 필요(unmet health care need)와 관련이 있는 것으로 나타난 노숙생활의 중증도(severity)에 초점을 맞추었다. 새롭게 분석한 자료는 서울대학교에서 수행한 '노숙인에 관한 학제간 공동연구' 중 서울, 대전 노숙인 250명을 대상으로 응답자들의 사회경제적 정보, 의료이용, 건강보장 등을 조사한 것이다. 이 장의 구성은 먼저 노숙 원인으로 제시되는 건강문제에 관해 기존 연구들을 살펴보고, 설문조사에서 새롭게 수집된 결과와 아울러 기존 연구들을 검토하였다. 마지막으로 한국 노숙인들에 대한 의료지원체계와 본 조사결과를 토대로 의료이용의 격차와 미충족 의료 필요를 분석한 결과를 제시하였다.

2. 노숙의 원인으로서의 건강

1) 노숙 원인의 중층성

노숙의 시작 단계가 다양하며 중층적이라는 것은 긴 설명이 필요하지 않을 것이다. 노숙의 시작이 한 가지 요인만 원인이 되는 경우는 드물며, 그 과정에서 다양한 요인들이 개입하고 영향을 미친다. 당연히 건강도 여러 요인 중 하나로 노숙 발생에 기여한다. 만일 노숙이 시작된 원인을 개인·가족적 요인과 사회구조적 요인으로 구분한다면 건강 영역은 두 가지 범주 모두와 관련이 있다.

개인 · 가족적 요인은 개인이나 가족의 건강과 보건의료 문제가 노숙의 직접적인 원인이 되는 것이다. 우선 개인적 차원에서는 심각한 신체와 정신질환, 알코올중독, 약물남용 등의 건강문제 때문에 노숙에 진입할 수 있다(국가인권위원회, 2005). 건강이 노동과 소득의 전제가 된다는 점에서, 심각한 건강손상이 노동시장에서의 배제, 소득감소, 노숙으로 이어지는 단초를 제공할 수 있다는 것은 상식적이다. 물론 이러한 과정은 건강손상만으로 이루어지지는 않는다. 취업의 가능성이나 저축과 같은 개인적 요인, 가족의 지지와 경제지원과 같은 가족적 요인, 사회보장제도와 같은 사회구조적 요인이 함께 작용한다. 가족적 요인으로 인한 노숙도 비슷하다. 가족 구성원의 질병 때문에 가정경제의 위기가 발생하거나 또는 이런 상황에서 가족과 친지의 지지 기능이 작동하지 못하는 등 다른 요인들과 중첩되어 노숙이 시작될 수 있다(신원우, 2003).

한편, 사회구조적 요인으로는 경제적 요인, 주거 요인, 사회보장제도, 사회안전망과 관련된 요인 등이 있다. 이들 요인은 당연히 복합적으로 그리고 상호관련성을 가지고 나타난다. 건강과 보건의료 측면에서는 이 중에서도 특히 사회보장이나 사회안전망이 중요하다. 한국적 상황에서는 건강보장체계가 의료비 부담으로 인한 빈곤화를 막는 데에 역부족인 수준에 있다는 것을 부인할 수 없다. 건강보장체계의 보장성이 낮아서 개인이나 가계가 직접 지출해야 하는 비용이 크기 때문이다. 이러한 건강보장체계의 취약성은 과부담(혹은 위험성) 의료비 지출(catastrophic health expenditure)에 노출된 가계의 비율이 높은 것에서도 쉽게 알 수 있다(Xu et al, 2003). 가계가 소득에 비하여 너무 많은 의료비를 지출하게 되면 당연히 빈곤화의 가능성이 커진다(이원영, 2005). 노숙 발생의 요인이 빈곤과 주택문제이고, 그 근원에 소득분배 구조를 악화시키는 경제구조와 취약한 사회보장제도가 있다는 점을 고려하면(김동원 · 현시웅, 2005; 김수현 · 정원오, 1999), 사회안전망으로서의 건강보장체계가 노숙 발생에 중요한 원인으로 작용하고 있다고 할 것이다.

이상의 요인을 종합하면 개인과 가족 요인, 그리고 사회구조적 차원에서 건강과 보건의료가 노숙 시작에 미치는 영향을 통합적으로 설명할 수 있다. 경제적으로 취약한 개인이나 집단이 건강이 악화되어 노동시장에서 충분히 소득을 얻지 못하고 일시적으로 많은 의료비를 지출하면 빈곤에 빠지고 극단적으로는 노숙으로 진입할 수 있다. 대부분의 개인이나 가계는 저축, 개인적 지지체계 등을 통하여 이에 대응하고 이 과정에서 사회보장체계가 개인적 지지체계를 지원하는 역할을 한다. 그러나 이 과정에서 개인의 지지체계나 사회적 지지체계가 없거나 충분치 않은 경우에는 빈곤이 발생, 심화되고 극단적으로는 가족해체와 노숙으로 이어진다. 일부 연구자들은 이러한 요인들이 서로 다른 수준에서 작용한다고 보고 원인 요소들의 수준을 정리하여 통일적인 설명을 시도하였다(김미숙, 2001; 남기철, 2009).

2) 건강, 노숙의 원인인가?

앞에서 설명한 것처럼 노숙의 원인은 복합적이고 중층적이므로 한 가지 요인만으로 노숙을 설명하는 것은 오히려 현실을 왜곡한다. 그러나 '일차적' 원인은 있을 수 있으며, 이는 각 개인이 인식하고 있는 노숙의 원인에 중요하게 반영된다.

한국에서 노숙인들이 스스로 인식하는 노숙의 원인을 파악한 연구로는 윤일성(2000)의 연구가 대표적이다. 이 연구에는 부산 지역 노숙인 225명이 설문조사에 참여하여 자신들이 인식하고 있는 노숙의 원인에 대해 응답하였다. 노숙의 원인으로는 실직, 가정 및 가족 문제, 무능력, 음주, 질병 및 사고, 일하기 싫어함 등 여섯 가지가 제시되었는데, 노숙인의 응답에 따르면 '실직'이 노숙 시작의 가장 중요한 요인이었고, '가정 및 가족 문제'가 두 번째, 그리고 '나의 무능력'이 세 번째 요인이었다(표 6-1). 이러한 요인들의 크기 순서는 쉼터노숙인과 거리노숙인 모두에서 똑같이 나타났다. 여기에서도 알 수 있듯이 실직과 가정 및 가족 문제가

〈표 6-1〉 노숙 원인에 대한 노숙인들의 인식

구분	실직	가정 및 가족 문제	무능력	음주	질병 및 사고	일하기 싫어함
쉼터노숙인	4.08	2.62	2.45	2.00	1.49	1.31
거리노숙인	3.96	2.98	2.81	2.16	1.67	1.20
전체 노숙인	4.04	2.76	2.59	2.06	1.56	1.27

* 주: 점수는 5점 만점의 리커트 척도임.
출처: 윤일성(2000), 「노숙자 연구」, 『한국사회학』 34: 417-444.

〈표 6-2〉 노숙 시작 원인

항 목	응답비율(%)
가족문제로 인해	30.1
경기불황으로 인해	22.8
소득이 부족해져서	21.1
질병, 손상, 고령으로 인해 일하기 어려움	19.9
주거 비용(전세, 월세 등 고정적)을 내지 못해서	18.7
대출금을 상환하지 못해서	11.4
기타	11.4
회사 부도 이후 새로운 직장을 구하지 못함	11.0
알코올중독	6.5
일일 주거 비용(모텔, 여관, PC방 등)을 내지 못해서	5.7
도박 중독	3.7
대출 등의 문제로 저당 잡힌 집이 압류당해서	3.3
병원, 쉼터 등에서 쫓겨난 이후에 갈 곳이 없어서	3.3
이유 없음	2.9
재개발 등의 이유로 살던 곳이 없어져서	0.8

노숙의 중요한 요인이었지만, 음주와 질병 및 사고도 무시할 수 없는 요인이다.

이 연구팀이 서울, 대전 노숙인 250명을 대상으로 조사한 결과에서도

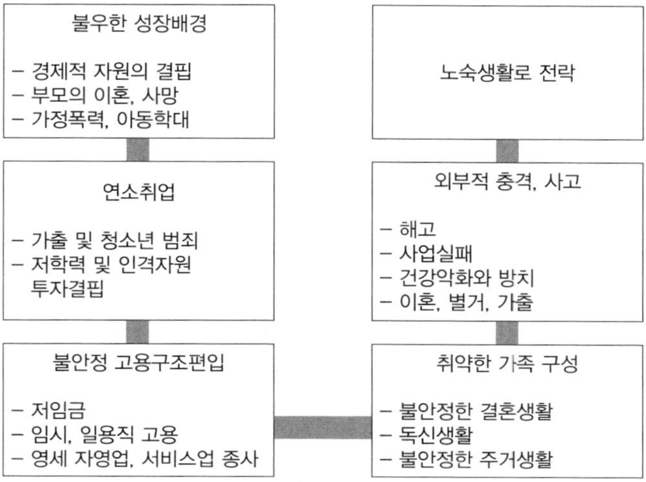

출처: 김수현 · 정원오(1999), 「한국의 노숙 원인에 관한 연구」, 『서울시정연구』 7(1): 69-90.

〈그림 6-1〉 개인 생애사를 이용해 살펴본 노숙진입경로

건강문제는 여러 원인 중 높은 순위를 차지하는 것으로 나타났다. "홈리스 생활을 시작하게 된 원인과 가장 잘 맞는 것은 무엇입니까?"라고 질문한 결과 노숙 시작 원인으로 가장 많이 대답한 것은 '가족문제'(30.1%)였다. 그 뒤를 따른 것은 '경기불황으로 인해'(22.8%), '소득이 부족해져서'(21.1%), '질병, 손상, 고령으로 인해 일하기 어려움'(19.9%) 등의 순서였다(표 6-2). 이 결과에서도 질병 · 손상 · 고령 등은 노숙의 중요한 요인이라는 것을 알 수 있다.

한편, 김수현과 정원오(1999)는 개인의 생애사를 분석하여 노숙의 원인을 밝히고자 했는데, 여기에서는 노동문제 · 가족 지지 · 취약 요인(사고, 사업실패, 건강 등)이 복합적으로 작용하여 노숙에 진입하는 것으로 나타났다(그림 6-1). 경제적 자원의 결핍, 외부적 충격 · 사고 등의 단계에서 건강문제가 노숙생활로 전락하는 데 영향을 미치는 것을 알 수 있다.

여러 연구에서 분석한 노숙 진입의 요인들을 종합하여 도식화하면 〈그림 6-2〉와 같이 나타낼 수 있다. 노숙에 진입하는 과정에는 빈곤과 실업이 주요 요인이 되고 개인의 취약 요인, 스트레스, 가족 역할 변화,

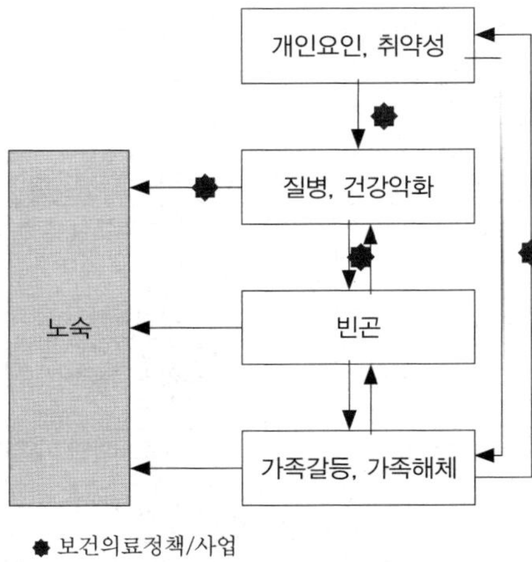

〈그림 6-2〉 건강과 보건의료를 중심으로 한 노숙 시작의 통합적 설명

건강문제, 가족해체 등이 단계적으로 작용한다.

3. 노숙으로 악화되는 건강, 건강하지 못한 사람들의 노숙

1) 노숙이 건강에 미치는 영향: 한국 노숙인의 건강 실태

일반적으로 노숙인들의 건강상태는 다른 집단에 비해 열악하다는 것은 잘 알려져 있다. 그렇다면 거리 혹은 주거공간으로 적절하지 않는 곳에서 상당 시간 이상으로 생활한다는 것[1]은 우리 몸에 어떠한 영향을 미칠까? 이는 매우 상식적인 질문이지만, 막상 인과관계는 명확하지 않은 경우가 적지 않다. 그것은 건강이 노숙의 진입에 영향을 미치기 때문이

1 노숙인에 대한 이러한 정의는 2011년에 제정되어 2012년부터 시행된 〈노숙인 등의 복지 및 자립지원에 관한 법률〉에서 사용되었다.

다. 정신질환자가 빈곤층에 집중된다는 이른바 사회적 표류(social drift)는 이러한 관계를 나타내는 대표적 사례이다.

이미 건강이 나쁜 사람들이 노숙을 하게 될 가능성이 더 크다는 점을 고려하면 노숙인의 건강이 나쁘다는 것만으로는 노숙이 건강에 미치는 영향의 정도를 단정하기 어렵다. 따라서 노숙과 건강의 인과관계를 수립하기 위해서는 개별 사례들의 집합을 장기간 살펴보아야 한다. 현재까지 연구된 것으로는 노숙과 불건강(ill-health)은 양방향의 관계를 가지는 것으로 알려져 있다.

모리슨(2009)은 노숙인의 건강을 사망의 관점에서 분석했는데, 노숙생활이 사망위험을 1.6배 증가시키는 것으로 나타났다. 위생상태가 나쁘고 사회적 지원이 미비한 것 때문에 노숙이 높은 사망위험을 초래한다고 해석할 수 있다. 이는 한국에서도 마찬가지로 나타난다. 주영수(2011)는 노숙인 시설입소자의 등록자료와 통계청 사망자료를 이용하여 우리나라 노숙인의 사망 실태를 파악하였다. 이 연구는 1998년부터 2009년까지 노숙인의 사망을 추적했는데, 23,002명의 노숙인 중 총 사망자는 2,966명(12.9%)으로 나타났다. 남성 노숙인 22,148명 중 2,923명이 사망하였고, 여성 노숙인 854명 중 43명이 사망하였다(표 6-3). 이러한 사망 자료를 표준화한 결과를 살펴보면 사망률을 표준화시켜서 남성 일반인구집단과 비교하면 사망비(mortality rate ratio)가 최소 1.5배에서 최대 3.2배까지 높다(그림 6-3). 또한 생존율을 기준으로 하면, 노숙생활 시작 7년 후에는 전체 남성 노숙인의 90%만 생존하는 것으로 나타난다. 연도별로 차이가 있지만 중요한 사망원인은 대체로 손상, 중독, 외인성 질환 등이다. 그 외의 사망원인으로는 간질환, 악성종양, 순환기계 질환, 기타 질환, 감염성 질환 등이 순서대로 나타난다(그림 6-4). 일반 인구에서 악성신생물(암), 뇌혈관 질환, 심장 질환이 중요한 사망원인인 것과 비교하면 노숙인의 죽음에는 일반인과는 다른 요인과 기전이 작동함을 짐작할 수 있다.

〈표 6-3〉 남성 노숙인 생존-사망 연도별 현황

연도	신규입소자(명)	%	사망자(명)	%	누적생존자(명)
1998	1,690	7.63	5	0.17	1,685
1999	6,773	30.58	95	3.25	8,363
2000	2,949	13.31	142	4.86	11,170
2001	3,200	14.45	194	6.64	14,176
2002	1,018	4.60	273	9.34	14,921
2003	1,622	7.32	304	10.40	16,239
2004	1,214	5.48	284	9.72	17,169
2005	1,530	6.91	300	10.26	18,399
2006	1,230	5.55	325	11.12	19,304
2007	922	4.16	325	11.12	19,901
2008	-	-	319	10.91	19,582
2009	-	-	357	12.21	19,225
계	22,148	100.00	2,923	100.00	19,225

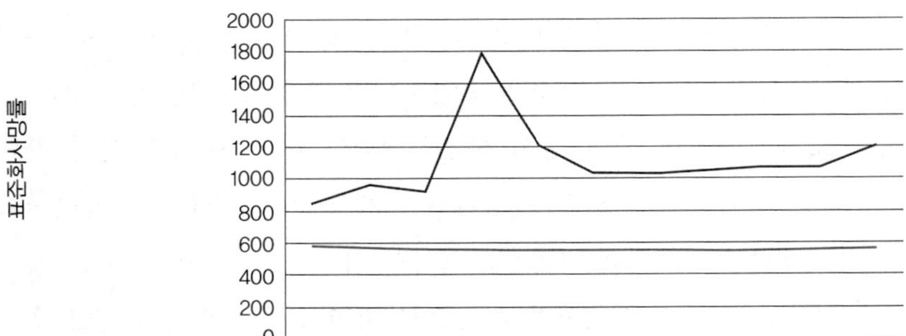

	1999	2000	2001	2002	2003	2004	2005	2006	2007	2008	2009
—— 남성 노숙인 표준화사망률	856.2	964.2	926.6	1796.8	1213.6	1040.1	1030.4	1052.8	1074.4	1070.2	1202.5
—— 남성 일반 인구 표준화사망률	581.4	576.7	562.2	562.1	559.9	559.5	555.5	551	554.2	560.8	562.5

* 주: 표준화사망률은 인구 10만 명당임.

〈그림 6-3〉 남성 노숙인 및 남성 일반 인구의 표준화사망률(1999~2009년)

노숙인의 건강수준을 이해하는 데에는 사망뿐 아니라 질병을 가진 상태, 즉 유병(有病)도 중요하다. 거리노숙인이 질병을 가진 상태는 2003년과 2006년 서울시 노숙인 무료진료소 이용자의 자료로 어느 정도 파악할

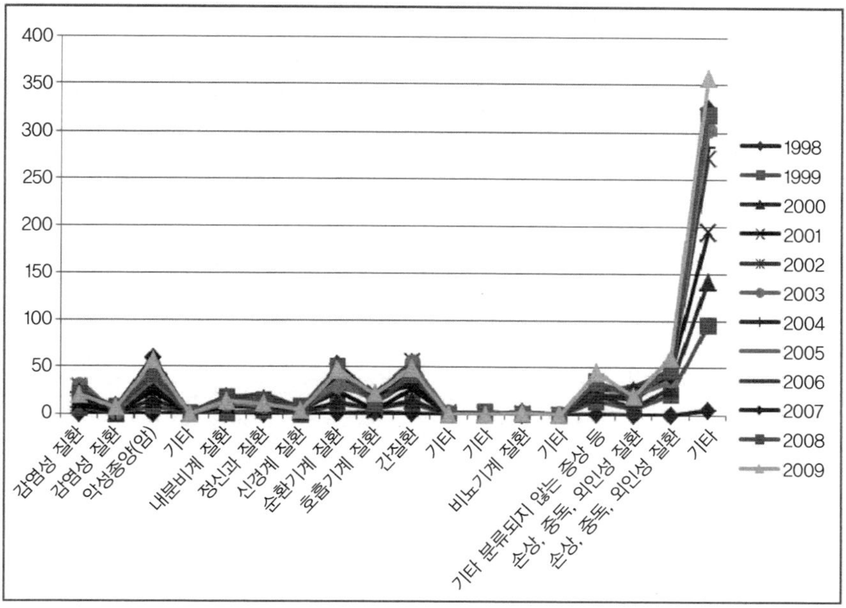

* 주: 표준화사망률은 인구 10만 명당임.

〈그림 6-4〉 노숙인의 원인별 사망률

수 있다. 2003년도에는 호흡기계 질환 23.3%, 근골격계 질환 18.0%, 소화기계 질환 15.4%, 순환기계 질환 7.2% 순서였으나, 2006년도에는 호흡기계 질환 22.1%, 순환기계 질환 13.1%, 근골격계 질환 12.4%, 소화기계 질환 9.7% 등이었다. 순환기계 질환이 크게 늘어났고, 정신장애 등이 831명(3.9%)에서 1,989명(7.3%)으로, 암 질환 등이 27명(0.1%)에서 101명(0.4%)으로 증가하였다. 반면에 사고로 인한 손상은 373명(1.8%)에서 93명(0.3%)로 크게 감소하였다.

진료소 자료만으로 전체 노숙인의 질병 양상이 변화한다고 단언하기는 어려우나, 다른 조건이 달라지지 않았다면 순환기계 질환, 정신질환, 암 등이 늘어났다고 볼 수 있다. 보건의료서비스 측면에서 해석하면, 과거에는 외상과 관련된 응급의료서비스 지원이 가장 중요했다면 이제는 만성 질환이 중요한 문제로 등장하였다.

〈표 6-4〉 노숙인의 유병상태(1999~2006년)

(단위: %)

구분	2006	2003	2001	2001	2000	1999년 11월~ 2000년 1월	1999년 5월
고혈압 의심	-	-	-	12.7	5.19	-	11.8
당뇨병 의심	21.4	9.9	7.5	5.5	3.2	8.3	7.6
만성 B형 간염	5.8	10.7	8	-	-	6.6	6.2
매독 의심	6.5	-	2.5	-	-	4.3	3.5
폐결핵	-	2.5	-	4.4	2.9	-	1.7
빈혈 의심	30.8	-	3	-	-	4.6	-
간기능 이상	73.8	38.9	25.3	-	-	20.9	-
신기능 이상	2.9	-	-	-	-	0.7	-
백혈구 이상	12.1	-	3.5	-	-	2.1	-
혈소판 이상	12.4	-	5	-	-	2.5	-
요잠혈 양성	-	-	-	-	-	1	-

출처: 이태진 등(2007).

한편, 노숙인의 건강상태를 1999년 5월부터 2006년까지 임상검사의 추적(follow up) 결과로 살펴보면, 만성 B형 간염 보균자는 전체 노숙인에서 6% 정도로 추정되고, 매독 의심자의 경우 전체 기간 동안 증가하는 것으로 나타난다(표 6-4).

〈표 6-5〉는 노숙인의 건강을 다룬 국내 연구를 학술지에 발표된 연구를 중심으로 요약한 것이다. 여러 연구에서 공통적으로 나타난 건강문제는 알코올중독, 만성병, 감염병 등이다. 송홍지 등(2000)은 희망의 집 입소자 246명을 대상으로 서울시내 보건소에서 설문조사와 건강검진을 실시하여 고혈압, 당뇨, 매독의 유병률과 B형 간염의 보균율이 일반 인구에 비해 높다고 보고하였다. 하지만 건강상태는 노숙기간에 따라 큰 차이가 없었다. 유인술 · 이석우(2002)는 대학병원 응급실을 내원한 215명의 행려환자를 대상으로 인구학적 정보, 의학적 정보를 분석했는데, 이들의 건강문제 중 가장 중요한 것은 알코올중독이었다. 의료비 지불 문

〈표 6-5〉 노숙인 건강에 관한 기존 연구

저자	출간연도	대상집단	연구목적	연구결과
송홍지 등	2000	희망의 집 입소 노숙인 246명	노숙인 집단의 인구사회학적 특성과 건강상태에 대한 확인	고혈압 · 당뇨 · 매독유병률, B 형간염 보균율 높음(일반 인구 집단 대비). 건강상태의 노숙기간에 따른 차이는 없었음.
유인술 · 이석우	2002	충남대학병원 응급실을 내원한 행려자 215명	노숙인의 건강 · 의료 문제에 대한 분석	알코올중독 및 의료비 지불 문제가 가장 많이 발생. 이로 인해 충분한 의료서비스 제공이 이루어지지 못함.
박형숙 · 여순자	2004	부산 지역 쉼터의 성인 남성 노숙인 153명	노숙인 집단의 인구사회학적 특성과 건강상태에 대한 확인	건강보장, 사회적 지지망이 부족함. 40%에서 심한 우울이 나타남.

제가 발생하는 빈도가 높았으며, 이러한 요인들로 인해 행려환자들은 충분한 의료서비스를 받고 있지 못하였다. 박형숙 · 여순자(2004)는 부산 쉼터의 성인 남성 노숙인 153명을 대상으로 설문조사와 건강검진을 실시했는데, 신체적 건강은 비교적 좋았으나 우울의 정도가 높았고 자존감이 낮았다. 이들은 건강보장이 전혀 없는 경우가 60%였으나 15%가 의료급여, 25%가 건강보험 자격을 가지고 있었다.

이상에서 살펴본 것을 정리하면 ① 노숙생활은 그 자체로 건강의 위험요인이며, ② 질병 이환 혹은 사망자료로 살펴보았을 때, 일반 인구 집단보다 건강수준이 열악하며, ③ 사망의 원인이 일반 인구 집단과 다르다. 다만, 이들 조사는 전체 노숙인을 대표하는 것은 아니기 때문에 결과 해석에 주의해야 하고, 특히 병원을 방문한 환자들은 노숙인 중 건강이 나쁜 일부이므로 이를 참작해야 할 것이다.

2) 노숙인의 건강과 의료에 대한 인식

노숙인들이 건강과 보건의료를 어떻게 인식하는가는 매우 중요한 질문이지만 유감스럽게도 국내에서는 제대로 연구가 된 적이 없다. 따라서 여기에서는 질적 방법론을 채택한 국외 연구결과를 통해 건강, 죽음에 대한 인식, 의료이용의 경험, 보건의료의 필요경험 등과 관련된 논의를 검토하는 것으로 대신한다.

맥코맥과 구딩(1993)은 29명의 노숙인들을 대상으로 그들이 경험한 건강의 의미를 조사하였다. 이 연구에서는 노숙인들이 인식하고 있는 건강의 특성은 기능적 역할 충족, 긍정적인 자기 이미지 외모, 적절한 몸매 유지, 사회적 지지망을 가지는 것, 중독성 약물을 피하는 것, 좋은 위생상태, 계획된 하루 일과 등으로 나타났다. 그리고 영역별로는 건강을 신체적 건강만 보거나, 신체적 · 정신적/감정적 측면을 구분하거나, 신체적 · 정신적/감정적 측면을 동시에 고려하거나, 혹은 건강을 행복의 다차원적인 단계로 인식하였다. 다이스키(2007)는 노숙인들이 가진 건강에 대한 시각과 보건의료 필요에 대해 조사하였다. 이 연구에 참여한 노숙인들은 건강에 대해 총체적 시각(holistic approach)을 가지고 있었는데, 신체적 · 정신적 건강과 중독, 스트레스 등에 대해서 언급하였다. 또한 쉼터에서의 생활은 감염성 질병의 전파에 취약하고 사생활이 보호되지 않으며, 거리에서처럼 폭력을 쉽게 볼 수 있다고 증언하였다. 엔사인과 기텔슨(1998)의 연구에서는 청소년 노숙인들의 건강에 대한 인식을 살펴보았는데, 이들의 경험에서 가장 중요한 건강문제로 제시된 것은 성병, HIV/AIDS, 임신, 우울증, 약물 사용 및 손상 등이었다. 니카쉬(2009)의 연구에 의하면 노숙인들이 보건의료에 대해 가진 경험 중 가장 중요한 것은 "지배력이 없음"이었다. 제시된 하위 개념들에는 쉼터, 음식, 위생적 시설 등의 물질적 필요를 충족시키지 못하는 것, 본인 부담금, 건강보험료 등과 관련된 구매력 부족, 항상 붐비는 지역 의원, 선입견, 억측 등과 같이 보건의료서비스 제공자들이 노숙인에 대해 공감하는 능력이 부족한 것으로 등이 나타났다. 웬, 후닥과 황(2007)은 노숙인들의 보건의료서비스 경험을 '환영'의 측면에서 조사하였다. 이 연구에서 참여자들은 보건의료 전문가들로부터 달갑지 않게 인식되고 차별받는다고 느끼고 있었으며, 이러한 차별이 치료에서도 나타난다고 인식하였다.

한편, 국내에서는 노숙인들의 건강에 대한 인식을 연구한 바가 없으나 보건의료서비스 이용에 대해서는 배제경험을 분석한 심미영(2007)의 연구가 있다. 이 연구에서는 노숙인들이 기본적인 보건의료서비스에서 배제된 경험이 있으며, 이러한 경험 때문에 자신이 통제하기 힘든 상황과 무기력함을 느끼게 되고, 이는 이후 서비스 이용에 장애가 되는 것으로 분석하였다.

3) 서울 · 대전 지역의 일부 노숙인의 건강상태

이 절에서는 이 연구에서 수행한 설문조사 결과 중 노숙인의 현재 건강상태를 추정할 수 있는 자료를 제시한다. 건강상태를 측정함에 있어 두 가지의 방법을 채용했는데, 첫 번째는 EUROQOL에서 개발한 EQ-5D를 활용하여 주관적 건강상태를 조사하였고, 두 번째는 주요 만성질환들에 대한 의사진단경험률(rate for experience of disease diagnosed by doctor)을 조사한 것이다. 주요 만성질환에 관한 의사진단경험률은 보건복지부가 시행하는 지역사회건강조사에서 사용하고 있는 지표와 같은 것으로, 설문조사를 통해 이환상태(morbidity)를 추정하고자 하는 것이다(질병관리본부, 2010). 그리고 정신건강에 대해서는 벡 우울증 선별검사(Beck depression inventory)를 조사한 결과를 제시하였다.

(1) 주관적 건강수준

EQ-5D로 측정한 주관적 건강수준의 결과를 〈표 6-6〉에 제시하였다. 노숙인의 건강수준은 일반 국민들을 대상으로 조사한 2008년 국민건강영양조사(이하 국건영) 결과와 비교하였다. 주요 지표를 살펴보면, 노숙인들의 주관적 건강수준은 '좋음/매우 좋음'이 23.6%로 나타나 일반 국민들의 43.4%에 비하여 상당히 낮다. 일상생활에서 활동제한을 경험한 비율은 28.2%로 일반 국민의 15.8%와 비교하여 높게 나타난다. 또한 월간

〈표 6-6〉 EQ-5D로 측정한 주관적 건강수준

영역	응답내용	비율	국건영('08)
양호한 주관적 건강수준	좋음, 매우 좋음	23.6	43.4(0.9)
	보통, 나쁨, 매우 나쁨	76.4	-
운동능력	없음	70.4	-
	있음	29.6	-
활동제한	없음	71.8	-
	있음	28.2	15.8(0.7)
통증/불편	없음	42.9	-
	있음	57.1	-
불안/우울	없음	49.0	-
	있음	51.0	-
만성급성질환/사고중독	없음	66.1	-
	있음	33.9	-
월간 와병 경험	없음	80.5	-
	있음	19.5	7.9(0.4)
월간 결근 · 결석 경험	없음	44.0	-
	있음	8.6	4.0(0.3)
	직장/학교 다니고 있지 않음	47.3	-
오늘의 건강상태		60.1(20.6)	74.4(0.4)

와병 경험률이나 결근 · 결석 경험률도 노숙인들이 일반 국민에 비하여 약 2배 이상 높게 나타난다. 오늘의 건강상태는 19세 이상 일반 인구집단에서는 74.4점인 데에 비해 노숙인은 60.1점 수준이다. 전체적으로 노숙인들의 주관적인 건강수준은 일반 인구집단의 평균적인 수준에 못 미치는 것을 알 수 있다.

(2) 주요 질환의 의사진단경험률

주요 질환에 대한 의사진단경험률은 현재 보건복지부가 시행하는 지역사회건강조사에서 사용하는 지표로 국민건강영양조사에서는 제공되지 않는 자료이다. 따라서 본 조사에서의 결과는 2009년 서울시 지역사회건강조사 자료와 비교하였다. 대체로 모든 질병에서 의사진단경험률이 서울시 인구의 평균보다 높게 나타났다. 고혈압, 당뇨병의 경우 1.5배에서 2배 이상 차이가 났으며, 심근경색은 노숙인에서 보고된 비율이 4.9%인 데 반해 2009년 서울시의 결과는 1.0%로, 노숙인에서 5배 가량 높은 것으로 나타났다. 진단에 비하여 고혈압, 당뇨, 관절염 등의 현재 치료여부는 서울시 평균에 못 미치는 수준을 보였다(표 6-7).

〈표 6-7〉 주요 질환 의사진단경험률 및 치료여부

해당 질병	항목	비율(%)	2009년 서울시 지역사회건강조사(%)
고혈압	의사진단	28.1	14.7
	치료여부	54.4	89.6
당뇨병	의사진단	11.4	5.3
	치료여부	69.2	89.2
뇌졸중	의사진단	5.7	1.3
	치료여부	64.3	-
폐결핵	의사진단	10.2	3.1
	치료여부	28.0	-
B형 간염	의사진단	8.1	1.8
	치료여부	25.0	-
우울증	의사진단	14.6	2.3
	치료여부	58.3	-
관절염	의사진단	14.7	7.1
	치료여부	47.1	53.3
심근경색	의사진단	4.9	1.0
	치료여부	41.7	-
협심증	의사진단	2.9	1.2
	치료여부	57.1	-

(3) 노숙인의 정신건강

본 조사에서는 *Beck Depression Inventory*(이하 BDI) 1판의 한국어 번역본을 이용하여 노숙인들의 우울증 선별 검사를 시도하였다. BDI는 현재 한국어 판으로는 2판까지 나와 있으나 1판에 대해서는 이미 많은 연구를 통해 표준화가 되어 있다(성형모 · 김정범 · 박영남 · 배대석 · 이선희 · 안현의, 2008). 따라서 상대적으로 한국어 번역판을 이용할 때 2판에 비해 보다 안정적이라고 볼 수 있다. BDI의 절단값(cut-off value)에 대해서는 일반 인구의 경우 22점을 주요 우울증의 진단 기준으로 하고, 임상에서는 16점을 사용하도록 권고하고 있다(Shin, Kim & Park, 1993). 이 조사에서는 조사 환경이나 일반 인구집단과의 비교 가능성을 위해 22점을 사용하였다. 조사결과 BDI에서 22점 이상인 경우는 전체 참여자 중 40.2%로 나타났다. 현재 노숙상태에 따라 차이를 살펴보기 위해 카이제곱 검정을 이용하여 거주유형에 따라 살펴보았으나 통계적 유의성이 없는 것으로 나타났다. 한태형과 안현주에 의하면, 우리나라 일반 인구집단의 BDI 평균은 12.7인 것으로 측정되었다(2000). 이를 기준으로 볼 때, 연구 참여자들의 BDI는 상당히 높은 수준으로 정신건강도 열악한 상태인 것으로 생각할 수 있다(표 6-8).

〈표 6-8〉 우울증 선별 검사 결과(n=245)

(단위: 건, %)

BDI(22점상) / 거주유형	아니오	예	일반 인구집단
거리	40(16.3)	18(7.4)	
비거리	112(45.7)	75(30.6)	
평균	18.3(11.4)		12.7

Chi-square test $p = 0.21$

4. 노숙인들의 의료이용, 건강보장

1) 우리나라의 노숙인 의료지원체계

노숙인의 의료지원은 〈노숙인 등의 복지 및 자립지원에 관한 법률〉에 규정되어 있다. 이 법은 2012년부터 시행되며, 이에 따른 의료지원체계는 기존의 것과 크게 다르지 않은 것으로 보인다. 이 법안에 명시된 의료지원 방식은 다음과 같다.

> ① 국가와 지방자치단체는 노숙인 등에게 필요한 의료서비스를 제공하기 위하여 노숙인 진료시설을 설치 · 운영할 수 있다.
> ② 국가와 지방자치단체는 국공립병원, 보건소 또는 민간의료기관을 노숙인 진료시설로 지정할 수 있다.
> ③ 국가와 지방자치단체는 전문적인 처치와 수술 등을 필요로 하는 노숙인 등에 대한 전문 의료서비스의 제공을 국공립병원, 보건소 또는 민간의료기관에 의뢰하거나 위탁할 수 있다.
> ④ 국가와 지방자치단체 외의 자는 보건복지부령으로 정하는 바에 따라 노숙인 진료시설을 설치 · 운영할 수 있다.
> ⑤ 노숙인 진료시설의 설치 · 운영 및 지정 기준 등 노숙인 등에 대한 의료지원에 필요한 사항은 보건복지부령으로 정한다.

즉, 국가와 지방자치단체가 국공립병원, 보건소, 민간의료기관을 노숙인진료시설로 지정하여 운영하도록 할 수 있는 것이 이 법의 요체이다. 이러한 방식은 기존의 접근과 다르지 않은데, 기존에도 서울시의 경우에는 무료진료소 1곳, 병원과 약국 58곳, 보건소 25곳을 노숙인 지정의료기관으로 운영하고 있었으며(표 6-9), 무료진료소는 전국적으로 서울, 부산, 대구, 대전에 각 1개소씩 설치되어 운영하고 있었다. 또한 이들

〈표 6-9〉 서울시 노숙인 지정 의료기관 현황

구분 개소	무료진료소	병원 · 약국	보건소
총 84개소	1	58	25

출처: 보건복지부(2011), 〈노숙인 등의 복지 및 자립지원에 관한 법률〉 공포 보도자료.

무료진료소와 노숙인 시설에 공중보건의 5명 및 촉탁의 20명을 배치하여 서비스를 제공하고 있다.

노숙인의 의료서비스 이용 체계는 노숙인이 현재 거주하는 장소에 따라 구분하여 이용하게 된다. 즉, 거리노숙인이 무료진료소나 보건소를 통해서 2차 의료기관을 이용하는 경우와 쉼터나 상담보호센터의 경우에는 시설에서 진료의뢰서를 지정된 1차 의료기관을 이용한 뒤 2차 의료기관을 이용하도록 하고 있다(그림 6-5). 서울시 쉼터의 경우를 더 살펴보면 쉼터 입소 후 다시서기지원센터에서 발행하는 '다시서기수첩'과 쉼터에서 발급하는 진료의뢰서를 지참하여 지정된 병의원을 방문하면 무상 의료서비스를 제공받는다(윤화영, 2009). 이용경로를 좀 더 자세히 살펴보면, 거리노숙인에 대해서는 대도시에 설치된 무료진료소를 통해 진료의뢰서를 발급받아 시도립병원, 적십자병원 등을 이용할 수 있다. 만일 응급진료가 필요한 경우 행려자에 준하여 응급진료를 실시한다. 쉼터노숙인의 경우 의료구호비 예산으로 외래 및 입원 진료를 실시하는데, 주민등록 말소자 및 확인 불능자가 1개월 이상 쉼터에 거주하면 의료급여를 받을 수 있도록 제도화되어 있었다. 노숙인이 국민기초생활수급권자가 되

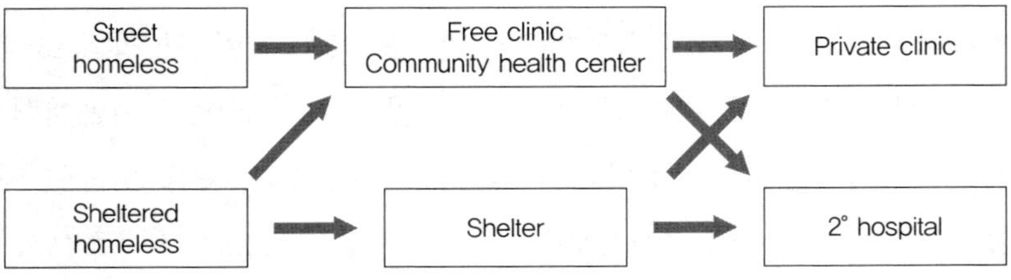

〈그림 6-5〉 노숙인 의료서비스 의뢰체계(노숙인다시서기지원센터)

어 의료급여를 이용할 수도 있는데, 주민등록 말소나 확인 불가능 등으로 인해 신청하지 못했던 노숙인의 경우에는 노숙인 쉼터에 입소하여 이를 신청할 수 있다. 최근에는 구비서류를 복지대상급여신청서, 임대차계약서사본(전 · 월세 거주자인 경우) 또는 무료임대확인서 등으로 간소화하여 주민등록에 문제가 있더라도 거주지를 가지고 있는 경우 신청할 수 있도록 변화되었다.

2) 서울 · 대전 일부 지역 노숙인의 의료이용

다음에 제시되는 결과들은 이 연구팀이 수행한 서울 · 대전 지역 노숙인 246명을 대상으로 한 조사결과이다.

(1) 주 이용 의료기관

〈표 6-10〉에서는 "최근 6개월 동안 주로 이용한 의료기관은 어디입니까?"라는 질문의 응답을 현재 노숙 거주형태별로 구분하여 제시하였다. 거리노숙인의 경우 '이용한 적 없음'(8.8%)과 '무료진료소'(8.4%)를 이용한다는 응답이 가장 많았다. 비거리노숙인의 경우 '무료진료소'(27.8%)와 '국공립병원 · 구호기관 병원 · 3차 종합병원'(24.2%)을 이용한다는 응

〈표 6-10〉 최근 6개월간 주로 이용한 의료기관

(단위: 건, %)

6개월 간 이용 의료기관	거주유형	
	거리	비거리
이용 안 함	20(8.8)	28(12.3)
노숙인 무료진료소	18(8.4)	63(27.8)
보건소, 1차 개인의원	2(0.9)	23(10.1)
국공립병원, 구호기관 병원, 3차 종합병원	6(2.6)	55(24.2)
기타	3(1.3)	8(3.5)
총합	50(22.0)	177(78.0)

Chi-square test $p < 0.01$

〈표 6-11〉 보건의료서비스 이용의 이유

원인	빈도(건)	분율(%)
호흡기계 질환	13	5.3
결핵	4	1.6
간담도질환	0	0.0
간염	4	1.6
위장관질환	1	6.5
근골격계 질환	27	11.0
피부질환	13	5.3
정신질환	27	11.0
신경계 질환	7	2.9
구강질환	31	12.7
기타 질환	32	13.1

답이 많았다. 거주유형 간의 이러한 차이는 통계적으로 유의하였다.

(2) 보건의료서비스 이용의 이유

최근 6개월 동안 병 · 의원 서비스를 이용한 이유로 가장 많은 것은 기타 질환(13.1%)이었으며, 이어서 구강질환(12.7%), 정신질환(11.0%), 근골격계 질환(11.0%) 등이었다(표 6-11).

(3) 보건의료서비스 이용 시 차별경험

〈표 6-12〉에서는 의료이용 시 받은 차별경험의 유무와 차별을 경험하였다면 이러한 차별이 치료에 영향을 받았다고 생각하는지를 정리하였다. 질문은 "최근 6개월 동안 의료기관 이용 시 귀하의 현재 노숙상태로 인해 다른 환자들에 비해 차별 대우를 받는다고 느껴 본 적 있으십니까?"와 "다른 환자들에 비해 차별 대우를 받는다고 느끼셨다면 이러한 대우가 치료에 직접적으로 영향을 미쳤다고 생각하십니까?" 등이었다.

〈표 6-12〉 노숙인들의 의료이용 시 차별경험 및 차별경험 시 치료의 차이경험

			빈도(건)	백분율(%)
의료이용 시 차별의 경험 (n = 175)	있음		44	25.1
	차별경험 시 치료의 차이 (n = 42)	있음	27	64.3
		없음	15	35.7
	없음		131	74.9

의료이용 시 차별의 경험은 의료이용이 있었던 175명 중 25.1%에서 있었다고 응답하였고, 이 중에서 치료의 차이로 이어졌다고 응답한 경우는 27명으로 64.3%를 차지하였다.

(4) 보건의료서비스 이용빈도 및 금액규모

"최근 6개월 동안 이용하신 의료서비스의 횟수와 이용금액에 대해 응답해 주십시오."라는 질문으로 보건의료서비스 이용의 종류와 횟수를 측정하였다. 문항의 응답은 입원, 외래, 응급실, 처방전에 의한 투약, 기타 등으로 구분하였는데, 이들 항목에 결측치가 있거나 모든 항목에서 0회라고 응답한 경우는 제외하여 분석에 이용하였다. 이는 모든 항목에서 0회라고 응답한 경우 최근 6개월 동안 의료이용이 없다고 이해할 수 있기 때문이며, 의료기관 이용과도 비교하여 확인하였다. 또한 무응답을 한 경우에는 분석에 이용할 수 없기 때문에 제외하였다. 이러한 과정을 통해 분석에 이용한 자료는 총 103사례로 거리노숙인이 9사례, 비거리노숙인이 94사례였다.

분석결과 거리노숙인은 처방전에 의한 투약(2.5회)과 입원서비스(1.2회)를 주로 이용하였고, 비거리노숙인은 외래진료(5.1회)와 처방전에 의한 투약서비스(3.3회)를 주로 이용하였다(표 6-13). 거주유형에 따른 의료이용의 빈도를 분석하기 위해 이들 항목에 응답한 횟수를 모두 합산하여 6개월 간의 의료서비스 이용 횟수를 산출하였다. 거리노숙인과 비거리노

〈표 6-13〉 최근 6개월간 이용한 의료서비스의 횟수

(단위: 건, ±표준오차)

의료서비스의 종류	거주유형	
	거리	비거리
입원	1.2(±1.9)	0.7(±2.6)
외래	0.3(±0.7)	5.1(±8.9)
응급실	0(±0)	0.1(±0.3)
처방전에 의한 투약	2.5(±4.4)	3.3(±6.7)
기타	0.1(±0.3)	0.04(±0.4)
전체	0.7(95% CI: 0.0~1.3)	4.6(95% CI: 3.1~6.2)

〈표 6-14〉 최근 6개월간 의료 관련 제품 지출 금액

(단위: 만 원, ±표준오차)

의료 관련 제품의 종류	거주유형	
	거리	비거리
한약	-	56(±41.6)
건강기능식품	1	5.2(±6.0)
일반의약품 · 외상성 소모품	-	15(±51.4)
안경 · 콘택트렌즈	18	10.1(±9.9)
의료기기	-	8.7

숙인은 최근 6개월 간 각각 평균 0.6, 4.6회 이용한 것으로 나타났다.

〈표 6-14〉에서는 최근 6개월간 의료 관련 제품을 구입하는 데 지출한 비용을 정리하였다. 거리노숙인에서는 제품 구입이 건강기능식품과 안경 · 콘택트렌즈 1사례씩만 있었으며, 비용은 각각 1만 원, 18만 원으로 응답하였다. 비거리노숙인의 경우 한약을 구입하는 데 평균 56만 원을 지출하였고, 건강기능식품은 5.2만 원, 일반의약품 · 외상성 소모품은 15만 원, 안경 · 콘택트렌즈 10.1만 원, 의료기기 8.7만 원 등을 지출하였다. 이처럼 의료 관련 제품을 구입하는 데에서는 거리와 비거리노숙인 간의 차이가 뚜렷하였고, 이는 경제적 자원의 차이를 보여준다고 해석할

수 있다.

3) 노숙인 집단 내 의료이용의 격차와 미충족 의료 필요 관련 요인

〈표 6-15〉는 최근 6개월간 의료서비스 이용여부를 종속변수로 하고 사회경제적 수준(성별, 연령, 혼인, 교육수준, 월수입, 사회보장 여부, 건강보험 가입여부), 신체건강(이환된 질병 개수, 주관적 건강상태), 정신건강(벡 우울증 평가도구), 노숙생활(거주장소, 노숙기간, 지역) 등을 독립변수로 한 로지스틱 회귀 분석 결과이다. 다른 변수들을 보정하고 3개의 변수들, 즉 여성, 3개 이상의 질병 이환, 비거리노숙인 변수가 의료서비스 이용여부와 관련이 있었다.

거주 장소는 비거리노숙인이 거리노숙인에 비해 의료이용이 쉬운 것으로 나타났는데, 이는 앞에서 설명한 의료서비스 의뢰체계(그림 6-5)로 설명할 수 있다. 의뢰체계에서 비거리노숙인(주로 쉼터노숙인)은 쉼터 등에서 의뢰서를 발급받아 직접 의원이나 공공병원 등으로 찾아갈 수 있다. 하지만 거리노숙인은 무료진료소 등을 방문해야 상위 의료시설을 이용할 수 있다. 현재 서울에는 1개의 무료진료소가 있기 때문에 거리노숙인은 의료시설에 대한 접근성이 떨어진다. 의료이용과 밀접한 관련이 있는 것으로 나타난 다른 요인에 비해 거주 장소가 중요한 것은 이 분석 모형에서처럼 신체질환이나 정신질환을 보정하더라도 의료이용의 확률이 낮기 때문이다. 즉, 이는 거리와 비거리노숙인 모두 건강이 동일하게 나쁘다면, 비거리노숙인은 거리노숙인에 비해 의료시설을 이용할 확률이 11.39배 증가한 것으로 볼 수 있다. 이렇게 쉼터를 중심으로 만들어진 의료서비스 의뢰체계로 인해 노숙인 내에서 의료서비스 이용의 격차가 발생하게 된다.

인식된 미충족 의료 필요(perceived health care need)를 종속변수로 하여 다변량 분석을 시행한 결과 거주장소, 보건의료서비스에서 차별받은 경험, 동반 질환 등이 유의미한 변수로 나타났다(표 6-16). 거주장소

〈표 6-15〉 응답자의 의료서비스 이용여부 관련 요인분석(n＝203)

		단변량 분석모형	다변량 분석모형
		OR(95% CI)	aOR(95% CI)
성별	남성(Ref)	1.00	1.00
	여성	5.64(2.3~13.83)***	15.95(3.97~64.04)***
연령	20~29(Ref)	1.00	1.00
	30~39	0.85(0.22~3.25)	1.92(0.32~11.38)
	40~49	1.46(0.4~5.28)	2.97(0.49~18.12)
	50~59	0.96(0.27~3.48)	2.71(0.43~17.18)
	60~69	0.27(0.05~1.33)	0.76(0.08~7.36)
	70 〈	0.4(0.03~5.15)	2.02(0.1~40.77)
혼인여부	기혼(Ref)	1.00	1.00
	이혼/별거(사별 포함)	0.22(0.02~2.19)	0.19(0.01~2.8)
	미혼	0.3(0.03~2.99)	0.65(0.04~9.95)
교육수준	초등학교 이하(Ref)	1.00	1.00
	중 · 고등학교	1.16(0.60~2.25)	1.74(0.67~4.51)
	대학교 이상	1.32(0.47~3.69)	1.75(0.42~7.28)
월수입 (만 원)	0(Ref)	1.00	1.00
	1~52.3	0.93(0.48~1.83)	0.7(0.26~1.88)
	52.3~200	1.67(0.83~3.33)	1.44(0.52~4.03)
이환된 질병 개수	0(Ref)	1.00	1.00
	1	1.47(0.75~2.87)	1.53(0.61~3.84)
	2	2.08(0.9~4.82)	2.64(0.83~8.42)
	3 ≤	10.34(2.81~38.05)***	24.58(4.23~142.78)***
주관적 건강상태	최상, 상(Ref)	1.00	1.00
	보통, 하, 최하	0.71(0.35~1.41)	0.58(0.2~1.62)
벡 우울증 평가도구 (점)	〈 22(Ref)	1.00	1.00
	≥ 22	1.16(0.66~2.06)	0.81(0.34~1.91)
거주장소	거리(Ref)	1.00	1.00
	비거리	7.77(3.12~19.35)***	11.39(3.58~36.24)***

		단변량 분석모형	다변량 분석모형
		OR(95% CI)	aOR(95% CI)
노숙기간 (개월)	≤ 12(Ref)	1.00	1.00
	12~36	1.31(0.68~2.54)	1.00(0.40~2.53)
	36~60	1.44(0.49~4.23)	2.89(0.64~12.91)
	60 〈	0.98(0.46~2.10)	0.97(0.33~2.87)
건강보장 수준	미가입(Ref)	1.00	1.00
	가입	1.68(0.96~2.95)	0.87(0.4~1.94)
사회보장 여부	미가입(Ref)	1.00	1.00
	가입	1.99(0.99~4.01)	1.6(0.56~4.57)
노숙인으로 인식여부	아니오(Ref)	1.00	1.00
	네	1.29(0.56~3)	2.82(0.81~9.79)
지역	서울(Ref)	1.00	1.00
	대전	0.77(0.42~1.42)	0.75(0.31~1.78)

OR: odds ratio, CI: confidence interval, aOR: adjusted odds ratio.
†p 〈 0.1, *p 〈 0.05, **p 〈 0.01, ***p 〈 0.001

〈표 6-16〉 미충족 의료의 관련 요인 분석

		다변량 분석
		aOR(95% CI)
성별	남성	1.00
	여성	2.49(0.85, 7.31)†
연령	20~29	1.00
	30~39	0.32(0.07, 1.50)
	40~49	0.52(0.11, 2.42)
	50~59	0.44(0.09, 2.10)
	60~69	0.33(0.06, 1.97)
혼인여부	미혼	1.00
	이혼/별거/사별	0.91(0.43, 1.90)
	기혼	3.24(0.55, 19.11)
교육수준	중등학교 이하	1.00
	고등학교 이상	0.98(0.50, 1.92)

		다변량 분석
		aOR(95% CI)
노숙기간	1년 이하	1.00
	1~3년	1.24(0.57, 2.67)
	3~5년	1.10(0.36, 3.39)
	5년 이상	1.75(0.70, 4.40)
주 거주장소	거리	1.00
	비거리	3.02(1.21, 7.58)*
의료서비스에서 차별경험	6개월 이내 의료이용 없었음	1.00
	차별받은 경험 없음	0.46(0.21, 0.99)*
	차별받은 경험 있음	2.95(1.01, 8.63)*
지역	서울	1.00
	대전	1.89(0.87, 4.13)
월별 수입 (만 원)	90.7 ≤	1.00
	53.3~90.6	1.03(0.32, 3.26)
	1~53.2	1.69(0.61, 4.71)
	0	0.82(0.20, 3.33)
건강보장수준	보장받고 있지 않음	1.00
	보장받고 있음	0.98(0.49, 1.94)
현재 직업보유	직업 없음	1.00
	직업 있음	0.43(0.15, 1.23)
주관적 건강수준	매우 좋음/좋음	1.00
	보통/나쁨/매우 나쁨	1.21(0.53, 2.76)
이환된 만성질환 개수	0	1.00
	1	2.11(0.98, 4.54)†
	2	3.88(1.44, 10.45)**
	3 ≤	4.65(1.32, 16.38)*
벡 우울증 선별 검사 결과	〈 22	1.00
	22 ≤	1.57(0.76, 3.21)

OR: odds ratio, CI: confidence interval, aOR: adjusted odds ratio.
†p 〈 0.1, *p 〈 0.05, **p 〈 0.01, ***p 〈 0.001

는 의료이용의 격차에서와 마찬가지로 거리노숙인에 불리한 결과이다. 앞선 분석에서 비거리노숙인의 의료이용이 더 수월한 것으로 나타났으나 미충족 수준도 비거리노숙인에서 높게 나타났다는 것은 노숙인들 사이에서 건강과 의료이용의 인식에 차이가 있을 가능성을 나타낸다(Shi & Stevens, 2005).

5. 나오며

지금까지 노숙인과 건강의 상호 관련성에 대해 기존 연구를 종합하여 제시하고 아울러 이 연구팀이 수행한 설문조사 결과를 살펴보았다. 노숙인들은 이미 노숙의 시작 단계에서 본인 혹은 가족의 건강문제를 겪었을 가능성이 크고, 노숙과정에서도 끊임없이 건강을 위협받는다. 그 결과 노숙인은 일반 인구에 비하여 훨씬 높은 사망과 질병의 확률을 가지게 된다. 몇 가지 조사에서 나타난 노숙인의 건강수준은 이러한 가능성이 현실화되고 있다는 것을 명확하게 드러내고 있다.

열악한 건강수준에 비하여 의료이용으로 대표되는 개인적 · 사회적 대응은 매우 미흡하다. 의료가 건강수준을 결정하는 유일한 요인이라고 할 수는 없지만, 보건의료서비스가 개인 수준에서 건강악화와 질병에 대응하는 유력한 방법임을 부인하기는 어렵다. 그렇다면 취약한 보건의료체계는 노숙인의 건강을 더욱 악화시키는 요인으로 작용할 수밖에 없다. 노숙인의 건강문제로 노숙을 하게 된 사람들이 건강이 더 나빠지는 이러한 '악순환'을 막는 것은 매우 중요한 사회적 과제이다. 뿐만 아니라 노숙인도 건강할 권리와 보건의료 접근의 권리를 동등하게 가진 '시민'이라는 점에서 권리의 충족을 위한 적절한 사회적 장치(social arrangement)를 갖추는 것이 필요하다. 따라서 권리의 충족을 위해, 그리고 자활을 돕기 위해 노숙인의 건강보장 정책을 비롯하여 빈곤계층과 차상위 계층에 대한 지원이 더 강화되어야 한다.

본 연구팀의 설문조사는 서울과 대전의 일부 노숙인에 대해서만 실시된 것이다. 따라서 이 결과는 서울과 대전의 노숙인의 일부의 자료이며, 이전에 다른 연구자들에 의해 조사된 결과 사망자료를 제외하고는 한국 노숙인의 상황을 대변하는 자료라고 하기 어렵다. 이는 거주지가 일정하지 않고 특정 상태(거리, 쉼터, 드롭인센터 등)에 있지 않은 노숙인들을 판별해 내기 어려운 방법론상의 문제점도 있지만, 현재까지 단 한 차례도 모든 노숙인에 대한 조사가 이루어지지 않았던 것이 가장 큰 문제점이다. 조사를 수행하면서 조사원들에게 의료이용에 관한 문항들을 교육하고 실제로 조사하는 것을 감독했음에도 불구하고 의료이용에 대해 세밀하고 정확하게 조사하기 어려웠다. 또한 이렇게 쉽지 않은 조사과정을 통해서도 충분히 대표성이 있는 자료를 구할 수 없다는 것도 과제로 남는다.

2012년부터 발효될 〈노숙인 등의 복지 및 자립지원에 관한 법률〉에서는 5년마다 노숙인의 실태를 조사하도록 되어 있다. 이 조사를 통해 한국 노숙인 전체를 파악하고 이를 기초로 이들이 건강해지고 다시 사회로 돌아올 수 있도록 하는 정책을 수립하는 데 기반이 될 수 있도록 해야 할 것이다.

국가인권위원회(2005). 「노숙인 인권상황 실태조사」, 국가인권위원회.
김동원 · 현시웅(2005). 「노숙인의 집단별 특성에 따른 지원체계의 수립」, 『정부학연구』 11(2): 123-153.
김미숙(2001). 「노숙인 관리체계 평가를 통한 노숙인, 행려자」, 『부랑인 연계지원방안』, 한국보건사회연구원.
김수현 · 정원오(1999). 「한국의 노숙원인에 관한 연구」, 『서울시정연구』 7(1): 69-90.
남기철(2009). 『노숙인 복지론: Homeless의 사회적 통합』, 집문당.
남기철 · 김진숙(2005). 「빈곤에 대한 사회복지실천과 반배제적 실천 원리」, 『사회복지연구』 26(0): 123-150.
박형숙 · 여순자(2004). 「쉼터 노숙자의 건강상태에 관한 연구」, 『지역사회간호학회지』 15(4): 655-665.
성형모 · 김정범 · 박영남 · 배대석 · 이선희 · 안현의(2008). 「한국어판 백 우울 설문지 2판의 신뢰도 및 타당도 연구」, 『생물치료정신의학』 14(2): 201-212.
송홍지 · 조종희 · 강재헌 · 황원석 · 한혜경(2000). 「서울 지역 일부 노숙자들의 건강상태 및 행태」, 『가정의학회지』 21(3): 357-366.
신원우(2003). 「노숙인의 심리사회적 특성과 노숙 경험이 노숙 전후의 음주문제에 미치는 영향」, 서울대학교 박사학위논문.
심미영(2007). 「거리노숙인의 보건의료서비스 배제와 학습된 무기력 현상 연구」, 서강대학교 석사학위논문.
유인술 · 이석우(2002). 「응급센터 행려환자의 실태와 처리에 관한 연구」, 『대한응급의학회지』 13(2): 169-174.
윤일성(2000). 「노숙자 연구」, 『한국사회학』 34: 417-444.
윤창교(2011). 「도시 노숙인의 의료서비스 이용 및 건강보장 수준 조사」, 서울대학교 석사학위논문.

윤화영(2009). 「노숙인의 노숙기간 장기화 요인에 관한 연구」, 서울시립대학교 석사학위논문.
이원영(2005). 「도시가계 의료비 지출의 형평성」, 『보건행정학회지』 15(1): 30-56.
주영수(2011). 「1998-2009 노숙인 사망경향 분석」, 홈리스연구회.
질병관리본부(2010). 「지역사회건강조사 조사문항지침서」, 질병관리본부.
한태형 · 안현주(2000). 「말기 암환자에 있어서 우울증의 정도 및 영향 요소들」, 『대한마취과학회지』 39(4): 554-562.

Daiski, I.(2007). "Perspectives of Homeless People on Their Health and Health Needs Priorities," *Journal of Advanced Nursing* 58(3): 273-281.
Ensign, J. & Gittelsohn, J.(1998). "Health and Access to Care: Perspectives of Homeless Youth in Baltimore City, U. S. A.," *Soc Sci Med* 47(12): 2087-2099.
McCormack, D. & Goodin, B. A.(1993). "Homeless Persons Communicate Their Meaning of Health," *Can J Nurs Res* 25(1): 33-50.
Morrison, D. S.(2009). "Homelessness as an Independent Risk Factor for Mortality: Results from a Retrospective Cohort Study," *International Journal of Epidemiology* 38(3): 877-883.
Nickasch, B. & Marnocha, S. K.(2009). "Healthcare Experiences of the Homeless," *Journal of the American Academy of Nurse Practitioners* 21(1): 39-46.
Shi, L. & Stevens, G. D.(2005). "Vulnerability and Unmet Health Care Needs," *Journal of General Internal Medicine* 20(2): 148-154.
Shin, M., Kim, Z. & Park, K.(1993). "The Cut-off Score for the Korean Version of Beck Depression Inventory," *Korean J Clin Psychol* 12: 71-81.
Wen, C. K., Hudak, P. L. & Hwang, S. W.(2007). "Homeless People's Perceptions of Welcomeness and Unwelcomeness in Healthcare Encounters," *Journal of General Internal Medicine* 22(7): 1011-1017.
Xu, K. et al.(2003). "Household Catastrophic Health Expenditure: A Multicountry Analysis," *The Lancet* 362(9378): 111-117.
Yoon, C., Ju, Y. & Kim, C.(2011). "Disparities in Health Care Utilization Among Urban Homeless in South Korea," *Journal of Preventive Medicine and Public Health* 44(6): 267-274.

제2부

탈노숙의 가능성: 지원정책의 의미와 한계

제7장

노숙인의 심리상태와 탈노숙 지원 방안

신명호

1. 탈노숙의 어려움

노숙인 문제 전문가들 사이에서는 노숙상태에서 보낸 시간(노숙기간)이 늘어날수록 그것을 벗어날 가능성이 낮아진다는 주장이 정설로서 받아들여지고 있다. 그래서 일반적으로 장기노숙인의 탈노숙은 좀처럼 달성하기 어려운 목표라고 인식된다. 탈노숙이 그처럼 어려운 것은 그들로 하여금 계속 거리생활에 머물게 하는 장애요인들이 있고, 그런 요인들이 상호작용하면서 복잡한 상황을 만들어내기 때문이다.

그러나 그처럼 어려운 조건 속에서도 간혹 노숙상태를 벗어나 안정적인 주거를 유지하는 이들이 있다. 특히 노숙인을 위한 임시주거비지원사업과 매입임대주택 사업이 실시된 이래로 이 제도를 이용해서 독립된 주거를 마련한 노숙인들이 생겨났다. 그리고 이들이 새로운 환경에 안착하기까지는 당사자들의 의식과 태도의 변화, 새 목표의 설정, 지원프로그램에 대한 정보의 취득과 관심 표명, 프로그램에의 참여와 실천 등 미시적인 과정의 변화가 일어났다.

이 장은 탈노숙을 지원하는 정책으로서 노숙인들에게 주택을 제공하는 제도가 반드시 필요하지만, 주택공급 제도 자체가 탈노숙의 성공률 향상으로 직결되지는 않을 것이라는 입장에 서 있다. 위에서 말한 미시적 과정에서 당사자의 변화와 참여를 이끌어내지 못하면 프로그램의 효과를 기대할 수 없기 때문이다. 그렇다면 탈노숙의 가능성을 높일 수 있는 대안은 일단 이 미시적 과정의 실상을 낱낱이 파악하는 데서 발견할 수 있을 것이다.

이 연구는 매입임대주택 사업을 통해서 독립주거를 마련한 노숙인들의 사례를 연구함으로써 그들이 탈노숙에 성공하게 된 요인과 과정을 밝히는 것이 목적이다. 연구문제는 다음과 같다.

연구문제 1: 노숙에 진입한 이후 본인의 생각과 태도는 어떻게 변화했으며 그것은 어떤 방식으로 탈노숙을 어렵게 만들었는가?

연구문제 2: 장애요인에도 불구하고 매입임대주택 제도를 통해서 노숙을 벗어나기까지 어떤 과정이 있었고 성공하게 된 요인은 무엇이었는가?

2. 노숙기간과 그 관련 요인들

1) 분석의 관점: 선행연구

'누가 노숙인인가'를 정의하는 문제는 생각만큼 간단하지 않다. 거리에서 자는 사람(rough sleepers)과 노숙인지원시설(상담센터나 쉼터)의 이용자, 그리고 주거용이 아닌 시설(PC방이나 만화방)의 숙박자와 부적절한 주거(쪽방 등)의 거주자들을 구분하고 범주화하는 데 저마다 견해가 다를 수 있기 때문이다. 설사 이들을 넓은 의미의 노숙인으로 묶는다 하더라도 노숙상태의 변화과정에 천착하는 일군의 학자들은 주거형태라는 외적 요소보다 '사회적 연계의 단절'이나 '심리적 무력감' 같은 내적 특성을 노숙인의 서술적 정의로서 강조하기도 한다.

마찬가지 이유로 노숙상태에서 벗어남, 즉 탈노숙에 대한 개념정의 역시 합일된 의견을 찾기가 쉽지 않다. '더는 길에서 자지 않고 쪽방에서 살고 있으면 노숙을 벗어났다고 할 수 있는가?', '독립된 셋방을 유지하고 있지만 노숙인 친구들과 어울려 술타령을 하고 있어도 탈노숙으로 봐야 하는가?' 등등의 의문이 제기될 수 있다. 그래서 기존의 선행연구들이 설정하고 있는 탈노숙의 기준은 연구마다 다르고 분석자료의 성격에 따라 조작적으로 정의되는 경향이 있다. 오히려 기존 연구들의 관심은 노숙상태를 벗어나게 하는 데 영향을 미치는 요인 혹은 역으로 노숙이 만성화되는 데 관련이 있는 요인들로 집중된다.

필리아빈 등(Piliavin et al., 1993)은 거리생활의 기간이 노숙인[1]마다 다른 것에 주목하고 이들로 하여금 노숙상태에 오래 머물게 하는 요인들을 찾아내려 하였다. 그들은 노숙기간에 영향을 주는 요인으로 제도적 연계단절(institutional disaffiliation)[2], 심리적 역기능(psychological dysfunction)[3], 인적자본의 결여, 문화적 동화(cultural identification) 등 네 가지를 상정하고, 노숙인을 면접조사한 자료를 가지고 구조방정식 모형에 입각한 분석

---

1 이들이 조사대상으로 선택한 노숙인들은 드롭인센터나 쉼터, 무료급식소 이용자, 버려진 건물이나 자동차에서 잠을 자본 경험자, 친구나 친척집에서 1주일 넘지 않게 생활해 본 사람 등이었다.

2 Bahr & Caplow(1973)가 그들의 저서(*Old Men: Drunk and Sober*)에서 가족과 같은 관습적인 제도에서의 유대관계가 약화하거나 끊어진 상태를 가리키는 것으로 사용했던 개념을 차용하였다. 필리아빈 등은 이 개념을 객관화하기 위해서 결혼경력 여부, 현재의 독거여부, 가족원들과의 접촉 정도, 범죄로 인한 격리경험 여부, 아동기의 위탁보호 경험 등 다섯 가지로 측정하고 있다.

3 심리적 역기능의 측정수단은 알코올중독 정도와 과거의 정신병력으로서, 과거에 정신병원에 입원한 적이 있거나 현재 알코올 의존도가 심한 사람은 노숙기간이 길어질 것이라는 가설에서 출발하고 있다.

을 하였다. 그 결과, 나이를 통제했을 때 근로경력이 지속적이지 않고 아동기에 위탁기관에서 성장했으며, 거리생활에 불편을 못 느낄 정도로 적응을 잘하는 사람일수록 노숙기간이 긴 것으로 나타났다. 또한 알코올중독의 정도는 노숙기간과 특별한 관련성이 없는 것으로 나타났다.

뉴욕시의 노숙인 쉼터 자료를 이용한 웡 등(Wong et al., 1997)의 연구에서는 가족단위의 노숙인 가구가 쉼터를 나간 지 30일 이상 경과한 경우를 탈노숙으로 보았다. 어떤 유형의 주택을 구해 쉼터를 나가느냐에 따라서 다시 쉼터로 재입소하기까지의 기간이 달라진다는 사실이 밝혀졌는데, 자기가 알아서 집을 구해 나간 가구에 비해서 시정부의 주거비 지원을 받아 주택(subsidized housing)을 구한 가구가 더욱 안정적인 생활을 하고, 따라서 쉼터로 재입소하는 확률도 낮은 것으로 나타났다. 또한 사회복지 급여를 받는 노숙인은 안정적인 시정부 주택에 입주할 가능성이 높기 때문에 쉼터로 재입소하더라도 그때까지의 기간이 긴 것으로 나타났다. 결국 더욱 안정적인 정부지원주택과 복지급여의 제공이 탈노숙의 성공 가능성을 높여 주는 요인임을 짐작할 수 있다.

그의 또 다른 연구(Wong & Piliavin, 1997)[4]에서 여성이 가장인 노숙인 가구는 대부분이 1년 이내에 노숙상태를 벗어났고, 노숙기간도 독신자들에 비해 월등히 짧은 것으로 나타났다.[5] 그리고 거리생활을 벗어나 적절한 주거로의 이전(transition)에 영향을 미치는 요인들을 크게 개인적 차원과 제도적 차원으로 나누었을 때, 개인적 요인보다는 제도적 요인이 탈

---

4 이 연구에서도 조사대상인 노숙인을 인터뷰한 날로부터 이전 30일 사이에 정상적 주거가 아닌 버려진 건물, 자동차, 길거리 등에서 잠을 잤거나, 노숙인지원기관인 쉼터나 임시숙소에서 잠을 잔 경우, 그리고 바우처(voucher)로 지불하고 모텔 등에 묵은 경험이 있는 사람들로 한정하였다. 그리고 탈노숙의 기준은 최소 30일 이상 적절한 주거를 마련해서 사는 경우를 말하는데, 단, 감옥이나 병원같이 비자발적으로 들어가는 시설은 적절한 주거의 범주에서 제외하였다. 또한 노숙으로의 재진입은 30일 이상 적절한 주거에 머물다가 다시 거리로 돌아와 하루 이상 묵은 경우이다.

5 노숙기간의 평균은 독신여성 노숙인이 9.5개월, 독신남성 노숙인이 16개월인 데 비해 여성가장 가구는 평균 4.5개월이었다.

노숙 과정에 직접적인 영향을 미치는 것으로 나타났으나 전반적인 이행 과정을 통틀어 보면 양자의 변인들이 서로 상호작용하고 있다고 추론하였다.

탈노숙을 포함해서 노숙상태의 변화과정을 다룬 선행연구들의 결과를 종합해 보면 몇 가지 공통된 결론을 얻게 된다.

첫째, 탈노숙에 영향을 미치는 요인들은 노숙으로의 진입 요인들과 밀접하게 연관되어 있으며, 그 요인들은 매우 다양하고 복잡하게 얽혀 있다.

한 사람을 노숙인으로 전락하게 한 여러 가지 문제(취약한 조건)들은 — 그것이 개인 차원의 취약성이든 사회구조, 혹은 제도적 차원의 불리함이든 — 거리생활을 하는 동안 그것이 해결되거나 개선될 리 없으므로 계속 그의 발목을 붙잡는 요인으로 작용하기 마련이다. 노숙인은 대부분 거리로 나오기 이전에 가정, 지역사회, 국가의 구성원들이 공유하고 있는 자원으로부터 배제를 경험해 왔기 때문에(김홍수영, 2004), 오랜 기간의 사회적 배제를 경험한 결과로서 노숙인들이 가진 '취약성'은 그 자체가 노숙탈출이 어려운 이유가 된다(김진미, 2005).

흔히 선행연구들에서 탈노숙을 어렵게 하는 요인들로 지적되는 것들 — 병약한 신체, 정신질환 및 장애, 약물(알코올 포함) 의존성, 사회적 고립, 낮은 학력, 취약한 직업력, 가정폭력, 아동기의 피위탁 경험과 트라우마 등(Wong & Piliavin, 1997: 409) — 은 이른바 노숙의 발생요인들과 정확히 일치한다. 이 요인들을 개인 차원의 취약조건이라 한다면 보통 사회구조적 발생요인으로 거론되는 높은 빈곤율과 실업률, 낮은 서민주택 보급률, 취약한 사회보장체계 등(남기철, 2009: 69-71)은 (비록 직접연관성의 정도에서 다소 이견이 있을 수 있지만) 탈노숙에 방해가 되는 환경적 요인임을 부정할 수는 없다. 그리하여 처음 노숙상태로의 진입 가능성을 높이는 개인의 속성과 경험은 이후 탈노숙의 가능성을 낮추며, 설사 노숙을 일시적으로 벗어났다 하더라도 다시 재진입의 가능성을 높일 것이라고 짐작할 수 있다(Piliavin et al., 1996: 35-36). 또한 이러한 요인들은 어느 한 두 가지의 단선적 인과관계만을 설정하기 어려울 만큼 복잡하고 연쇄적인 관련성을 가지고 있다(Hertzberg, 1992).

둘째, 노숙인의 의식과 태도는 거리생활이 길어지면서 예전과는 다른 모습으로 변하며, 이러한 변화는 탈노숙을 더욱 어렵게 만든다.

거리에서 잠을 자는 생활이 계속되면서 노숙인의 삶은 의식주의 변화뿐 아니라 인간관계, 정서 및 심리상태, 정신건강 등에서 변화를 겪게 된다. 가정이 없어지고 예전 커뮤니티와의 유대감이 약화된 상태에서 노숙인은 관습대로 행동해야 할 의무를 느끼지 못한다. 사회적 연계가 단절되면 한 개인이 기본욕구를 해결하고 노숙생활을 벗어나는 데 필요한 물질적 지원과 조언, 정보의 양이 축소된다. 사회적 고립은 스트레스성 질환, 알코올중독과 관련이 있으며 장기노숙인은 신입 노숙인에 비해 정신질환 발병률이 2배에 달한다는 보고도 있다(Susser et al., 1989).

이제까지 노숙인의 정신건강을 다룬 연구들은 개인의 어떤 특성이 노숙인으로 전락하게 하는 위험요인이 될 수 있다는 식의 주장에 치우쳐 있지만, 노숙 그 자체가 정서적 불안을 일으키는 요인이 될 수 있다는 연구결과에도 주목할 필요가 있다. 심리적 트라우마의 관점에서 노숙인의 심리상태를 분석한 연구들은 노숙상태가 지속되면 대처능력(coping capabilities)이 약화되고 훼손되며, 마침내 심리적 트라우마[6]의 징후를 촉발한다고 주장하면서 장기노숙인들에게서는 흔히 신경증적인 회상, 분열적인 정신상태, 제한된 감정반응, 쉽게 화를 내는 등의 분노 표출, 극도의 경계심과 불면증, 약물남용, 무력감, 타인과 격리되어 있다는 소외

6 심리적 트라우마란 비정상적이고 감정적으로 폭압적이며 개인이 통제할 수 없는 사건들에 대한 일련의 반응들을 가리키며, 극도의 스트레스에 시달리는 사람들에게서 공통으로 나타나는 다양한 징후와 상태를 설명하기 위한 개념이다. 이것은 일종의 '외상후 스트레스 장애(Post-Traumatic Stress Disorder: PTSD)'로 범주화될 수 있다(Goodman et al., 1991: 1219-1221).

감 등이 나타난다고 보고하고 있다(Figley, 1985; Harvey, 1991; Van der Kolk, 1987; Goodman et al., 1991에서 재인용). 특히 스미스(Smith, 1991)는 여성 노숙인 300명에 대한 '외상후 스트레스 장애(PTSD)' 조사에서 응답자의 53%가 전형적인 '외상후 스트레스 장애' 증세를 보인다고 보고하면서, 노숙인들에게서는 적어도 두 가지의 심리적 트라우마-사회적 연계 단절(social disaffiliation)과 학습된 무기력 현상이 높게 나타난다고 결론짓고 있다(Goodman, 1991: 1220). 이때 심리적 트라우마의 핵심은 무력감(sense of helplessness)이라 할 수 있는데, 이런 트라우마에 시달리는 사람들에게서 흔히 나타나는 자존감 및 자기효능감의 상실 현상은 일종의 학습된 무기력이라고 여겨진다(Goodman, 1991: 1221).

그러나 노숙인은 사회적 관계가 단절되어 심리적 장애에 빠지는 경우도 있지만, 과거의 가족이나 친지들과의 관계를 노숙인들과의 유대관계로 대체하는 경우도 있다. 다른 노숙인들과의 관계 형성은 '양날의 칼'과 같아서 동료들과 네트워크를 형성하면 물질적 도움을 받고 소속감이 생기므로 심리적 안정감이 높아지고 어느 정도 보호를 받을 수 있는 이점이 있는 반면, 이 네트워크는 노숙상태를 고착시키는 기능을 동시에 한다(Grigsby et al., 1990: 143-144). 노숙을 벗어나야 한다는 생각을 하면서도 절실한 마음은 약화되고, 탈노숙의 가능성에 대한 자신감을 상실하면서 계획의 구체성도 점차 떨어지게 되는 것이다(이현미, 2007).

셋째, 노숙인 개개인의 생애과정에서는 거리생활을 일시적으로 벗어났다가 다시 노숙상태로 되돌아오는 경우가 잦고 그래서 완전한 탈노숙이 쉽지 않은 것이 사실이지만, 어떤 자원을 가지고 어떻게 개입하며 지원하느냐에 따라서 탈노숙의 성공 가능성은 높아질 수 있다.

유럽에서는 노숙인들에게 주거공간과 함께 개별적인 복지서비스가 같이 제공되는 이른바 복지주택(supported housing) 프로그램이 일정한 효과를 거두고 있고(Edgar et al., 2000), 우리나라도 임시주거비를 지원받았거나 매입임대주택에 입주한 노숙인들의 후속 주거유지 상황이 노숙인 쉼터 입퇴소자의 주거유지 상황에 비해 더 안정적이거나 비슷한 것으로 나타났으며, 특히 임시주거비지원 사업은 지원을 받은 거리노숙인의 인구학적 취약성이 두드러졌음에도 주거안정성이 높은 것으로 나타나고 있다(남기철, 2009). 이러한 사실은 노숙인 개인들이 탈노숙의 장애요인들을 가지고 있음에도 더욱 선진화된 주거지원 제도가 이 같은 어려움을 어느 정도 상쇄하고 소기의 성과를 거둘 수 있음을 시사한다.

그렇다면 탈노숙을 촉진하기 위한 정책적 대안은 노숙인을 위한 저렴주택 내지 유럽형 복지주택을 더 많이 공급하는 것으로 충분할 것인가? 물론 실제 수요에 비해서 지원 규모가 현격히 작은 점을 고려하면 재원과 공급량을 확대해야 하는 것은 틀림없다. 그러나 필자가 탈노숙인 정책을 수립하는 데 주거공간의 공급 확대가 '필요한 조건'이지만 '충분한 조건'이 아니라고 보는 이유는 다른 데에 있다.

현재 우리나라의 임시주거비지원 제도나 매입임대주택 제도를 알고 있는 노숙인들이 모두 수혜자가 되고자 신청을 하는 것은 아니다. 지원을 받기 위해서는 일자리를 구하고 일정 금액을 저축하는 등 자기 스스로 노력하고 준비해야 하는 부분이 있다. 그러니까 어떤 노숙인들은 그런 지원 제도가 존재한다는 사실을 알아도 자격요건을 갖추지 못해 심사과정에서 떨어지거나 자신이 독립된 주거를 유지할 자신이 없어서 애초부터 포기하는 경우가 발생한다. 이처럼 효과적인 제도나 프로그램이 있더라도 그것에 접근하지 못하는 원인을 해결하지 못한다면 정책의 성과는 낮아질 수밖에 없다.

이와 관련해서 소신과 그로스만(Sosin & Grossman, 2003)은 일찍이 프로그램에 대한 참여율 자체가 낮아서 정책의 효과가 떨어지는 문제에 주목하고 그 이유를 밝히고자 하였다. 그들이 안타깝게 여긴 것은, 약물중독 치료프로그램이 술이나 약물의 복용을 자제하는 데 효과가 있고 그럼으로써 노숙기간을 줄이거나 노숙으로의 재진입을 막는 데 일조하고 있다는 선행연구들의 결과가 있지만, 약물중독 노숙인의 절반 정도만이 프로그램에 참여하고 있으며 중도탈락률도 거의 90%에 달해서 이 서비스의 이점이 발휘되지 못하고 있다는 것이었다.

그들은 '왜 약물중독 노숙인들은 자신들에게 유익한 프로그램에 참여하기를 거부하거나 저항할까?'라는 의문에 대해서 흔히 약물중독의 수준이나 정신 건강상태, 노숙의 지속기간 등 노숙인 개인 차원의 특성들을 가지고 설명하는 기존 연구들은 설득력이 약하다고 보았다. 대신 이들은 노숙인들이 유사 프로그램에 대한 예전 경험과 개인의 사정에 따라서 치료프로그램에 참여했을 때 얻는 편익과 소요되는 비용을 계산해서 참여 여부를 결정한다는 소위 '사회적 · 합리적 선택 모형(socio-rational choice model)'이라는 것을 제시하였다.

이들의 주장에 의하면, 노숙인들도 거처가 있는 일반인들처럼 서비스의 가치를 여러 가지 방식으로 판단할 수 있고, 개개인에 따라서 어떤 사람은 경제적 욕구가 더 강해 돈 버는 일을 우선시 하는가 하면, 또 어떤 사람은 치료프로그램에 대한 예전 경험 때문에 혹은 다른 사람의 부정적인 말을 듣고 프로그램의 참여를 거부할 수도 있다는 것이다. 이처럼 노숙인들이 치료프로그램을 어떻게 인식하고 무엇에 우선순위를 두느냐에 따라 반응이 다르게 나타나기 때문에, 노숙인 개인의 인구학적 특성이나 약물중독의 증세 같은 개별적 특성만으로는 참여율의 차이를 설명하기 어렵다고 보았다. 이들이 두 개의 관형어 '사회적(socio)'과 '합리적(rational)'이라는 용어를 결합시킨 까닭은 노숙상태에 머물게 하는 요인으로서 사회적 환경만을 강조하는 견해와 개인적 특성만을 강조하는 견해 사이에서 중간 입장을 취하고자 했기 때문이다.

요컨대, 노숙인의 프로그램 참여여부를 결정하는 것은 개개인이 논리적으로 추론해 내는 비용과 편익의 계산 결과인데, 그 계산의 과정에는 서비스의 효용과 관련해서 서비스의 이용가능성(availability), 지속성(continuity), 관련성(relevance), 분위기(ambiance) 등을 따지게 되고, 다시 서비스의 이용가능성을 판단하기 위해서는 지리적 근접성, 재정비용의 저렴성, 최소 소요시간, 노력의 요구 정도, 자격요건의 용이성 등을 평가한다는 것이다. 그리고 이러한 평가체계에서는 본인과 가족이 치료과정을 얼마나 긍정적으로 느끼느냐 하는 호감도(preferences), 자기부담 비용을 마련할 수 있는 능력(abilities), 과거 서비스에 대한 스티그마(stigma), 자기 문제를 심각하게 느끼고 해결하고자 하는 절박성의 정도(needs) 등을 저울질한다고 보았다.

그러나 이러한 의사결정 과정 모형은 실증적으로 검증하기 어려운 가설수준의 주장이어서, 이들의 논문에서 가치를 두어야 할 점은 메커니즘의 진위가 아니라 프로그램 참여여부의 결정과정에는 노숙인 개인의 경험적 요인들이 상호작용하는 미시적 프로세스가 존재한다는 사실이다.

오히려 조스트 등(Jost et al., 2010)은 노숙인용 영구임대주택 프로그램에 대한 사례연구를 통해서 장기노숙인들의 프로그램 참여를 어렵게 만드는 장애요소들[7]을 당사자들은 어떻게 인식하고 있고, 어떤 환경과 조건이 주어질 때 성공적인 정착이 이루어지는지를 밝히고 있다. 그들은 주택을 제공한다는 사실만으로는 노숙인들을 참여시키기에 충분치 못하며, 장기노숙인들이 소신과 그로스만의 '사회적 · 합리적 선택 모형'을 따랐다기보다 이미 거리생활을 벗어날 수 있는 신체적/정신적 상태에 도달한 상황에서 자신들의 당면한 욕구를 해결해야 할 필요 때문에 참여를 결심한 것이라고 결론짓는다.

2) 방법과 자료

이 연구는 서울대학교의 노숙인 생애사 아카이브 자료 가운데 남성 5명

---

7 프로그램 참여를 방해하는 장애요소들은 노숙인이 서비스를 신청했다가 거부당해 본 경험, 실무자의 냉랭한 응대, 서비스를 신청해서 받기까지 대기하면서 혼란스러웠던 과정과 실망경험, 어디에 도움을 청해야 할지 모를 막막함(Rosenheck & Lam, 1997), 공무원들이 요구하는 행정절차상의 필수조건, 한정된 자원으로 최대의 성과를 내려는 복지 전문가들의 효율성 논리(Jost et al., 2010: 245) 등이다.

의 생애사 구술 내용을 분석자료로 사용하였다(표 7-1). 연령대는 30대 1명, 40대 1명, 50대 3명이었다. 이들은 현재 한국토지주택공사가 제공하는 다가구매입임대주택에서 소정의 임대료를 내면서 거주하고 있다. 이들의 공통점은 노숙인 지원기관들의 도움으로 거리생활을 청산하고 임대주택에서 생활한 지 적어도 1년 이상 되었다는 것이다. 따라서 이 연구에서 탈노숙의 기준은 주거용 주택에서 생활한 지 1년 이상 경과한 경우이다.

분석방법은 전사(轉寫)한 각 사람의 인터뷰 자료를 텍스트로 해서 반복, 정독하면서 주제별로 코딩하였다. 특히 탈노숙을 어렵게 하거나 탈노숙에 도움이 되었던 요소들과 관련해서 다른 요인들과의 관계성, 다른 사례와의 차이 등을 살펴보았다.

〈표 7-1〉 피면접자 명단

ID No	성명 (가명)	나이	고향	학력	결혼 경험	노숙 이전 직업	노숙 기간	현재 직업
57	권호성	54세	서울	초졸	유	용접공	4년	수급자
58	백경섭	57세	부산	대학 중퇴	유	열관리사/자영업	3년	수급자/노숙인 지원기관에서 자원봉사
60	김장훈	41세	인천	중학 중퇴	무	양돈 · 양계장 인부/중국집 배달원/봉제공장 직공	9년	장애인작업장의 보조원
61	박재희	56세	김천	중졸	무	양복기술자	1년	장애인복지관 근무
62	김상민	39세	김천	중학 중퇴	유	섬유공장 직공/일용직	6년	사회적 기업 근무

3. 노숙 이후의 변화와 탈노숙의 장애요인

1) 긴장과 불안에의 적응

난생처음 한데 잠을 청하는 사람에게 거리는 극도의 긴장과 불안을 가져다준다. 처음에는 추위와 소음, 그리고 어디에 내 자리를 마련해야 할지 모르는 막막함 등으로 잠을 설친다. 그러나 시간이 흐르면서 서서히 그런 환경에 익숙해져 간다.

> 밤에는 거의 잠을 안 잤습니다. 저는 쪼그리고 앉아서 … 처음에는 잠이 안 오더라구요. 피로가 누적되다 보니까 건설일용직도 잘 안 되더라구요. 거기다가 또 체력도 자꾸 떨어지고, 그래 가지고 굉장히 힘은 들었지만 뭐, 그래도 짬짬이 나가고, 그러다가 이제 영등포시장 근처에 보면 〈햇살보금자리〉라는 상담소가 있습니다. 노숙인상담소가 있는데 … 누가 거기를 알려줘서 … 잠을 잘 수 있을 거라고. 거기를 가게 됐는데 … 한 달에 열흘 잠을 자고, 나머지는 또 거리로 나와서, 아니면, 건설일용직 나갔다 온 날은 뭐, 여인숙이라든가 쪽방이라든가, 조금 편하게 자고, 그런 생활을 계속했었습니다. [중략] 처음 눈을 뜨면 벌써 아침에 전철 다닐 때 되면 문 열면서 쫓아내요. 그래도 안 일어나면 바닥에 물을 뿌려요. 누워 있거나 앉지 못하게. 물을 뿌려 놓으면 앉을 수가 없으니까. 뭐, 밤에는 술 먹고 싸우는 소리, 뭐하는 소리, 제대로 그냥 서서 깜빡깜빡 졸다가 아침 되면 피곤이 누적되어 있는 상태에서, 바닥도 찬 데서 누워 있다 보니까 몸도 춥지. 아무리 여름에도 노숙인들은 두툼한 옷들을 많이 껴입고 다녀요. 그건 밤에 추운 잠을 자니깐, 이게 풀리지 않으니까, 철에 안 맞는 옷을 입고 다니는 게 그런 경우거든요. 그때부터 스트레스가 쌓이기 시작해 가지고, 그러니깐 뭐, 무료급식이든 구제금을 주든, … 아무 때나 간다고 주는 게 아니니까, … 구제금을 받기 위해서 빨리 가는데 앞에서 얼쩡얼쩡

제대로 안 가고 그러면 비키라 그러고, 막 욕을 해대고 이런 식으로 일상 생활이 아주 타이트하게, 여유를 가질 수 있는 그런 시간이 없어요. (사례 58, 백경섭)

처음에는 무료급식을 받기 위해 줄을 서는 것조차 부끄러워하다가 그런 감정도 점차 무뎌져 간다. 3년 반 정도를 거리에서 생활하다 현재 매입임대주택에서 살고 있는 백경섭(57세) 씨는 노숙생활이 그럭저럭 견딜 만하다고 느끼기 시작한 것은 채 1년이 안 되어서였다고 한다.

… 심지어는 무료급식 주는 데서도 못 먹었어요. 이게 못하겠더라구요. 그러다 동료들이 그걸 눈치채고, 조금 어디 뭘 어디다 싸 가지고 오고, 그거 그냥 돌아서 먹고 그랬지, 그런 걸 못했었습니다. 그런데 그게 이제 1년이고, 2년이고 지나다 보니까, 그게 이제 어느 정도 감각이 둔해지니깐 심리가 무뎌지고 그러니깐, 그때부터는 줄도 좀 서게 되고, 뭐 교회에서 구제금 주는 것도 쫓아 가서 받을 수 있는 그런 거 … 그렇지만 그래도 "담배 한 가치만 주십시오" 아니면, "천 원짜리 하나만 주십시오", 다니는 사람들한테 그런 거는 못해 봤습니다. (사례 58, 백경섭)

중학교 1학년 때 가출해서 안 해 본 일 없이, 혼자 몸으로 전국 곳곳을 전전해 온 김장훈(41세) 씨도 1997년 외환위기 무렵, 서울역에서 노숙을 시작했을 때는 급식을 타 먹는 일이 수월하지 않았다.

첨에는 무료급식 같은 데나 그런 데를 안 갔어요. 그런 데는 창피하고, 일반 사람들이 돌아다니면서 보잖아요. 그전에는 지하도에서 주고 그랬잖아요. 근데 그 사람들이, 혹시나 아는 사람 만날까 봐, 그전에는 그런 데를 꺼려했었어요. 한 3일인가 4일을, 그쪽에서 밥을 안 먹었어요. 진짜 배가 고프더라고요. 쓰레기통까지 솔직히 뒤져 먹었어요. 배 고파 갖고, 너무. 그러다가 도저히 안 되겠다 싶어 갖고, 인제 안면 깔고, 가서 밥 먹고, … 특히, 일요일날 같은 경우는 결혼식을 많이 하잖아요. 그니까 옷을 최대한, 정장은 못 입더라도, 최대한 깔끔하게 입고, 거 예식장, 아무 예식장 가 가지고, 딱 봐 갖고, 좀 만만한 할머니들한테 가 갖고 사정 얘기를 해요. "솔직히 이래서 배가 고프고, 뭐 솔직히 도둑질은 하기 싫고, 좀 먹고 싶다", 그러면은 할머니들이 식권 갖다 줘요. 그거 갖고 식당 가서 먹고. (사례 60, 김장훈)

조사자: 대합실에 계시면 훨씬 따뜻하고 좋을 텐데, 왜 밖에 계셨어요? 추운데….

박재희: 근데, 뭐 내 자존심이랄까? 남들한테 내 이런 꼴을, 추한 모습을 보이기가 싫은 게 있죠. 혹시나 아는 사람을 만날까 싶고. (사례 61)

2) 수치심을 잊기 위한 음주

거리생활을 시작한 이들의 심경은 참으로 복잡하다. 자신을 바라보는 행인들의 따가운 시선을 느끼면서 깊은 수치심에 젖는다. 게다가 가정이 해체되는 과정에 겪은 경제적 실패와 좌절에 대한 기억, 가족과의 갈등이 빚은 마음의 상처가 있다. 그리하여 그의 내면에는 수치심과 분노, 회한과 자책의 감정이 뒤섞여 있기 마련이다.

일반 사람들의 시선은 참 따갑죠. 정말로 상당히 따갑죠. 정말로 그 경멸…. 저도, 이제 옛날에 저도 그렇게 봤던 거 같아요. 서울역에 명절 때 되면 시골 내려갈 때나 열차 타러 여행 갈 때, 서울역에 가서 그런 사람들 보면은. 저도 한때는 저런 사람들 안 좋게 봤죠. 냄새도 나고 얼굴 찌푸리고 있었죠. (사례 61, 박재희)

조사자: 아까 많이 괴롭고, 어떻게 해야 할지도 모르겠고, 잡념이 많이 든다고 하셨는데 어떤 생각이 드셨던 거예요?

백경섭: 잡생각이라는 건, 그게 안 좋은 생각이죠. 아 이게 자꾸 그 … 떠오르는 거예요. 옛날에 가정이 … 와해되면서 인제 … 애 엄마에 대한 잘못된 부정적인 생각이라든가, 뭐 이런 게. 그러면서 이제 그 일부분은 내가 잘못도 … 원인이 있을지도 모르겠지만, 나는 합리화하고 부인에 대한 거는 부정적으로 자꾸 생각을 하다 보니까, 이게 자꾸 그냥 막 가슴에서 뭐가 치밀어 오른다고 그럴까요? 그 막 … 그러다 보면 또 자연히 곁에 있는 술을 자꾸 접하게 되고, 뭐 이런 과정이 반복이 되고, 그러다 보면 술에 알코올릭이 되면, 저도 그랬었습니다만, 막 벽에 무슨 … 이렇게 TV를 보고 있으면 벽면 쪽으로 … 벌레가 스스슥 지나가는 거 같애요. 근데, 슥 보면 아무것도 없어요. 그런 식으로 막 많이 시달렸거든요. 그리고 잠도 크게 못 자요. 뭐 이렇게 얕은 수면이라 그럴까요. 10분, 20분 자고 또 뭐 조금만 하면 깜짝깜짝 놀라고. 난 죄진 게 없는데도 조용할 때 갑자기 발소리가 들린다거나 하면 굉장히 불안하고 가슴이 철렁 하고, 뭐 이런 불안감도 많이 느끼고. 그러니까 이제 정서적으로 굉장히 저도 많이 힘이 들었죠. [중략] 그런 심리는 공통적으로 많이 가지고 있는 것 같애요.

조사자: 그게 거리생활을 하면서 생활 자체가 불안정하고 그래서 그런 거죠?

백경섭: 네, 그렇죠. 처음에 이 거리에 나왔을 때는 그런 증상이 없었습니다. 그런데 언젠지 모르겠지만, 그런 증상이 보이더라구요. 그 첫째는 이 알코올이 주된 원인이 되겠죠. 알코올이 이제 많이 몸을 정신을 피폐하게 만들다 보니까 … 하여튼 거리에 나올 때는 놀래거나 토끼잠을 자거나 얕은 수면을 자거나 그런 건 없었는데, 이렇게 서서히 그런 쪽으로 가더니 결국 거기에서 벗어나지를 못

하더라구요. [중략] 전 노숙할 당시에는 굉장히 이 … 우울증이라고 그러죠, 그래 가지고 … 심지어는 저는 아파트 옥상에 올라가거나 … 용역 일용직 나가서도 일을 하다 보면 아파트 옥상에 올라가면 불현듯 그런 생각이 나요, 여기서 떨어지면 죽을까 안 죽을까, 이런 거 호기심이 막 가고, 어우, 전 미친…. (사례 58)

수치심과 괴로움을 잊기 위한 수단으로 대개 술이 이용된다. 술을 많이 마시게 되는 이유는 무엇보다 심리적 고통과 불안정한 정서 상태를 일시적으로나마 모면하기 위한 목적이 가장 크지만, 한편으로는 밥을 사 먹을 만큼의 돈이 없을 때 허기와 추위를 잊을 수 있는 손쉬운 방편이 되기 때문이다.

여기 노숙을 하면서, 암만해도 이 대한민국이 넓으면서도 되게 좁아요. 그래 갖고, 혹시 아는 사람이 지나가면은 인제 챙피할까 봐, 인제 술 마시고 그냥 아무 데서나 누워서 뒤집어쓰고 자는 게, 그러는 거 같애요. (술을 마실 때의 심정은) 그 당시는 뭐, 자포자기였었죠, 뭐. 이렇게 살아서 뭐하냐, 어쩔 땐 심지어 죽을 거까지 생각하고서 생활을 했었죠. (사례 60, 김장훈)

조사자: 그럼 선생님의 경우는 이혼하시고 나서 혼자 사시면서 술에 빠지시게 된 이유가…?

권호성: 희망이 없다는 거죠. (희망이) 안 보이니까. 몸도 이렇고, 새 출발한다고 돈 있어 가지고 뭐 앞으로 장래가 뭐 계획을 잡을 수도 없고. 쉽게 얘기해서, 우리에게 내일은 없다죠. 이렇게 살다가 가면 그만이다. 조용히 그냥 어느 날 눈 안 뜨면 끝이다. 계획을 잡을 수가 있어요? 몸도 황폐해졌지, 가진 건 없지, 구체적으로 뭐, 자꾸 깊이 빠져들게 되면 우울증도 걸리고 시비나 걸라 하면 거칠

어지고, 근데, (지금은) 그런 건 많이 벗어났어요.

조사자: 그런 거를 잊기 위해서 술을 마시게 되는 건가요?

권호성: 그렇죠. 깨고 나면 또 괴로우니까. 또 술이 쌓여 있으니까, 누적이 되어 있으니까, 이제 속도 쓰리니까 그것도 핑계 삼아 속 아프니까 해장하자…. (사례 57)

3) 학습되는 무기력

미래에 대한 희망이나 목표 없이, 자포자기의 심정으로 사는 일상은 점차 무기력한 상태를 내면화하게 만든다. 세면과 같은 최소한의 생활습관도 잘 안 지키고, 무엇보다 노동의 빈도가 감소하면서 근로 의욕을 완전히 잃게 된다. 이는 자신의 행동을 통해서 자신의 생활을 통제하고 영향을 미칠 수 있다는 자신감을 상실하는 것으로, 이처럼 학습된 무기력이 심화되면 생활 전반에 걸쳐 심각한 수동성과 무력감에 빠지게 된다 (남기철, 2009: 167-168).

조사자: 술을 한창 마시고 계실 때, 그때는 어떻게 일을 하셨어요? 일을 어느 정도로?

김장훈: 그때는, 일을, 안 했죠. 안 하고서도 … 왜냐면 저 같은 경우 남산에 있었다고 그랬잖아요. 거 쪼끔만 가면 무당골이라고 있어요. 무당들이 푸닥거리하는데, 거기만 가면, 뭐 막걸리 있고 뭐 먹을 거 쌓였으니까 굳이 뭐 꼭 그렇게. 가면은 막걸리, 소주, 그런 거 엄청 많으니까. 그럼 같이 사는 사람들(노숙인들)끼리 모여 갖고 먹고. [중략] 먹고선 한 며칠 동안 죽은 듯이 잠만 자다가. 그니까 화장실에 갈 때는, 그때는 진짜 배고픈지를 못 느꼈어요. 며칠 동안 계속 잠만 자고.

조사자: 취한 상태에서?

김장훈: 예. 또 일어나면 물 대신 술을 먹고, 그런 식으로 생활을 했으니까

요. 그러다가 막 속도 … 그때 각혈도 한 번 한 적 있었거든요. 그래 갖고, 아후, 이렇게 살아선 안 되겠다 싶어서, 허허.

조사자: 그때는 거의 일을 안 하셨군요.

김장훈: 근데, 일을 하더래도, 일이라고 해 봤자, 고물 줍는 거, 가끔 같이 있는 사람들끼리 모여서, 또 술값이 없으니까, 또 고물 주우러 다니고. 뭐 그 정도로 생활했어요. (사례 60)

조사자: 수급자가 되시기 전에는 아무리 거리에서 생활한다 해도 돈이 들어갈 거 아닙니까? 생활비가 전혀 안 들어가지는 않잖아요.

권호성: 노숙생활이니까 거의 없죠, 들어가는 돈이. 뭐, 쉽게 교회 같은 데서 어떤 때는 손도 벌려 보고.

조사자: '꼬지'라는 거 해 보셨습니까?

권호성: 네, 꼬지도 해 보고…. 또 어떤 옆에 있는 애들도 인력(시장) 같은 데 가서, 하루 이틀 정도 (일)하면 같이 모여서 그 돈으로 술, 담배 하고….

조사자: 하루 이틀은 일하셨군요?

권호성: 저는 거의 못했고, 몸이 괜찮은 사람들이…. 그중에 나가서 하루 (일)하고 한다. 또 (돈이) 5만 원 들어오면 같이 어울리고. 저는 몸이….

조사자: 그때는 워낙 건강이 안 좋으셔서 일을 못하셨군요, 선생님은….

권호성: 그땐 이제 벌써 몸이 죽는 둥, (노숙생활한 지) 한 2~3년 되면 몸이 다 그래요. 우울증에다가 그런 게 많죠. 그러니까 교회 가서 '꼬지' 해 보고…. 여기저기 일요일날 다니고 하면은, 담뱃값, 술값도 전부 다 모여서 모아 가지고 또 술 먹고…. 그런 생활이 반복돼 가지고…. (사례 57)

백경섭: 노숙도 이렇게 끼리끼리 모여서 다녀요. 혼자 다니는 사람도 있지

만, 거의가 90% 이상은 몇몇 이렇게, 혼자 다니는 사람은 거의 없거든요? 저도 예외는 아니고. 그런 식으로 있다 보니까, 그 친구들이 (밥 먹으러) 안 가면 따라 안 가요. 굶으면 따라 굶고, 먹으면 같이 먹고. 같이 움직이다 보니까….

조사자: 혼자 가기가 좀 뭣하셨나 보군요.

백경섭: 네, 그래서 그런 것도 있겠지마는, 사실 있다 보면은 사람이 게을러지더라구요. (일)하는 거 싫어하고, 심지어는 씻는 것조차도 싫어하고, 사람이 나태해지고 그러더라구요. (사례 58)

4) 탈노숙의 저해요인으로서의 '노숙인문화'

노숙인에 대한 개념정의가 쉽지 않은 만큼 노숙인문화 역시 일반적으로 정의하기가 어렵다. 넓은 의미의 노숙인 안에는 다양한 하위집단들 — 예컨대, 쉼터노숙인, 부랑인 시설의 노숙인, 여성 노숙인, 가족단위 노숙인 등등 — 이 있고, 각각의 하위집단이 완전히 동질적인 것도 아니어서 이 하위집단들을 관통하는 공통의 생활방식이나 가치관을 추려 내기란 거의 불가능하다. 또한 노숙인들에게서 흔히 발견되는 어떤 특징들 — 일례로 알코올중독 — 은 그것이 거리생활로의 전락을 촉발하는 원인적 요소인지 또는 거리생활로 인해 촉진되는 결과적 현상인지가 불분명하거나 양자 모두에 해당한다고 볼 수 있어서 노숙인들만의 고유한 특징으로 규정할 수가 없다.

따라서 노숙인문화라는 하나의 큰 그림을, 그것도 하나의 화폭에 그리기란 가능하지 않아 보인다. 오히려 레이븐힐(Ravenhill, 2008)의 주장처럼 다양한 노숙인 하위집단마다 두드러진 특징적 현상들이 있고, 그러한 특징들의 무리가 모여서 추상적 수준의 노숙인문화 전체를 구성한다고 보는 것이 편리할 듯하다. 여기서 거론하고 있는 '노숙인문화'란 하위집단문화들로 구성된 전체의 상을 말하는 것이 아니라 오늘날 한국에서 거리생활의 경험을 가진 남성 노숙인 그룹에서 나타나는 주된 특징 일부를 가리키는 것이다. 그런 견지에서, 이번 조사의 생애사 구술 내용을 종합해서 그 특징 한 가지를 정리해 보면 다음과 같다.

주로 기차역을 중심으로 생활하고 있는 우리나라의 남성 노숙인들은 친한 몇 사람들끼리 어울리는 경향이 있고, 이들 사이에는 술을 사서 함께 마시는 일이 잦다(물론 한편에는 어울리기를 싫어해서 주로 혼자 시간을 보내는 고립형 노숙인도 있다). 이들의 네트워크 안에서는 누구든 일을 해서 돈이 생기면 기꺼이 모두에게 술을 사고, 얻어먹은 사람은 나중에 돈이 생겼을 때 마찬가지로 술자리를 마련해야 한다는 기대가 있다. 이 가운데 특히 친한 사람 사이에는 차비나 비상금 정도의 소소한 돈을 서로 빌리고 되갚는 관계가 형성된 예도 있다. 이 같은 공동의 술문화는 호혜의 관습처럼 비공식적 강제성을 띠고 있어서, 수중에 돈이 있는 사람이 술 사기를 거부하거나 동료가 술판을 벌였는데 거기에 끼기를 거절하기가 쉽지 않다. 결과적으로 각 개인의 입장에서는 술 마시는 양과 횟수가 많아지므로 건강이 축나고 다음날 일을 못하는 경우가 잦으며 돈을 저축하기도 어려워지는 것이다.

노숙을 벗어나려면 규칙적으로 노동하고 수입을 차근차근 모아야 하는 것이 정도인데 술과 의리가 결합된 '노숙인문화'가 이를 어렵게 하고 있으며, 탈노숙의 방해요소인 셈이다. 다른 노숙인들과의 관계형성이 '양날의 칼'처럼, 여러 가지 도움도 주지만 동시에 노숙상태를 고착시키는 기능을 한다는 그릭스비 등(Grigsby et al., 1990)의 지적과 정확히 일치하는 대목이다.

> 권호성: … 그 생활은 뭉쳐 있으면 안 돼. 절대. 사람들이 흩어져야 돼.
>
> 조사자: 뭉쳐 있으면 어떻게 되나요? 자꾸 이렇게 권하고 그러나요?
>
> 권호성: 그렇죠. 누가 "야, 한잔하러 가자." "가자, 야, 오늘 내가 경마 얼마짜리 맞췄는데 내가 쏠게. 가자, 가." 근데, (지금은) 혼자 떨어져 있으면 지금 혼자 딱 떨어져 있죠. 여기에만 있는데 딱 헤어지

고 나면 각자 가니까 … 옆에 주위에 없어요. 아무도 없어요. [중략] 환경이 상당히 중요하다고 봐요, 내 생각에. 주위에 누가 있으면 "너 오늘 일 안 갔냐? 일 안 갔으면 한잔하러 가자." 자연스럽게 나오죠. 일 다니는 사람들은 조금이나마 돈이 있을 것이고. 좀 외롭다뿐이지, 그 외로움을 이겨내는 건 자기 자신이고 그 주위 환경이 굉장히 중요하다고 생각해요. (사례 57)

그 사람들은 우선은 저, 돈이 있으면 무조건 나가서 술을 먹어야 하니까, 그게 문제인 거 같애요. 술 때문에. 무조건, 사람들은 주머니에 몇천 원 있으면, 아는 사람들끼리 모여 갖고, 돈을 거둬 갖고, 술 사 먹을 돈 되면 술 사 갖고 공원 같은 데 앉아서 술 마시고, 그렇게 해 갖고서. 그러니까 돈을 못 모으는 거예요. (사례 60, 김장훈)

주위에서 탈노숙을 하는 것에 대해서 용인을 안 해 줘요. 그게 무슨 말이냐면, "너 오늘 하루 일 갔다 왔으니까는 소주 한잔 사라, 술 사라" 권하는 사람이, 달라붙는 사람이 너무 많다 보니까는, 그날 벌어온 돈은 그날 소진해 버릴 수밖에 없는 … 대여섯 명씩 달라붙어서 막 그러니까는… 그게 이제, 저뿐만 그러는 게 아니라 다른 사람들도 그런 식으로 막 돌아가면서, 일 갔다 왔다는 소문만 들리면 기다리고 있다가, 가방도 놓기도 전에 그냥 뭐 … 그런 스타일로 가니까, 그게 저도 아무렇지도 않고 나의 일상이려니 하고 생각을 했는데, 어느 날부터는 '이건 아니다'라고 느꼈지만, 그 당시에는 그랬습니다. 자꾸 부추기고, 한잔 먹자, 뭐 하자, 이런 말에 현혹당하고, 또 그 당시에 술을 좋아했고 그러다 보니까는 거기에 어울리고 … 일만 나간다뿐이지, 일 안 나간 사람이나 별반 차이 없이 그렇게 지냈습니다. [중략] 탈노숙을 하게 놔두는 게 아니라, 그 울타리를 벗어나지 못하게끔 … 그렇다고 해서 막 "가지 마" 이런 게 아니라 금전적으로 목적을 달성할 수 있는 여건을 조성을 안 해 주고. 심지어는 몇몇 사람들은, 과도한 사람들은, 저놈은 무슨 돈 냄새만 맡으면 그걸 못 뺏어 먹어서 안달을 한다는 식으로 얘기하고 그랬는데, 그런 식으로 주위에서 크고 작을 뿐이지, 주위에서 탈노숙을 하는데 저해요소로 습관화되어 있습니다. 또 그걸 또 자기 스스로 인지를 못하고, 내가 이렇게 하면 탈노숙을 못한다는 걸 아직까지 인식을 못하기 때문에 거기에 같이 싸여서 생활하게 ⋯. (사례 58, 백경섭)

4. 탈노숙의 조건

1) 무절제한 생활의 청산을 결심하는 계기

거리생활이 장기화되면서 노숙인들은 무기력을 학습하고, 자신이 현재의 자기 생활을 통제하고 변화시킬 수 있다는 자신감을 상실해 간다. 이 학습된 무기력은 개인이 갈등상황에 부닥쳤을 때 그 위기에 방어적으로 대처하는 적응방식의 하나로서, 스스로 무관심과 우울상태에 젖어들뿐 아니라 눈앞의 상황에 더욱 효과적으로 대처할 수 있는 상태에서도 그런 노력을 아예 포기하는 태도를 말한다(남기철, 2009: 168). 규칙적인 생활습관과 노동을 멀리하고 동료 노숙인들과 어울리기만 하는 것도 이런 무력감으로 인해 어떤 행동이나 변화의 동기가 극도로 낮아진 상태의 단면을 보여준다.

따라서 노숙을 벗어나기 위한 첫 관문은 현재의 무절제한 생활습관을 버리고 삶의 새로운 목표를 설정하는 것이다. 대개는 술이 생활의 규칙성을 깨고 이러한 결심을 무위로 끝나게 하는 촉매제라고 생각해서 금주나 절주(節酒) 혹은 동료 노숙인들이 모르는 독립주거 마련하기 등을 새로운 삶의 중간 목표로 설정하기도 한다. 그러나 오랫동안 몸에 밴 생활습관과 동료 노숙인과의 관계 단절로 인한 심리적 고립감 등의 반작용 때문에 이러한 목표를 달성하는 일이 쉽지는 않다. 그래서 역 주변을 떠나 매입임대주택에 독립주거를 마련하는 데 성공한 사람들한테는 무절제한 생활을 청산하겠다는 결심이 작심삼일로 끝나지 않을 만큼 어떤 특별한 동기들이 있었음을 발견하게 된다.

김상민(39세) 씨는 중학교 2학년을 중퇴하고 18세 때 대구의 직물공장에서 일을 시작하였다. 부모님이 돌아가신 이후에는 방황하며 교도소 수감생활을 하기도 하였다. 김천, 대전, 부산, 목포 등지를 떠돌며 일용노동을 하다가 2003년부터 대구에서 노숙을 시작했고, 쪽방과 쉼터 등을 들락거렸다. 다시 대전을 거쳐 2009년에 서울역으로 올라온 그는 자활근로사업을 잠시 하다가 그곳 실무자의 소개로 지금은 한 사회적 기업에서 일하면서 한 달에 100만 원 남짓의 월급을 받고 있다. 서울역에 있을 때 현재의 배우자를 만나 결혼해서 8개월 된 아들과 함께 매입임대주택에서 살고 있다. 어려서부터 가족의 각별한 보살핌을 받아 보지 못했고, 20여 년간 떠돌이 생활을 했던 그는 지금의 가정을 이루면서 비로소 집이 포근한 곳임을 느끼고 있다. 자활근로사업에 참여할 때만 해도 "자활하겠다는 마음이 없었다"고 한다. 의욕이 생긴 것은 지금의 아내를 만났기 때문이다. 요즘은 연락이 끊겼던 형, 누나들과도 연락한다. 그에게 새로운 삶의 의욕을 가져다준 것은 가정을 이루어 자기 식구가 생겼다는 사실이다.

> 김상민: 금방 얘기했지만 자활하기 전에도 크게 자활할 마음이 없었어요. 없었는데 우리 집사람 때문에 하게 됐고, 살아야 되니까. 일단 살고 보자 그런 거예요. 한 달, 두 달, 석 달 하다 보니까 이제 재미도 있고. 일단은 그런 생활 이제 안 하니까, 밥은 안 굶으니까, 잠자리(를) 밖에, 한데서 안 자도 되니까 그런 것 때문에. [중략] 지금은 집에 일 마치고 들어오면, 집으로 오니까, 생각이, 사람이 나이 한두 살 먹다 보니까 틀리더라고요. 애까지 있으니까 또 생각

하는 게 ….

조사자: 집이 이제 생기신 거잖아요? 그런데 '집' 하면, 선생님은 무슨 생각이 드세요?

김상민: '집' 하면, 일단은 포근함이죠. 전에는 밖에서 생활할 때는 한겨울 이런 날씨에는 너무 춥고 하면 집이 최고, 따신 데가 최고지요. 따신 물에 목욕 한 번 하고 샤워하고 밥 먹고 그런 생각뿐이죠. 일단, 그때는, 바람만 막을 수 있는 방을 얻을 수 있다면, 그런 마음이고 그게 실현되고. 사람은 욕심이 한도 없더라고요. 나는 여기 생활이 딱, 더도 말고 많이도 말고, 아무 사고 없이 애 안 아프고, 사고 없이 이런 상태만 유지하고 싶고. 이제 돈이야 저축, 내 몸만 건강하면 돈이야 모을 수 있고 그러니까, 첫째는 안 아픈 게 최고죠. 안 아파야 돈도 모을 수 있고. 그래도 크게 바라는 거는 없고요. 바라는 거는 우리 애만 몸 건강하게 잘 크고. 크게 바라는 거는 없어요. (사례 62)

사례 58 백경섭(57세) 씨가 노숙생활을 청산하게 된 것은 어떤 충격적인 사건이 있어서라기보다 어머니와의 관계의 끈이 계속 유지되었기 때문으로 보인다. 그는 부산의 가난한 가정에서 태어나 공부에 흥미가 없었음에도 아버지의 강권으로 2년제 대학에 들어갔다가 중퇴를 하고 서울로 올라와 건설회사에 다녔다. 28세에 결혼을 하고, 리비아에서 5년 일해서 모은 돈으로 작은 집을 샀다. 몇 군데 중소기업에서 현장관리 일을 하다가 전공을 살려 공업용 에어컨을 판매, 수리해 주는 가게를 냈는데 1998년 외환위기를 맞아 문을 닫았다. 생활고로 아내와의 말다툼이 잦아졌고, 마침내 아내의 외도가 밝혀지면서 이혼에 이르렀다. 하나뿐인 딸의 양육을 맡는 조건으로 집의 명의를 아내에게 이전해 주고 자신은 300만 원만 들고 집을 나왔다. 이때까지 함께 살았던 어머니는 부산의 동생네 집으로 내려갔다가 백경섭 씨가 여인숙에서 장기투숙을 하는 동안에는 가끔 올라와서 보살펴주셨다.

결국 돈이 다 떨어지고 거리 잠을 자기 시작하면서 어머니와의 연락도 끊겼다. 그는 노숙생활을 하면서 술에 절어 살았다. 술에 취하는 게 좋았고, 옆의 동료도 틈만 나면 술을 권하니 안 마시는 날이 없었다. 노숙한 지 3년이 지나 4년이 되어 갈 무렵, 이렇게 살아서는 안 되겠다는 자각이 들었고 양평동에 동료 몰래 여인숙을 잡았다.

> 백경섭: 멀진 않지만 양평동에 방을 얻어놓고, 오목교에 인력사무소가 있어 가지고 거기다 놓고선, 여인숙에서 장기투숙을 하게 됐죠. 그때부터는 이제 서서히 … 정체성 회복이라고 할까요? 어유, 이제 나란 존재가 어떤 과정을 거쳐서 여기까지 왔든 간에, 다시 내 위치로 가야 되는 게 원칙이 아닌가, 그런 생각이 불현듯 들더라구요. 그래서 돈을, 그때도 술을 계속 먹는 상태였기 때문에 (여인숙) 주인 아주머니한테 맡기고, 내가 꼭 필요한 돈만 가지고 일을 다니고, 그런 식으로 하고 … 전환점이 오기 위해서는, 내가 뭔가 동기부여를 해야 할 필요가 있겠더라구요. 제일 먼저, 노숙할 때 가까이 지냈던 사람들을 멀리해야 되겠다, 그게 내가 살아가는 최선책일 것 같다, 주변 정리를 먼저 해야 되겠다는 생각이 들어서, 그런 사람들을 조금씩 멀리하려고 의도적으로 노력을 했구요. 그리고 이제, … 술을 좀 끊어야 되겠다, 그래서 그렇게 좋아하던 술을, 많이 먹던 술을, 어느 날 그냥, 하루에 그냥 딱 끊고, 생활을 하기 시작했어요.
>
> [중략]
>
> 조사자: 한 3년을 그렇게 (거리에서) 지내신 거예요?
>
> 백경섭: 네. 그러다 보니까 회의감이 느껴지더라구요. 첫째는 배도 고프지마는, 계속 이렇게 산다는 게 좀 … 나중에 자식을 만날 때, 아빠라는 존재가 거리에서 생활을 하면은, 그건 좀 아닌 것 같더라구

요. 그래서 많이 생각을 했죠. 그리고 또 저희 어머니가, 제가 이렇게 됐다는 걸, 여관에 있을 때도 그랬지마는, 더 힘든 상황으로 떨어졌다는 걸, 어머님이 어떻게 아시게 됐어요. 제가 연락도 안 했는데. 그러다 보니까, 전화를 할 때 자꾸 우시더라구요. 그러다 보니까는 이게 이게 ….

조사자: 거리로 나오시고 나서도 어머님을 뵈었습니까?

백경섭: 전화만 가끔 했죠. 왜냐하면, 제가 거리로 나와서는 〈햇살보금자리〉하고 '죽마루공원'밖에 없으니까, 거처가, 주거가 없으니까 어머님한테 올라오시라고 할 수도 없고. 그러니까 전화로 어쩌다 안부만 좀 묻고 … 전화통화를 할 때 굉장히 많이 우시고 걱정을 하시더라구요. 그리고 또 이 생활이 너무 싫증이 나고 … 처음에는 화가 나고 그랬기 때문에, 가정사 때문에 화가 나서, 에이, 될 대로 되라, 그랬는데 세월이 지나고 가정사에 대해서 감각이 둔해지기 시작하고 그러면서, 스스로가 싫증이 나기 시작하더라구요, 배도 고프고. 근데, 쉽게 말해서 배고픈 날이 계기점이 되긴 했지만, 고날만 배가 고팠냐(하면)는 아니거든요? 계속 배가 고픈 상태로 살았죠. 그거를 이제 매일 술로 때우거나, 그렇게 했고. 그랬지마는 어느 날 도저히 안 되겠어 가지고, 이러다 보면은 내 명까지 못 살겠다 싶어서 ….

조사자: 따님의 존재도 영향을 미쳤나요?

백경섭: 네, 그렇죠. 굉장히 보고 싶고 그렇더라구요. 내 몰골이 이런 상태로는 애 앞에 나서거나 전화 통화를 한다는 게 조금 그렇더라구요.

조사자: 그때는 보지 않으셨나요?

백경섭: 아유, 그때는 전화도 안 하고 아무것도 안 했습니다. 제가 몰골이 이래 가지고. 몰골도 그랬지만, 그 당시에는 누구한테 전화를 한 번 걸어야겠다, 누구를 어떻게 해야겠다, 가족이나 친지나 누구든간에, 그런 생각을 갖지 못했습니다. 제가 그 당시에는 하는 거 없

이 마음의 여유도 없었습니다.

[중략]

백경섭: … 그러니까 어머님이나 형제가 그래도 굉장히 나를 걱정해 주시는 분이 있었고, 그게 첫째 나한테는 탈노숙하는 데 굉장한 위안이 됐었고, 근데 다른 분들은 형제가 있거나 부모가 있어도 잘 안 봐 주거나 자기가 못되게 굴어서 부모가 버렸다든가, 이런 소리를 많이 하거든요. 근데 나는 꾸준히 이렇게 걱정해 주는 분들이 뒤에 있어서 그게 일차적인 바탕이 됐고, 그거에 근거해서 저는 이거는 내가 제대로 가는 길이 아니구나….

그는 노숙인 동료에게 어머니가 돌아가시기 전까지는 입에 술을 한 방울도 대지 않겠다고 다짐했고, 그 약속은 철저히 지켜지고 있다. 그는 당뇨와 고혈압 때문에 수급자 지정을 받아 현재는 영구임대아파트에서 어머니와 함께 살고 있다. 그에게 어머니를 포함한 가족들(동생들과 딸)과의 애틋한 관계는 무절제한 생활을 청산하고 노숙을 벗어나게 하는 데 중요한 동인으로 작용하였다.

사례 60 김장훈(41세) 씨가 술을 끊게 된 계기는 그가 가장 좋아하고 친하게 지내던 노숙인 동료가 간경화로 죽은 장면을 목격했던 일이다.

김장훈: 술은 제가 좀 했었어요, 되게. 어떻게 보면 알코올중독까지 갔었어요. 이 노숙하면서도 계속. 그러다가 저, 한순간에, … 젤 친한 사람이 거, 영등포 〈광야교회〉라고 있거든요, 고기(거기) 옆에, 그 땐 저, 이동식 화장실이 있었어요. 근데, 제가 그때 때마침 〈광야교회〉에서, 주방에서 일을 하고 있었거든요, 주방보조로 해 갖고. 돈은 안 받고, 재워 주고 먹여 주는 조건으로. 그래 갖고 거서 생활하다가, 아침에 화장실 가서 소변 보고 일을 하려고 딱 갔는데, 아침에 사람들이 화장실 앞에 막 모여 앉아 있더라고요. 그래 갖

고 뭔가, 하고 봤더니만, 막 피를 엄청 토해 놔 갖고, 굳어 갖고, 거, 죽어 계시더라고요. 그래 갖고 그거 보고 나서는 지금 술을 절대 안 하고 있어요.

조사자: 아, 그래요. 그분이 간경화, 뭐 그런 거였나 보네요.

김장훈: 그분도 인제 알코올, 알코올 쪽으로 … 유명한 사람이니깐요. 뭐, 일 년에 밥을 한두 달 먹을까, 나머지는 다~ 술로만 생활하시는 분이라. 그렇게. 그다음서부터는 술이, 별로 … 사람들 이렇게 모이면요, 저는 술은 안 먹어요, 절대. 그리고 딴 사람들이 술 사달라고 하면, 밥은 사 주는데 술은 절대 안 사 줘요, 제가. 신조가 있어갖고 제가, 술은 절대 안 사 준다고.

조사자: 그때 그거 보신 거 말고 다른 이유는 없으세요?

김장훈: 뭐, 보면은 술 먹고 맨날 쌈하고, 아침에 일어나면 어디 찢어져 있고 막, 그런 게 인자 꼴 보기 싫으니까요. 제가 그러고서 그렇게 술, 먹고서 돈도 많이 잊어버렸어요. 지갑 자체도 다 잊어먹고, 제가 뭐 몇 달 동안 가서 진짜, 벌어 놨는데, 그걸 하루아침에 다 잊어먹고 그러니까, 좀 어떻게 생각해야 되나, 좀 비참하더라고요, 인자 한 달을 어떻게 살아가야 될까, 그런 생각이. 그래 갖고, 아, 술은 끊어야 되겠다, 도저히, 몸에도 안 좋고, 그래 갖고서 술을 안 먹고 있죠.

2) 일자리 및 주거 등 지원서비스의 주선

노숙인을 위한 서비스 제공 기관들이 존재한다고 해서, 노숙인 당사자들이 그 서비스의 이용가능성에 관한 정보를 충분히 가지고 있는 것은 아니다. 예를 들어, 노숙인을 위한 자활근로사업이나 매입임대주택사업, 주거비지원사업 등에 관해서도 구체적인 정보를 주고 안내와 알선을 해주는 조직으로 노숙인이 가까이 접근하지 않는 한 당사자는 그런 제도가 있는지조차 모르는 경우가 허다하다.

현재 매입임대주택에서 살고 있는 피면접자들도 계약하고 입주를 완료하기까지 노숙인지원단체의 활동가들과의 접촉을 통해서 다양한 안내와 지원을 받았다.

사례 60 김장훈(41세) 씨가 유료 쉼터와 자활근로사업을 주선 받을 수 있었던 것은 〈노숙인 복지와 인권을 실천하는 사람들(이하 '노실사')[8]〉이라는 지원단체를 알고 찾아갔기 때문이고, 〈노실사〉를 찾아가게 된 것은 성균관대의 한 학생동아리가 일러주었기 때문이다. 성균관대의 H동아리는 "눈이 오나, 비가 오나, 매주 목요일마다 커피를 타 가지고" 김장훈 씨와 노숙인 동료(11명)가 있는 남산으로 찾아왔다. '한두 번 오다 말겠지' 하며 크게 기대하지 않았던 그들이 정성으로 찾아오자 그들과 인연이 깊어졌고, 여름에는 그들과 5박 6일간의 '농활(농촌활동)'을 다녀오기도 하였다. 학생들의 소개로 찾아간 〈노실사〉를 통해서 그는 이후에도 여러 가지 일자리를 주선 받고, 겨울에는 실업급여를 탈 수 있도록 도움을 받았다. 또한 매입임대주택의 입주과정에서도 〈노실사〉로부터의 지원이 결정적이었으며, 그곳과 인연을 맺은 후부터는 적으나마 돈을 조금씩 저축하고 있다.

김장훈 씨는 〈노실사〉의 활동가들과 알게 되면서 주말마다 '만들기 교실'에서 취미활동도 하였다. 지금은 직장을 다니기 때문에 정기적인 교육프로그램에는 참여하지 못하고 있지만, 매달 후원회비로 2만 원씩을 내고 있다. 노숙인의 인권을 주장하는 집회나 '반빈곤 연대활동' 차원에서 장애인이나 철거민 집회에 같이 참석할 때도 있다. 예전에는 데모하

---

8 〈노실사〉(약칭)는 노숙인 문제를 게으름, 무능 등 개인의 책임으로 떠넘기는 인식에 반대하며, 홈리스 상태를 철폐하고 새로운 사회를 만들기 위한 운동을 목표로, 2001년 〈노숙인 복지와 인권을 실천하는 사람들〉이라는 이름으로 결성되었다. 단신생활자 주거지원을 위한 유료숙박소(2002), 주말배움터(2007) 등을 운영하다 2010년 〈홈리스행동〉으로 명칭을 바꾸고, 홈리스 야학 〈아랫마을〉을 열었다. 홈리스인권지킴이활동 등을 하며 홈리스지원법 제정에도 앞장섰다. 이 글에서는 내용의 연속성을 위해서 새로운 이름 대신 〈노실사〉라는 명칭으로 통일해서 사용하겠다.

는 사람들을 보면 "참 배부른 사람들이라는 생각이 들고 짜증도 났었는데" 〈노실사〉의 일원이 되고부터는 빈민촌이나 철거현장 등을 다니면서 "나보다 못하신 분들도 있구나, 몸밖에 없으니까 가서 몸으로 (돕자)"는 생각을 하면서 "많은 것을 깨달았다"고 한다.

김상민(39세) 씨에게는 〈노숙인다시서기지원센터〉의 도움이 컸다. 지금의 집과 일자리를 주선 받은 것도 센터를 통해서였다.

> 센터 선생님들이 많이 도와주니까, 선생님들 때문에 여기까지 온 거고, 방도 얻어 가지고 또 직장도 그 선생님들이 해 주고, 당장 내가 충실한게, 일하는 거밖에 없고 그것뿐이에요, 일단 현재는. 또 미래는 나야 어떻게 살아왔지만, 애는 또 그렇게 살면 안 되고, 그렇게 살아서도 안 되고 내가 힘닿는 데까지 열심히 해서 나같이 만들면 안 되겠다고 생각하면서 생활하고 [중략] 소개해 가지고 다니는 사람 잘 적응하고 누(累)가 안 되도록, 소개해 준 사람 누가 안 되도록 노력해야지요. 그게 최고니까. L팀장님, 선생님들 때문에 도움 많이 되었지요. 도움 많이 받고. 내가 밑바닥 생활부터, 아직도 선생님들 없으면 그 생활할 수 있었어요. 어떻게 할 줄 몰라서. 뭐 어떻게 하긴 하겠지만 자활을 하든 뭘 하든. 아직까지는 만약에 도움을 안 받았다면 선생님들한테 뭐 그런 쪽으로. 아직도 생활하고 있을 거 같아요. (사례 62, 김상민)

그는 자활근로사업에 참여하기 전까지는 〈다시서기지원센터〉의 존재를 몰랐다고 한다. 이는 활동가들이 아웃리치(outreach) 활동 등 적극 찾아가는 노력을 기울이지 않으면 노숙인들끼리의 입소문만으로는 당사자들의 접근성을 높이는 데 한계가 있다는 뜻이다.

> 조사자: 선생님께서 생각하기에 서울역의 노숙인들이 센터의 상담활동이나, 뭐 이런 거 다 아시는 것 같아요?

김상민: 다 알아요. 서울역에 있는 사람들 다 알아요.

조사자: 그런데 모르셨었다고 하셨잖아요.

김상민: 네. 누구 소개받고 그래 일할 때, 그전에 나는 그런 거 몰랐었고요, 일하기 전에까지는 몰랐었어요. 센터가 있는지 없는지를, 어디 있는지를.

조사자: 서울 올라와 가지고 얼마나 지나서 그거를 알게 되었나요?

김상민: 전에 집사람 만나기 전에 올라와 가지고 다시 내려갔었거든요. 올라와 가지고 일하면서 거의 한 달 보름이나 됐을 때요, 자활 일하기 전에 소개 받아 가지고 어디가 어디 있는지 알았지요. 그전에는 몰랐었어요.

백경섭(57세) 씨는 노숙인상담보호센터인 〈햇살보금자리〉를 통해서 특별자활근로사업을 알게 되었고, 자활근로일을 하면서 〈노실사〉를 알게 되었다. 상담센터에서 정보를 얻어 수급자 지정과 영구임대주택 입주신청을 하는 한편 〈노실사〉를 찾아가 파산신청을 위한 전문서비스 기관을 소개받았다.

그래 가지고 2007년 12월 이십며칠 날 파산선고가 났고, 2월 며칠인가에 면책결정이 나서 탕감이 됐습니다. 그걸 계기점으로 … 〈노실사〉를 알게 됐고 … 〈노실사〉에서 파산을 한 게 아니라, 거기 가니까 〈금융피해자연대 해오름〉이라는데, 무료상담 해 주는 데가 같이 있더라구요, 거기서 파산을 했거든요. 거기 가서 또 보니까 그 야학이라는 걸 하고 있더라구요. 〈주말배움터〉라고, 노숙인을 상대로 하는. 교양이라던가 취미라던가 그런 걸 위주로 해서 하는 게 있어서, 뭐 좀 배울 수 있느냐, 배우게 된 계기가 됐구요. 〈금융피해자연대〉도 다 연계되어 있는데, … 거기서 저도 도움을 받아서 파산을 했기 때문에, 나도 힘들었지만, 나도 힘든 사람을 위해서 뭔가 봉사할 수 있는 사람은 없나, 해 가지고 연을 맺고, … 그걸 계

기점으로 연을 지금까지 계속 맺고 있습니다. [중략]

제가 파산하고 (파산선고를 받고) 나서 〈노실사〉나 〈금융피해자연대〉, 서대문에 있는 〈아랫마을〉 같은 단체들을 알게 되면서, 조금 더 이런, 빈곤에 대한 이런 거를 조금 더 깊숙하게 알게 되니까는, 그다음부터는 일단은 제 주위에 같이 노숙했던 사람들한테 정보제공을 많이 해 줬죠. 이런 데 가면 이렇게 이렇게 해 주고, 어디 가면 어떤 걸 할 수가 있으니까는, 지금 당신 신분이면 충분히 해당자가 될 수 있으니까 그걸 한번 해 봐라 … 그래서 몇몇 명은, 한 대여섯 명 이상은 제가 수급신청도 이렇게 … 그 당시에는 제가 전문적으로 알지는 못했지만 어렴풋이 이렇게 단체들한테 들은 얘기로 이러 이런 건 되는 것 같더라, 그러니까 자세하게 한번 알아보고 전화 한번 해라, 이런 식으로 시작을 해 가지고 나중에는 임대주택 같은 것도 해 봐라, 그런 식으로 조금 제가 도와 왔고 … 그러다가 어느 시점이 되고부터는 제가, 작년, 재작년부터는 파산상담을 합니다. 직접 교육을 또 이수하고, 활동가한테 소정 교육을 이수하고, 그리고서는 오신 홈리스 분들을 상대로 해서, 파산 서류 접수를 도와드리고 있습니다. (사례 58, 백경섭)

자신이 노숙인이었던 백경섭 씨는 이제 노숙인의 파산신청과 자활을 돕는 활동가가 되었다. 그가 노숙생활을 벗어날 수 있었던 경로와 방법에 대한 정보는 그를 알아온 현재의 노숙인들에게는 훨씬 생생하고 현실감 있게 전해질 것이다. 그가 도왔던 동료 노숙인 가운데 4명은 임대주택 등으로 들어가 성공하였고, 2명은 중도에 포기하였다. 도무지 술에서 헤어나지를 못해서이다.

사례 57 권호성(54세) 씨도 백경섭 씨가 도움을 준 사람이다. 노숙생활할 때 친하게 지내던 백경섭 씨가 〈노실사〉를 먼저 알고 권호성 씨에게 그곳에 대한 정보를 주었다. 임씨를 만나러 〈노실사〉 사무실에 몇 차례 들르면서 매입임대주택 제도가 있다는 것을 알았다. 임씨의 권고와 도움을 받아 전셋집을 알아보다가 너무 비싸 포기하고, 보증금 100만 원에 월 임대료 52,600원의 월셋집을 구해 들어갔다. 보증금 100만 원은 권호성 씨가 마련했지만 가스레인지 등 가재도구 살 돈이 없어서 백경섭 씨에게 50만 원을 빌렸다.

5. 결론: 탈노숙에 영향을 미치는 요인들

탈노숙에 관련된 변인들의 연구는 주로 긍정적 요인보다 부정적 요인들에 치중되어 있다. 노숙상태를 벗어나는 것이 현실적으로 그만큼 어렵기 때문이다. 우선 노숙기간이 길면 길수록 다른 노숙인과 자신을 동일시하는 경향이 강해져서 거리생활을 탈피하려는 동기가 약하다고 알려져 있다. 이러한 경향은 이번 조사의 인터뷰에 응한 참여자의 증언[9]에서도 확인된다. 아동기에 가족이 해체되어 피위탁 경험이 있다거나 직업경력이 취약한 경우도 노숙을 장기화시키는 요인이라고 되어 있다(Piliavin et al., 1993). 탈노숙을 용이하게 하는 긍정적 요인으로는 사회복지급여를 수급받는 경우와 사회적 지지망을 활용하는 경우(Wong et al., 1997)를 생각해 볼 수 있다. 본 조사에서는 5명의 피면접자 중 2명이 수급자였는데, 이들의 생활 패턴 전반을 살펴볼 때 정기적으로 생계비를 지급 받는다는

9 본인이 노숙인이었다가 지금은 그 생활을 벗어나서 노숙인 지원활동을 하고 있는 백경섭(57세) 씨의 진술: "이미 빠져서 노숙에 중독이 되어 있는 사람들은, 물론 이런 사람들도 탈노숙을 위해서 노력을 해야겠지만, 그거보다 더 시급한 건, 이제 갓 노숙으로 들어온 사람들이 건져 내기도 쉽고, 유혹을 아무래도 덜 당했으니까, 노숙에, 그러니까 그런 사람들을 좀 찾아보자, 그래 가지고 봉사할 때도 그런 의견 제안도 많이 하구요. 물론 오래된 사람도 건져야 되지만, 그런 사람들은 닳고 닳아서 금전적인 요구만 하지, 시큰둥하고, 듣지도 않아요. 그게, 저도 그랬지만. 그래서 그런 차원에서 그런 사람을 먼저 우선적으로, 더 깊숙이 빠지지 못하게 예방 조치 차원에서 그렇게 해라, 그런 의견도 제안했지만…."

사실은 현재의 매입임대주택을 안정적으로 유지하는 데 매우 유리한 조건임이 틀림없었다.

앞에서도 거론했듯이, 탈노숙은 일차적으로 현재의 상태를 벗어나고자 하는 의지와 계획을 세우는 일에서 시작된다. 반면, 대부분의 장기노숙인은 변화의 동기 혹은 이유를 갖지 못한 채 무기력 상태에 빠져 있다. 여기서 현실과 목표 사이에 크나큰 간극이 존재한다.

교육실천가 페인(R. Pane)은 '탈빈곤'이라는 우리와 유사한 주제를 놓고 다음과 같이 주장하고 있다. 세습되는 가난에서 벗어나고 그 상태를 유지하는 열쇠가 교육이라고 믿는 그녀는, 개개인이 빈곤에서 벗어나게 되는 동기는 네 가지 중 하나라고 하였다. 첫째, 현재의 상태가 너무 괴롭게 느껴져서 벗어나야만 하는 상황, 둘째, 달성하고 싶은 목표와 비전이 생겼을 때, 셋째, 이끌어 주고 도와 주는 사람을 만났을 때, 넷째, 구체적인 재능이나 기술을 얻었을 때 등이다. 이것을 탈노숙이라는 문제에 그대로 적용할 수는 없지만 일정하게 시사하는 바가 있다.

우선, 장기노숙인의 심리상태에 관해서 보기로 하자. 흔히 처음의 낯설고 두려운 단계를 지나면 점차 익숙해져서 현실을 있는 그대로 받아들이고 무기력 상태에 빠지게 된다고 알려져 있다. 그러나 피면접자의 증언을 꼼꼼히 살펴보면, 그렇다고 해서 그 상태가 지금의 노숙생활을 지속하고 싶을 만큼 편안하고 안락하게 느끼는 상태는 아니라는 것을 알 수 있다. 다시 말해서 처음에 비해 나쁘지 않다고 느끼는 것일 뿐 좋다고 느끼는 상태는 아닌 것이다.

3년 반 만에 노숙생활을 청산하고 노숙인을 지원하는 활동가의 길로 들어선 백경섭(57세) 씨에 의하면, 노숙인들은 여러 사람 앞에서는 거리생활을 벗어나고 싶다는 속마음을 털어놓지 않지만 개인면담 때는 탈피하고 싶다는 진심을 토로한다고 한다.

… 여럿이서 같이 있을 때는 그 말을 안 해요, 벗어나고 싶다, 뭐 하고

싶다 그런 말을 안 하는데 … 일대일로 만나서 … 그래도 대화 중에 그런 말이 나오면은 자기도 여기서 진짜 벗어나고 싶다는 심정, [중략] 또 뭔가를 하고 싶다는 얘기, 가족이 보고 싶다는 얘기, 이런 거를 구구절절이 조금씩은 해요. 그래서 분명히 의지는 있는데, 뭔가 돌파구를, 뭔가가 이게 안 보이니까, 그리고 그 상태에서는 누가 알려주는 것도 아니고, 자기 스스로 이걸 찾아봐야 하는데 찾아보는 방법도 모르고, 뭐 어떻게 하는 건지 뭣도 모르고, … 특히나 또 뭉쳐 있을 때는 … 어떻게 하면 술을 한 잔 더 먹을까 하는 부정적인 대화들로 이렇게 대화가 되고 그래서, 저는 일차적으로 그래서 자기가 … 뭔가는 그 자리를 탈피하는 게 조금 좋을 것 같애요. 물론 힘은 들겠죠. 노숙을 하는 여러 사람이 있는 데 가야지, 거기는 그래도 무료급식도 있고, 뭐도 있고, 뭐도 있고. 그렇지만 어디로 뚝 떨어져 나가면 거기는 무료급식도 없을 테고 뭐도 없을 테고 … 그러니깐 그걸 못 이기고 다시 어디로 나갔다가 다시 들어와요. 어딘가 몇 달간 행방불명이 돼 있다가 와요. (백경섭)

이러한 상태는 앞에서 말한 '학습된 무기력' 이론에 따르면 자신의 능력에 대한 불신에서 비롯된다. 현재의 상태를 벗어날 방법도 모르겠고, 몇 번 결심했다가 작심삼일의 실패를 거듭하게 되면 자신의 행동으로 지금의 부정적인 상황을 개선할 수 없다는 인식에 도달하는 것이다. 이는 눈앞의 상황에 대해서 대안을 찾을 수 없을 때 그것에 방어적으로 대처하는 것으로, 통제불능성에 대한 비합리적 인지 성향이 우울증이라는 정서적 외상을 가져오는 것이다.

심리적 트라우마의 본질은 안정적인 유대관계가 파기되었음을 인식하는 데 있다. 그것은 심리적 안정감(security)과 안도감(safety), 그리고 신뢰의 감정을 손상한다. 그래서 노숙인은 놀라움의 감정이나 경험을 처리할 수 있는 안전한 공간을 자기 내면에, 그리고 외부에 가지고 있지 못하다는 것을 인식함으로써 트라우마가 일어난다. 그래서 노숙상태는 다른 트라우마와 마찬가지로 사회적 연계의 실질적 단절뿐 아니라, 심리적 고립감과 (자신과 타인에 대한) 불신을 낳는 것이다(Goodman, 1991: 1220).

그래서 자기 힘으로 이 상황을 변화시킬 수 있다는 자신감, 즉 자기효능감이 극도로 낮아진 상태에서 "어느 순간엔가 느끼고 벗어나려고 하지만, … 찾을 길이 없다 보니, 바로 좌절되고, 결단력이 약해지고 … 순간적으로 안 되면 바로 포기를 해 버리는" 성향이 굳어진다. 그리하여 현재의 노숙생활은 배고픔과 추위, 스트레스와 과도한 음주 등으로 인해 사람을 육체적, 정신적으로 피폐하게 하므로 지금의 상태가 당장 벗어나고 싶을 만큼 매우 괴롭기는 하지만 그 가능성이 보이지 않아 심리적으로 자포자기한 상태라고 할 수 있다.

이러한 상태로부터 탈출에 성공한 사례들은 — 페인의 두 번째 경우인 — 새로운 목표나 비전의 동기를 부여받은 경우이다. 김상민 씨는 배우자를 만나 아들을 낳고 가정을 꾸렸다는 사실이 자활의 의욕을 높이는 계기가 되었다. 백경섭 씨의 경우는 어머니와 동생 등 가족들이 자신을 염려하고 있다는 생각, 그리고 딸에 대한 애착이 생활태도의 전환을 가져다주었다. 권호성 씨의 경우도 잊고 지내던 딸과 연락이 닿으면서부터 탈노숙의 의지를 갖게 되었다. '탈노숙에 성공한 사람들의 공통점이 무엇인 것 같으냐'는 질문에 한 노숙인지원단체의 실무자는 다음과 같이 대답한다.

> 제가 본 케이스가 일반화시킬 수 있을지는 모르겠는데, (탈노숙에 성공한 사람들은) 뭔가 지킬 것을 찾은 사람들이라는 생각이 들어요. 그것이 돈이든, 관계든, 아니면 해체된 가족에 대한 막연한 열망이든 … 그런 게 있는 사람들이죠, 공통적으로.

새로운 삶의 목표나 비전, 즉 성실하게 살아야 할 이유가 생기게 되면 자기를 통제하는 의지와 능력도 높아진다. 이것은 일종의 정서적 자원인데, 페인(Pane, 2011)은 이를 '정서적 반응을 선택하고 통제하는 힘으로, 특히 부정적인 상황에 맞닥뜨렸을 때 자기 파괴적인 행동에 빠지지 않게 하는 힘'이라고 설명하고 있다.

조사참여자의 진술에서도 확인되듯이 장기노숙인의 심리 · 정서 상태는 시간이 지나면서 둔화된다고는 하지만 자꾸 내면화되는 수치심과 모멸감, 우울증, 무기력 등으로 억눌린 감정의 상태가 되어 간다. 이것은 부분적으로 노숙 이전의 사회적 연계가 모두 단절되는 데서 오는 현상이기도 하다. 하지만 과거의 인간관계를 대체하기 위해 동료 노숙인과 맺는 새로운 관계가 서로 믿고 의지할 수 있는 충실한 관계로 발전하는 것도 아니다. 고립감과 외로움을 떨치기 위해 노상 술을 나누어 마시고 때로는 차비를 꾸거나 빌리기도 하지만, 그것은 의례적인 관계일 뿐 신뢰 어린 우정의 관계는 그리 자주 형성되지 않는다. 조사참여자에게 가장 친한 친구, 믿고 도움을 청할 만한 친구를 물었을 때 노숙생활 중에 만난 동료를 지목하는 경우는 많지 않았다. 9년간 노숙생활을 한 김장훈(41세) 씨는 "친구들은 없고요. 그저, 〈노실사〉에서 알게 된 사람이나 노숙 쪽에 일하시는 분들, 그분들이 젤 친하죠."라고 한다. 노숙인들 사이에서 '대장'이라는 별명으로 불리는 백경섭(57세) 씨도 "누구하고 친해지지를 못하고 친해진다고 해도 제 마음을 100퍼센트 열지를 않습니다. … 딱히 누구랑 대화를 나누지는 않는데, 그나마 나누는 친구가 한두 사람 정도? 이런 노숙을 경험한 사람 중에는 그렇게 있습니다."라고 하였다.

오히려 이들이 가장 가깝게 느끼고 믿는 사람은 노숙인지원단체의 활동가인 경우가 많았다. 예를 들어 〈노실사〉의 L씨는 그를 아는 노숙인들로부터 한결같이 깊은 신뢰를 받고 있었다. 그는 명절 때마다 자기 집에 가는 대신 오갈 데 없는 노숙인들과 함께 〈아랫마을〉 야학에서 차례(茶禮) 음식을 만들어 나누어 먹는다. 웃으며 같이 술을 나눠 마시고도 다음 날 자기 주머니의 돈을 몰래 빼내 가는 동료 노숙인, 대화를 나누기는 하되 살아온 과거나 깊은 속내를 서로 꺼내 놓지 않는 거리의 동료들보다는 자신의 처지에 깊이 공감해 주고 헌신적으로 보살펴 주는 실무자에게 더 믿음을 보낸다[10]고 할 수 있다.

노숙인의 신뢰를 살 수 있는 활동가(실무자)의 열정적인 자세[11]는 실제 지원서비스의 성과에도 영향을 미칠 수 있다. 앞의 진술에서도 나타나듯이 장기노숙인들은 막연히 거리생활을 벗어나야 한다고 생각하고, 바라지만 구체적으로 어떻게 해야 할지 모르겠다고 호소한다. 자기통제력이 극도로 낮아진 상태에서 그냥 말로 하는 조언, "술을 끊고 일을 열심히 다녀라"든가 "돈을 악착같이 모아서 월세방이라도 얻어라"는 식의 충고는 그다지 효과를 발휘하지 못한다. 그러한 목표들은 현재 자신을 가로막고 있는 여러 장애요소(자기 능력에 대한 불신, 동료의 유혹, 부정기적인 일자리, 낮은 일당 등)들을 생각할 때 달성하기 어려운 목표라고 인식될 수 있다. 도달하기 어려운 목표라고 여기면 처음부터 포기하고 그것을 위해 노력하지 않는 법이다. 그것이 까마득한 목표라고 느껴지지 않도록 구체적인 안내와 도움, 격려의 손길이 필요하다. 예컨대, 처음에 자활근로를 할 수 있는 기간이 3개월로 한정되었을 때 3개월 동안 일한 노숙인들은 수입이 끊겼고 하는 수 없이 그동안 번 돈을 까먹을 수밖에 없었으며 심지어 빚을 지기도 했다고 한다.[12] 돈도 모으지 못하고 자활하는 데 전혀

---

10 김장훈 씨는 자신이 번 돈을 함부로 쓰지 않기 위해서 활동가인 L씨나 K씨에게 맡기며, 김상민 씨는 현재의 사회적 기업을 알선해 준 활동가 L팀장을 실망시키지 않고 그에게 누가 되지 않도록 열심히 일하겠다고 다짐한다.

11 활동가 L씨는 간혹 형식적으로 일을 처리하는 복지시설 실무자를 보면 안타깝다고 말하면서 한 가지 사례를 들었다. 노숙인이 수급자 신청을 했을 때 '대포차가 있으면 안 된다'는 규정만 보고 불가 처리를 해 버린 예가 있었다. 그런데 관계 규정을 꼼꼼히 훑어보면 '대포차가 있더라도 고소고발장이나 도난신고확인서가 있으면 재산 사정에서 유예한다'는 조항이 있는데도 노숙인의 입장에서 생각하는 성의가 부족해서 빚어진 결과라는 것이다.

12 이런 문제점은 백경섭 씨도 지적하고 있다. "제가 처음에 자활근로를 해 보니까 3개월 하고 딱 쉬게 해요. 취지는 뭐냐면, 사람은 많고 인원은 한정되어 있으니까, 너만 벌 게 아니라 다른 사람들한테도 벌 기회를 줘야 할 거 아니냐, 쉬라고 해요. 그래서 3개월 동안 해서 알음알음 모았던 걸 쉬면서 까먹을 수밖에 없어요. 그럼 원위치로 돌아와요. 지

도움도 되지 않는 제도였던 셈이다. 무일푼의 상태로 다시 쉼터로 돌아가게 내버려 둔다면 그 사람의 탈노숙 계획은 또 한 번 실패로 끝나게 된다. 이러한 상황에서도 만약 계속 근로의 의욕을 가진 노숙인이 있다고 할 때 그들에게 어떻게든 다른 일감을 연결하고 소개하는 것은 그들이 원점으로 돌아오지 않게 지원하는 길이 될 수 있다.

탈노숙의 성공 가능성을 높일 수 있는 관건은 어떻게 하면 현재의 노숙상태를 벗어나고 싶다고 느끼는 단계로부터 새로운 삶의 목표와 비전을 갖는 단계로 옮아가도록 돕느냐 하는 데 있다. 필자가 분석한 사례에서는 무절제한 생활을 버리고 새로운 희망을 품게 된 계기가 가족의 소중함, 가족원에 대한 정(情)과 책임감 또는 친한 동료의 갑작스러운 죽음 등 어떤 개인에게 국한된 특수한 상황이나 사건이어서 이를 정책이나 프로그램으로 반영할 여지가 없어 보인다.

여기서 노숙인 주택지원서비스의 과정을 분석한 조스트 등(Jost et al., 2010)의 연구결과를 다시 보기로 하자. 노숙인에게 영구임대주택을 제공하는 프로그램이 때로는 노숙 당사자들의 낮은 참여와 경원시하는 시각으로 인해 기대 이하의 성과를 내는 문제가 있었다. 그리하여 입주 이전에 각종 질환과 중독의 치료를 의무시하던 과거 관행에서 탈피해서 임대주택에의 입주를 최우선시하면서 다양한 서비스와 치료기회를 제공하는 새로운 프로그램(Street to Home: S2H)의 실행과정을 분석하였다. 그 결과 그동안 프로그램에 대한 접근성을 떨어뜨렸던 여러 장애요인에도 불구하고 새로운 프로그램에서 아웃리치 활동가들이 보여주었던 성실하고 믿음직한 모습이 노숙인들의 참여를 이끌어내는 성공요인이었다고 결론

금도 보니까 그 형태 그대로더라구요? 모으면 뭘 해요, 모아서 노숙을 탈피하려고 열심히 모았는데, 쉬면서 다 까먹어 버려요. 그게 뭐예요, 그건 쉽게 말해서 무늬만 자활이지 그게 무슨 자활입니까, 그게? 그거는 좀 잘못되었다고 생각하고, 그래도 장점은 크게 힘든 일이 아니기 때문에, 누구든지 그 정도 일은 할 수 있는, 그런 거라서 체력적인 부담을 안 느낄 거 같애요.

지었다. 즉, 노숙인과 아웃리치 활동가 사이에 형성된 신뢰 어린 친밀감(rapport)과 믿음이 프로그램의 성과를 높이는 주요한 요인이었다는 것이다.

이 연구의 조사참여자들도 노숙인지원단체의 활동가들과 믿음과 친밀감에 기초한 관계를 맺고 있음을 확인할 수 있었다. 이는 쌍방이 형제애와 같은 긍정적 감정, 진심 어린 염려와 충고, 그리고 구체적인 도움과 지원책 등을 교류할 수 있는 관계에 있다는 뜻이다. 이것은 (페인의 세 번째 조건에 해당하는) '이끌어 주고 도와주는 사람'의 존재가, 두 번째 조건인 '새로운 목표와 비전 수립'에 순기능을 할 수도 있는 가능성을 시사한다. 만약 이 두 개의 조건을 각각 A와 B라 할 때, 적어도 탈노숙이라는 목표에서는, 페인의 애초 주장처럼 A or B(이끌어 주는 사람이 존재하거나 혹은 목표와 비전이 생기는 것)가 아니라 A and B(이끌어 주는 사람이 존재함으로써 목표나 비전 수립의 가능성이 높아지는 상황)가 되어야 할 것으로 보인다.

조사참여자들의 진술을 통해서 장기노숙인들의 심리 · 정서 상태는 매우 복잡하게 얽혀 있음을 알 수 있었다. 거리생활을 벗어나야 한다고 생각하고 그렇게 하고 싶지만 구체적인 방도가 안 보이는 상황에서 노력해 봐야 안 될 거라고 지레 포기하는 상태인 것이다. 그리고 알면서도 실천하지 못하는 자신에 대해 더욱 불신과 모멸을 느끼게 된다. 이러한 상태는 어찌 보면 합리적이고 이성적인 판단만을 기대하기 어려운 상태라고 할 수 있다. 자기효능감과 자아존중감이 극도로 낮아진 상태에서 소신과 그로스만(Sosin & Grossman, 2003)이 주장한 것처럼 세세한 항목과 조건들에 대해 실현 가능성을 정확히 판단할 수 있겠느냐는 것이다. 아무래도 그들의 '사회적 · 합리적 선택 모형'은 감정과 이성의 영역을 수시로 넘나드는 인간이라는 실제 대신 항상 이성적이고 합리적인 존재로서의 이상적 인간상을 지나치게 강조한 것이 아닌가 싶다. 우리가 현실에서 만나는 장기노숙인들은 조사참여자들이 이구동성으로 심리치료의 필요성을 강조하는 데서도 나타나듯이 이성(理性)대로 움직이지 않는 심성의 관습화된 영역에 어떤 개입과 조치가 필요함을 토로하고 있다. 이는 탈노숙을 촉진하기 위해 대안으로 '무엇을 제공하느냐'뿐만 아니라 '어떻게 제공하느냐'의 문제 또한 중요함을 의미한다.

일부 선행연구(Goodman et al., 1991)도 노숙인의 자존감을 높여 주고 타인과의 유대감을 키워 주면 그들의 심리적 건강이 회복될 수 있다고 낙관하고 있다. 그런 전망 속에서 노숙인들이 무력감을 이기고 자기통제에 대한 자신감을 향상시켜 나가도록 서비스 제공자들이 더욱 계획적으로 개입해 들어가라고 충고한다. 그것은 노숙인 당사자들이 스스로 내적 자원 혹은 정서적 자원을 강화해 나갈 수 있도록 돕는 것을 의미한다. 이처럼 당사자들의 자기통제력이 향상되는 가운데 저렴한 임대주택과 같은 정보와 그것을 유지하는 방안에 대한 구체적 실천계획 등이 함께 제공될 때 탈노숙의 가능성은 높아질 수 있을 것이다. 현재 상태를 유지하는 데 초점을 맞춘 노숙인지원정책에서는 탈노숙의 가능성을 기대할 수 없다. 안정적인 주택과 일자리를 제공하는 정책을 마련하는 것과 더불어 노숙인 당사자들이 그런 정책에 관심을 두고 프로그램에 적극 참여할 수 있도록 그들의 변화를 이끌어내는 손길(서비스)이 필요한 것이다. 이것이 탈노숙 방안을 '어떻게' 제공할 것인가에 대한 해답이다.

김진미(2005). 「거리노숙 진입과 탈노숙의 장벽」, 『아세아연구』 48(2): 87-117.

김홍수영(2004). 「사회적 소수자의 인권배제와 인권딜레마에 관한 연구: 사회적 배제와 통합의 관점에서 접근한 노숙인의 인권」, 『2004년도 우수논문 및 인권논문 자료집』, 국가인권위원회.

남기철(2009). 『노숙인 복지론: Homeless의 사회적 통합』, 집문당.

______(2009). 「노숙인 주거지원 프로그램과 효과」, 『한국사회정책』 15(2): 217-250.

루빈 페인(2011). 『계층이동의 사다리』, 황금사자.

이현미(2007). 「탈노숙 과정의 경험에 관한 연구」, 숭실대학교 석사학위논문.

Edgar, B., Doherty J. & Mina-Coull, A.(2000). *Support and Housing in Europe: Tackling Social Exclusion in the European Union*. Bristol, UK: The Policy Press.

Goodman, L., Saxe, L. & Harvey, M.(1991). "Homelessness as Psychological Trauma: Broadening Perspectives," *American Psychologist* 46(11): 1219-1225.

Grigsby, C., Bauman, D., Gregorich, S. E. & Roberts-Gray, C.(1990). "Disaffiliation to Entrenchment: A Model for Understanding Homelessness," *Journal of Social Issues* 46: 141-156.

Hertzberg, E. L.(1992). "The Homeless in the United States: Conditions, Typology and Interventions," *International Social Work* 35: 149-161.

Jost, J. J., Levitt, A. J. & Porcu, L.(2010). "Street to Home: The Experiences of Long-term Unsheltered Homeless Individuals in an Outreach and Housing Placement Program," *Qualitative Social Work* 10(2): 244-263.

Piliavin, I., Sosin, M., Westerfelt, A. H. & Matsueda, R. L.(1993). "The Duration of

Homeless Careers: An Exploratory Study," *Social Service Review* 67(4): 576-598.

Ravenhill, M.(2008). *The Culture of Homelessness*. Hampshire, England: Ashgate Publishing Ltd.

Scheff, T. J.(2000). "Shame and the Social Bond: A Sociological Theory," *Sociological Theory* 18(1): 84-99.

Sosin, M. R. & Grossman, S. F.(2003). "The Individual Beyond: A Socio-rational Choice Model of Service Participation Among Homeless Adults with Substance Abuse Problems," *Substance Use & Misuse* 38: 503-549.

Susser, E., Struening, E. L. & Conover, S.(1989). "Psychiatric Problems in Homeless men," *Archives of General Psychiatry* 46: 845-850.

Wong, Y-L. I. & Piliavin, I.(1997). "A Dynamic Analysis of Homeless-domicile Transitions," *Social Problems* 44(3): 408-423.

Wong, Y-L. I., Culhane, D. P. & Kuhn, R.(1997). "Predictors of Exit and Reentry Among Family Shelter Users in New York City," *Social Service Review* 71(3): 441-462.

제 8 장

불편관리
노숙인 지원시설 실무자와 노숙인 관계의 양상

이상직

아저씨들과 상담을 오래 하다 보면 가끔 어떤 허무감 같은 게 느껴져요. 여기서 오래 일하려면 그걸 풀 수 있는 나름의 방법을 가지고 있어야 해요. (A상담보호센터의 실무자)

관심 속의 무관심. 여기 있는 사람들은 순수봉사 또 뭐 사회복지를 공부하는 사람들인지는 모르겠지만 공부하신 사람들은 계산이 다를 거고 전부 다를 보여줄 수는 없죠. 그렇기 때문에 어쩔 수 없이 직업관에 의해서 하는 사람들도 있을 거고, 순수한 마음도 있을 거예요. [중략] (그렇지만) 겉으로 주는 척하지 말고, 주는 척보다 무관심이 더 나으니까, 차라리. 무관심은 서로 모르니까 그러면 되는데 관심 있는 척하면 저 사람이 날 좋아하는지 싫어하는지 모르니까 더 신경쓰이잖아요. (김동훈)

1. 주고받는 자의 관계

1) 문제 제기

노숙인 문제에 대한 연구에서 노숙인 지원시설의 일선실무자(이하 '실무자')[1]와 노숙인들의 관계는 빼놓을 수 없는 주제이다. 정책과 서비스는 항상 이들을 매개로 실천되기 때문이다. '노숙인 문제'에 대한 그동안의 연구들 가운데 가장 큰 비중을 차지하고 있는 것은 노숙인 지원 제도 및 정책에 관한 연구들이다.[2] 그러나 지원 제도 및 정책의 실질적 수행기관인 지원시설 내에서 실무자와 노숙인이 어떠한 관계를 맺고 있는지에 대한 관심은 부족하였다. 정책제안 연구들의 논리는 비교적 단순하다. ① 응급구호의 측면에서 지원체계는 성공적이었다. ② 그러나 '노숙인들을 사회로 돌려보내'는 역할은 수행하지 못하고 있다. ③ 따라서 더욱 많고 체계적인 지원이 필요하다.

이러한 논리에서 발견할 수 있는 한 가지는 '지원체계는 선하다'는 지원체계에 대한 규범적 인식이다. 노숙인에 대한 지원은 그들이 사회구조의 피해자라는 점에서 정당화된다. 따라서 노숙인 지원을 표명하고 있는

---

1 넓은 의미에서의 '노숙인 지원체계'에는 다양한 사람들이 관련되어 있다. 예컨대, 서울시의 경우 시청의 담당 부서 공무원, 상담보호센터 및 여러 쉼터의 운영자와 실무자, 무료급식 및 다양한 구호활동을 펴고 있는 교회중심의 민간단체 성원들이 포함된다. 그 가운데 '일선실무자'는 상담보호센터나 쉼터 등 노숙인 지원시설에서 노숙인과 대면관계를 맺고 있는 직원을 지칭한다. 대다수의 노숙인들에게 이들은 '사회'와 만나는 가장 가까우면서도 실질적인 접촉지점이다.

2 1998년 거리의 노숙인이 '사회문제'로 부각된 것과 함께 시작된 노숙인에 관한 연구들은 대개 '그들을 사회로 복귀시키기 위한 적절한 지원 제도 및 정책은 무엇이며, 그것은 어떻게 가능한가?'라는 질문에 실증적으로 답하려는 동시에, 다른 한편으로는 그러한 질문의 전제가 되는 주장 — 노숙인에 대한 사회적 지원은 정당하다 — 의 근거를 제시하는 데 초점을 두어 왔다. 주제별로는 구분될 수 있을지언정 다양한 지원 정책 및 시설, 프로그램의 효과를 평가하고 개선방향을 제시하는 것이 이들 연구의 골자이다. 노숙의 원인 분석이나 노숙인의 인구학적 특성 및 생활실태 묘사 등도 궁극적으로는 더욱 효율적인 정책 마련을 위한 '욕구조사'로서의 성격이 강하였다.

지원체계 또한 정당한 것으로 간주된다. 그러한 지원의 정당성과 대비되어 늘 강조되는 것이 자원의 부족이다. 열악한 환경이 강조될수록 '불쌍한' 노숙인을 돕고자 최선을 다하고 있는 '헌신적인' 실무자의 모습이 부각된다. 노숙인들도 그들의 헌신적인 노력에 감사해하는 모습으로 그려진다.[3] 그들 관계에서의 긴장은 좀처럼 드러나지 않는다.[4]

그러나 지원체계 내에서 주고받는 자의 '관계'에 초점을 둔 연구들은 이와는 다른 그림을 보여준다. 조문영(2003)은 90년대 말 난곡지역의 판자촌 빈민들이 복지대상에 포섭되는 과정과 결과를 분석하였다. 그에 따르면 복지와 가난의 관계는 알려져 있듯 아름다운 그림만은 아니다. 주는 자와 받는 자는 유무형의 자원을 둘러싼 갈등 속에서 전략적으로 행동하고 이는 다시 긴장을 낳는다. 그러한 관계는 의도치 않게 사회적으로 "'가난의 문화(의 존재)'를 정당화하는 것으로 귀착될 수(p. 288)" 있다. 판자촌이 사라진 시기와 맞물린 98년 경제위기의 상황에서 등장한 노숙인들이 복지대상자로 자리매김되는 과정을 분석한 송제숙은 노숙인 지

3 지원체계 자체의 문제를 말하기는 쉽지 않다. 노숙인 관련 연구자들은 대개 현장에 의존해 연구하지만 현장에 있을 여유는 많지 않다. 그래서 현장 실무자들의 도움을 받는 경우가 잦다. 때문에, 자신들의 발언이나 글이 현장에 대한 이해부족으로 비춰질 수 있다는 우려와 함께, 현장 실무자들에게 일종의 부채감을 가지고 있다. 여타 복지영역과 비교했을 때 노숙인 지원체계가 열악한 수준에 있다는 인식도 비판적 시선을 지원체계 안보다는 밖 — 대중의 부정적 인식과 정부의 소극적 지원 — 으로 향하게 한다. 머뭇거림은 실무자들에게서도 나타난다. 개인적으로 지원체계가 노숙인들을 양산하는 것같이 보이고, 노숙인들이 문제가 많은 사람이라고 생각하더라도 공개적으로 그것을 말하기는 어렵다. 왜냐하면 그러한 말을 하는 것은 적게는 노숙인에 대한 사회적 '편견'에 근거를 제공함으로써 다른 실무자들의 '헌신적인 노력'을 폄하하게 되는 것이 되며, 궁극적으로는 자신의 역할 의미가 흔들릴 수 있기 때문이다. 이러한 의미에서 학자들과 실무자들에게 지원체계의 부정적 측면은 "얘기하기 껄끄러운 찜찜한 구석(조문영, 2003: 279)"으로 남아 있다. 이러한 조심스러움도 노숙인 지원체계가 가진 독특함의 반영이며, 지원체계의 딜레마를 보여주는 한 지표이다.

4 이러한 논리는 주로 노숙인에 대한 사회복지학적 접근에서 발견된다. 석희정과 이혁구(2004)는 노숙인에 대한 사회복지학적 접근이 "궁극적으로 정책결정에 요구되는 대상을 확인하고 규정하기 위한 의도로 행해진, 기술주의적 수준에 머물러(p. 247)" 있는 한편, 연구 자체가 "노숙인 지원체계를 정당화하고 체계화하는 데 필요한 지식담론의 체계와 규칙(p.248)"을 만들어내고 있다고 지적한다.

원체계가 어떠한 의도로 기획되었는지, 그 과정에서 누가 배제되었는지를 분석하였다. 그는 노숙인 지원체계의 형성과정을 '신자유주의적 복지'의 합리성이 관철된 것으로 규정한다. 노숙인 지원체계는 기존의 '부랑인'과는 다른 'IMF 노숙인' 혹은 '실직노숙인'이라는 범주형성을 통해 경제위기에 희생된 '남성 가장'들을 부각함으로써 스스로의 정당성을 확보하였지만, 결국 그들만을 지원받을 자격이 있는 복지대상으로 규정하면서 당시 다수를 차지하였던 장기노숙인(이른바 '부랑인')과 여성 노숙인을 배제하였다는 것이다(Song, 2006; 2006a). 이들 연구는 앞의 연구들과는 달리 구현되지 않은 명시적인 의도를 강조하기보다는 지원체계가 실제로 수행하고 있는 역할에 초점을 두었다.

이 장의 맥락에 부합하는 노숙인 시설 내에서 맺어지는 양자의 관계를 살펴본 연구[5]로는 다음의 두 논문이 주목할 만하다. 리온-칼로는 노숙인 쉼터에 대한 민족지 연구를 통해, 쉼터 내에서 행해지는 노숙인을 위한 '선의의' 노력이 실제로는 노숙인에 대한 사회의 지배적 담론 — 노숙인의 이미지를 개인적 일탈에서 기인한 사회문제로 규정하는 관점 — 을 재생산 · 강화하고 있다고 주장한다(Lyon-Callo, 2000: 332). 그는 쉼터에서 영위되는 실무자와 입소자의 일상적 행위가 어떠한 기능을 수행할 수 있는지를 구체적으로 보여준다. 그에 따르면, 쉼터 내 일상적 실천의 주된 초점은 쉼터 실무자들과 입소자들 개개인의 의도와는 상관없이 "홈리스 개인의 병리적 장애를 감지하고 진단하며 치료하기 위한 기술을 개발

5 쉼터나 상담보호센터 등 시설에 이루어지는 구체적인 실천들을 분석한 연구도 드물다. 쉼터의 시설 및 운영방식, 프로그램의 한계를 지적한 연구는 있다. 그럼에도 대다수는 시설이 특성화되어 있지 않다거나 그곳의 규칙과 규율이 노숙인들을 불편하게 만든다거나 재활 · 자활 프로그램이 제대로 시행되고 있지 않다는 등의 운영상의 문제를 지적하는 데 초점을 두고 있다. 예컨대 쉼터 노숙인들의 생활 경험과 태도를 분석한 한 연구에서 '쉼터 경험'은 그들의 '결핍'을 강조하기 위한 배경으로 등장하거나 시설의 열악함을 지적하기 위한 근거로만 제시되고 있다(강미연 · 김위정, 2005; 원정숙, 2001). 그러한 경험을 넓게는 노숙인 지원체계라는 맥락에, 좁게는 '시설'이라는 조직 내에서 실무자와 입소자가 맺고 있는 관계 속에 위치시켜 해석하려는 시도는 드물었다.

하는 데 맞추어져(p. 333)" 있으며, 그러한 실천들의 누적은 노숙인들을 "자기 비난과 자기 통제를 하는 새로운 유형의 인간으로 변화(p. 341)"시키는 것으로 귀결된다. 이러한 점에서 다수 노숙인에게 쉼터생활은 긍정적인 경험이 아니다. 호프만과 코피가 면담한 노숙인들에 따르면 쉼터는 자신들을 '숫자'로 보고 '애들처럼' 대하는 기관이다(Hoffman & Coffey, 2008). 저자들은 그러한 평가가 단지 구술자 개인의 심리적 태도를 반영한 것이 아니며 서비스 제공자와 클라이언트 사이의 불평등한 권력관계가 반영된 것이라는 점을 강조한다. 이들 연구가 함축하고 있는 바는 이른바 '주는 자'와 '받는 자'의 관계가 일면적이지 않다는 것이다. 그렇다면 노숙인들의 생애사 자료를 토대로 분석해 볼 때 과연 그 양상은 어떻게 나타나고 있는가?

2) 연구자료

서울대 노숙인 생애사 아카이브에 포함된 60명 가운데 면담 당시(2009~2011년) 상담보호센터나 쉼터 등의 시설에서 생활하고 있거나 시설에서 생활한 경험이 있는 사람은 총 56명이다. 이들을 상담보호센터에서 생활하고 있는 사람, 쉼터에서 생활하고 있는 사람, 과거에 생활한 적이 있는 사람으로 구분하고 각 범주의 실제 사례 수에 비례하여 11개의 분석사례를 추렸다. 여기에 시설경험이 없는 2개의 사례를 추가하였다.

각 사례의 녹취록을 1차적으로 검토한 이후 지원시설 내에서의 경험, 실무자들과의 관계, 그에 대한 평가를 담고 있는 부분을 중점적으로 검토하여 관계의 양상과 의미를 분류하고자 하였다. 〈표 8-1〉은 분석대상 사례의 일반적인 특성을 요약한 것이다.

면담 당시 시설에 머무르고 있던 이들의 대부분은 시설 관계자의 소개로 만난 이들이다. 그 점에서 대상자 선정에 편향이 있을 수도 있다. 예컨대, 쉼터에 우호적인 사람을 소개하거나 전형적인 이야기를 해 줄 사람을 소개해 주었을 수 있다. 이러한 편향을 줄이기 위해 참여관찰기

〈표 8-1〉 연구 참여자의 특성(2010년도 기준)

	가명(연령)	교육	혼인	직업경험	노숙 기간	시설이용	주거	현재활동	탈노숙 전망	시설 평가
1	정민철(61)	대중퇴	이혼	전매청, 국방부, 방송국, 서울시 공무원	1년	1년	임대주택	아파트경비	긍정	긍정
2	추성훈(45)	대졸	사별	대기업 정규직, 중소기업 정규직	3년	없음	PC방	도면설계, 일용직	재해석***	부정
3	신상문(56)	대중퇴	별거	대기업 정규직, 보따리 장수	3년	1년	고시원	비취업	재해석	부정
4	김기덕(46)	대졸	이혼	제약회사, 학습지 교사	1년	9개월	A쉼터	희망근로	재해석(신앙)	긍정
5	이태성(46)	고졸	비혼	의류자재보조	3년	2년 6개월	A쉼터	자활근로**	재해석(신앙)	긍정
6	신승호(47)	고중퇴	비혼	다방주방, 플라스틱공장	6년	4년	A쉼터	비취업	부정	혼란
7	이영수(49)	고졸	이혼	보험회사, 공장, 기능직 공무원	10년	9년	B쉼터	시설 관리직 (자활근로)	재해석(신앙)	긍정
8	김철수(38)	중중퇴	비혼	서빙 및 배달, 공장, 일용직	8년	8년(반복)	B쉼터	자활·공공근로	재해석(신앙)	긍정
9	이경호(35)	대중퇴	비혼	환경미화원, 의류사업, 고물장수	5년	4년	상담보호센터	자활근로, 일용직	혼란	부정
10	김희진(28)	대졸	비혼	농기계센터, 마트	1년	7개월	상담보호센터	일용직, 아르바이트, 자활근로	혼란	부정
11	김동훈(59)	전문대졸	별거	건설회사 정규직, 제약도매업 운영	3년	1년	상담보호센터	자활근로, 아르바이트	재해석	부정
12	김민수(48)	대졸	별거	부사관, 계약직 공무원, 술집운영	1년	8개월	상담보호센터	아르바이트	긍정	혼란
13	김현철(59)	전문대중퇴	이혼	택시기사, 용접공, 일용직	1년	없음	거리	일용직	긍정	부정

* 사례들은 모두 남성이다.
** 자활근로는 시설에서 업무보조 역할을 수행하는 일을 뜻한다.
*** '재해석'은 현재와는 다른 삶(이른바 '탈노숙')을 지향하는 것이 아니라 현 상황에 의미부여(봉사하는 삶/신앙적 삶)를 하는 태도를 뜻한다.

간 동안 연구자가 직접 섭외한 사람의 면담자료를 활용하였으며, 여러 사람의 구술을 교차 검토함으로써 균형을 잡고자 하였다.

상호관계의 다른 한 축인 실무자들의 경험과 해석을 살펴보기 위해 자료수집 과정에서 알게 된 몇몇 실무자들과 비공식적인 면담을 진행하였다.[6] 더불어 실무자와 노숙인들의 관계의 양상들을 관찰하고자 하였다. 관찰은 노숙인이나 실무자와의 면담 전후 시간에 시설을 둘러보거나, 서울역사 주변이나 시설에서 내에서 제공되는 무료급식을 이용하거나, 아웃리치에 참가하는 등의 방식으로 수행되었다. 자료수집 초기 단계에서 필자는 한 달간 주 3회 자원봉사자로 활동하면서 시설에서의 일상을 관찰할 수 있었다. 이 기간에 작성하였던 관찰일지와 같은 기간 다른 시설에서 자원봉사를 하였던 팀이 기록한 관찰일지를 참고하였다.[7] 시설에 대한 구체적인 정보는 분석에 입체감을 더해 줄 수 있는 중요한 자료임에도 불구하고 익명성을 위하여 생략하였다.[8]

---

6 이 장에서 인용되는 실무자는 총 4명이다. A상담소 실무자: 1인, A상담보호센터 실무자: 1인, B상담보호센터 실무자: 1인, A쉼터의 실무자: 1인. 이들 모두는 남성이며 일을 한 기간은 1~10년이다.

7 조사자들로 구성된 5개 팀(2인 1팀)이 상담소, 상담보호센터, 쉼터 등에서 자원봉사활동을 하였다.

8 면담이 진행되었던 2009~2011년 당시 서울시 노숙인 지원시설체계의 골격은 다음과 같다. 서울시 노숙인 지원시설의 운영 총괄 및 예산지원은 서울시 복지국 자활지원과가 담당하고 있으며, 서울시의 관리 아래 38개의 쉼터와 5개의 상담보호센터, 2개의 상담소가 운영되고 있다. 이 가운데 시립시설은 쉼터 4개, 상담보호센터 2개, 상담소 2개소이며, 나머지는 민간단체가 서울시에서 위탁을 받아 운영하고 있다. 민간쉼터는 주로 종교재단이 운영하고 있는데 이 가운데 기독교재단이 60%를 차지하고 있다. 민간쉼터의 운영예산은 서울시로부터의 지원(인건비와 급식비)과 후원금으로 충당된다.

2. 지원시설 형성의 역사적 맥락

1) 노숙인 지원의 제도화

IMF 경제위기에 따른 위기감이 강조되던 1998년 당시 노숙인은 '사회경제적 구조 변화에 의해 일자리를 잃을 수밖에 없었던 희생자'로 정의되었다. 경제위기의 부산물로 노숙인 사안이 조명되는 과정에서 '실직노숙자'들은 일하고자 하는 의지와 능력을 지녔다는 점에서 기존의 '부랑인'과는 다른 범주로 분류되었고,[9] 이들이 '장기노숙자' 또는 '부랑인'으로 전락하기 전에 긴급한 지원이 필요하다는 점이 강조되었다(Song, 2006). 언론은 전직 중소기업사장이나 사무직노동자 등 '실직' 노숙인 사례를 집중적으로 보도하였고, 다수의 조사연구는 거리로 나온 이들이 처한 상황의 비참함과 정부대책의 부재를 강조하였다.[10]

외환위기 사태로 붕괴한 사회안전망을 재구축하려는 일련의 흐름과 맞물려 노숙인을 '사회적 피해자'로 규정한 상황인식 및 대외 이미지 의식은 유례없이 신속한 응급대책의 실천으로 이어졌다.[11] 그러나 당시 시

9 행정체계에서 노숙인은 '일정한 주거 없이 상당한 기간 거리에서 생활하거나 그에 따라서 쉼터에 입소한 자'이다. 부랑인은 '일정한 주거와 생업수단 없이 상당한 기간 거리에서 생활하거나 그에 따라서 쉼터에 입소한 자'이다. 차이는 '생업수단'의 유무로 이는 곧 노숙인의 경우 생업수단이 '있거나' 생업수단을 '가질 수 있다'는 당시의 인식을 반영하고 있다.

10 당시의 언론과 연구들은 다음과 같은 논점을 담고 있었다. ① 전 계층을 막론하고 누구나 노숙인이 될 수 있다. 따라서 그들의 책임이 아니다. ② 그들은 우리 사회의 구성원이므로 도와줄 가치가 있다. ③ 긴급쉼터, 무료급식, 임시주택 등 노숙인 지원은 정당하다. 이러한 주장은 몇 가지 가정에 기반하고 있었다. ① 노숙생활은 그들의 삶에 있어 일시적 국면(단계)일 뿐이다. ② 그들 대부분은 '사회로의 복귀'를 원하고 있다. ③ '사회로의 복귀'는 현재의 노숙생활보다 안정되며 바람직한 생활을 의미한다. ④ 동정적인 보살핌과 잘 계획된 지원체계가 그들의 '사회복귀'를 가능케 할 것이다.

11 노숙인 지원의 규모와 수준, 그리고 속도는 당시로서는 상당히 파격적인 것이었다. 1998년 7월 14일 당시 7개(총 입소능력 775명)에 불과했던 쉼터가 12월 말에는 103개소(입소능력 3,000여 명)로 늘어났다. 더불어 쉼터 입소자 전원에게 공공근로 일자리

설들이 급속히 확대될 수 있었던 것은 시민사회의 수용적(동정) 태도와 정부당국 및 보수세력들의 격리적(두려움) 태도 사이에서 일정 부분 합치되는 지점이 있었기 때문이다.[12] 사실 보건복지부 및 서울시로 매개되었던 정부의 의도와 그전부터 복지시설을 운영하고 있던 종교단체 및 학자들 중심의 민간부문 의도는 같지 않았다(전국실직노숙자대책 종교 · 시민단체 협의회 편찬위원회, 2000: 90-96). 그에 따라 세부적인 방침에는 의견이 달랐지만 양측 모두 당시 상황이 위기라는 점에는 인식을 같이했고, 지원체계의 정당성을 옹호하기 위하여 노숙인들이 기존의 부랑인들과는 다르다는 점을 강조하였다. 그 결과는 서울역에 나온 사람들을 '실직노숙인'으로 규정하는 것이었다(Song, 2006).[13]

그러나 실직노숙인이라는 규정은 응급구호체계 구축의 정당성 확보에는 도움이 되었지만 응급구호 수준 이상의 지원을 하기 어렵게 만드는 틀로도 작용하였다. 여기에서 비롯된 긴장은 경제위기가 어느 정도 극복되었다고 인식되고, 노숙인 문제도 극명한 방식으로 드러나지는 않았던 2000년으로 접어들면서 가시화되었다. 즉, 경제가 회복되었다는 인식 속에서 구조적인 요인을 배경으로 노숙인들을 정상인으로 보는 시각의 설득력이 약해지기 시작한 것이다. 한편 '경제회복'에도 불구하고 노숙인의 수가 줄지 않자 정부와 민간단체들은 더욱 광범위한 노숙 위험집단을 '발견'하게 되었다. 쪽방이 새롭게 주목받기 시작하고 노숙인을 더욱 넓

(월 50만 원)가 제공되었다(서울시노숙자대책협의회, 2000).

12 이해식은 노숙인 문제가 사회적으로 부각된 시기가 정권 교체 직후였다는 점과 1998년 5월 말 서울시장선거가 있었다는 점에서 노숙인 문제가 정치적 의미도 담고 있었다고 평가하고 있다. 1998년 5월 28일 서울시장 후보 텔레비전 토론회에서 당시 최병렬 후보와 조순 후보는 노숙인 문제를 두고 설전을 벌였다(이해식, 2000: 17).

13 물론 모든 이들이 그러한 규정에 동의하였던 것은 아니다. 당시 일부 연구자들과 현장의 실무자들은 노숙인을 'IMF형'으로 규정하는 것이 현실과는 맞지 않다고 지적하였다(예컨대 김수현, 1998; 남기철, 1998). 그러나 지원체계 자체를 구축하는 데 'IMF형 노숙자' 범주가 강력한 정당화 근거를 제공한다는 사실을 부정하지는 못하였기에 이 범주에 대한 이견은 부각되지 못했던 것으로 보인다.

은 의미의 '홈리스'로 부르자는 요구가 등장한 시기도 2000년 무렵이었다.

이 시점에서 정부와 민간단체의 입장은 갈라지기 시작하였다. 민간단체는 노숙인들의 대부분이 원래부터 취약계층이었으며, 따라서 정부의 노숙인 정책이 더욱 포괄적인 위험집단을 포괄해야 한다고 주장하였다. 동시에 이제는 응급대책을 넘어 자활프로그램을 확충해야 한다고 주장하였다. 이러한 요구에 대응하여 정부는 쪽방상담소를 설치했지만 당시 민간이 제시하였던 'Homeless' 개념으로 정책대상범위를 확대하고 응급구호기능을 넘어서는 지원 대책을 마련하는 것에는 소극적이었다. 노숙인 문제가 사회의제로 '재가시화'되는 것을 원치 않았거니와 재정부담 증가에 대한 우려도 있었기 때문이다.

시간이 흐르면서 노숙인에 대한 사회적 관심도 약해졌다. 드러났듯이 '전형적인' 실직노숙인의 수는 생각보다 많지 않았고, 소수 복귀자를 제외하고 남은 이들은 노숙생활에 점차 익숙해져 갔다. 그에 따라 부랑인/노숙인 개념 구분의 의미도 점차 희미해졌다.[14] 이러한 상황에서 노숙인 옹호집단은 수세적인 태도를 취할 수밖에 없었다. 그들은 노숙인들이 어느 정도 '문제 있는' 사람일 수 있다는 것을 인정했지만, 그것은 불우한 환경에서 비롯된 것이라고 주장하였다. 일할 능력과 의지가 있음을 강조하던 것에서 일할 능력과 의지를 약화시킨 불우한 환경과 지속된 노숙생활을 강조하는 것으로 초점이 변하였다. 이는 노숙인이 '보통 사람'과 다를 바 없다는 기존의 주장과는 차이가 있다. 일시적 지원이 필요한 '실직

14 관계 기관의 한 공무원은 '노숙인'과 '부랑인'을 구분하고 있는 기존 법령의 모순을 지적하였다. "99년도를 정점으로 거리에 있던 사람들이 분명히 두 패로 갈렸다고 합니다. 이제 막 쏟아져 나온 사람과 옛날부터 있던 사람. 그것을 구별하기 위해서 전자는 실직노숙인이라고 부르고 후자는 부랑형 노숙인으로 불렀단 말이에요. 그리고 불행하게도 이 (노숙인과 부랑인을 구분한) 시행규칙의 초안이 마련된 때가 2004년, 그리고 2005년도에 시행이 됐는데요. 그때는 인제 뭐 두루뭉수리가 된 거죠. 왜냐하면 실직노숙인들 중에 사회로 나갈 수 있는 사람들은 나가 버렸고요. (사회로) 되돌아갔고. 그리고 그때까지 남아있던 잔류한 사람들은 기존의 부랑인과 별반 차이가 없는 상황이 됐거든요."

자'에서 이제는 정신적 · 심리적 치료가 필요한 '환자'로 그 이미지가 변화한 것이다.

2) 노숙인 지원체계의 특성

지원체계 형성의 위와 같은 맥락은 노숙인 지원시설에 여타 복지시설의 것과는 다른 독특한 성격을 부여하였다. 현재 노숙인 지원체계의 명시적 기능은 노숙인들을 사회로 복귀시키는 것이다. 여기서 지원체계의 대상을 추론해 볼 수 있다. 그는 '사회로 복귀가 가능한 사람'이며, 곧 '노동능력이 있는 사람'이다. 한국사회에서 장애인과 아동, 여성, 노인, 정신질환자 등은 공통적으로 사회적 원조를 해 줄 만한 대상으로 '간주'된다. 이들은 노동능력이 없다는 것을 사회적으로 인정받은 집단이기 때문이다. 반면, 부랑인과 노숙인은 전형적으로 (정신적으로는 문제가 있을지 모르지만) 신체 건강한 성인 남성으로 이해되며, 이는 그들이 노동할 수 있음을, 따라서 원조를 받을 자격이 있는 범주에서 제외될 수 있음을 의미한다. 즉, 노숙인들은 "사회에서 노동능력의 부재를 승인받지 못한 집단(임덕영, 2008: 39)"이며, 이러한 의미에서 노숙인 지원체계는 한국의 복지역사상 최초로 노동능력이 있는 (있다고 간주되는) 집단에 지원을 해 주는 체계의 등장일 수 있다. 이것은 앞서 살펴본 것처럼 국가적 위기상황이라는 특수한 국면에서 그들이 '실직한 남성 가장'으로 그려졌기에 가능한 것이었다.[15]

이러한 규정의 정당성이 약해지는 상황에서 노숙인 지원을 옹호하는 이들은 얼핏 양립되기 어려운 주장 사이에서 절묘한 균형을 취해야만 한

---

15 남기철(2009: 325)은 "노숙인이나 부랑인에 대한 사회복지실천이 활성화되어 있지 못하다"고 진단하며 "노숙인과 부랑인이 매우 이질적 집단이면서 동시에 장애인복지, 아동복지, 여성복지, 노인복지, 정신건강사회복지 등 다른 영역의 실천에서 담당하지 못하는 부분을 떠안고 있기 때문"이라고 그 이유를 밝히고 있다. 그러나 보다 정확하게 표현하면, 일반복지체계는 부랑인과 노숙인을 지원범주에 포함하지 '않고' 있다.

다. 한편으로 노숙인들은 보통 사람들과 다를 바 없는 — 그 기준은 대개 노동 의지와 능력으로 표현된다 — 사람으로 규정된다. 노동 의지와 능력이 있음을 강조하는 것은 현재의 처지가 그 자신의 잘못이 아니라 어떤 외부적 요인에 의한 것이었음을, 따라서 조금만 도와주면 사회로 복귀할 수 있다는 것을 강조하려는 의도에서 비롯된다. 이는 노동윤리로 상징되는 주류 가치에 호소하여 지원의 정당성을 확보하려는 전략이다.[16] 이러한 맥락에서 지원체계는 '사회복귀로의 가능성'에 초점을 두어야 한다.

그러나 그와 동시에 이들이 얼마나 불쌍한 사람인지가 강조된다. 어려움을 강조하기 위한 근거로 각종 결핍이 부각된다. 더욱이 새롭게 도입된 '신빈곤'이나 '사회적 배제' 개념은 이들의 결핍의 의미를 '총체적'인 것으로 확장하였다. 그에 따라 강조점은 물질적 빈곤 이외의 지점, 곧 무기력과 좌절감 혹은 중독으로 표상되는 심리적이고도 정신적인 빈곤으로 이동하였고, 그러한 진단에 따라 '정신적인 빈곤'을 치유할 각종 프로그램이 도입되었다. '인문학강좌'가 대표적인 사례이다. 그러나 그러한 프로그램의 효과가 긍정적인 것인지는 분명하지 않다. 교육받지 못한 이들에게 의미 있는 교육기회를 제공함으로써 이들을 주체적인 학습자로 자리매김하고자 하는 프로그램의 효과를 부인할 수 없지만,[17] '정신적 빈자'들에게 삶의 의미를 부여해 자립의지를 키운다는 식으로 프로그램을 홍보하는 각종 언론의 기사들은 노숙탈출의 요인이 '정신적인 변화'

16 그러나 실질적 지원을 염두에 두고 있는 논의체계에서 노숙인의 처지가 개인적인 잘못이 아니라는 것이 곧 구조적인 문제를 지적하는 것으로 이어지지는 않는다. 그것은 비교적 안전한 개념인 '불운'으로 대체된다.

17 개인의 수준에서 이 프로그램의 효과는 긍정적이라고 연구된 바 있다. '서울시노숙인다시서기지원센터'의 '희망의 인문학' 프로그램에 참여한 사람들의 교육경험을 해석한 김의태의 논문(2011) 참조. 그러나 이러한 식의 프로그램이 사회적으로 표상되는 방식과 그 효과, 그리고 노숙인 지원체계 전체 차원에서 인문학프로그램이 수행하는 역할 등에 대해서는 본격적인 검토가 시작되지 않았다.

에 있다는 논리를 시사하고 있기 때문이다.[18] 노동윤리에 호소하거나 정신적인 치유를 강조하는 것이 어느 정도의 의미를 가지는지는 분명하지 않지만 그러한 정당화의 논리는 역설적으로 지원체계를 회의적으로 보는 시각의 논리로 활용될 수도 있다.

3. 실무자의 역할과 상황대처방식

1) 실무자가 처한 상황과 역할

지금까지 살펴본 노숙인 지원체계의 특성상 '주는' 역할을 맡고 있는 실무자들이 처한 상황은 애매하며 그에 따른 긴장은 상당히 크다. 대면(對面) 업무를 담당하는 일선관료들은 일반적으로 다음과 같은 근무환경에 놓여 있다. ① 자원은 늘 부족할 수밖에 없다. ② 기관의 목표들은 불분명하고 때로는 서로 갈등한다. ③ 목표달성을 위한 실천들을 평가하기 어렵다. ④ 대상자들은 자발적이지 않다(Lipsky, 2010). 노숙인 지원시설도 하나의 관료기관이며, 그러한 점에서 지원시설의 실무자들이 처한 조건도 이와 유사하다.

지원시설이 활용할 수 있는 인력과 자원이 극히 제한적이라는 사실은 이미 여러 연구에서 지적된 바 있다. 반대로 시설을 찾아오는 사람들이 가진 문제는 그 범위에서 사실상 제한이 없다. 그들은 대개 일이 없거나, 잘 곳이 없거나, 건강하지 않은 상태에서 오는 것이 아니라 일과 잘 곳 모두가 없이 신체적으로나 심리적으로 쇠약해진 상태에서 시설을 찾

---

18 이러한 관점은 의도치 않게 빈곤의 경험을 부정적으로만 보는 중심시각을 대변한다. "배제 현상이 강조되면서 역설적으로 빈곤의 경험을 부정적으로만 진단하는 경향이 강화되고 있다. 이러한 측면에서 새로운 빈곤 논의들도 중심의 논리를 정상화하고 주변을 배제하는 메커니즘이라는 비판에서 자유롭지 못하다(박경숙, 2008: 102)."

는다. 노숙인 개개인이 가진 문제의 그러한 '심각성' 앞에서 실무자들은 자신들이 사용할 수 있는 수단이 그리 많지 않다는 것을 경험으로 깨닫게 된다. 한 사람의 실무자가 가진 시간 · 정보 · 자원은 많지 않지만, 문제들은 대개 단시간에, 한두 조치로 해결될 수 있는 성격의 것이 아니기 때문이다. 더욱이 그러한 사람들이 한두 명 있는 것이 아니다.

복잡한 문제의 성격은 기관의 목표 자체도 불분명하게 만든다. 중앙의 정책은 실무자들에게 노숙인들이 신체적 · 정신적 안정을 찾도록 조언하고, 이후 일자리와 주거지를 찾을 수 있도록 도와주며, 그들을 '사회로 복귀시킨' 뒤에는 사례관리를 하라고 요구하고 있다. 하지만 이러한 요구들은 긴 시간과 많은 인력 및 재정을 필요로 하는 것일 뿐더러 실무자들로 하여금 복합적인 역할을 동시에 수행하라고 말하는 것과 같다. 예컨대 실무자들은 노숙인들이 시설에 머무를 수 있게 해 주어야(응급구호기능) 함과 동시에 떠나게 해 주어야(재활 · 자활 기능) 하며, 떠난 사람들이 다시 노숙으로 전락하지 않도록 (사례)관리하여야 한다. 이러한 상황에서 실무자들은 과연 누구를 어떻게 지원할 것이냐는 질문에 선뜻 답하지 못한다. 이른바 사회복귀가 '가능해 보이는 사람들'인가, 그렇지 않다면 아예 복귀가 불가능하여 지원이 아니면 버티기조차 '불가능해 보이는 사람들'인가. 후자를 지원하는 데에 집중하다 보면 지원체계의 공식적인 목표인 '사회복귀' 사례의 배출은 더욱 요원해질 것이다. "노숙인 지원은 밑 빠진 독에 물 붓기"라는 한 실무자의 표현처럼 지원체계의 정당성 자체가 흔들릴 수도 있다. 그렇다고 해서 소수의 가능해 보이는 사람들에게 자원을 집중하는 것은 과연 공정한가.

이러한 상황에서 시설들은 지원체계의 '성과 또는 실적'을 서울시와 사회 일반에 보여주어야 하는 요구 또한 받고 있다. 성과는 서울시 시설지원금 및 민간 후원 규모와 직결되는 지표라는 점에서, 사회여론을 대상으로 노숙인 지원체계의 필요성을 정당화하는 상징적 의미를 갖는다는 점에서 중요하게 고려된다. 이에 대해 각 시설이 취할 수 있는 합리적인 대응방식은 업무실적기준에 활동의 초점을 맞추는 것이다. 업무수행 실적은 대개 입소자 수나 무료급식 횟수 및 대상자 수, 상담횟수, 임대주택 입소자 수, 취업알선 수, 저축액수 등 양적 결과의 면에서 평가된다.[19] 이처럼 횟수에 의해 평가되는 지표들은 시설운영을 측정될 수 있는 업무에만 집중하도록 한다. 실무자의 입장에서 보면 "일의 질적인 면은 물론 호의적인 반응을 낳겠지만 근본적으로는 눈에 띄지 않게 될 것이며, 그러한 점에서 오히려 '효율성'을 침해할 수도 있다. 왜냐하면 질적 보호를 위하여 들인 시간과 비용은 숫자로 측정되는 생산성을 대가로 한 것이기 때문이다(켈빈 · 자렛, 2008[1985]: 151)."[20]

실무자의 초점은 또한 주어진 환경 내에서 실현 가능한 조치에 모여질 수밖에 없다. 그러나 실현 가능한 조치란 대개는 당장에 처리할 수 있는 일이며, 그러한 성격의 일에서 가장 큰 비중을 차지하는 것은 '의식주 제공'과 더불어 '입소자 관리'이다. 노숙인을 자활'시키는' 것은 하루아침에 될 일이 아니지만 입소자들에게 기초적 자원을 배분하고 그들의 시설생활을 관리하는 일은 매일매일 당장에 처리해야 할 일이다. 그러한 점에서 실무자의 역량과 시설의 자원은 대개 응급구호기능에 집중되는 경향이 있다. 그리고 기초적인 자원배분업무는 늘 관리와 통제를 수반한다. 실무자들은 시설 입 · 퇴소 과정, 시설 내 생활, 지원의 기준 및 절차와 관련된 규율을 집행하여야 한다.[21] 이러한 환경에서 시설이 어떻게 해

---

19 한 노숙인 대형 쉼터의 실적보고서는 다음과 같은 항목으로 구성되어 있다. 목욕, 세탁, 의류제공, 이·미용, 무료급식, 무료진료, 원외상담, 취업알선. 각 항목의 실적은 횟수로 표시된다. 일례로, 2009년 기준(1년) 이 쉼터의 무료급식 제공 수는 345,335건, 취업알선은 116건이다. 취업알선은 대부분 공공/자활근로 일자리이다.

20 그럼에도 성과를 측정하기란 어렵다. 100명의 사람들에게 한 끼의 무료급식을 제공한 것과 1명의 노숙인이 '자활'하게 된 것을 비교하였을 때, 과연 어느 쪽이 큰 성과인가.

21 대부분의 시설업무는 '관리'의 성격을 가진다. 입소자들의 입소시간과 퇴소시간을 관리하여야 한다. 입소자들이 생활하는 방에서 발생하는 잦은 갈등을 조율하여야 한다. 시설 내에서 음주나 흡연을 하는 것을 관리하여야 한다. 시설 내 기물이나 물품의 파손 및 도난을 관리하여야 한다. 시설이 만일 종교재단에서 운영되는 경우라면, 위의 규

볼 수 없는 이른바 사회구조적인 측면은 관심에서 제외되기 쉽다(Lyon-Callo, 2000).

이러한 조직적 한계와 더불어 실무자가 노숙인과 맺고 있는 관계의 사회 심리적 측면 또한 고려될 필요가 있다. 실무자가 노숙인과 맺고 있는 관계는 서비스 제공자/수혜자 관계 측면과 함께 정상인/낙인자의 관계 측면도 가지고 있다. 사회적으로 낙인집단으로 분류된 노숙인을 대할 때 실무자들은 기본적으로 정상인과 낙인자의 역할관계에 놓여진다(고프만, 2009[1963]). 그러한 관계는 실무자에게 불편감을 초래하지만 일을 그만두지 않는 한 실무자는 관계를 회피할 수 없다. 그들이 직면한 딜레마의 핵심은 노숙인들을 평범한 사람으로 대해야 하지만 그렇다고 정말 평범한 사람에게 하는 것과 동일한 방식으로 대해서는 안 된다는 데 있다.[22] 더욱이 낙인자들의 도우미를 자임하면서도 정작 그들의 문제를 해결해 주지 못한다는 자각도 그러한 긴장의 또 다른 요소이다.

이러한 조직환경 및 근무조건에서 실무자들은 일종의 소외를 경험한다. 그것은 답답한 감정일 수도 불편한 감정일 수도 있다. 노숙인과의 관계 측면에서 살펴보면, 그러한 감정들은 기본적으로 시설 내에서 행해지는 일련의 활동들의 과정 및 결과를 실무자들이 스스로 통제할 수 없다는 사실에서 기인한다. 업무량 부담은 일의 처리과정을 통제할 수 없게 만들며, 노숙인들의 생활 전체를 통제할 수 없는 조건에서 이루어지는 조치들은 대개 그 결과를 예측하기 어렵다. 효율성, 편의, 자원의 최적 분

칙에 추가로 하루 평균 두 차례의 예배에 입소자들이 참석하는지의 여부를 관리하여야 한다. 일자리 및 주거 지원과 관련된 규율은 다음과 같다. 자활/공공 근로자가 근무시간과 업무수칙을 준수하는지 관리하여야 한다. 임대주택에 누구를 추천할지를 결정하여야 하며 그가 생활을 잘하고 있는지를 관리하여야 한다.

22 "만일 그의 처지에 직접적으로 동정심을 보인다면 우리가 좀 오버하는 것이다. 그러나 그에게 결점이 있다는 것을 잊어버리게 된다면 우리는 그에게 무리한 요구를 하게 되거나 그와 유사한 고통을 겪는 사람들을 무심코 무시하게 될 수도 있다(고프만, 2009[1963]: 38)."

배라는 이름 아래 업무는 구획되고 전문화된다. 업무 매뉴얼에 따라 노숙인들을 관리하여야 할 필요성은 업무처리와 관련된 특정 요소들에 초점을 두고 노숙인들을 바라보게 만든다.

문제의 핵심은 노숙인들이 가진 문제가 대개는 끝이 없고 해결할 수 없는 성격의 것이라는 점에 있다. 다음의 두 실무자의 말은 그들이 겪고 있는 이와 같은 어려움을 반영하고 있다.

> 하루에도 온갖 사람들이 와요. 그런데 제가 할 수 있는 거라곤 중간쉼터로 보내는 거죠. "보건소 가서 건강검진 받으시고 보현의 집에 가세요." 그 사람이 정말 가는지 확인은 못 하죠. 그냥, "어디로 가세요." 아니면 술 마시고 오는 사람들 쫓아내거나, "아저씨, 내일 오세요." [중략] 무기력해요. 윗선에 있는 사람들은 그냥 직장이에요. 뭐 어떻게 해 보겠다가 아니라 출퇴근하는 거죠. 저도 잠깐 와 있는 거지만, 그래서 (여기서) 오래 있는 사람은 별로 없어요. (A상담소의 한 상담원)

한 상담보호센터에서 일하는 실무자도 비슷한 감정을 털어놓았다.

> 아저씨들과 상담을 오래 하다 보면 가끔 어떤 허무감 같은 게 느껴져요. 여기서 오래 일하려면 그걸 풀 수 있는 나름의 방법을 가지고 있어야 해요. (A상담보호센터의 한 실무자)

실무자들은 기본적으로 의미 있는 일을 하고자 시설에 온 사람들이며 그러한 의미를 찾고자 애쓰고 있다. 그렇지만 조직의 환경과 근무 조건은 그러한 노력을 제약하고 있는 것처럼 보인다. 그렇다면 그들은 이러한 어려움에 어떻게 대처하고 있는가?

2) 상황대처의 방식

일선 관료들이 공통적으로 직면하게 되는 딜레마를 제시한 립스키는 이를 극복하고자 하는 관료들의 대응방식을 세 가지로 구분한다(Lipsky, 2010).[23] ① 단순화되고 관례화된 절차에 따른 업무 실천의 양식을 고안한다. ② 업무의 성격과 의미를 재정의한다. ③ 그들이 상대하는 클라이언트들을 유형화한다. 첫 번째 방식은 노숙인들의 과도한 요구를 제한하고 그러한 제한을 노숙인들이 수용하도록 하며 그럼으로써 한정된 자원을 최대한 활용하는 데에 목적이 있으며, 두 번째와 세 번째 전략은 실무자들이 가진 능력과 기관의 목표가 괴리되는 것에 따른 심리적 긴장을 완화하는 역할을 수행한다. 노숙인 시설이라는 맥락에서 전략들을 각각 살펴보자.

(1) 업무의 단순화 · 관례화

자원의 공급에 비해 수요가 초과하는 상황에서 가장 중요한 과제는 자원을 어떻게 분배할 것인가에 있다. 실무자들은 자원이 한정되어 있다는 전제하에 요구를 제한한다. 이는 자원 분배에 따르는 비용을 노숙인들에게 실질적 · 심리적으로 전가하는 식으로 이루어지며, 한편으로는 자원을 효율적으로 분배하고 다른 한편으로는 클라이언트들을 통제하여 불확실성을 줄이는 데에 그 목적이 있다.

시설의 자원을 '대가 없이' 받는 것처럼 보이지만, 노숙인들이 자원을 얻기 위해서는 일정한 대가를 지불하여야 한다. 시간이 대표적이다. 밥을 먹고 물건을 받고 잠을 자기 위해 그들은 기다려야 한다. 종교재단이 운영하는 시설의 경우 대개는 예배에 참석하여야 한다. 자원의 획득과정

23 더욱 적극적인 대응방식으로는 두 가지가 있지만, 여기에서는 포함하지 않는다. 첫째, 조직을 개편하거나 근무에 대한 보상을 확대해 줄 것을 요구하는 것이다. 둘째, 일을 그만두는 것이다. 여기에서는 일을 그만두거나 근무환경이 획기적으로 변하지 않은 상황에서 실무자들이 취할 수 있는 대응방식에 초점을 두고자 한다.

에는 언제나 줄서기가 수반된다. 자원이 분배되는 장소와 시간은 노숙인들의 동선에 가장 큰 영향을 미치는 요인들이며, 그들의 하루는 분배되는 자원을 얻기 위한 기다림으로 채워져 있다. 다음은 김민수 씨가 정리해 준 A상담보호센터에서의 일과이다(2009년 12월 기준).

> 아침밥을 먹고 나면 6시 좀 되거든요. 6시부터 일이 있는 사람은 일이 있는 대로 가고 일이 없다 하면 이제 그때서부터 문제라니까 여기가. 아침 6시에 나와 가지고 어디 갈 데가 있습니까? 없어요. 사람들이 갈 곳 없다 보니까 이제 별의별. 그때서부터 노숙 아닌 노숙(하는 거예요). 돈 있는 사람들은 자기 생활 찾아가겠지. 돈 없는 사람들은 서울역으로 가든가 아니면 지하철을 타든가 저기 안산을 가든가 수원을 가든가. 차(지하철)를 타요, 우선. 한 바퀴 돌아요. 여기가 9시 30분에 문을 열어요. 그러니까 3~4시간을 길거리에서 헤맬 수밖에 없어요. 나 같은 경우는 저기 해요. 갈 곳이 없으면 여기서 뭐 만만한 곳이 저기라고. PC방을 결국 갑니다. [중략] 그러다가 인제 (오전) 9시 30분에 문을 열면 다 들어오는 거예요. 교회 다니는 사람들 들어오고. 이런 생활이 되풀이되는 거죠. 그러다가 인제 5시 30분 되면 식권 받으러 내려가 가지고 6시에 밥 먹고, 6시 30분에 주니까. 7시에 올라와서 침대 깔고 자고. 이런 생활의 반복이죠. [중략] 그러니까 사회 사람들한테는 무의미한 생활을 365일 쳇바퀴 돌듯이 계속 영위하는 거죠. (김민수)

부연하면, 센터의 기상 시간은 오전 5시이다. 아침은 전날 숙박을 한 사람들을 대상으로 5시 30분부터 배식된다. 오전 6시에 노숙인들은 센터를 나와야 하고 센터는 실무자들이 출근하고 난 다음인 9시 30분에 다시 개방된다. 약 3시간 30분 동안 사람들은 서울역 부근을 배회하거나 지하철을 타고 왕복하거나 PC방에서 시간을 보낸다. 이후의 낮 시간대에는 휴게실로 사용되는 공간에서 TV를 보거나 잠을 자거나 바둑이나 장기를 둔다. 일부는 역 부근의 무료급식소에서 점심을 먹고 오기도 한다. 오후 5시 30분부터 저녁 식권이 배부되고, 6시에 배식이 시작되어 약 180여 명의 사람이 저녁을 먹는다. 이용자가 많아지는 겨울철에는 식권을 받지 못할 수도 있기 때문에 줄이 생기는 시간도 당겨진다. 대개는 저녁을 먹은 사람들이 바로 올라가서 잠을 자기 때문에 식사가 끝난 뒤에 오는 이들에게는 잠자리가 없는 경우가 잦다. 21시에 소등이 되고 TV는 휴게실에서 23시까지 시청할 수 있다. 주말은 다르다. 주말에는 아침이 주어지지 않으며, 오전 6시 퇴소 이후 재개방 시간은 오후 6시 30분이다. 상담보호센터의 자원은 이와 같이 정해진 시간과 공간에서 실무자의 관리하에서 분배된다.

이 과정에서 실무자들의 시간은 노숙인들의 시간에 비해 훨씬 가치 있는 것으로 간주된다. 실무자의 시간은 특정 개인을 위한 것이 아닌 모두를 위한 시간이고, 노숙인들에게 기다림은 (실무자와 노숙인 양자 모두에게) 당연한 것으로 간주된다. 이러한 의미에서 기다림은 단지 시간의 문제가 아니라 심리적인 문제이기도 하다. 공개된 장소에서 정체가 불분명한 사람들과 함께 줄을 서서 실무자가 주는 식권을 받는 행위는 수치심을 유발한다. 그에 따른 부담은 자원에 대한 요구를 일정 부분 억제하는 효과를 낳는다.

이러한 조치는 형평성을 제고하기 위한 최선의 방안일 수도 있다. 그러나 자원이 늘 공정하게 분배되는 것은 아니다. 자원은 시설의 목적과 가용한 수단에 부합하는 이들에게 종종 선택적으로 배분된다. 노숙에까지 이르게 된 사람들은 대개 총체적인 결핍을 안고 있지만 시설이 제공해 줄 수 있는 자원은 제한적이다. 이 경우 상대적으로 한정된 자원으로 어떤 성과(변화)를 끌어낼 수 있는 대상이 실무자들의 입장에서 볼 때 가장 지원해 줄 만한 사람이다. 그에 따라 때로는 가장 지원을 받아야 할 대상이 지원을 받지 못할 수도 있다. 그는 밥과 잠자리는 얻을 수 있을지 모르지만 일자리를 소개받거나 임대주택에 들어갈 기회는 얻지 못할 수 있다.

(2) 업무의 재정의

앞서의 방식으로 자원 분배를 관리할 수 있을지는 모르지만 현실과 이상의 격차에서 비롯된 심리적 긴장은 여전히 남아 있다. 그러한 긴장을 완화하기 위한 한 방식은 업무를 구획하고 일의 의미를 재해석하는 것이다.

노숙인 지원업무는 일반적으로 상담, 생활지원, 재활, 자활지원의 단계로 구성되어 있다. 일반적으로 실무자는 각 단계의 특정 지점에서 관련 업무를 수행한다. 업무를 구획하는 것은 업무의 효율성을 위한 것일 수 있으나 심리적 긴장을 완화하기 위한 대응으로 해석될 수도 있다. 무엇보다 업무를 구획함으로써 실무자는 업무량을 한정하고 업무과정을 통제할 수 있다. 또한 구획은 개별 업무에 있어서는 책임의 소재를 분명하게 해 주지만 시설 전체의 업무에 대해서는 책임의 소재를 흐릿하게 만든다. 상담소에서 상담하는 실무자는 상담하러 온 이들에게 '중간쉼터'를 소개해 주면 된다.[24] 중간쉼터의 실무자는 이들에게 쉼터의 위치를 안내해 주면 된다. 급식을 담당한 실무자는 급식에만 신경 쓰면 된다. 노숙인들이 가진 모든 문제를 듣지 않아도 되고 모두를 한꺼번에 해결해 줄 필요도 없어진다. 단지 그들에게 기대되는 역할을 충실히 수행하면 되는 것이다. 이러한 식으로 과정 전체에 참여하지 않음으로써 실무자 개인은 '내가 할 일에 최선을 다하고 있다'고 위안할 수 있다. 그러면서도 분업화된 각각의 업무들이 궁극적으로는 시설에 온 이들에게 도움

---

24 예컨대 한 상담사는 근무 초기에는 내방하는 노숙인들의 이야기를 끝까지 들어 주고자 하였지만 그것이 소용이 없음을 깨닫고 나서부터는 상담 매뉴얼대로 상담하고 있다. 상담 내용은 대상자가 어떻게 왔는지, 쉼터 입소경험이 있는지, 전에 이곳에 방문한 적이 있는지, 최근에는 어디에서 지냈는지, 일은 하고 있는지 등의 간단한 질문들로 구성된다.

이 될 것이라고 막연하게 기대할 수 있다.

(3) 클라이언트 유형화

업무량을 구획하고 업무수행 기준을 낮추는 식의 대응방식은 실무자가 자신이 가진 (무)의식적인 기준에 따라 클라이언트를 분류하는 것과 맞물려 있다. 앞서 살펴보았듯이 한정된 자원 분배 과정에서 선택은 불가피하다. 문제는 선택의 기준인데, 그러한 기준의 근거는 대개 대상자의 개인적 속성에서 도출된다.

실무자의 입장에서 선호되는 사람은 실무자의 지시 및 관련 절차에 협조적이고 실무자들의 조치에 반응을 보이는 사람이다. 그러한 이들은 '바람직한 삶의 태도'를 가지고 있다고 평가되고, 실무자의 재량에 따라 자원을 배분받을 수 있는 가능성도 커진다. 시설의 실무자들에게 보상은 물질적인 것이 아니다. 급여 수준이 낮거니와 '성과'에 따라 추가보상이 주어지는 것도 아니기 때문이다. 따라서 보상은 '자신이 의미 있는 일을 하고 있다'는 보람에서 찾아진다. 자신의 노력이 대상자에게 의미 있는 결과를 낳을 수 있다는 기대의 실현은 자신의 역할이 의미 있는 것임을 확인하게 되는 지표가 될 수 있다. 시설 노숙인들의 변화가능성을 강조하고 있는 한 연구는 실무자의 입장에서 본 '바람직한 노숙인'의 상(像)을 잘 보여주고 있다.

> 본 연구의 참여자들은 쉼터에 입소하여 생활하면서 과거의 부정적인 감정 상태를 변화하여 긍정적인 사고와 자신감의 회복, 고독과 외로움을 자신의 탓으로 인정하고 전환점으로 삼아 적극적으로 생활하며, 때로는 주어지는 통제도 자활에 필요한 것으로 생각하며 열심히 생활하는 삶의 자세를 가지고 있었다(홍봉식, 2008: 106-107, 밑줄은 인용자).[25]

---

25 이 연구의 저자는 시설의 실무자이다. 그는 자신이 근무하고 있는 시설의 입소자 10명

그렇다면 위의 인용문에서 제시된 것과는 반대의 태도를 보이는 노숙인들은 어떤 사람들인가? 그들은 실무자들에게 그리 호의적인 평가를 받지 못할 것이다. 앞선 이유와 마찬가지로 실무자는 자신의 역할이 무의미해지는 상황을 피하고자 한다. 실무자에게 비협조적이거나 반응을 보이지 않는 사람들을 대면하게 되는 상황이 그러한 경우이다. 이때 그들은 '도와줄 가치가 없는' 사람으로 간주되기가 쉬운데, 그들의 비협조성은 협조적인 사람의 태도와 비교되기 때문이다. 그에 따라 그들이 겪는 어려움이나 실패에 대한 책임으로부터 실무자는 일정 부분 거리를 둘 수 있게 된다.[26]

지금까지 살펴본 이러한 전략들은 주어진 환경 내에서 나름의 맥락과 합리성을 가지고 있다. '통제와 선별'은 자원을 배분하기 위한 최선의 지침일 수 있다. 더욱이 그러한 선별이 늘 의식적으로 이루어지는 것은 아니며, 어떤 경우에는 형평성 기준과도 충돌하지 않는다. '지원해 줄 만한 사람에게 지원하는 것'도 공평한 것으로 인식될 수 있기 때문이다. 그렇지만 지원대상자를 규정하는 권력을 가진 이는 결국 실무자이며, 편견과 자의성이 판단과정에 개입할 여지가 상존한다. 그러한 점에서 실무자들의 '형평성'은 노숙인들을 위한 것이라기보다는 실무자들을 위한 것인 경우가 많다.

을 대상으로 면담하여 그와 같은 결론을 도출하고 있다. 그러나 대상자들이 모두 저자와 관계 맺고 있는 이들이며, 시설생활에 잘 '적응하고' 있는 사람들이라는 점에서 시설의 기능을 균형 있게 서술하는 데에는 실패하고 있는 것으로 보인다. 하지만 그러한 이유로 그의 연구는 쉼터 입소자들에게 실무자들이 어떠한 기대를 투영하고 있는지, 그에 따라 어떤 이들을 잘 적응한 사람으로 보고 있는지를 살펴볼 수 있는 참고자료가 된다.

26 각각의 태도에 따른 관계의 구체적인 양상은 다음 절에서 살펴볼 것이다.

4. 노숙인의 역할과 상황대처방식

1) 노숙인이 처한 상황과 역할

노숙인에게 지원시설은 자원을 획득할 수 있는 거의 유일하면서도 공식적인 통로이다. 시설에서 거주하지 않을지라도 시설을 매개로 제공되는 무료급식, 생활용품, 임시일자리 등은 그들에게 최소한의 물질적 조건이 된다.

그렇지만 자원 획득에 따른 대가는 적지 않다. 그들은 시설에서 한 명의 인격체가 아니라 자원 분배 대상인 클라이언트로 취급되는 경향이 있다. 시설에서 알고자 하는 것은 그가 어떤 사람인지가 아니라 무엇이 필요한가이다. 시설은 매뉴얼에 따라 그들의 '필요'를 파악하고 처방한다. 상담의 목적은 그들의 이야기에 공감하기 위한 것이 아니라 그들이 원하는 것이 무엇인지, 그것이 시설이 제공해 줄 수 있는 자원의 양과 분배방식에 부합하는지를 파악하기 위한 것이다. 더불어 상담은 '그들을 돕기 위한' 것이라고 가정되기 때문에 다른 곳에서는 민감하게 생각되는 여러 개인정보가 당연하게 질문된다. 가족이나 친구들 사이에서 개인은 전인격적으로 보여지고, 이차적으로만 '가장'이나 '직원' 등 구체적인 역할을 하는 사람으로 보여진다. 그러나 시설의 입장에서 볼 때 그는 한 사람의 '노숙인'으로서, 먹을 것과 잘 곳과 입을 옷과 일자리를 구하는 '클라이언트'로 우선 보여진다(켈빈 · 자렛, 2008[1985]: 147). 때문에 노숙인들은 시설에서 '인간적인' 대우를 받지 못한다고 느끼는 경우가 많다.

> (시설의) 선생님들 다 좋은데 잘못된 점이 뭐냐면, 실질적으로 도와주려고 하는 거 좋아요. 근데 보시면 알겠지만, "선생님, 어떻게 오셨어요? 어떻게 생활하게 되셨어요? 뭐가 필요하세요? 여기는 잠도 자고 자활도

할 수 있고 곧 있으면 뭐 이렇게 혜택도 보고 서울로 주소지를 옮기면 돈도 얼마 소정이 나옵니다. 술을 드시거나 몸이 아프시면 의료센터 가서 이용하시면 되고요." 그건 이 사람들도 살려고 하면 얼마든지 알 수가 있는 거예요. 대부분 문제는 뭐냐면 정신적으로 상처를 받았다든지 (그런 데서 오는 거거든요), (그래서) 대화를 많이 해 주면 좋아요. 대화가 필요해요. [중략] 근께 왜 서울역 있는 사람들은 서울역에서만 절대로 안 나오고 먹고 자고 하는지, (왜냐하면) 그 사람들끼리 모여서 얘길 하거든요, 웃고. 술 먹는 사람들 보면 돈 없어도 한 명이 막걸리 한 병 가져오면 두 명이 앉았다가 또 한 병 가져오면 열 명이 되고 막 이렇게 무리가 있잖아요. 내가 이렇게 농담을 하고 한 대 치고 하면, "형님 왜 이러세요?" "아우, 재밌네!" 재밌어요. 상대해 줄 사람이 있거든. (김희진)

"여기서 씻으세요." "여기서 일하세요." "이렇게 하세요." "이렇게 돈이 나와요. 이거 받으면 얼마씩은 모으고 생활할 거예요." 그러고, "가족들에게 연락해 드릴까요? 연락해 보세요. 그러셨어요. 그런 일이 있으셨어요. 연락해야죠, 돌아가야죠. 이 생활하시면 안 되겠네요." 다 이런 얘기뿐이잖아요. 제가 알기로 상담센터 들어오면, "노숙한 지 얼마나 되셨어요, 거리생활한 지 얼마나 되셨어요, 어디서 지낼 데 있으세요, 여기서 이용하세요." 그게 일단 첫 번째 목적이고, 좀 친해지고 나면 선생님들이, "벗어나야죠, 생활은 어떻게 되세요" 그런 거 하잖아요. [중략] 그냥 일대일로 얘기할 수 있는 그런 게 없어요. (김희진)

한정된 자원을 분배하기 위해 작성된 유무형의 매뉴얼들은 노숙인들에게는 시설에서 따라야 할 규칙들의 모음이기도 하다. 밥을 먹기 위한 시간과 장소, 나가야 할 시간과 들어와야 할 시간, 자야 할 시간과 일어나야 할 시간이 정해져 있는 것과 같은 일련의 규칙은 시설의 입장에서는 필요한 것이지만 노숙인들에게는 상황이 자신의 통제 밖에 있다는 무력감을 낳는다. 통제하는 사람이 통제받는 사람보다 어릴 경우[27] 그러한 무력감은 수치심으로 이어지기도 한다.

> 우리나라는 또 체면을 엄청 따지잖아요. 그러니까 이 사람(노숙인)들에게 가장 중요한 게 뭐냐면, 그 나이에 맞는 사람 있잖아요. (어린 실무자가 술 먹고 온 노숙인에게) 자기가 "다 이해한다고 망가지지 말라고, 씻고 오라"고 하면 "아우, 아들 같은 놈이!" 그래요. 그러고 나서 다음날 보면 (어제 자기) 돈 뺏은 사람하고 꼬지라도 해 갖고 술 먹고 그래요. 왜냐하면 자기하고 나이대가 맞잖아요. 살아온 인생을 안단 말이에요. (김희진)

상황을 통제할 수 없다는 느낌과 더불어 줄 것이 없다는 느낌은 자신의 의미가 더욱 손상되는 계기가 되기도 한다. 시설에서 노숙인은 누군가에게 무엇을 줄 수 있는, 그래서 의미 있는 역할을 수행하는 위치에 서기가 어렵다. 늘 무언가를 받는 입장에 놓이게 되는 상황에서 실무자와 입소자들 사이에서 일어나는 상호접촉은 늘 "한쪽은 명예롭게 하고 다른 한쪽은 창피스럽도록 고안된 양식화된 의식(Snow & Anderson, 1993: 200-201)"으로 규제되고 있다.[28]

지금까지 언급한 세 가지 상황 정의 요소는 시설에서 생활하는 여타 복지 클라이언트들도 공유하고 있는 것일 수 있다. 그러나 노숙인들은 자원을 얻기 위하여 '노숙인'이라는 규정을 수용해야만 하는 상황에 처해 있다. 앞 절에서 언급한 것처럼 노숙인은 사회에서 노동능력의 부재

27 시설의 근무 조건상 실무자들은 대개 30~40대의 젊은 사람들로 구성되어 있는 반면, 입소자들은 대개 50~60대의 사람들이다.

28 시설에서 생활하는 노숙인들은 실무자들 외에도 다양한 자원봉사자들과도 대면하여야 한다. 노숙인들은 자원봉사자와의 관계에서 더욱 초라함을 느낄 수 있다. 실무자들에게 시설은 직장이며 업무의 대가로 월급을 받지만, 자원봉사자들은 그렇지 않다. 호혜성의 측면에서 볼 때 자원봉사자들은 아무것도 받지 않기에 (노숙인들에 비해) 더욱 '좋은 사람'으로 부각될 가능성이 높다(Holden, 1997).

를 증명받지 못한 이들이라는 점에서 '도와줄 가치가 있는 사람'의 범주에 쉽게 속하지 못한다. '더 어려운 사람들도 일하는데 멀쩡한 놈이 노숙하면서 놀고먹고 있다'는 식의 인식에서도 엿볼 수 있듯이 그들은 노동윤리의 잣대에서 자유롭지 않기 때문이다. 따라서 노숙인 시설에 들어간다는 것은 그가 누구인지와는 관계없이 '노숙인'이라는 치욕적인 범주로 분류된다는 것을 의미한다. 그의 입장에서 봤을 때, 그가 보기에도 한심해 보이는 사람과 스스로가 같은 '노숙인'으로 불리게 되는 것이다.

이러한 상황에서 시설은 노숙인들에게 일견 양립하기 어려운 태도를 요구한다. 그들은 사회복귀가 어려운 (객관적) 상황에서 사회복귀를 위하여 (주관적으로) 노력하여야 한다. 자신이 노숙인이라는 것을 인정하면서도 스스로를 보통 사람이라 생각하고, 마음만 먹으면 할 수 있다고 생각하여야 한다. 이처럼 인과 고리의 시작을 태도에 돌리는 시각은 그의 행동과 태도가 그가 처한 환경에서 비롯된 것일지도 모른다는 가능성을 무시하는 경향이 있다. 시설의 이와 같은 시각은 두 가지 측면에서 이해해 볼 수 있다. 첫째, 시설이 할 수 있는 일이 그것밖에 없기 때문이다. 둘째, 그러한 인식이 일정 부분 실무자들이 가지고 있는 불편감을 완화해 주기 때문이다. 시설이 제안하는 요구사항의 수용과 사회복귀로의 가능성 간에 연관성이 크지 않다는 것을 실무자들도 어느 정도는 인정하고 있다. 그렇지만 그것을 전적으로 수용하게 되면 자신의 역할의 의미는 약해질 수밖에 없다. 만일 노숙인들이 '사회구조의 피해자'라면 한 명의 실무자가 '사회구조'에 대해 할 수 있는 일은 많지 않기 때문이다(Lyon-Callo, 2000).

요약하면, 노숙인들이 처한 상황과 그들에게 기대되는 역할은 그들에게 끊임없이 불편감을 유발한다. 이런 점에서 노숙인들의 대응은 수치스러운 집단 정체성으로부터 벗어나기 위한 일련의 태도와 행동들로 구성되어 있다. 즉, '나는 노숙인이 아니'라고 말할 수 있어야 하는데 이를 위한 가장 확실한 방법은 노숙인 지원시설을 이용하지 않는 것이다. 그렇지만 그들에게 시설은 가장 우선적인 자원획득통로라는 점에서 마냥 자존심을 내세울 수도 없는 처지에 놓여 있다. 이러한 의미에서 노숙인들의 상황대처방식은 자원획득전략과 자존심유지전략 사이 어딘가에 위치하고 있다.

2) 상황대처의 방식

실무자들과의 관계를 통해서 느끼게 되는 수치스러운 집단 정체성으로부터 벗어나기 위한 적응방식에는 크게 두 가지가 있다. 첫째는 다른 노숙인들과 차별화함으로써 위계 내에서의 위치를 새롭게 구성하는 것이며, 둘째는 위계의 기준이 되는 가치 자체를 재해석하는 것이다(고프만, 2009[1963]; Deward & Moe, 2010: 126-127). 그렇지만 동일한 방식인 경우에도 양상은 달라질 수 있으며, 그러한 적응의 전략들이 늘 성공하는 것도 아니다. 다음에서는 '대응방식'과 그것의 '성공여부'에 따라 분류가 가능한 양상들을 검토해 보고자 한다.

(1) 위치의 재구성

이러한 대응방식에서 사람들은 '실무자/클라이언트', '정상인/노숙인'으로 구분되는 위계 자체를 부정하지는 않는다. 대신 그들은 다른 노숙인들과 스스로를 차별화함으로써 위계 내에서의 위치를 재구성하고자 한다. 사례 가운데 김현철, 추성훈, 정민철 씨가 취하고 있는 전략이다.

정민철 씨는 공무원으로 일하다 도박으로 빚을 지고 이혼한 뒤 2008년부터 쉼터에서 생활하다 아파트 경비직을 구하였고, 1년 만에 시설장의 추천을 받아 임대주택을 얻어 생활하고 있다. 시설생활 기간이 짧은 것에서 추론할 수 있듯이 그는 일과 집을 비교적 쉽게 구하였다. 결과적으로 그에게 쉼터는 "생존하면서 삶의 터전을 찾아가기 위한 디딤돌"이었다. 구직과정에서 의식주를 해결할 수 있었으며, 시설장의 추천으로 임대주택도 얻을 수 있었기 때문이다. 그런 이유로 그는 쉼터의 규칙과 실무자들의 태도에 대해 긍정적인 평가를 내렸다.

> 안타까운 거는, 다는 아니지만 많은 노숙인이 쉼터생활에 안주, 그러니까 만족은 아니고 안주하는 사람이 많아요. 그게 좀 안타깝더라고요. 여기서 안주하지 말고, 요거는 하나의, 내가 인생을 높이뛰기 위한 하나의 휴면기다, 라고 생각하면 좋은데. (현재 스스로 노숙인이라고 생각하세요?) 노숙인이라고 나 스스로는 안 합니다. 왜냐면 일단은 내가 나름대로 임대주택을 분양받아서 가정생활할 수 있는 여건 다 돼 있고, 의식주를 내가 벌어서 내가 확실하게 살고 있는데 노숙인이라고 생각은 안 하고, 시민으로서, 서민으로서 생활하고 있다고 생각합니다. (그럼 가장 큰 차이가 어디에 있다고 생각하세요?) 정신적인 것의 차이라고 볼 수 있습니다. (정민철)

그는 비교적 이른 시간에 시설의 자원을 활용하여 '자립'했고, 그러한 점에서 노숙인이 아니라고 말할 수 있었다. 그렇지만 과연 그가 자립할 수 있었던 것이 정신적인 차이에서 비롯된 것인지에 대해서는 해석의 여지가 있다. '안주'라는 표현은 쉼터에 머무르고 있는 사람들이 의도적으로 그러한 생활을 하고 있다는 느낌을 준다. 그렇지만 그의 자립기반이 되었던 구직의 가능성을 '정신적인 것의 차이'에서만 찾을 수는 없다. 그가 아파트 경비직을 구할 수 있었던 배경에는 오히려 그의 생애이력(공무원이라는 직업)이 일정 부분 영향을 미쳤을 수 있기 때문이다.

보다 적극적인 거리두기의 방식은 아예 시설에 들어가지 않는 것이다. 추성훈, 김현철 씨는 모두 시설을 경험한 적이 없거나 현재는 시설의 지원을 받지 않는 사람들이다. 면담 당시에 그들은 각각 영등포역 근처의 PC방과 상자로 만든 집에서 생활하고 있었다. 그들은 공통되게 자신들이 노숙인이 아니라고 생각하고 있었으며, 시설의 역할 자체에도 의문을 품고 있었다. 시설은 의존적인 사람들이 가는 곳일 뿐더러 그곳의 지원도 '사회로의 복귀'에 별 도움을 주지 않는다는 것이다. 그들에게 시설은 '의심스러운 공간'이었다.

> (상담보호센터 같은 데는 이용해 보신 적이 없어요?) 불행하게도, 안 해봤어요. 나는 쉽게 말해서 오리지널 노숙인은 아니고, 반 정도. 내가…, 이런 말해도 되요? (괜찮습니다) 원래 제 전문이 CAD에요, 도면 설계하는 거예요. [중략] 나는 그렇게 생각해요. 진짜 용감한 전사는 필드에서 싸우고 필드에서 생활해야 된다. 진정한…. 뭐 나이가 많고 힘들고 아프고 해 가지고 쉼터에서 잘 수도 있겠지만 내 몸이 건강하고 아직은 나름대로, 현장에서 일을 하지만 돈을 벌어 가지고 잠을 찜질방에서 잘 수 있는 형편이 되는데 내가 왜 그 자리까지 차지를 해야 되냐 이런 생각을 많이 했어요. (추성훈)

시설에 대한 대비의 의미로 '필드'라는 표현을 쓰고 있듯이 그에게 쉼터는 의존적인 공간이며 유사한 의미에서 영악한 사람들이 찾는 곳이다. 한편으로 쉼터는 더 이상 '미래가 없는 노인'들이 들어가는 곳이기도 하다. 이러한 인식은 쉼터의 공식적인 기능 혹은 역할에 대한 이미지 — 노동능력이 있고 자활의 가능성이 높은 사람이 사회복귀를 준비하기 위하여 머무르는 곳 — 와는 대조적인 것이다. 이러한 의미부여의 맥락에서 그가 머무르는 장소는 독립적인 공간으로 차별화된다. 그럼으로써 자신은 노숙인이 아님이 강조된다. 오히려 자신은 노숙인들을 돕는 사람으로 자리매겨지면서 시설은 장사를 위해 노숙인들을 이용하는 곳으로 그려진다. 이러한 태도는 김현철 씨에게서도 발견된다.

> 실제로 (지원이) 현실적으로 그 사람한테 도움되는 게 있냐고? 그렇지 않으면 술을 사 주는 게 (낫지). 현실적으로 다 잊어버리고 술에 떨어져서 자 버리게. 그게 현실적인지 모른다고. 그렇잖아. [중략] 뭐 방 얻어 줘야 괜히 깽판 놓고 두 달 살고 또 나가느니, 나가면 어디 갈 거야. 또 역전 갈

거 아니야. 그 돈 줘 가지고 술이나 먹게 놔두라고. 자유롭게 그게 낫잖아. [중략] 지 돈도 아니잖아. 막말로 얘기해서 정부에서 나오는 돈이야. 그렇게 생색내면서 그럴 바에 그 돈 가지고 술 사 주는 게 낫지. [중략] 자기가 (사례관리) 담당이면은 어떻게 잘 지내는지 보일러가 잘되는지 와 봐야 정석인 거라. 자기 임무 끝났다고. 그때 그러대, 보니까 방 얻어 주는 거 하고 자기네들 해 줄 수 있는 게 생필품 10만 원어치 딱 사 줄 수 있다는 거야. 생필품 보니까 휴지 하나에다가 참기름, 세상 천지에 참기름 얼마나 퍼먹는다고 1리터짜리 참기름을 사 와. 참기름에다가 밥 말아 먹나. 예를 들어 간장도 사 오고 들기름도 사 오고 조목조목 사 올 수 있잖아. 그런데 자기네들은 간단하게 영수증 처리할 수 있는 거 마트 같은 데 가서 10만 원 맞춰서 가지고 오는 거야. 싸인 받아 가면 되는 거라. 그게 없는 것보다는 낫겠지만 현실적으로 안 그렇지. 그것만 얻어 줬으니까 '너네 알아서 살아! 시끄럽게 하면 방 빼면 돼!' 이런 식인 거라. 엊그제 그랬어. (실무자가) 한 번 왔어요. 뭐 어째서 왔길래, (방의 상태를) 한번 보라고 이거 뭐냐고 그랬더니, 자기는 상관없다는 식으로 (방)할머니한테 얘기하라는 거지. 그래서 쉼터 같은 데 안 가, 나는. (김현철)

이들은 공통적으로 정민철 씨와 같이 시설의 지원으로 시설에서 벗어났거나 추성훈, 김현철 씨와 같이 시설을 통하지 않고서라도 자원을 획득할 수 있는 '능력'을 가지고 있었다. 그러한 점에서 그들의 '거리두기'는 대내외적으로 인정받을 수 있었다. 그렇지만 그러한 능력이 과연 그들의 '의지'에서 비롯되는 것인지 '생애이력'에서 비롯된 것인지는 명확하지 않다. 또한 그들의 의지와 능력이 얼마나 지속될 수 있을지도 분명하지 않다.

(2) 위계의 재구성

위계를 재구성하는 방식의 전형적인 사례는 현실의 의미를 재해석하는 것이다. 이러한 방식을 택하는 이들은 대개 스스로를 '신앙인'으로 자리매김하여 세속적 기준에 의한 위계를 전복하고(이태성, 이영수, 김철수, 김기덕 씨), '돕는 사람'으로 자리매김하여(김동훈, 신상문 씨) 다른 노숙인들과 스스로를 구분한다.

'사회'에서 일반적으로 기대되는 삶을 살기 어려울 것임을 자각한 이들 가운데 일부는 현 상황 자체에서 자신의 삶의 의미를 찾고자 애쓴다. 세속의 가치위계 속에서 자신의 삶을 해석하는 것이 아니라 신성한 가치위계 속에 삶을 자리매김하는 경우가 대표적이다. 이들은 공통적으로 자신이 시설에 와 있는 것을 일종의 운명으로 해석하고 있었고, 그러한 의미에서 시설은 벗어나야 할 곳이 아닌 삶의 의미를 구현하기 위한 '운명의 장소'였다.

> 지금 여기 (쉼터가) 굉장히 나한테 맞다고 생각하는 게 뭐냐 하면, 어렸을 때 얘기로 다시 돌아가는데, 잘되면 우리 어려운 사람을 위해서 봉사하자, 약속이다, (친구와) 손가락 걸고 그랬거든요. 근데 그게 실천이 안됐잖아요, 그러니까 하나님이 내리쳐 버린 거 같아. 내리쳐 갖고 완전히 이 (노숙에 이를) 지경까지 만들어 놓고, '가서 너도 직접 그 상태를 겪어 봐라. 그러면 네 판단이 어떻게 바뀔지 알겠느냐', 그래서 내가 이걸 겪으면서 보니까 '아 나보다 더 어려운 사람이 있기 때문에 내가 봉사를 해야겠다, 몸으로 말로 뭐 이렇게 정으로써 봉사를 해야겠다,' 물질적으로는 봉사 못하더라도. 뭐 여기서 봉사료[29] 뭐 받는 거 얼마 안 돼요. 사실은 아침 9시부터 밤 12시, 1시까지 근무하더라도 봉사료는 얼마 안 되거든요. 그런 것도 그러고 지금 저 마음 편해지기도 하고…. (이영수)

> 아…, 지금 느끼는 거는 내가 내 스스로 여기 온 거 같지 않다는 생각

29 그가 받은 월 80만 원의 급여를 지칭한다. 이영수 씨는 그것을 '봉사료'라고 부른다.

이 드는 거죠. 내가 여기 와서 한 두 달 정도 지났을 때 제가 체험을 했어요. 그 체험이란 게 여기 들어온 사람들 대부분이 그렇고 나도 마찬가지고 보통 보면 '사랑을 못 받았다' 이런 생각들을 많이 해요. 나도 그런 생각을 많이 했었는데 예수님이란 분이 나를 얼마나 사랑하는구나 하는 거를 느끼는 순간 내가 이제까지 살아왔던, 살면서 풀리지 않았던 고민들, 내가 그때 저기 했을 때 아 저 사람들이 왜 저랬지 하는 안 풀리던 것들이 풀리더라고요. (김기덕)

내 삶이, 태어나서 지금까지 이렇게 (시설에 들어오게) 된 이유가 신앙적으로 볼 때, 신앙적으로 아니면 풀리지가 않거든. (김철수)

하나님이 역사를 하시면 제 의지대로 산다는 게 영적인 측면에서는 없어요. 제 의지대로 할 수도 없는 거고, [중략] 제 의지는 이미 죽었죠. 죽는다고 마음먹은 거를 거기에서 살려 주신 그 자체가 영적으로 어떤, 그건 이해될 수 있는 문제가 아니고 성령의 느낌으로 해야 되기 때문에 누구한테 세상 속에 얘기한다고 해서 알아들을 수 있는 얘기도 아니고…. (이태성)

이러한 태도를 어떻게 해석할 수 있을까? 그것은 현실에서 도피하고자 하는 일종의 자기기만일 수도, 의미를 부여받기 어려운 현실에서 나름의 삶의 의미를 부여하기 위한 적극적인 시도일 수도, 그렇지 않다면 순수한 신앙의 표현일 수도 있다. 셋은 구분될 수 없는 것인지도 모른다. 그렇지만 그러한 태도들이 보여주는 것은 물질적 가치를 중심으로 한 주류의 가치체계에서 이탈해 있는 그들의 모습이다. 물질이 의미부여의 원천이 되는 사회에서 물질 획득의 객관적 가능성이 희박하다는 것은 곧 중심적 가치에 의한 인정을 얻지 못할 것임을 의미한다. 그러한 상황에서 물질적 가치를 폄하하고 '봉사'나 '신앙'으로 대변되는 비물질적 가치를 추구하는 것은 최선의 대응일 수 있다. 현실은 바꿀 수 없지만 마음은

바꿀 수 있기 때문이다.[30]

> 제가 정말 행복이라는 게, 우리를 보면 물질을 많이 쫓아가잖아요, 세상 속을 보면. 근데 그런 것들이 지금은 제 마음속의 편안한 상태로는 아무것도 필요치 않고 이제 제가 받았던 것들을 다른 사람과 나누면서 그 사람들의 고충을 같이…, 그러면서 살고 싶어요. (이태성)

노숙을 하게 되고 시설에 들어온 것을 일종의 운명으로 생각하며, 그것에 신앙의 의미를 덧붙일 때 현실은 신성한 의미를 갖는 것으로 해석된다. 이러한 해석의 틀 내에서 그들의 위치는 받는 입장에 놓인 클라이언트에서 봉사를 통해 다른 이들을 구원하는 신성한 역할로 대체된다. 그럼으로써 시설 내의 다른 노숙인들과 차별화된다.

> 남(실무자)들은 포기하는 사람(노숙인) 저는 포기 안 해요, 내 능력 테스트 하는 거예요. 이 사람이 사람 안 되면 나도 자격이 없다. 그러니까 웬만한 사람한테는 욕 얻어먹죠. 가서, 예배는 프로그램이니까 드리라고 닦달하고 있어야 될 사람이 안 보이면 영등포 PC방 다 돌아 가지고 찾아서 끌고 오고 그러니까 독종이죠. 많이 바꿔 놓기는 바꿔 놨는데 내가 힘들어요. (이영수)

30 "인간이 진정으로 원하는 것을 세상으로부터 얻지 못하게 되면, 자신은 그것을 원하지 않았노라고 스스로 세뇌해야만 한다. 만일 원하는 것을 얻지 못한다면 얻을 수 있는 것을 원하도록 스스로를 길들여야 한다. 제후가 내 땅을 몰수하면, 땅을 소유하고픈 마음이 사라진다. 제후가 높은 지위를 주려 하지 않으면, 지위는 하찮은 것, 중요하지 않은 것이 된다. 왕이 재산을 강탈해 갈 때, 재산은 아무런 가치가 없는 것이다. 아이들이 영양실조와 병으로 죽으면, 지상의 소유물은, 심지어 아이들에 대한 사랑까지도, 신에 대한 사랑 앞에서 아무것도 아닌 것이 된다. [중략] 인간은 점차 자신의 주위를 단단한 벽으로 둘러싸 연약한 표면을 드러내지 않으려 한다. 최대한 상처를 덜 받고 싶은 것이다(벌린, 2005[1999]: 64)."

> (스스로를 노숙인이라고 생각하세요?) 예, 저도 해당이 되요. [중략] (쉼터에서) 같이 생활을 하고 그래야 제가 가진, (하느님이) 주신 영적인 신념을 같이 나눌 수 있고, (그런 신념을 통해) 그분들이 이해되고 하기 때문에 저는 굳이 나쁘게 생각 안 하고 이분들과 같이 생활을 해야만 아픔을 알게 되고, 또 제가 느꼈던 것들을 나눌 수 있고 그러지, 제가 밖에서 이론적으로…. (이태성)

물론 현실을 언제나 신앙의 의미로 재해석하는 것은 아니다. 그럼에도 받는 위치에서 주는 위치로 자신의 역할을 재규정한다는 점에서는 동일하다. 시설에서 생활한 적이 있지만 부조리를 느끼고 나온 이후 고시원에 살고 있으며, 현재의 지원체계와는 다른 방식으로 노숙인들을 도와주고 싶다는 신상문 씨가 그러한 경우이다.

> 쉽게 이야기하면 가져봤기 때문에, 내가 뭐 진짜 열심히 살아 갖고 돈을 얼마 모아야 되겠다, 크게 꿈을 가지고 해 본들 꿈은 꿈에 불과하다는 얘기죠. 성취욕이 크면 클수록 후유증이 더 많이 옵니다! 그런 거를 인자 젊었을 때 다 느껴 봤기 때문에…. [중략] 우리가 거 법정 스님의 무소유라는 거 있잖아요. [중략] 지금 이 자조모임에도 내가 열정적으로 뛰어들 수 있는 부분도 내가 사심이 없으니까! 내 하나 희생해서 주위 동생들이나 애들 참 편안하게 살아갈 수 있는 길이 있다, 그러면은 내 하나 희생해서라도 그거 해 주고 싶다는 이야기죠. (말씀하신 대로 뭔가 돈을 모아서 방도 구하고 일자리도 잡고 이런 게 이제 이루어질 수 없는 꿈이라고 생각하고 계신 건가요?) 아니죠, 그거는. 내가 언제든지 그거는 할 수 있다는 자부심이 있으니까. 언제든지! [중략] (그러면 10년, 20년 후에는 어떻게 해야 될까, 이런 생각은 안 드시나요?) 미래에 대한 생각 없어요. 그냥 뭐 이래 있다가 아니면 명대로 살다가 가는 거, 우리 흔히 쉽게 이야기하는 그 방식이에요, 그냥. (신상문)

이들을 앞선 세 사람들과 비교해 보자. 앞선 이들이 거리두기에 성공할 수 있었던 것은 그들이 일정한 자원확보 능력을 갖고 있거나 능력을 갖추게 될 것이라고 전망하고 있었기 때문이다. 그렇지만 후자는 역설적으로 자원획득 노력을 포기함 — 자원획득 노력에 가치를 두지 않음 — 으로써 거리두기에 성공하고 있다. 그렇지만 이들의 거리두기는 주위에서 그것을 승인하지 않을 때 언제라도 실패로 돌아갈 수 있다.

(3) '거리두기'의 실패

모든 이들이 위와 같은 태도를 취하는 것은 아니며, 그러한 태도가 늘 성공적으로 지속되는 것도 아니다. 처음에는 혹은 일시적으로는 탈노숙에 성공하거나 지원시설의 도움 없이 지내거나 신앙으로 의미를 부여할 수 있을지 몰라도 그들이 노숙을 하도록 만든 환경이 변함없다면 그것은 일시적인 성공일 가능성이 높다. 이러한 상황 속에서 주류의 가치를 따를 수도 혹은 전적으로 부정할 수도 없을 때 사람들은 '노숙인' 정체성을 수용할 수밖에 없다. 신승호, 이경호, 김희진 씨의 경우가 그러하다.

이들에게 시설은 삶의 최소한의 조건을 제공한다는 면에서는 거부할 수 없는 공간이지만, '미래'와 '희망'이 없는 떠나고 싶은 곳이다. 그래서 이들은 시설을 완전히 수용하지도 부정하지도 못하는데, 그러한 모호한 처지는 대개 시설에 대한 양가적인 평가로 드러난다.

> (지원정책에서 뭐 좀 아쉬운 점 없으세요?) 나 같은 놈이 뭐 정부에, 정부에 뭐 아쉬운 거, 그런 거 따지겠습니까? 우리들한테 하는 정책은 잘한다고, 난 잘하고 있다고 생각해요. 뭐 불만족스럽네, 뭐하네, 우리 처지에 그런 거 따질 겨를도 없고. 사실 우리 같은 사람들이 그런 걸 따진다고 하면은 세상에 도와줄 사람 하나도 없어요. (왜 그렇게 생각하세요?) 만약에 일자리를 그렇게 마련해 줬는데도, 여기 간혹 보면 시설에서는 어떻게든 한 사람이라도 일자리로 보내줄라고 하는데 간혹 가다 한두 사람이 뭔

가 안 좋게 하는 사람들이 있기 때문에, 그 한두 사람 때문에 여러 사람이 피해도 볼 수 있고. [중략] 그렇다고 뭐 일하러 댕기는 사람들, 진짜 열심히 댕기는 사람들은 진짜 열심히 댕기더라고요. 나도 그때 누구 한 사람이 다니다가 안 다녀서 그 대타로 공원으로 한 달 동안 나갔었거든요. 사실 우리 젊은 사람들은 간지러워서 그런 일은 진짜 하기는 뭐하더라고요. 그래도, 근데 이건 젊은 남자들이 하는 일은 아냐 솔직히. 쪼그리고 앉아서 풀 메고 그러는 거는, 우리 같은 사람들은 성질이 안 맞더라고. 차라리 저 활동할 수 있는 노인네들 그런 분들이 하기에 딱 적합한 거 같더라고요, 일하는 게. (신승호)

신승호 씨의 말은 일견 이해하기 쉽지 않지만, 거리두기에 실패한 사람들이 갖는 전형적인 심경을 보여주고 있다. 그는 지원체계가 잘하고 있다고 평가하고, 잘못하는 한두 사람 때문에 시설의 호의가 꺾인다고 말하고 있다. 시설에 대한 그의 평가는, 시설은 고마운 곳이라는 규범적 규정에서 자유롭지 않다. 이를 규범적이라 말하는 이유는 그의 평가기준이 시설의 역할에 있는 것이 아니라 평가의 자격에 있기 때문이다. 그렇지만 바로 뒤이어 쉼터에서 제공하는 일이 '남자'들이 할 일은 아니라고 말한다. 이처럼 규범적인 역할이 실질적으로는 크게 도움이 되지 않는다는 자각도 은연중에 표명된다. 그렇지만 그의 혼란은 그것이 실현되지 않는 요인이 시설에 있는 것인지 스스로에게 있는 것인지 뚜렷하게 말할 수 없다는 데에 있다.

그에게 쉼터는 양가적인 공간이다. 규범적인 의미에서 쉼터는 그마나 돈을 모을 수 있는 공간이다. 먹고 자는 것이 무료이기 때문이다. 더불어 그곳의 많은 사람들이 일을 나간다고 강조된다. 그렇지만 자신은 일을 나가지 못하는 데 이유는 몸이 좋지 않기 때문이다. 뚜렷한 병은 없지만 몸이 아프다는 그의 발언과 쉼터에서 "마음을 추스르고 나면" 일을 찾을 것이라는 이야기는 그가 사회적 규범에 순응하고자 다짐하면서도 그러한 다짐을 실천하지 못하고 있음을 말해 준다. "스스로 갈피를 못 잡고", "하루에도 열두 번씩 생각이 바뀌는" 혼란 속에서 실천하지 못한 실패는 대개 자신의 탓으로 돌려지지만 때로는 그에 따른 좌절감이 실무자들에 대한 저항이나 시설에 대한 냉소로 표출된다. 그럼에도 어느 순간부터 형성된 의존관계에서 쉽사리 벗어나지 못한다. 시설에 의존할 수밖에 없다는 점에서 이들은 받는 사람으로서의 정체성에 거리를 두지 못하고, 세속적 가치를 전적으로 부정하지 못함으로써 정체성 위계를 전복하지도 못한다.

5. 관계의 양상과 그에 대한 해석

실무자와 노숙인이 맺고 있는 관계의 양상은, 전적으로 그러하지는 않지만, 기관이 요구하는 '노숙인'이라는 역할과 관련된 기대에 순응하고 있는 정도에 의해 상당 부분 결정된다. 이 절에서는 각자가 취하는 대처방식에 따른 '관계의 양상'을 구분하고 각 유형이 갖는 함의를 생각해 보고자 한다.

1) 관계의 양상들

(1) 불편감이 완화된 관계

불편감이 완화된 관계의 핵심은 실무자와 노숙인의 관계가 가지는 불평등한 성격이 부각되지 않는다는 데 있다. 노숙인의 입장에서 '거리두기'에 성공한 경우가 그러하다. 시설의 요구를 적극적으로 수용하면서 궁극적으로는 시설에서 벗어나는 데 성공한 정민철 씨가 전형적인 사례이다. 그의 사례는 무엇보다 시설의 목표와 수단을 정당화해 준다. 그는 시설이 제공해 줄 수 있는 것 이상을 요구하지 않았고, 제공되는 것에 늘 감사한 태도를 보였다. 그러면서 결국에는 시설에서 벗어났다. 그는 스스로 노숙인이라고 생각하지 않았지만, 그것을 실무자들이 부담을 느끼는 방식으로 드러내지는 않았다. 이 경우 실무자들은 보람을 느낄 수 있다.

이와 같은 관계가 지속되려면 실무자가 해 줄 수 있는 것을 요구하고 그것이 설령 작은 것이라고 할지라도 고마워하며 실무자가 그 이상의 무언가를 해 주어야 한다는 식의 부담을 느끼지 않도록 하는 것이 중요하다. 한 쉼터의 온라인 게시판에 등록된 실무자의 일기는 이러한 관계의 한 사례를 소개하고 있다.

> 저녁 식사를 하러 매일 쉼터에 오시는 분이 계세요. 나이가 드신 분인데 몇 달 전 사무실에 찾아와서 저녁 식사를 할 수 있도록 부탁하더라고요. 아침에는 떡으로 식사를 때우고 점심은 무료급식소에서 식사를 하는데 저녁이 문제라고. 식사할 수 있도록 배려를 해 준 이후 고맙다며 가끔 과일을 사 가지고 오세요. 그럴 필요가 없다고 말씀드려도 너무 감사해서 하는 것이라며 놓고 가세요. 이런 분들을 보면 더해 주고 싶어요. (A쉼터의 실무자)

이러한 식의 태도 표명은 실무자들로 하여금 스스로를 보람 있는 일을 하는 '좋은 사람'이라고 생각할 수 있게 해 준다. 그들은 스스로를 억제함으로써 실무자들과 그들 사이에 존재하는 거리감이 표면화되지 않도록 한다. 또한 받는 것에 대해 고마움을 표시함으로써 그들이 받는 것이 그들의 권리가 아닌 실무자의 호의에서 비롯된 것으로 생각하게끔 한다(Holden, 1997). 이와 같은 상황은 고프만이 말한 '적응을 잘하는 것'의 정의에도 부합한다. 그에 따르면 적응을 잘하는 것이란 "즐거운 마음으로 자의식 없이 자신을 정상인과 본질적으로 동일하다고 받아들이는 한편, 동시에 정상인들이 그를 수용한다고 입에 발린 말을 하기 힘든 상황에서는 곧 자발적으로 자신을 억제하는 것(고프만, 2009[1963]: 184)"을 의미한다.

맥락은 다르지만 시설에 의존하지 않으려는 사람들도 실무자들의 입장에서는 부담스럽지 않다. 추성훈, 김현철 씨는 모두 시설에 대해 부정적인 평가를 내리고 있지만 바로 그러한 평가에 근거하여 그들은 시설에 기대지 않는다. 시설에 의존하지 않고 부정적 평가의 범위가 시설 전체를 포괄하는 것이 아닌 한 그러한 평가는 수용될 수 있다. 이들의 정체성 표명 — 나는 노숙인이 아니다 — 은 그들과 실무자와의 관계에 평등성을 부여하기 때문이다.

(2) 양가적 관계(불편한 관계)

그러나 그러한 '거리두기'가 실무자의 역할을 위협하는 경우에는 관계의 불편함이 부각될 수 있다. 이경호 씨의 사례가 그러한 경우이다. 그는 시설에서 성실하게 생활하여 '자활근로'[31]를 하게 되었다. 자활근로에서 보여준 성실함 덕분에 그는 서울시가 지원하고 시설이 운영하는 의류가게의 창고를 관리하는 일까지 맡게 되었다. 그러나 그는 얼마 지나지 않아 쉼터를 나와야 하였다.

> 쉼터에 (옷 파는) 가게가 있거든요. 제가 창고장 했었어요. 창고관리도 하고 옷도 이렇게 행거에 걸어 갖고 다림질도 해 보고, 옷도 직접 손님들(에게) "어서 오세요, 무슨 옷을 원하십니까?" 하면서. [중략] 바자회 한 적도 있어요. (쉼터에서) 그쪽으로 나를 서포터해 주기로 했으면 그쪽으로 정직원이 될 수도 있거든요. 그런데, "이경호 반장은 자활이지 정직원이 될 수 없어요." (그냥 계속 자활근로로 일하라는 말인가요?) 예, 자활 80만

31 자활근로자는 서울시의 재원으로 시설이 고용한 사람으로 청소, 급식 준비, 설거지 등 시설업무를 보조하는 일을 한다.

원. 막말로 1년이 됐든 10년이 됐든 간에 발전이 없는 거죠. [중략] 직원으로 그만큼 열심히 했어요. 인정받는 것보다도, 진짜 열심히 했어요. 그만큼 열심히 하고, 금액이 많고 적음을 떠나 갖고 그걸 발전 서포터해 주는 게 아니라, (단지) '자활이다.' 그게 참 아쉬워요. "이경호 선생님은 자활이고 사회 나갈 준비를 하시는 거지, 자기 스스로 독립하시라고 하시는 거지 여기가 제대로 된 직장생활은 아닙니다." 아예 못을 박아 버리는 거예요. 결정적으로 윗분 오시면 직원분들이 나서서 이야기하지 저희들은 쉼터 자활자밖에 안 돼요. 직원도 안 되고 중간에서 애매모호하더라고요. 저 같은 경우 창고반장까지 했던 사람인데, 가장 중요할 때는 뒤에서 "빠지세요. 저희들이 알아서 할 테니까", '아 노숙인이구나! 소통이 불가하구나.' 퇴소한 이유도 그거고요. (이경호)

그는 맡은 일을 '직원 못지않게' 열심히 했다고 자부했지만 '직원'은 될 수 없었다. 더욱이 그에 대한 답답함을 토로하는 과정에서 그는 실무자의 '본심'을 뒤늦게 깨닫기도 하였다. 다음의 인용문은 이경호 씨가 시설에서 상처를 받고 퇴소를 결심하면서 평소 가깝게 지냈던 한 실무자와 나눈 대화이다.

(쉼터에서) 나오게 된 계기는 (말씀드렸죠). 저도 말 한 마디밖에 안 했어요. "자네도 동생 같으니까," 사석에서는 형, 동생 하는데 김모 팀장이라고, "자네도 어려운 상황에서 거리인 될 수 있고 노숙자 될 수 있고 반대로 내가 잘되면 내가 복지사 될 수 있어, 이 사람아." "형님, 말은 잘하시네요." "현실이 그렇잖아, 내가 복지사 될 수 있다니까!" 함부로 막말하지 말라고, "다 그렇게 노숙자 되고 걸인 되는 거 아니야. 나는 일부러 뭐 노숙자, 시험 본다고 해서 되는 것도 아니고 그만한 이유가 있어. 내가 오죽했으면 밥 먹고 그러겠는가?", "아이 죄송합니다." 걔는 그래도 사람을 볼 줄 알더라고요. 그래도 한다는 말이 "원장님 결재 떨어졌기 때문에 퇴

소하셔야지." 거기서 더 언쟁이 오가면 (쉼터에서) 법적 제재가 들어가거든요. [중략] 그것 때문에 퇴소를 하게 됐죠. (이경호)

공식적으로 실무자들은 노숙인들에게 그들이 '보통 사람'과 다름없다고 말하고, 실제로 일부 실무자는 실무자-입소자 관계를 넘어 개인적 관계를 발전시키기도 한다. 그러나 결정적인 상황에서 입소자와 실무자와의 위계적 거리감은 재확인된다. 자활근로자들은 시설 내에서 실무자가 맡고 있는 일을 보조한다. 따라서 업무의 측면에서 이들은 부담스러운 존재가 아닌 도움이 되는 사람들이다. 하지만 그들의 역할과 정체성 표명이 노숙인으로서 실무자들과 맺고 있는 역할관계의 경계를 넘어설 때 긴장이 발생할 수 있다.

긍정적인 태도로의 변화는 '태도의 변화'를 강조하는 시설의 요구에 부합하는 것으로 보일 수 있다. 실무자들도 어느 정도는 그러한 이들을 격려해 준다. 그러나 변화의 지향점이 어디에 있는지가 중요하다. 시설이 원하는 태도 변화의 핵심은 사회의 중심가치의 수용, 즉 (임금)노동윤리의 수용에 있다. '당신도 노력하면 할 수 있다'라는 격려는 당신도 돈을 벌어서 물질적으로 자립하여야 한다는 뜻이다. 그러나 재해석된 현실 인식에서 삶의 궁극적인 방향은 물질적 자립이 아닌 정신적 자립을 지향한다. 그리고 그러한 삶을 구현하는 수단은 실무자들의 역할과 본질적으로는 동일한, 시설 입소자들을 돕는 역할에서 찾아진다. 장차 노력해서 사회복지사나 목회자로 일하고 싶다는 다수 노숙인들의 바람은 이러한 맥락에서 해석될 수 있다.

그러나 그 바람은 두 가지 점에서 실무자들을 불편하게 할 수 있다. 긴장의 한 요소는 그들이 쉼터를 떠날 생각이 없다는 것이다. 앞 절에서 살펴보았듯이 시설을 운명의 공간으로 생각하는 이에게 '시설'은 자신의 삶의 의미를 실현할 수 있는 현장인 반면에 '사회'는 절연하고 싶은 과거의 장소이다.

(선생님께서는 그러면 경제적으로, 돈을 모아서 나갈 수 있다 하시더라도 나가실 생각이 없으신 거 같아요.) 저는 없어요. [중략] 여기서 할 수 있는 일들이 너무나 많고 같이 아파해 주고 할 것들이 많기 때문에 여기서 어떠한 불편이 오고 힘들어도 여기서 그걸 같이 이겨 나가지 않으면… 저도 밖에 나가면은 언제 또 술 마시고 쓰러질지…. 이렇게 나를 살려 놓으셨는데 내가 그거를 배신하면은 더한 형벌이 나한테 주어질 거다, 이런 생각이 들어요. [중략] 뭐 이제 세상 나가서 뭘 해 보겠어요. (이태성)

이러한 태도 자체를 폄하할 수는 없다. 그러나 시설업무에 적극적일수록 그들은 이경호 씨 사례에서 볼 수 있듯이 실무자-입소자라는 역할관계의 선을 넘게 될 수도 있다. 시설이 의도하는 '사회 복귀'를 거부하고 있다는 점에서도 실무자들을 불편하게 할 수 있다. 따라서 시설에서 적극적으로 봉사하는 삶을 살고 싶다는 그들의 바람이 실현될 전망은 분명하지 않다. 그들은 실무자들의 보조원이지 직원이 될 수는 없기 때문이다. 한편, 이들의 '순수성'이 실무자에게 불편감을 초래할 여지도 있다. 봉사에서 의미를 찾고자 하는 노숙인에게 시설 운영자와 실무자들의 태도는 세속적으로 보일 수 있는데, 이런 이들 앞에서 실무자는 '좋은 사람'으로 남아있기 어렵다.

사람들이, 여기 직원들뿐만이 아니라 알게 모르게 무시를 하는 부분이 있어요. 그런데 본인도 몰라. '내가 돌봐준다', 이렇게 생각을 하는가 봐요. 자기가 누구인데 누굴 돌봐줘요. [중략] 여기에 오는 사람들이, (실무자) 본인들도 뭐라고 얘기하냐면 예수님이 인도해서 (당신들이) 왔다고 그렇게 얘기는 해요. 그렇게 얘기를 하거든. 나는 (실제로) 인도해서 왔다고 생각을 하는데, 실질적으로 보면 인도해서 온 게 아니고 니들(노숙인들)이 생활을 이상하게 하고, 웃기게 하고, 막살았기 때문에 여기에 왔다, 이런 생각이 알게 모르게 있다는 거예요. (직원분들이 그런 생각을 하시는 거

같다고요?) 예. (김기덕)

그러나 현실에서 이들의 바람은 실무자들에게 허황된 것으로 비춰질 가능성이 높다. 이처럼 지원체계에 의존하면서도 지원체계의 허구를 자각하는 데에서 표출되는 복합적 의식과 태도는 나아가 종종 병리적 징후로 해석되기도 한다(Lyon-Callo, 2000).

(3) 불편감이 무시되는 관계

시설의 요구를 수용하지도 않고 통제를 따르지도 않으면서 자원을 요구하는 이들은 '뻔뻔한 노숙인'들이다. 실무자들의 입장에서 볼 때 그들은 실무자의 호의나 지원을 당연하게 받아들이는 한편 더욱 많은 것을 요구하는 사람들이다. 한 상담보호센터의 실무자는 그러한 태도를 이렇게 표현하였다.

> 자기 형편을 잊어버리고 불평불만을 하는 아저씨들이 있어요. 사실 따지고 보면 가족들도 외면한 사람을 사회가 도와준다는 것이 어찌 당연한 일이겠어요? 복지시설을 많이 이용하다 보면 으레 받아야 할 것을 받는다고 생각하는 사람들이 있어요. 아니 오히려 자기들 때문에 우리 같은 사람들이 먹고산다고 생각하는 사람들도 있어요. 그런 사람일수록 요구사항이 많죠. 자기가 대단하다고 생각해요. (B쉼터의 실무자)

> 간혹 뒤통수치는 사람들이 있어요. 그럴 땐 열 받죠. (B상담보호센터의 실무자)

'뒤통수를 친다는 것'은 실무자가 보여준 호의나 믿음을 저버리는 행위로, '기껏 임대주택에 들어가게' 해 주었는데 '깽판을 치고' 나오거나 어렵게 일자리를 소개해 주었는데 소개한 사람 얼굴에 '먹칠하고 온' 경우 등이 포함된다. 때로는 실무자로서의 권위가 무시되기도 한다.

> 이런 사람들도 있어요. "제 문제는 제가 알아서 할게요." 그런 말 들으면 어이가 없죠. (돈을 달라고 요구하는 노숙인에게) "이 돈은 나중을 위해 모아두어야 해요. 매월 수급비를 받고 있는데 왜 이 돈까지 달라고 해요. 잘 보관하고 있을 테니까 이 돈은 쓰지 마세요." 그러면, "아뇨~ 제가 필요해서 그러니까 계좌로 보내주세요. 제 문제는 제가 알아서 할게요. 염려해 주시는 건 알지만 제 일은 제가 알아서 해요." 남의 도움이 아니면 한 걸음도 움직이기 어려운 사람이 자기 문제는 자기가 알아서 한다니…. 답답하기도 하고 한심하기도 하고…. '그럼 그래, 니 맘대로 해라.' 그러죠. (A쉼터의 실무자)

이와 같이 실무자의 호의를 '배반'하거나 '당연하게 생각'하거나 '무시'하는 경우 실무자들은 이들의 요구를 무시할 수 있다. 그러한 태도를 보이지 않는 사람들이 있기 때문이다. 따라서 실무자는 더욱 '건전한' 노숙인에게 쏟을 시간도 부족하다고 생각하며 자신들의 무시를 정당화할 수 있다. 실무자들의 입장에서는 그들 스스로가 지원을 거부한 것이기 때문이다.

2) 시간에 따른 관계의 변화

지금까지 살펴본 관계의 양상은 사실상 분석적 범주로 구분한 것이며 실제로는 고정되어 있지 않다. 더욱이 여기서 인용한 면담자료는 면담이 이루어진 특정 시점에서의 태도 및 평가를 담고 있어 한 사람이 과거에는 어떠하였고 앞으로는 어떠할 것인지에 대해 말해 주지 않는다. 그렇지만 시간의 흐름에 따라 상황이 바뀔 수 있고, 그에 따라 양자의 태도가 달라질 수 있음을 추론해 볼 수 있다.

노숙인 지원시설에서 근무하는 실무자들의 다수는 남을 도울 수 있는 일을 하고 싶어 들어온 사람들이다. 그들은 평균적으로 일반 사람들에 비해 노숙인에 대한 온정적인 태도를 가지고 있으며, 어려운 이들을 돕는 것을 전제로 한 지식과 기술을 교육받고 들어온다. 그리고 들어와서는 의욕적으로 노숙인들에게 도움이 될 수 있는 역할을 수행하고자 한다. 그렇지만 앞서 살펴본 것처럼 지원의 이상과 현실 간에는 괴리가 크다. 열악한 근무 환경과 대면 업무의 특성은 육체적으로나 정신적으로 실무자들을 쇠약하게 만든다. 물론 몸이 조금 힘들더라도 자신의 업무가 의미 있는 결과를 낳을 수 있다는 확신이 있다면 심리적으로는 만족할 수 있을지 모른다. 그러나 무력감에 시달리는 노숙인들의 모습을 늘 접하면서 과연 시설 내에서의 일상적 실천들이 그들의 사회 복귀를 돕고 있는지에 대해 혼란스러워질 수 있다. 때로는 실무자들에 대한 노숙인들의 적대적인 태도를 접하면서 당황스러워하고 분노한다.

이러한 경험들이 누적됨에도 불구하고 떠나지 않는 사람들은 결국 그러한 상황에서 최선을 다하고 있다고 볼 수 있다. 그럼에도 일을 처음 시작할 때의 열정과 의지를 유지하기란 쉽지 않다. 그러한 가운데 취하게 되는 일련의 대응방식들은 앞서 살펴본 것처럼 노숙인들을 위한 것이 아니라 궁극적으로는 자신들을 보호하기 위한 것이다. 이러한 의미에서 노숙인 시설에서 일한다는 것은 한 사람의 열정적인 '활동가'에서 차가운 '실무자'가 되는 과정이기도 하다.

노숙인들도 유사한 과정을 겪는다. 각자의 생애 이력에 따라 사연은 다르겠지만 한 사람이 노숙인 지원시설에 왔다는 것은 대개는 그에게 다른 기댈 곳이 없다는 것을 의미한다. 자포자기의 심정으로 오든 무언가를 해 보고자 하는 의지로 오든 시설의 문을 두드린다는 것은 '노숙인'이라는 정체성을 수용해야 하는 부담을 감안하였을 때 쉽지 않은 일이다. 그래서 노숙을 하게 된 이들 가운데 바로 시설에 들어오는 이들은 많지 않으며, 들어오더라도 초기에는 그곳을 잠시 머무를 곳으로 생각한다. 시설의 지원을 디딤돌 삼아 어떤 식으로든 재기해 보고자 다짐한다. 그럼에도 생애를 통해 누적된 실패의 경험은 무언가를 쉽사리 시도해 보지 못하게 만들며, 때로의 시도도 대개는 실패로 끝남으로써 앞으로의 시도를 더욱 어렵게 만든다.

> 와 가지고 몇 번 문의하고 몇 번 와도, 여기도 어차피 하도 많은 사람들이 이렇게 이제 왔다 갔다 하다 보니까 (실무자들이) 다 신경을 못 쓰겠죠. 그러니까 관심 속의 무관심. 나는 '이 사람들이 왜 이렇게 도태되고 포기를 빨리하지?' 그걸 어느 정도 이해할 거 같아요. 내가 직접 근 1년 정도 겪어 보니까 이 사람들이, 말 들어 보면 뭐 10년 이상 된 사람들도 있고 또 저보다 더 짧은 사람도 있지만은 여기 (노숙에) 빠지면 빨리 자포자기한다는 것을 금방 알겠더라고, 내가 겪어 보니까. (김동훈)

노숙인들이 일상적으로 겪는 반복되는 좌절은 때로는 실무자들의 규범적인 발언에 대한 냉소나 무시로 표현되기도 하고, 시설의 규율에 대한 분노로 표출되기도 한다. 그렇지만 대개는 자신의 무능력과 의지박약에 좌절하고 체념하는 것으로 귀결된다. 시설에서 도망치듯이 나오거나 혹은 반대로 큰소리치고 나오지만 사회에서 그들을 받아 주는 곳은 결국 시설뿐이다. 그래서 다시 돌아간다. 이러한 과정을 겪으며 그들의 의식은 "주류의 가치에 동화되고자 하는 의지와 동화노력의 무의미함을 각성하게 되는 경험에 따른 좌절 또는 저항 사이에서 부유(박경숙, 2008: 125)"한다. 이러한 의미에서 그들이 노숙인이 될 수밖에 없었던 조건이 변하지 않는 한 노숙인 시설에서 생활한다는 것은 자신의 못남을 끊임없이 재확인하는 경험에 다름 아니다.

시간의 흐름에 따른 각자의 태도 변화를 이와 같이 추론해 볼 수 있다면, 양자의 관계는 결국 각자의 위치가 어딘가에 따라 달라질 것이다. 더불어 각자가 가진 개별적인 능력이나 성향에 따라 관계의 양상은 달라질 수 있다. 그러나 그들의 역할관계에서 초래되는 불편감은 각자의 개인적인 노력만으로 쉽사리 해소될 수 있는 것이 아니다.

6. 지원체계의 사회적 기능: 불편관리

노숙인이 사회적 지원 대상에 포섭된 1998년 이래 한국의 노숙인 지원체계는 상담보호센터나 쉼터 등 시설중심의 응급보호기능에 치중하고 있다. 노숙인 지원체계가 형성된 맥락과 지원시설의 조직 환경은 한국의 노숙인 지원체계가 그러한 응급보호기능에 초점을 두고 있는 이유를 일정 부분 설명해 준다.

현 노숙인 지원체계의 한계는 지원체계가 암묵적으로 그리고 있는 그림과 현실과의 괴리, 명목적으로 밝히고 있는 목표와 그것이 실제로 수행하고 있는 기능과의 괴리, 문제의식과 해결책 간의 괴리, 지원체계 전체의 목표와 각 하위 시설 목표 간의 괴리에서 비롯된다. 이러한 괴리는 부분적으로는 '동정의 정치' — 노숙인들에 대한 사회의 동정심에 기초한 체계 — 에서 비롯된다. 여기에서 노숙인들은 '보통 사람이면서도 취약한 사람'으로 그려져야 한다. 이러한 모순된 상(像)은 담당 정부기관과 현장 시설들 간의 긴장, 윗선 관리자들과 현장 실무자들과의 긴장, 궁극적으로는 실무자들과 지원대상자들 간의 물리적 · 심리적 긴장을 초래한다.

각 행위자들은 긴장을 해소하기 위하여 다양한 적응전략을 택하게 되는데, 실무자들의 전형적인 대처방식은 실무자 역할을 고수하는 것이다. 이를 통해 실무자들은 노숙인들과 상황에 대한 통제력을 확보하고자 하며, 한편으로는 심리적 부담을 경감하고자 노력한다. 그럼에도 긴장이 늘 해소되는 것은 아니며, 시간이 지날수록 무력감이 커지며, 그럴수록 대상자들은 관리의 대상이 된다. 실무자들과 마찬가지로 지원대상자들 또한 지원체계에 대한 처음의 기대를 점차 접고 요구되는 역할을 수행하는 가운데 스스로 소외된다. 지원체계의 형식적인 역할과 실무자들의 관료적인 태도에 대한 체념 및 저항은 때로 지원체계에 기대어 생활하는 자신들의 행위를 정당화하는 근거로 자리매겨지기도 한다. 이 과정에서 다양한 형태의 일탈 및 저항 행위가 나타날 수 있는데 이러한 행위는 실무자들의 눈에 통제되어야 할 행위로 해석되고, 그들이 관료적 역할에 더욱 매진해야 할 근거로, 대상자들의 문제가 그들 자신에게 있다는 근거로 해석된다. 그러한 점에서 응급구호 기능조차도 노숙인들의 태도에 비추어 보았을 때에 적절하다는 인식을 낳게 된다.

이러한 과정 속에서 노숙인 지원체계는 표방하고 있는 목표와는 반대의 기능을 수행하게 된다. 지원체계는 노숙인의 문제가 그들 스스로에 있다는 주장의 근거를 노숙인 개개인에게는 물론 사회 전체에도 제공한다. 지원체계의 정당화를 위하여 성공사례를 강조할수록 노숙탈출의 실패의 원인은 개인의 책임에 있다는 인식을 강화한다. 동시에 다수의 실패사례는 그들에게 지원해 줄 필요가 없다는 인식을 강화한다. 이러한 의미에서 지원체계의 존재는 여론이 노숙인들을 비우호적으로 재단하는데 거리낌을 가지지 않아도 될 근거로 활용되기도 하며, '모든 것은 마음먹기에 달려 있다'는 사회규범을 정당화하는 기능을 수행한다. 지원체계가 도와주고 성공사례가 있음에도 다수의 노숙인들은 여전히 그렇게 살고 있기 때문이다. 그러한 방식으로 지원체계는 노숙인에 대한 사회의 불편감을 제도적으로 관리한다.

이러한 딜레마를 과연 더욱 많고 체계적인 지원으로 극복할 수 있을 것인가? 자원이 많아지면 더욱 많은 사람에게 많은 것을 줄 수 있을지 모른다. 그럼에도 자원은 늘 부족할 것이고, 주고받는 자의 역할관계에서 비롯되는 긴장의 조건은 달라지지 않을 것이다. 그런 의미에서 이 딜레마는 자원의 부족에서 기인하는 것이 아니라 지원체계의 성격 자체에 내재한 것이다(Stark, 1994).

강미연 · 김위정(2005). 「주거의 관점에서 본 노숙의 사회적 배제: 쉼터 노숙인들의 생활 경험을 중심으로」, 『도시와 빈곤』 74: 115-169.

김수현(1998). 「홈리스 문제의 구조와 대책」, 『경제와 사회』 38: 189-214.

김의태(2011). 「비형식 인문교양교육프로그램 참여 노숙인의 학습에 관한 연구: '성프란시스대학 인문학과정' 사례를 중심으로」, 서울대학교 석사학위논문.

남기철(1998). 「노숙자 문제의 현황과 시각」, 『동향과 전망』 39: 52-73.

______(2009). 『노숙인 복지론: Homeless의 사회적 통합』, 집문당.

박경숙(2008). 「빈곤층의 생활과 의식: 불평등의 지배와 저항」, 『한국사회학』 42(1): 96-129.

서울시노숙자대책협의회(2000). 『서울시 노숙자 지원사업 백서: 1998-2000』, 서울특별시.

석희정 · 이혁구(2004). 「푸코의 권력이론을 통해 조망한 노숙자 담론분석」, 『상황과 복지』 19: 245-281.

원정숙(2001). 「노숙자의 삶의 경험: 시설 노숙자를 중심으로」, 경희대학교 박사학위논문.

어빙 고프만(2009[1963]), 윤선길 · 정기현 옮김. 『스티그마: 장애의 세계와 사회적응』, 한신대학교출판부.

이사야 벌린(2005[1999]), 강유원 · 나현영 옮김. 『낭만주의의 뿌리: 서구 세계를 바꾼 사상혁명』, 이제이북스.

이해식(2000). 「IMF 사태 이후 노숙자 문제에 대한 서울특별시의 대응에 관한 연구」, 서강대학교 석사학위논문.

임덕영(2008). 「소위 '노숙인' 문제에 관한 초별적 고찰-1」, 『정세와 노동』 32: 24-61.

전국실직노숙자대책 종교 · 시민단체협의회 편찬위원회(2000). 『한국의 노숙자 2년의 흐름과 진단』, 전국실직노숙자대책종교시민단체협의회 · 한국도시연구소 · 보건복지부.

조문영(2003). 「빈민이라 불리는 사람들, 빈민이라 부르는 사람들」, 『탈영자들의 기념비』, 생각의 나무.

피터 켈빈 · 조안나 자렛(2008[1985]), 이효선 옮김. 『실업: 그 사회심리적 반응』, 인간과 복지.

홍봉식(2008). 「쉼터노숙인의 자활과정에 관한 질적 연구」, 서울기독대학교 박사학위논문.

Deward, L. Sarah & Angela M. Moe(2010). ""Like a Prison!": Homeless Women's Narratives of Surviving Shelter," *Journal of Sociology & Social Welfare* 37(1): 115-135.

Hoffman, Lisa & Brian Coffey(2008). "Dignity and indignation: How People Experiencing Homelessness View Services and Providers," *The Social Science Journal* 45(2): 207-222.

Holden, Daphne(1997). "'ON EQUAL GROUND': Sustaining Virtue among Volunteers in a Homeless Sheler," *Journal of Contemporary Ethnography* 26: 117-145.

Lipsky, Michael(2010). *Street-Level Bureaucracy: Dilemmas of the Individual in Public Services*, Russell Sage Foundation.

Lyon-Callo, Vincent(2000). "Medicalizing Homelessness: The Production of Self-Blame and Self-Governing within Homeless Shelters," *Medical Anthropology Quarterly* 14(3): 328-345.

Snow, David A. & Leon Anderson(1993). *Down on Their Luck: A Study of Homeless Street People*, University of California Press.

Song, Jesook(2006). "Historiciztion of Homeless Spaces: The Seoul Train Station Square and the House of Freedom," *Anthropological Quarterly* 79(2): 193-223.

______(2006a). "Family Breakdown and Invisible Homeless Women: Neoliberal Governance during the Asian Debt Crisis in South Korea, 1997-2001," *Positions* 14(1): 37-66.

Stark, R. Louisa(1994). "The Shelter as "Total Institution": An Organizational Barrier to Remedying Homelessness," *American Behavioral Scientist* 37(4): 553-562.

제 9 장

노숙인 자립을 위한 평생교육의 가능성*
〈성프란시스대학 인문학과정〉을 중심으로

김의태 · 강대중

1. 노숙인과 인문학습

자기 자신에 대한 자존감이, 눈을 뜬다는 것이 뭐냐면, 자존감이 생긴다는 거죠. 내가 매일 알코올중독자라서 나는 이런 사람이야, 나는 이렇게밖에 살 수 없어, 이렇게만 살고 있다가 아니야 내가 이렇게만 살 수 없어 이런 것들이 생길 때 자기 자존감을 자기가 찾는 거잖아요. 이런 것들이 생겼을 때에 업그레이드가 일어날 수 있는 거거든요. 인문학에서도 사실 그런 것들이 만들어진다는 거죠. [중략] 저 인문학이 해야 되겠다 싶어요. 그리고 지금 우리 4기 모임이 하고 있는데 우리 4기 모임이 많이 나와야 5명 어떤 때는 10명 정도 하고 있는데 여기서 그런 이야기가 나오고 있습니다. 우리는 탈노숙인이다, 다시 옛날로, 박스시대로 돌아가서는 안 된다고 하고 있고. [중략] 이제 모임이 만들어지고 앞으로 한국사회에서는 가장 선두주자 주체적으로 나갈 모임이나 이게 우리 성프란시스 인문학이

* 이 글은 김의태 · 강대중(2012), 「노숙인 자립을 위한 인문교양교육의 가능성: 〈성프란시스대학 인문학과정〉을 중심으로」, 『평생교육학연구』 18(3): 197-226을 수정, 확대한 것임.

아닐까, 해야 하지 않을까 하는 사명감도 저는 솔직히 들어요. (이재호, ID 63)

그런 건(낮은 학력 수준) 뭐, 물론 아쉬움은 있지요. 자격증이나 이력서 쓸 때도 학교 그러면 서울 방산초등학교밖에 쓸 게 없는 거예요. 그래서 내가 저거 쓸 때도 초등학교밖에 졸업 못한 거야. 다른 데는 전부 무료로 해 주는 저거기 때문에 딱히 내세울 게 없는데, 여기 인문학을 배우면서 이제는 성프란시스대학 5기 졸업 딱 써요. (김호철, ID 64)

위 인터뷰는 서울대 노숙인 생애사 아카이브 자료 중 〈성프란시스대학 인문학과정〉(이하 〈인문학과정〉)에 참여했던 노숙인들이 구술한 내용이다. 노숙생활에서 벗어나기가 쉽지 않은 현실 속에서도 이전과 비교하여 긍정적인 변화를 경험했다고 답한 노숙인 중 그 계기로 인문교양교육프로그램 참여경험을 꼽는 것이다. 지금까지 노숙인을 위한 교육프로그램이 전혀 없었던 것은 아니다. 하지만 인문교양교육프로그램을 제외하면 대부분의 노숙인 대상 교육프로그램은 알코올 및 도박 관련 교육과 파산신청교육 등이 대부분이었다. 취업기술교육과 자활교육이 있지만 단발성의 집체교육이고, 이런 교육프로그램이 자신의 삶을 변화시킬 수 있는 계기가 될 것이라 기대하는 노숙인은 많지 않다.

노숙인 문제가 점차 장기화, 고착화되는 상황 속에서 노숙인을 위한 인문교양교육프로그램의 등장과 그 프로그램에 참여한 노숙인들의 긍정적인 평가를 주목할 필요가 있다. 2005년부터 노숙인다시서기지원센터(이하 다시서기센터)는 노숙인을 대상으로 하는 〈인문학과정〉을 운영해 왔다. 이를 모델로 서울시는 2008년부터 〈희망의 인문학〉이라는 프로그램을 서울 지역 4개 대학과 공동으로 실시하고 있다. 또한 각종 언론매체를 통해 인문교양교육프로그램에 참여한 노숙인들의 변화와 성공사례가 전해지고 있다. 현재 주거지원과 의료서비스제공, 일자리제공 등에 초점이 맞추어진 노숙인 지원정책과 함께 노숙인의 자활과 노숙탈출을 위한 계기로서 교육적 접근의 필요성은 이 책의 5장(노숙생활의 진입과 탈출: 학습생애사적 접근)에서도 제기된 바 있다.

이 장에서는 노숙을 벗어나기 쉽지 않다고 고백하면서도 인문교양교육프로그램 참여를 통한 자신의 변화를 이야기하는 노숙인들이 과연 어떠한 학습경험을 했던 것인지를 탐색하고자 한다. 인문교양교육프로그램은 어떤 목표를 가지고 어떻게 운영되고 있는가? 인문학을 통해 자신이 변화했다고 말하는 노숙인들은 과연 어떠한 학습경험을 쌓아가고 그 특성은 무엇인가? 이 장에서는 다시서기센터의 〈인문학과정〉에 참여한 노숙인들의 학습경험을 통해 노숙인 문제를 해결하기 위한 교육적 개입의 가능성을 탐색해 보고자 한다.

2. 평생교육과 인문교양교육

한국사회에서 인문학 열풍은 소위 '인문학의 위기' 담론을 무색하게 할 만큼 이제 자연스러운 모습이 되었다. 일반 성인을 대상으로 열리는 시민강좌에 인문학의 비중이 점차 커지고 있고 실버세대와 취약계층에까지 삶의 의미와 가치에 대한 인문학적 물음이 보편화되고 있다. 여러 지방자치단체와 시민사회단체에서 일반 주민은 물론 탈북자, 장애우, 재소자 등에게도 인문학 강좌를 제공하는 등 평생교육의 장에서 인문교양교육 실천이 확대되고 있다. 대학의 강단인문학을 넘어 시민인문학, 실천인문학의 흐름이 그 영향력을 넓히고 있는 것이다(양은아, 2010). 한국사회에서 유행처럼 번지고 있는 인문학 또는 인문교양교육은 도대체 무엇이고, 평생교육의 맥락에서 어떤 의미로 해석할 수 있을까?

도정일(1999)은 인문학이 인류의 거대한 문화적 자원이자 성찰의 학문이며, 인문학적 통찰은 인간에게 항구적으로 따라다니는 '대면의 요청들' — 타자와의 대면, 인간존재 윤리성과의 대면, 과거와 죽음, 보편과의 대면 등 — 에 대한 탐구라고 말한다. 정대현 외(2000)는 인문학을 인문대학에 속하는 학문의 학제적 학문으로서 '제도적 인문학'과 사회적 질서의 제약으로부터 자유인의 가능 경험을 모색하는 노력으로서 '질적 인문학'을 구분한다. 또한 장회익 외(2003)는 인문학이 다루고 있는 인간의 삶은 언어화된 인간의 삶이라고 말하면서 인문학은 그 자체가 자기 성찰과 자기 내부를 향한 '저항의 장(場)'(정대현 외, 2000)으로 이해하기도 한다. 이 밖에도 한숭희 · 양은아(2007)는 인문학을 지속적으로 인간 자신의 내면을 성찰하고 의미화하는 과정을 통해 구축되는 상징체계와 의미세계의 구조를 탐색하는 일로 정의한다. 이처럼 인문학에 대한 다양한 정의가 존재함에도 불구하고 인간다움과 인간다운 삶, 그리고 삶의 궁극적인 방향을 탐색하는 것이 인문학이라고 정의할 수 있을 것이다. 즉 인문학은 삶에 대한 진지하고 지속적인 성찰을 통한 존재에 대한 물음이자 삶의 방향과 자신의 정체성을 형성하는 과정으로서 인간과 그 삶에 대한 탐구이다.

이러한 인문학은 초기 평생교육의 이념 형성에 큰 영향을 미쳤다. 차갑부(1994)는 인문주의 교육을 인간 존중과 인간의 균형 발달, 개인의 창의성과 자발성 신장, 자유와 융통성을 위한 교육으로 해석하면서 인문주의 성인교육의 이론적 관점을 제시하였다. 그는 성인교육에서 인문주의 교육의 요소를 제시함으로써 인문주의가 성인교육에 미친 구체적인 영향을 설명하였다. 그가 성인교육에서 꼽은 인문주의 교육의 요소들은 학습자의 자율성과 자발성, 촉진자 또는 조력자로서 교육자의 역할, 내재적 동기, 자아 실현, 안드라고지와 자기주도적 학습 중시 등이다. 한숭희(2006)는 평생교육의 씨앗을 뿌린 활동영역으로서 사회교육, 성인교육, 비형식교육 영역에 의미를 부여하면서, 특히 유럽 국가에서 진행된 성인교육에 자유교육과 인문교양교육의 의미가 담겨 있다고 평가하였다. 김종서 외(2009) 또한 영국과 미국 대학의 인문교양교육과 북유럽 국가의 성인교육 실천에서 인문교양교육을 그 특징으로 꼽았다.

그런데 초기 평생교육 이념의 한 축이었던 인문주의는 신자유주의와 세계화의 거센 물결 속에서 부침을 겪었다. 시장을 중심으로 한 경쟁 이데올로기 속에서 인문학은 소위 '돈이 되지 않는 학문'으로 인식되었고 점차 대학 안에 갇히면서 대중들과 멀어져 갔다. 평생교육 영역에서도 인문학 위기로 대표되는 인문주의의 위상 변화에 대해 논의가 진행되어 왔다. 한숭희(2001)는 초기 평생교육 담론이었던 학습사회론적 이상향을 대신하여 OECD가 중심이 된 교육시장에 대한 접근법이 주류를 이루고 있음을 지적하면서 평생학습이 지식기반사회의 국가경쟁력을 위한 인적 자원개발과 같은 맥락을 가지게 되었다고 말한다. 또한 김종서 외(2009)는 한국의 성인 평생교육 또한 개인의 직업능력 향상과 여가활용을 위한 교육프로그램들이 상대적으로 저렴한 가격대의 상품으로서 제공되는 경향이 커지고 있음을 지적하였다. 자기계발과 역량 강화에 대한 요구가 증대되면서 평생교육의 중핵으로서의 인문교양교육이 배제되고 있다는 것이다.

한숭희 · 양은아(2007)는 평생교육을 "일생에 걸쳐 삶과 경험을 성장, 회복, 재구성하는 적극적 활동이며 이 과정에서 이루어지는 학습은 세계 속에 더불어 존재하는 자신의 인간적 존재방식을 성찰하는 구조를 가진다"고 정의하면서 이러한 평생교육은 인간 존재에 대해 지속적으로 성찰하고 삶의 의미를 탐색하는 과정으로서 인문학, 인문학습과 맞닿아 있다고 말한다. 또한 직업능력개발이 강조될수록 인간의 주체적인 인식과 경험의 성장을 보전하는 과정에서 인문학, 인문학습이 시사하는 바가 큼을 지적한다. 정민승(2008)은 인문학적 평생교육운동이 인문학과 교육학 양자에 제공하는 지향점을 주목하면서 인문학의 통합적 · 주관적 · 교육적 특성이 자신과 세계에 대한 의미 있는 질문을 던지는 평생교육운동의 과정 속에서 제대로 복원될 수 있다고 평가한다. 그 밖에 이명준(2000)도

과학기술의 발달로 야기된 개인주의와 인간소외, 도덕성 상실 등을 극복하고 비판적 이성을 함양하는 데 인문교양교육의 중요성을 언급하면서 인간의 외적인 삶의 조건을 충족시켜 주는 직업능력 향상을 강조하는 평생교육뿐만 아니라 인간의 내면과 삶의 의미를 밝혀내는 인문주의적 평생교육이 강조되어야 함을 주장한다.

인문주의와 인문학에 대한 평생교육 영역의 연구들은 평생교육 이념의 인문주의적 가치를 인정하고 인문교양교육이 평생교육의 핵심적인 한 축으로서 직업교육과 함께 상호 성장해야 함을 주장하고 있다. 특히 직업능력개발에 편중된 성인교육의 경향성을 경계하면서 초기 평생교육 이념의 근간이 되었던 인문교양교육을 새롭게 해석하고 있다. 또한 최근 평생교육 장면에서 나타나고 있는 인문교양교육에 대한 요구와 구체적 실천들을 예로 들어, 대학의 강단과 학교체제를 뛰어넘어 성인교육의 장(場)에서 새로운 국면을 맞이하고 있다는 점에 주목하고 있다. 하지만 평생교육의 맥락에서 인문학과 인문교양교육을 분석한 개념연구(한숭희 · 양은아, 2007; 정민승, 2008; 이명준, 2000; 김종서 외, 2009)와 소위 실천인문학이라 불리는 비형식 인문교양교육의 가능성을 살펴본 연구(우기동, 2007; 민윤경, 2007)들은 인문주의적 평생교육에 대한 개념연구로서 의의를 가지는 반면 인문교양교육 참여자들의 학습과정과 참여경험을 이해하고 그 의미를 해석하는 데 부족하였다. 인문교양교육 사례들의 상당 부분이 비형식 교육으로 진행되며 학습자의 자발적인 참여로 이루어짐에 따라 구체적인 인문교양교육 사례를 발굴하고 참여자들의 학습동기와 참여경험, 그로 인한 삶의 변화를 연구함으로써 인문주의적 평생교육의 의의를 뒷받침할 수 있을 것이다.

3. 연구방법

이 연구에서는 〈인문학과정〉 5기 참여자들과 서울대 노숙인 생애사 아카이브 중 〈인문학과정〉에 참여한 경험이 있는 사례를 분석하였다. 인터뷰에 참여한 참여자의 기본적인 인적사항을 정리하면 〈표 9-1〉과 같다.

1번부터 6번 사례의 인터뷰는 서울대 노숙인 생애사 아카이브 구축 사업을 통해 진행되었다. 1번 사례의 인터뷰는 노숙인 생애사 아카이브

〈표 9-1〉 연구 참여자 기본 정보

	성명 (ID No)	성별	나이	학력	노숙기간	노숙 이전 직업	인터뷰 시 주거지
1	김수철 (ID 34)	남	55	중졸	14년 6개월	봉제/프레스 공장 노동	쉼터
2	정진환 (ID 56)	남	43	전문대졸	3년 3개월	용산전자상가 직원	고시원
3	신상문 (ID 59)	남	56	대학교 중퇴	2년 7개월	건설회사자재관리/ 밀수업	고시원
4	박재희 (ID 61)	남	56	중졸	2년	맞춤양복점	매입임대주택
5	이재호 (ID 63)	남	54	고졸	3년	의류업체직원/ 선반공장운영	월세
6	김호철 (ID 64)	남	58	중학교 중퇴	10년	인테리어사업	고시원
7	김한결	남	50	초졸	-	요식업	고시원
8	강유민	남	42	고졸	-	-	고시원
9	김시후	남	41	고졸	-	-	월세
10	정우혁	남	44	고졸	-	-	쪽방
11	정가람	남	48	초졸	-	택시기사	고시원
12	이준서	남	52	고교 중퇴	-	-	쪽방
13	박세진	남	45	고졸	-	인테리어사업	고시원
14	유주환	남	49	고졸	-	인테리어사업	쪽방

구축 사업의 초기에 진행된 것으로서 2009년 9월부터 2010년 2월 사이에 이루어졌다. 2번부터 6번 사례의 인터뷰는 교육경험과 관련된 질문을 보완하여 아카이브 구축 사업의 후기에 추가로 이루어진 것으로서 2011년 1월부터 3월에 걸쳐 진행되었다.

7번부터 14번 사례는 공동저자인 김의태가 2009년 12월부터 2010년 3월까지 석사학위논문을 위한 자료수집을 위해 진행한 인터뷰의 대상자들이다. 김의태는 2009년 4월부터 〈인문학과정〉에 자원봉사자로 참여하면서 약 1년 동안 정규 강의와 각종 비정기적 프로그램 등을 참여관찰했으며, 당시 수료 예정자였던 5기 학습자 중 9명을 한 차례씩 인터뷰하였다. 그중 2번 사례에 해당하는 정진환(ID 56)은 노숙인 생애사 아카이브 구축 사업에 별도로 참여하여 인터뷰에 응한 경우이다.

이 장은 〈인문학과정〉을 경험한 14명의 참여자를 대상으로 한 인터뷰 자료와 프로그램 운영과정에서 참여관찰을 통해 얻은 자료를 주로 분석하였다. 분석은 〈인문학과정〉의 운영방식과 강의의 특성, 프로그램의 구조, 노숙인 학습자의 참여경험을 중심으로 진행되었다. 특히, 서울대 노숙인 생애사 아카이브의 심층면담 자료는 노숙인의 자립에 있어서 〈인문학과정〉과 같은 교육프로그램이 어떠한 의미가 있는지, 노숙인 스스로 자신의 교육프로그램 참여경험에 대해 어떠한 의미부여를 하고 있는지에 대한 깊이 있는 분석을 가능하게 하였다. 노숙인 생애사 아카이브 구축 사업을 통해 얻어진 심층면담 자료는 교육경험, 특히 〈인문학과정〉에 대한 참여경험을 서술한 부분을 중심으로 코딩 작업을 진행하였다. 코딩 작업은 구술자의 구술 내용에 핵심 키워드 또는 소제목을 만들어 가는 방식이었으며, 이후 코딩을 반복하면서 연구주제와 관련지어 자료들을 범주화할 수 있었다. 동시에 새롭게 추가된 심층면담 자료를 기존의 자료들과 비교, 분석함으로써 노숙인의 인문교양교육프로그램 참여경험이 노숙인 자립에 주는 함의를 도출해 낼 수 있었다.

4. 〈인문학과정〉의 맥락과 구성

1) 다시서기지원센터의 운영현황

대한성공회유지재단은 1998년부터 노숙인 보호 및 자활지원사업을 서울시로부터 위탁받아 노숙인다시서기지원센터(이하 다시서기센터)를 운영하고 있다. 다시서기센터의 기본 업무는 크게 기획사업, 진료사업, 야간 잠자리 제공 등 응급구호 활동, 상담보호센터 운영 사업으로 나누어진다. 그중 기획사업은 노숙인 현황 조사, 상담소 운영, 거리지원사업, 무료급식, 자활근로, 임시주거지원 등이 있다. 진료사업으로는 노숙인을 위한 진료소 운영과 병원의뢰서비스, 결핵치료 지원, 안과 진료 및 안경 지원을 진행하고 있다. 상담보호센터에서는 일자리 제공, 생활보호시설 연계 등의 사업을 하고 있다. 다시서기센터는 노숙인의 자활과 근로 의욕 고취, 자립적 경제활동을 위해 2009년에는 매입임대주택 입주자를 대상으로 맞춤직업교육을 지원하였다. 또 새희망고용지원센터를 설치해 취업의욕증진프로그램과 취업지원프로그램 제공, 지역취업박람회 참가, 구인 · 구직 만남의 날 개최 등 실질적인 일자리 지원을 위해 노력하고 있다. 이외에도 노숙인의 단도박(斷賭博) 프로그램, 알코올중독 치료프로그램, 마음나누기, 교육용 영상물 상영, 건강교육프로그램 등을 제공하고 있다(서울특별시립다시서기상담보호센터, 2010). 그러나 이 프로그램들은 대부분 일회적인 특강 형태로 참여 노숙인들 또한 프로그램에 대한 기대나 참여 목적이 뚜렷하지 않은 경우가 많다. 프로그램 자체가 일정 기간 이상 진행되는 것이 아니라 하루, 한두 시간에 걸친 집체교육이 대부분이기 때문에 노숙인의 자활의지를 높이는 데 실질적인 효과를 기대하기 어려운 것이다. 다시 말해 노숙인의 자립과 자활을 위한 전환점 또는 계기가 되기에는 다소 한계가 존재하였다.

2) 〈인문학과정〉 탄생 배경과 운영 목표

2005년 다시서기센터 소장이었던 임영인 신부는 미국의 클레멘트 코스(Clemente Course)를 모델로 한 〈인문학과정〉을 기획하였다. 클레멘트 코스는 언론인이자 사회비평가인 얼 쇼리스(Earl Shorris)가 지역의 대학들과 함께 실시한 인문학교육프로그램으로 노숙인과 도시빈민, 재소자 등 소외계층을 대상으로 정규 대학 수준의 인문학 강좌를 제공하는 것이었다. 임영인 신부는 노숙인이 노숙상태를 벗어나 자신이 속한 공동체의 당당한 일원으로 거듭나는 데 있어 잠자리와 일자리, 먹거리와 의료 등의 복지서비스만으로는 부족하며, 물질적인 혜택뿐만 아니라 자존감의 회복이 가장 절실하다고 역설하였다(임영인, 2007). 또한 노숙인과 빈곤의 문제는 노숙인 개개인의 능력과 의지 부족에서 기인하기보다는 기회의 박탈을 통한 사회적 배제가 핵심 요인이라고 지적하면서 그들의 자존감 회복을 위해 인문교양교육이 필요함을 주장하였다(임영인, 2006). 다시서기센터는 인문학교육을 통한 노숙인의 자존감 회복과 지역사회 통합을 목표로 2005년 9월 〈인문학과정〉을 개설하였다. 2008년부터 서울시가 운영하고 있는 〈희망의 인문학〉의 모델이 되었던 〈인문학과정〉은 2012년 10월 현재 8기가 운영되고 있으며 7기까지 기수마다 11~21명씩 모두 111명의 수료생을 배출하였다.

『2009년 사업보고서』는 〈인문학과정〉의 목적을 "성찰과 소통을 통해 노숙인 스스로 문제를 회복하고, 정체성과 자존감을 회복하여 사회와의 올바른 소통을 통해 사회로 복귀할 수 있는 기회를 부여하는 것"으로 밝히고 있다. 〈인문학과정〉의 세 가지 목표는 인문학적 소양과 철학적 사유를 위한 교육적 목표, 주거생활 정착과 경제적 자활을 위한 경제적 목표, 주체적인 삶과 지역사회에의 통합을 위한 사회적 목표이다. 〈인문학과정〉은 교육프로그램임에도 교육적 목표뿐 아니라 경제적 · 사회적 목표를 함께 설정하고 있다. 즉, 참여자의 내면적 성장뿐만 아니라 공동체적 삶을 추구한다는 점에서 개인적 차원을 넘어 사회적 차원의 교육을 지향하고 있다. 또 〈인문학과정〉 이후에 노숙인들의 자활에 이르기 위한 실질적인 경제적 지원 프로그램도 기획해 더욱 종합적인 노숙인 지원을 모색하였다.

3) 〈인문학과정〉의 운영방식 및 구성원의 역할

(1) 운영방식

〈인문학과정〉은 2008년부터는 1년 동안 2학기 과정, 입학 정원 25명으로 운영되고 있다. 교육과정은 철학, 예술사, 문학, 한국사, 글쓰기 Ⅰ, 글쓰기 Ⅱ로 구성되어 있는데 과목별로 15회의 강의가 이루어진다. 일주일에 3회 2시간씩의 강의가 진행되며, 대학 수준의 강의 내용을 원칙으로 한다. 그 밖에도 현장학습과 문화체험, 하계 MT와 졸업여행, 그리고 방학 글쓰기 프로그램을 병행하고 있다(표 9-2). 〈인문학과정〉을 이수한 졸업생들의 적극적인 요구로 2009년에는 〈HK문명학교 성프란시스 인문학 심화과정〉이 개설되었다. 서울대학교 인문학연구원과 함께 진행되는 심화과정은 한국연구재단의 시민인문강좌지원사업의 하나로 학기당 10강, 1년간 총 20강으로 진행되며, 2012년 현재 〈인문학과정〉 졸업생과 8기 학습자를 합하여 평균 15~20여 명이 참여하고 있다.

〈인문학과정〉에 참여하는 노숙인 학습자는 서류지원과 면접을 통해 선발된다. 면접에는 성프란시스대학 학장인 다시서기센터의 소장과 담당 실무자, 교수진이 참여하며, 지원자의 지원동기와 참여에 대한 의지 등을 심사한 후 최종적으로 25명을 선발한다. 〈인문학과정〉 4기까지는 입학 정원이 20명이었으나 지원자 수가 늘어남에 따라 5기부터 입학 정

〈표 9-2〉 〈인문학과정〉 세부 일정

2월	3~7월	8월	9~12월	1월	2월
지원 및 면접	1학기 철학/문학/글쓰기 Ⅰ	하계 MT	2학기 한국사/예술사/글쓰기 Ⅱ	졸업여행	졸업식

원을 25명으로 늘려 선발하고 있다.

(2) 구성원과 그 역할

〈인문학과정〉의 교수진은 서울대를 비롯한 서울 소재 대학에서 강의하고 있는 5명의 교수로 구성되어 있다. 2012년 현재 〈인문학과정〉 8기 과정에 참여하고 있는 교수 중에는 2기 과정부터 참여해 온 교수가 포함되어 있으며 나머지 교수들 또한 〈인문학과정〉에 3년 이상 참여하고 있다. 교수들은 대부분 임영인 신부가 직접 섭외 요청을 하여 참여하게 되었으며, 자신이 맡은 교과를 강의할 뿐만 아니라 〈인문학과정〉의 운영위원으로서 운영 방향과 방식을 기획하며 현장학습과 문화체험에도 적극적으로 참여하여 노숙인 학습자들과 긴밀한 유대관계를 형성하고 있다. 또한 다른 교수의 교과에서 진행하는 현장학습과 문화체험에도 자발적으로 참여하며, 글쓰기를 담당하는 교수는 〈인문학과정〉의 풍물동아리에 학습자들과 함께 참여하고 있다.

다시서기센터 실무자 중 2명이 〈인문학과정〉 담당자로 근무하고 있으며, 그중 1명은 2009년 6월에 장소를 새롭게 이전한 인문학 강의실에서 상근자로서 일하고 있다. 담당자들은 교수진과 다시서기센터, 노숙인 학습자 사이의 교량 역할을 하고 있다. 또 출결관리, 상담, 자활근로사업 참여지원, 자원봉사자에 대한 사전교육과 관리를 맡고 있다. 다시서기센터는 타인에 대한 경계심이 강한 노숙인의 특성과 함께 자원봉사자의 빈번한 교체로 인한 혼란을 염려하여 다른 사업과 달리 〈인문학과정〉에는 자원봉사자의 참여를 제한해 왔다. 하지만 노숙인 학습자가 〈인문학과정〉의 핵심 교과인 글쓰기 교과에 참여하는 과정에서 큰 어려움을 겪자 2008년 시범적으로 자원봉사자 1명을 참여시킨 뒤 2009년부터는 공식적으로 자원봉사자를 모집해 그 수를 5명으로 늘렸다. 2012년 현재 〈인문학과정〉에 참여하는 자원봉사자들은 대학생과 대학원생, 초등학교 교사를 포함하여 총 5명이며, 그중 3명은 2년 이상 자원봉사 활동을 지속하고 있다. 자원봉사자들은 학기 중에는 노숙인 학습자와 함께 수업에 참여하고, 특히 노숙인 학습자의 글쓰기 과제 수행을 돕는다. 여름방학 기간에는 노숙인 학습자와 짝을 이루어 글쓰기 프로그램을 진행하는 등 그 역할의 비중이 점차 높아지고 있다.

4) 프로그램의 구조: 강의실 안과 밖

(1) 강의실 안 ― 정규교과

〈인문학과정〉의 교육과정은 강의실 안팎을 넘나든다. 교육과정을 구성하는 것은 크게 정규과정과 심화과정, 문화체험학습, 글쓰기 프로그램으로 나눌 수 있다. 정규과정의 경우 한 학기에 3과목 15강좌씩 진행되는데 글쓰기의 경우 1, 2학기에 걸쳐 강의가 진행된다. 나머지 철학, 문학, 예술사, 한국사가 2과목씩 한 학기에 강의를 진행하며 강의실에서뿐만 아니라 영화관, 미술관, 사찰과 전시관 등에서 문화체험학습을 병행하는데 정규과정이 이루어지는 평일뿐 아니라 주말에도 진행되곤 하였다(표 9-3, 9-4).

철학 강의는 『청소년을 위한 윤리학』, 『청소년을 위한 정치학』과 『가치는 어디로 가는가?』 등의 서적을 편집, 새롭게 교재를 구성하여 사용하며, 일방적인 강의보다는 교수와 학습자 간 질의응답으로 진행된다. 노숙인 학습자들은 매주 교재의 한 단원을 읽고 짧게라도 자신의 느낌이나 생각을 작성해야 한다. 〈인문학과정〉 초기 학습자들은 스스로 생각하고 자신의 생각을 표현하고 주장하기보다는 교수의 입장과 해석을 듣고자 하는 경향이 강하였다. 교수라는 직책이 가지는 권위를 지나치게 의식했기 때문에 교수가 말하는 내용을 일종의 '답'으로 인식하곤 하였다. 하지만 노숙인 학습자들은 '행복한 삶이란 어떻게 사는 것인가', '내가 살아가는 이유는 무엇인가', '어떻게 사는 것이 옳은 것인가'라는 질문들을 통해 끊임없이 '나'라는 존재와 마주하게 되면서 자신을 성찰하고 스

〈표 9-3〉 〈인문학과정〉 5기 1학기 정규과정 커리큘럼

<table>
<tr><th></th><th>문학</th><th>철학</th><th>글쓰기 1</th></tr>
<tr><td rowspan="2">1강</td><td colspan="2">무엇을 알아야 하는가</td><td rowspan="2">인문학과 글쓰기, 왜 쓰는가</td></tr>
<tr><td>인문학이란 무엇인가</td><td>윤리학의 시작</td></tr>
<tr><td rowspan="2">2강</td><td colspan="2">우리는 무엇에 의해 행위하는가</td><td rowspan="2">단어의 장(場)
- 단어 속성 써보기</td></tr>
<tr><td>플라톤: 『동굴의 우화』
니체: "최대의 중량"</td><td>명령과 관습과 기분</td></tr>
<tr><td rowspan="2">3강</td><td colspan="2">나는 무엇을 원하는가</td><td rowspan="2">단어의 속성 1
- 단어에 장소와 시간 부여하기</td></tr>
<tr><td>셰익스피어: 『햄릿』</td><td>네가 원하는 일을 해라</td></tr>
<tr><td rowspan="2">4강</td><td colspan="2">어떻게 살아야 하는가 1</td><td rowspan="2">단어의 속성 2
- 단어 속성 대화 만들기</td></tr>
<tr><td>황석영: 『아우를 위하여』</td><td>멋진 삶을 위해</td></tr>
<tr><td rowspan="2">5강</td><td colspan="2">어떻게 살아야 하는가 2</td><td rowspan="2">단어의 본성
- 고흐의 "낡은 구두"와 문익환의 "난 발바닥으로"</td></tr>
<tr><td>영화: 〈일 포스티노〉</td><td>깨어 있는 자</td></tr>
<tr><td rowspan="2">6강</td><td colspan="2">내 안의 희미한 소리</td><td rowspan="2">문학과제 개별 첨삭 1</td></tr>
<tr><td>소포클레스: 『안티고네』</td><td>귀뚜라미 소리</td></tr>
<tr><td rowspan="2">7강</td><td colspan="2">나와 같은 그러나 나와 다른 사람들</td><td rowspan="2">문장의 장(場)
- 무너뜨릴 수 있는 것, 펄럭거리게 만들고 싶은 것에 대한 문장 쓰기</td></tr>
<tr><td>루쉰: 『아Q 정전』</td><td>역지사지</td></tr>
<tr><td rowspan="2">8강</td><td colspan="2">모두를 위한 한 사람과 한 사람을 위한 모두 1</td><td rowspan="2">띄어쓰기 맞춤법</td></tr>
<tr><td>토머스 모어: 『유토피아』</td><td>보편선거</td></tr>
<tr><td rowspan="2">9강</td><td colspan="2">모두를 위한 한 사람과 한 사람을 위한 모두 2</td><td rowspan="2">철학과제 개별 첨삭 1</td></tr>
<tr><td>실러: 『환희의 송가』
보르헤스: 『의로운 사람들』</td><td>그래서 우리는 여기에 모였다</td></tr>
<tr><td rowspan="2">10강</td><td colspan="2">모두를 위한 한 사람과 한 사람을 위한 모두 3</td><td rowspan="2">문장의 기본 형식
- 소망글 쓰기</td></tr>
<tr><td>조영래: 『전태일 평전』</td><td>복종과 저항</td></tr>
<tr><td rowspan="2">11강</td><td colspan="2">진정한 즐거움을 위해 1</td><td rowspan="2">수사법
- 내가 아닌 다른 무엇이 되어 글쓰기</td></tr>
<tr><td>임어당: 『생활의 발견』</td><td>즐거움</td></tr>
<tr><td rowspan="2">12강</td><td colspan="2">진정한 즐거움을 위해 2</td><td rowspan="2">문학과제 개별 첨삭 2</td></tr>
<tr><td>생텍쥐페리: 『어린 왕자』</td><td>세상의 부</td></tr>
<tr><td rowspan="2">13강</td><td colspan="2">진정한 즐거움을 위해 3</td><td rowspan="2">글의 구성</td></tr>
<tr><td>영화: 〈글루미 선데이〉</td><td>전쟁과의 전쟁</td></tr>
</table>

	문학	철학	글쓰기 1
14강	책임과 결단의 주체로		철학과제 개별 첨삭 2
	괴테:『파우스트』	자유냐 행복이냐	
15강	종합토론		

〈표 9-4〉〈인문학과정〉 5기 2학기 정규과정 커리큘럼

	예술사	한국사	글쓰기 2
1강	강의 소개	사찰문화로 만나는 불교의 마음 Ⅰ - 석가의 일생과 불교사상의 핵심	1학기 강의 내용 리뷰 & 지리산 MT 단상
2강	예술사 개관 Ⅰ - 고대와 중세		시 개론
3강	예술사 개관 Ⅱ - 근대	사찰문화로 만나는 불교의 마음 Ⅱ - 사찰 답사	시조 감상
4강	예술사 개관 Ⅲ - 현대	조선 후기 전통회화의 이해 Ⅰ - 전통회화의 기초 이해	시 감상
5강	자화상	조선 후기 전통회화의 이해 Ⅱ - 겸재 정선과 단원 김홍도	『삼포로 가는 길』 영화 감상
6강	삶과 죽음	조선 후기 전통회화의 이해 Ⅲ - 단원 김홍도와 혜원 신윤복	예술사 에세이 발췌 글 읽고 토론
7강	행복	궁궐로 만나는 조선의 문화 - 궁궐문화의 기초 이해	산조의 이해
8강	세계와 나	현장학습: 서대문형무소 역사관 답사	종합 토론과 개별 글 심층 첨삭 1
9강	계몽을 위한 예술, 선전을 위한 예술	현장학습: 경복궁 답사	『난장이가 쏘아올린 작은 공』
10강	나는 고발한다!	친일문제란 무엇인가 Ⅰ - 친일파란 누구인가	시 감상
11강	고독과 좌절, 불안, 침묵	친일문제란 무엇인가 Ⅱ - 친일청산의 의의	시 감상
12강	자신을 표현하기	역사의 화해와 용서: 5 · 18 광주민주화항쟁 Ⅰ	『역사란 무엇인가』, E. H 카 발췌
13강	타인을 이해하기, 참된 대화의 시작	역사의 화해와 용서: 5 · 18 광주민주화항쟁 Ⅱ	『뜻으로 본 한국 역사』, 함석헌 발췌
14강	발표수업 - 내가 생각하는 예술	나의 역사 쓰기 - '내가 만일 ~더라면' 발표수업	종합 토론과 개별 글 심층 첨삭 2
15강	정리 토론		1 · 2학기 강의 내용 총 리뷰

스로 생각하고 판단하는 경험을 갖게 되었다. 이러한 경험의 과정에서 노숙인 학습자들은 "일주일 동안 잠을 못 이룰 정도의 충격"을 받았다고 말하였다.

> 뭐 성명학 이런 걸로 생각을 했지, 철학을 문학 쪽에서 파생되어서 자아성찰을 하고 그런 걸 전혀 생각하지 못했죠. 못했는데 철학 중에서도 어느 대목 때문에 내가 좀… 충격을 받았냐 하면, 존재세(存在稅)[1]. 박남희 교수님의 존재세… 거기에서 내가… 깨달았다고 그러면 남들이 들으면 지가 강의 한번 듣고 뭘 깨달아 이러겠지만, 깨달음이라는 건 그게 아니거든요. 깨달음이라는 건 내가 느끼고 내가 받아들이는 게 깨달은 거예요. (이준서)

문학 강의는 『객지』, 『안티고네』, 『전태일 평전』, 『어린 왕자』, 셰익스피어의 4대 비극 등을 교재로 사용했으며, 매주 문학작품을 읽어 오는 것이 과제로 주어졌다. 또한 마이클 래드포드 감독의 〈일 포스티노〉, 롤프 슈벨 감독의 〈글루미 선데이〉 등의 영화를 감상하기도 하였다. 강의 시간은 학습자들이 각자 인상 깊었던 구절이나 단어를 발표하고 그것과 관련한 자유로운 감상평을 나누는 것으로 이루어졌다. 문학작품을 통한 강의는 작품 속 인물과 스토리와 관련하여 '나였다면 어떻게 하겠는가', '그 상황과 비슷한 경험은 무엇이었느냐'는 질문을 던지게 하였다. 철학 강의와 같은 주제를 설정하여 교과목 간 통합을 유도했기 때문에 문학 강의 또한 학습자로 하여금 자신을 성찰하고 타인과 사회와의 관계를 이해하는 경험을 제공하고자 하였다.

---

1 인간은 존재하는 것 자체로서 타인 또는 다른 존재에 대한 의무와 책임을 가진다는 의미. 이는 레비나스의 윤리철학 관점과 관계되는 것으로서, 인간은 '타자에 대한 응답'의 책임이 있고 타인의 타자성을 인식함으로써 자신의 존재 가치와 정체성 또한 존재할 수 있다는 입장을 반영.

글쓰기 강의는 『시 읽는 기쁨 1, 2』, 『난장이가 쏘아올린 작은 공』, 『글쓰기 공중부양』 등을 교재로 활용하였다. 글쓰기는 〈인문학과정〉에서 핵심적인 위치를 차지하고 있다. 그래서 다른 과목과 연계하여 운영되기도 하였다. 각 과목의 과제가 글쓰기 강의의 소재로 활용되기도 했고, 학습자 자신의 글을 첨삭 받는 시간도 있었다. 특히 2학기 글쓰기 강의는 매시간 세 편의 시를 함께 읽고 짧은 감상평을 즉석에서 작성하여 토론을 진행하기도 했고, 예술사 강의와 함께 '자화상' 등의 주제어를 가지고 시조 또는 시를 작성하여 각자 발표하는 시간도 자주 가졌다. 학습자들은 〈인문학과정〉 초기 글을 쓴다는 것에 대한 부담감을 극복하고 글쓰기의 "마력"을 느끼는 과정 속에서 글쓰기를 "배워 가지고 직접 할 수 있는 것"으로 인식하면서 일종의 성취욕을 경험하기도 하였다.

> 골치가 아프기는 하지마는 글쓰기가 그냥, 해 보지 않은 걸 갔다가 글쓰기 방법을 알고 그런 게 도움이 됐지. [중략] 배우고 나서 보니까 배운 게 내가 딱 이제 배워 가지고 직접 할 수 있는 거. 내가 철학을 들었지만 내가 철학에 대해 논할 수도 없고, 문학을 들었지만 내가 작품이 어떻다 평론할 수도 없고, 한국사 뭐 근대사 들었지만 내가 그걸 설명하는 건 안 되고. 예술사도 마찬가지이고 그림이 어떻다 말 못하고. 글쓰기는 조금이라도 나한테 도움이 됐으니까. (정가람)

예술사 강의는 『영혼의 편지』, 『새롭게 이해하는 한 권의 미술사』 등의 교재뿐 아니라 그림과 사진 등 다양한 자료를 활용하였다. 예술사를 지나치게 이론적으로 접근하는 것을 피하고자 예술사 담당 교수는 작품에 대한 구체적인 설명과 해석을 미리 제시하지 않았고, 심지어 작품명과 작가를 밝히지도 않았다. "이 그림을 보면 어떤 생각이 드는가", "이 작품은 무엇을 이야기하고 있다고 생각하는가"라는 질문을 통해 학습자 자신의 관점으로 예술을 이해하고 해석하는 경험을 제공하고자 하였다.

그리고 학습자들의 관점은 자연스럽게 강의의 소재가 되기도 하였다. 특히 지속적인 조별 토론을 통해 자신의 생각과 관점을 자유롭게 표현함과 동시에 타인의 생각과 관점을 접하면서 "새로운 세계"를 경험하기도 하였다.

> 아 새로운 세계죠, 새로운 세계. 새로운 세계고 야~ 내가 참 개구리였구나, 우물 안 개구리였구나 그런 생각이 많이 들죠. 어떻게 보면 거기서 더 얻는 게, 일주일이 다 풍부해지고 풍요로워지더라니까 아주 이게, 이게 들다 보면… 야~ 이것 참 크게 얻고 가는구나 하나… 이런 세상도 있구나…. (장민혁)

한국사는 『시와 이야기가 있는 우리 역사』와 교수가 준비해 오는 시청각 자료와 유인물을 교재로 활용하였다. 한국사를 담당하는 교수는 역사 속에 그려진 민중의 삶과 시대적 역할에 초점을 두면서, 역사를 공부하는 것은 역사적 지식을 공부하는 것뿐만 아니라 그것과 나와의 관계, 우리에게 주는 의미를 살펴보는 것이 중요함을 강조하였다. 한국사 강의는 단지 역사적 사실을 전달하기보다는 그 역사적 사실을 가능하게 한 배경을 학습자가 추론할 수 있도록 "왜 그랬을까"라는 질문을 던지는 방식으로 진행되었다. 또한 학습자들이 관심을 가지고 있는 사회적 이슈에 대한 자유토론을 통해 나와 사회의 관계, 자신의 삶과 사회적 구조에 대한 관점의 확장을 유도하기도 하였다.

(2) 강의실 밖 — 비정규교과

정규교과 이외에도 〈인문학과정〉의 교육과정에는 심화과정과 문화체험학습, 글쓰기 프로그램 등의 비정규교과들이 존재한다. 이들은 정규교과와 함께 〈인문학과정〉의 근간을 이루며 또한 상호보완적인 관계를 맺는다.

심화과정은 〈인문학과정〉 수료생들이 수료 후에도 배움에 대한 욕구를 충족시킬 수 있도록 마련되었다. 2009년부터 시작된 심화과정은 서울대 인문학연구원의 교수들이 강사로 참여하고 있으며 학기마다 10강좌씩 총 20강좌가 진행된다. 수료생들에게 심화과정은 인문학을 배우고자 하는 사람들이 모이는 자리임과 동시에 일종의 "적(籍)을 두고 있을 수 있는" 공간으로 인식된다. 매시간 새로운 교수가 주로 자신의 연구주제와 관심사를 소개하고 설명하는 방식으로 진행되지만, 정규교과와 마찬가지로 교수와 학습자가 자유로운 질의응답을 통해 토론을 벌이기도 한다.

문화체험학습은 정규교과와 관련한 현장학습과 체험학습으로 구성된다. 현장학습은 주로 예술사와 문학, 한국사 강의와 관련하여 전시회와 연극, 뮤지컬 관람, 문화유적 답사 등이 있으며, 체험학습은 친목과 화합에 초점을 둔 단합대회, 소풍, 체육대회 등이 있다. 노숙인 학습자들은 문화체험학습을 매우 긍정적으로 평가했는데 그 이유는 새로운 문화, 새로운 세계와의 만남이라는 점과 어울림을 통한 인간관계의 회복으로 설명될 수 있다. 〈인문학과정〉 참여자만을 위한 인터넷 카페, 동아리 활동과 함께 문화체험학습은 학습자의 자존감과 참여의식을 높여 주고 교수와 자원봉사자, 실무자와의 인간적인 관계를 형성할 수 있게 함으로써 노숙인들로 하여금 〈인문학과정〉에 지속적으로 몰입할 수 있는 토대가 되었다.

글쓰기 프로그램은 여름방학 동안 자원봉사자와 학습자 5~6명이 한 조가 되어 진행되었다. 매주 최소 한 차례씩 강의실에 조별로 모여 필사(筆寫)를 하거나 함께 선정한 책을 읽고 자유롭게 토론을 하기도 했으며, 졸업문집에 실을 학습자 개개인의 글을 작성하는 것이 과제로 주어지기도 하였다. 자원봉사자들은 학습자들이 작성한 글을 읽고 맞춤법과 띄어쓰기를 교정해 주거나 글에 대한 감상평을 하면서 학습자가 글을 다듬도록 도와주었다. 글쓰기에 부담을 느끼던 학습자들은 "글을 쓸 용기가 생겼다"고 말하면서 점차 글에 대한 거부감을 줄여 갔다. 또한 노숙인 학습자는 자원봉사자를 자신과는 다른 "일반인"으로 인식하곤 했는데, 글쓰기 프로그램을 통해 노숙인 학습자가 자원봉사자와 인간적인 유대관계를 돈독해지는 계기가 되어 〈인문학과정〉에 지속적으로 참여할 수 있는 긍정적인 자극이 되었다.

> 우리 여름방학 때 글쓰기~ 그거 아니었으면 힘들었을 거야, 그거 때문에 좀 재미를 붙였지. 그건(여름방학 글쓰기 프로그램) 아주 도움이 됐어요. 집중하게 된다는 거. 그게 2학기 때까지 연장된 거 같아요. 흥미 잃었던 것을… 신문도 많이 읽고, 그전에는 신문도 안 읽었어, 근데 신문도 많이 보게 되고, 여기 신문 두 개 다 보잖아. 딱 정독하게 되고 그런 것도… 다른 부분에 관심을 가지게 해 줬다는 게, 계기가 된 거 같아요 이게. (장민혁)

5) 강의방식의 특성

수업은 "예술은 무엇이라고 생각하는가?" "당신이 생각하는 예술에는 어떤 것이 있는가?" "예술이라는 단어를 접했을 때 어떤 느낌이 드는가?" 라는 교수의 물음으로 시작되었다. 학습자들이 낯선 질문과 낯선 수업 분위기로 인해 자신의 생각을 표현하지 않거나 자신의 생각을 어떻게 표현해야 할지 몰라 하였다. 학습자들의 무반응에 교수는 성급하게 '답'을 내놓지 않았다. 아니 "답은 없다"고 말하였다. 이윽고 학습자들은 서서히 자신의 생각을 내놓기 시작하였다. "예술은 잘나고 똑똑한 사람들의 취미이다", "나와 관계없는 것이다". 솔직한 학습자들의 대답에 교수는 "네, 그럴 수도 있겠네요."라는 맞장구를 쳤다. 학습자들은 "어디서부터가 예술인지 모르겠습니다. 아름다움이 기준입니까?"라고 물었다. 학습자의 질문에 교수는 질문으로 응수하였다. "사진은 예술인가요?" "영화는 예술인가요?" "멋진 장면을 보면 '우아~ 예술이다'라고 말할 때 그럼 그 장면도 예술인가요?" 보통 사람들이 골똘히 생각할 때 그러한 것처럼 학습자들의 미간은 어느새 찌푸려져 있고 두 눈동자는 오른쪽 위를 향해 있다. "그건 예술이 아니죠", "예술일 수도 있겠네요"라는 학습자들의 반응이 정적을 깬다. 이제는 예술이 무엇인지 말함직도 한데 교수는 또다시 질문을 이어간다. "선생님은 일상에서 예술이란 단어를 어떻게, 어떤 의미로 사용하나요?" (2009년 9월 10일, 〈인문학과정〉 '예술사 강의' 관찰일지 중)

〈인문학과정〉의 6개 과목 모두 학습자의 적극적인 참여를 바탕으로 진행되었기 때문에 대화와 토론식 강의를 기본으로 하였다. 교재 읽어오기, 감상평 작성하기, 질문 만들어 보기 등 과목마다 일정 정도의 과제가 부여되기도 하였다. 교수는 강의 시간에 학습자들에게 윤독을 시키거나 강의 내용과 관련한 적절한 질문을 던졌고, 학습자들이 그 질문에 자신의 생각을 자신 있게 표현할 수 있도록 충분한 여유를 두며 고르게 발표 기회를 주었다. 또한 돌아가면서 자신의 글 또는 과제를 발표하거나 교재를 읽고 자신에게 인상 깊었던 부분을 설명하고 그것에 대한 감상평을 동료와 나누기도 하였다. 조별 토론이 지속적으로 활용되었는데, 노숙인 학습자 중에서 사회자와 서기를 두어 조별 토론 후 그 내용을 정리하여 발표하게 함으로써 서로의 생각과 그 차이를 공유하게끔 하였다.

교수들은 학습자의 질문에 바로 답하기보다는 질문한 노숙인 학습자 또는 동료 학습자들에게 "선생님은 어떻게 생각하시는데요?"라고 반문하였다. 학습자들이 교수라는 권위에 종속되지 않도록 교수 자신의 의견을 즉각적으로 표현하지 않는다. 교수의 대답이 학습자에게 곧 '정답'으로 이해되는 것을 경계하였다. 또한 교수들은 자신의 역할이 지식전달에 있지 않다고 학습자들에게 강조하였다.

우리는 인문학 지식이나 누가 정해 놓은 답을 습득하기 위해 이곳에 있는 것이 아니잖아요. 지식 같은 건 선생님들이 쉽게 찾아서 얻을 수 있어요. 하지만 우리가 여기에 모인 건, 그것이 내 삶에 어떤 영향을 미치고 그것을 통해 나는 어떻게 살 것인가 스스로 답해 보는 연습을 하는 거죠.

(2009년 4월 27일(월), 〈인문학과정〉 '철학 강의' 중 ○○○ 교수)

또한 〈인문학과정〉 강의실 내부의 좌석 배치는 원형이다. 교수와 학습자들이 서로 마주 보고 앉아 자연스럽게 대화할 수 있는 구조는 교수와 학습자, 학습자와 학습자가 서로 일방적인 상하관계가 아님을 상징한다. 다시 말해 모든 학습자가 교수를 바라보게 한 책상 배치와 달리 자리를 원형으로 배치한 것은 교수와 학습자가 동등한 인격체로서 서로의 이야기에 귀 기울이고 자신의 의견을 명료하게 전달함으로써 소통하고 자유롭게 대화하고 토론할 수 있도록 도움을 주었다. 더 나아가 〈인문학과정〉에서 '가르치는 자'와 '가르침을 받는 자'의 구분은 없으며, 교수와 학습자의 관계뿐만 아니라 학습자와 학습자의 관계 또한 엄연히 존재한다.

> 그래서 내가 의자 배치를 원형으로 하잖아요. 선생님들하고 나하고는 이렇게 보면 끝이지만 선생님들끼리도 보면서 그 안에서 당신들끼리도 커뮤니티가 만들어져야 하니까 그래서 의자 배치가 나는 좀 자꾸… 나를 보게 하지 말고 선생님들끼리 좀 보게 해 달라고 하는 거예요. (〈인문학과정〉 철학 담당 교수)

5. 〈인문학과정〉 참여 노숙인의 경험 특성

1) 노숙인의 참여 경로와 동기

(1) 〈인문학과정〉에 대한 정보획득

〈인문학과정〉은 7기까지 수료생을 배출했지만 참여자를 모집하는 것이 늘 어려운 과제였다. 인문학에 대한 생소함과 함께 소위 '노숙인이 무슨 공부냐'는 부정적인 인식이 노숙인들 내부에도 존재했기 때문이다. 그럼에도 불구하고 〈인문학과정〉은 노숙인 참여자를 모집하기 위해 다양한 방법을 활용해 왔다. 쉼터와 노숙인 시설, 자활기관 등에 공문을 보내는 것은 기본이고 서울역 부근 쪽방촌과 무료급식소 주변에 포스터를 부착하거나 거리에서 직접 안내문을 배포하였다. 그뿐만 아니라 다시서기센터가 진행하고 있는 자활근로사업에 참여하는 노숙인에게 KBS에서 방영되었던 다큐멘터리 〈KBS 수요기획, '가난한 자의 철학자 얼 쇼리스의 희망수업'〉(2004년 8월 11일 방영)을 상영하기도 하였다. 특히 최근 소외계층을 대상으로 한 실천인문학에 대한 관심이 높아지면서 각종 언론을 통해 〈인문학과정〉이 소개되기도 하였다. 이처럼 노숙인은 다양한 경로를 통해 〈인문학과정〉에 대한 정보를 얻을 수가 있다.

하지만 공문이나 포스터 등으로 〈인문학과정〉에 대한 정보를 제공하는 것은 현실적인 한계가 있다. 〈인문학과정〉의 교육목표와 커리큘럼, 교육 내용에 관한 상세한 안내는 서류심사와 면접을 통과한 참여자들에게 실시하는 오리엔테이션에서 비로소 공식적으로 이루어진다. 그렇다면 노숙인들은 지원을 결심하기 전에 〈인문학과정〉에 대한 상세한 정보를 어떻게 얻는 것일까? 무엇보다 다시서기센터 관계자 또는 선배 수료생을 통해 상세한 정보를 얻는 경우가 많다. 〈인문학과정〉 5기 입학생 26명 중 10명은 다시서기센터의 관계자를 통해, 8명은 선배 수료생을 통해 〈인문학과정〉에 대해 알게 되었다고 하였다. 노숙인은 동료 노숙인과의 교류와 접촉을 통해 많은 정보를 주고받게 되는데, 2005년 〈인문학과정〉이 시작된 이후 수료생이 늘어나면서 긍정적인 학습경험을 가진 참여자들이 동료 노숙인에게 〈인문학과정〉 지원을 권유하는 경우가 늘어난 것이다. 또한 거리 상담원과 진료소 상담원 등 다시서기센터 관계자들은 센터 내 자활근로사업에 참여하고 있는 노숙인 중 자활의지를 갖고 있고 동료와의 관계가 원만하며 〈인문학과정〉 참여를 통해 긍정적인 변화가 기대되는 노숙인에게 적극적으로 〈인문학과정〉에 지원할 것을 권유한다.

(2) 참여동기

〈인문학과정〉 참여 노숙인들은 인문학 자체에 대한 학문적 관심과 배움에 대한 욕구, 단절된 교육기회에 대한 참여 욕구뿐만 아니라 자신에게 〈인문학과정〉 참여를 권유한 사회복지사와 상담원 등 다시서기센터 관계자의 관심과 배려, 그들에 대한 믿음, 다시서기센터 안팎에서 보이는 〈인문학과정〉 참여 교수들의 성품 등 다양한 이유를 참여동기로 꼽았다. 〈인문학과정〉에 참여하는 노숙인의 참여동기에서 엿보이는 점은 그들에게 배움의 욕구는 지식이나 기술의 습득을 의미하지 않는다는 것이다. 이는 〈인문학과정〉에서 강의하는 교수들이 자신의 강의 목표가 인문학적 지식의 습득이 아님을 강조하는 것과 같은 맥락이다. 〈인문학과정〉 참여 노숙인들은 "지식은 두 번째 차원"이라고 밝히기도 하였다. 오히려 노숙인 학습자들은 〈인문학과정〉 참여를 삶에 대한 성찰과 변화를 위한 기회로서 삼았다. 노숙이라는 극단적 상황과 '노숙인'이라는 사회적 명명으로 인한 정신적 황폐화를 경험한 노숙인에게 생존의 문제뿐 아니라 실존의 문제, 존재의 이유 등에 관한 근원적인 물음과 고민은 절실할 수밖에 없었다. 더구나 자신을 성찰하고 인간다운 삶을 고민할 수 있는 여유와 기회가 절대적으로 부족한 그들에게 자아 존중감의 회복과 내면적 성찰을 목표로 하는 〈인문학과정〉은 삶을 추스르고 변화할 수 있는 계기였다. 인문학 또한 자신의 삶에 대한 근원적인 물음과 대화를 위한 도구이자 통로로 이해되었다. 물론 〈인문학과정〉 참여자는 단 하나의 동기로 참여하는 것은 아니며 다양한 참여동기가 복합적으로 작용한다.

> 내가 인간인가에 대해서 내가 최소한도로, 어떻게 살아야지 인간이 될 수 있다 이런 거… 사람이 짐승과 다른… 사람들은 다 그렇잖아요, 모든 사람들이, 사람이 만물의 영장이라는 거 기본적으로 다 인정하고 살잖아요. 근데 나는 그거 인정할 수 없거든요, 지금까지 세상을 살아 보니 노예 같은 삶에, 아휴~ 육신에… 내가 이대로 죽어 버리면 과연 짐승과 뭐가

다른가 그런 거가 나한테는 가장 절실했어요. [중략] 사람이 죽어도… 자기 자신에게 떳떳할 수 있다면, 또 알고 죽을 수 있다면… 그게 중요해요. 내 자신에 대해서 아는 거. 내 자신을 나는 내가 누구한테 소개할 수 없는 사람이더라구요. 사람이 제일로 부끄러운 게 자기 자신한테 자기 자신을 설명할 수 없을 때에요. 왜 하느님이 나를 사람으로 태어나게 했을까, 굳이… [중략] 내가 참, 사람한테 주는 대로 밥 얻어먹고 노력 안 하고 일 안 하고 살았었거든요. 너무 비참했어요, 진짜 죽고 싶었어요. (김한결)

2) 참여과정의 어려움: 인문학 공부의 내적 갈등

(1) 인문학 공부의 어려움

〈인문학과정〉은 대화와 토론식 수업을 기본으로 하고 있다. 이러한 강의방식은 자신의 의견을 표현하는 데 어려움을 겪는 노숙인 학습자들로 하여금 타인과 자연스럽게 대화하고 토론하면서 타인에 대한 경계심을 허물고 자신감을 회복할 수 있도록 긍정적인 역할을 하였다. 하지만 〈인문학과정〉 초기에 학습자들은 적극적인 참여를 전제로 한 대화와 토론 중심의 강의방식에 어려움을 겪기도 하였다. 자신의 생각을 상대방에게 설명하거나 교재를 읽고 난 후의 소감을 발표하는 것 자체를 어색해하였다. 교수가 직접적으로 자신을 호명하기 전까지 교수의 질문에 침묵으로 대응하고, 자신의 관점과 그 이유를 묻는 집요한 질문들에 "두려움"을 느끼는 학습자도 있었다. 자기 성찰과 자존감의 회복이라는 점에서 가장 중요하게 다루어진 글쓰기 또한 학습자들의 "골치를 아프게" 하였다. 과제를 엄격하게 검사한다거나 해 오지 않았을 때 불이익을 주는 것도 아니었는데 학습자들은 교수를 포함하여 타인에게 자신의 생각과 느낌이 담긴 글을 보여준다는 것에 부담을 느꼈고 '완벽한 무결점의 글'이라는 엄격한 자기 기준을 가졌다.

노숙인 학습자들은 〈인문학과정〉에 참여하면서 현실과의 "괴리감"

으로 인한 어려움도 겪었다. 노숙인 시설과 무료급식소를 찾아다니던 노숙인에게 '아름다운 삶은 무엇인가', '올바른 삶은 무엇인가'와 같은 주제는 일종의 "사치"로 여겨지기도 했고, 삶을 반추하고 성찰하는 과정은 자칫 노숙인 자신이 가진 문제의 근본적인 원인은 자기 자신이라는 오해를 불러일으키기도 하였다. 또한 가정과 사회, 그리고 직업세계에서의 상처를 안고 노숙생활로 접어든 그들에게 자신의 삶을 돌아보는 것 자체가 큰 고통이 되기도 하였다.

〈인문학과정〉 참여 자체가 현실적으로 어려워지는 예도 있었다. 새벽부터 일용직 노동 현장에서 일하다가 시간에 쫓겨 간신히 강의실에 도착하는 학습자도 있었고, 불가피하게 지각이나 결석을 하는 경우도 생겼다. 지방에 새로운 일자리를 구하게 되어 2학기 과정을 이수하지 못한 예도 있었다. 이처럼 경제활동과 학업을 병행하는 문제는 학습자가 〈인문학과정〉을 포기하는 직접적인 이유가 되기도 하였다. 그만큼 노숙인에게 〈인문학과정〉에 참여하는 것 자체는 현실적으로 허락되지 않는, 쉽지 않은 결단을 요구하는 '사건'이다.

> (자활근로비) 39만 원 가지고 힘들거든 생활하기가. 22만 원 방값 주고 담배 사 필려면 한 63,000원 나간단 말야. 2만 원은 저기 통신비, 휴대폰비 나가야 되고. 그럼 얼마 남아, 8만 원 남지. 그러면 39만 원 가지고 생활할 거 같애? 한 달에? 소주 한 잔 못 먹어 제대로. 그러니까 다른 데 찾아야 된단 말야. 이번 달은 어떻게 보면 강의가 계속 있기 때문에 이번 달은 어떻게 꼼짝 못하니까… 강의 때메 안 되고 그거는…. (장민혁)

(2) 〈인문학과정〉 참여에 대한 내적 갈등

상당수의 노숙인은 교육경험이 많지 않다. 〈인문학과정〉 5기생 26명 중 15명은 고등학교를 졸업했으나 초등학교와 중학교만 졸업한 인원이 10명에 이르렀다. 특히 노숙생활로 진입한 이후의 교육경험은 대부분 전

무한 상황이다. 이는 노숙인을 위한 교육프로그램이 거의 존재하지 않는다는 현실에 기인한다고 볼 수 있다. 교육경험의 단절이 장기화한 그들에게 "매일 저녁 2시간씩 강의실 책상과 의자에 엉덩이를 붙이고 앉아 있는 것 자체가 쉽지 않은 일"이다. 이로 인해 〈인문학과정〉 참여자 중 상당수가 지원 당시에 많은 고민과 갈등을 겪는다. 〈인문학과정〉에 지원하기 전 노숙인들이 겪는 내적 갈등으로는 교육프로그램에 참여하는 것에 대한 부담감과 인문학에 대한 생소함, 그리고 〈인문학과정〉에 참여하면서 경제활동을 병행해야 하는 문제 등이었다. 특히 주로 육체노동을 하면서 평일 저녁마다 교육프로그램에 참여한다는 것은 "하루 벌어 하루 먹고 사는 하루살이 인생"의 노숙인들에게 절대 쉽지 않은 결정이다. 당장 의식주 해결이 절박한 노숙인이 '공부'라는 또 다른 부담을 감수하기에는 심리적 여유가 없었던 것이다.

> 사실은 처음에는, 내가 무슨 공부야~ 그렇잖아, 나이 50 먹어 가지고 무슨 공부냐~ 내가 무료급식소에서 밥 얻어먹고 다니면서. 시간 있으면 일용직이라도 하루라도 나가야지~ 하고 있었는데. (이준서)

〈인문학과정〉에 참여하면서 경제활동을 병행하는 부담은 〈인문학과정〉에 참여하는 중에도 계속되었고, 때로는 〈인문학과정〉 참여와 경제활동, 이 두 가지의 선택지 중 하나만을 선택하도록 강요하는 요소로 작용하였다.

3) 〈인문학과정〉 참여경험의 특성과 그로 인한 변화

〈인문학과정〉에 참여하는 노숙인 학습자들의 참여경험 특성은 세 가지로 요약될 수 있는데 첫째, 〈인문학과정〉에 참여하는 노숙인은 '경계'에 서 있는 학습자라는 점, 둘째, 〈인문학과정〉의 대화와 토론, 글쓰기경험 등은 노숙인 학습자의 생애경험과 맞물리면서 노숙인으로 하여금 실존적 대화의 경험을 유도한다는 점, 마지막으로 〈인문학과정〉에 참여하는 노숙인은 〈인문학과정〉이라는 일종의 생활세계 속에서 타인과의 갈등을 경험하고 동시에 그 갈등을 해결하는 과정을 학습한다는 점이다.

(1) '경계'에 서 있는 노숙인 학습자

〈인문학과정〉에 참여하는 노숙인 학습자들은 노숙생활에 젖어 있는 다른 노숙인들과 자신을 구분하였다. 〈인문학과정〉 참여자 선발과정에서 지원자의 참여의지와 성실성은 매우 중요한 기준이기 때문에 〈인문학과정〉에 참여한다는 사실은 노숙생활을 벗어나기 위한 첫걸음이기 이전에 삶에 대한 의지 없이 노숙생활에 젖어 있는 거리노숙인과 구분되는 공식적인 인증인 셈이다. 하지만 〈인문학과정〉에 참여하는 노숙인은 여전히 노숙세계에서 완전히 벗어날 수 없었다. 여전히 불안정한 주거문제와 일자리 문제를 갖고 있었고, 그들의 일상은 서울역을 기점으로 한 노숙세계의 영역에서 이루어졌다. 〈인문학과정〉에 참여하는 노숙인은 노숙과 탈노숙 사이에 존재하는 보이지 않는 일종의 '경계'에 서 있는 것이다. 노숙인 학습자는 "노숙생활에서 어떻게든 벗어나려는 입장"을 가지면서도 다른 노숙인들과의 교류와 접촉을 통해 끊임없이 흔들리면서 '자기 안의 투쟁'을 지속하였다. 하지만 '경계'에 있기 때문에 노숙세계에서의 경험과는 다른 경험을 하게 되기도 하였다. 이런 경계에서의 구분 경험은 〈인문학과정〉이 초기 다시서기센터 건물에서 진행되다가 독립 건물에서 자체 강의실을 확보하면서 더 분명해졌다. 독립 건물의 자체 강의실이 "우리만의 공간"이라는 물리적 공간으로서의 의미뿐만 아니라 삶의 변화 의지를 갖춘 동료 노숙인과의 유대감과 공동체성 등을 경험할 수 있는 심리적 · 정서적 공간으로 작용했기 때문이다. 이들은 이를 "사랑방", "적(籍)을 두고 있다" 등으로 표현하였다.

> 무조건 뭔 일 있으면 궁금하면 무조건 수업실로 오고, 전화하면 수업

> 실로 누구 있나 물어보고. 얘기도 한번 하고. 사랑방 역할을 하고 있는 것 같아요. [중략] 아무래도 인문학 얘기를 많이 하죠, 수업 얘기를. 우리는 공간에 따라 하는 얘기가 틀려지거든요. 방에 가면 수업 얘기 잘 안 하고. 오늘 얼마 벌었느니 뭐 내일은 어디를 갈 거니, 경마를 할 거니, 술을 먹었거니. 어제 뭐 어떻게 됐거니 이런 이야기를 하는데, 대낮에 벌건 대낮에 그런 진지한 시간을 개인적으로 가지니까. (김시후)

새롭게 확보된 물리적 · 정서적 공간은 노숙인 학습자의 의지를 강화시키고 인문학 공부에 몰입하도록 하는 요소로 작용하였다. 결과적으로 〈인문학과정〉은 노숙인 학습자로 하여금 자신이 속한 노숙세계에서 벗어나 새로운 삶의 가능성을 확인할 수 있는 공간으로서의 의미가 있게 되었다. 즉, 노숙인 학습자는 〈인문학과정〉을 통해 완전한 탈노숙은 아니더라도 노숙과 탈노숙의 경계선 위로 이동할 수 있었다고 볼 수 있다.

(2) 실존적 대화와 삶에 대한 성찰

〈인문학과정〉에 참여하는 노숙인들은 실존적 대화의 경험을 하게 되면서 점차 자신의 삶을 성찰하고 대면하였다. "인간은 어떻게 살아야 하는가?", "가족과 사랑하는 이에게 어떻게 살아야 한다고 말하고 싶은가?", "내 삶의 철학은 무엇인가?"라는 강의의 주제들은 기본적인 의식주조차 스스로 해결하기 어려운 상황의 노숙인에게 공염불로 여겨지기도 하였다. 하지만 자신의 경험을 되돌아보고 타인과 대화하는 과정에서 담당 교수가 이런 물음을 통해 요구했던 인문학적 성찰이 자신의 삶과 유리된 사치스러운 사유놀이가 아님을 깨닫게 되기도 하였다. 그들이 가진 삶의 상처가 인간의 실존과 관련한 중요한 대화 소재가 되기도 하였다. 사회와 제도로부터 철저히 소외된 노숙인에게 과거와 죽음, 인간존재의 가치, 윤리성에 대한 질문들이 더욱 절실했던 것이다. 자신의 존재가치마저 부정당했던 노숙인에게 "나는 누구인가?"라는 인문학적 성찰은 더는 피할 수 없는 질문이기도 하였다. 오랜 기간 실업상태에 놓여 하루에 한 끼 먹기도 어려운 생활을 하던 중 인력시장에서 걸려 온 전화를 받고 판자촌 철거용역을 나갔을 때를 회상하며 "그때 나는 어떻게 해야 했습니까?"라는 물음을 던졌던 한 노숙인 학습자의 이야기는 나와 타인의 생명, 삶을 놓고 둘 중 하나를 선택할 수밖에 없는 그들의 고통스러운 삶을 그대로 보여준다.

> 직장을 잃고 오랜 시간 일거리를 찾지 못해 하루 한 끼 먹기도 힘든 하루하루였습니다. 이대로면 죽을 것 같을 정도로 힘들었습니다. 그런데 어느 날 인력시장에서 걸려온 전화 한 통에 한걸음에 달려갔더니 판자촌 철거용역 일이었습니다. 그때 나는 어떻게 해야 했습니까? (2009년 4월 29일(수), 1학기 '문학' 6강 수업 중)

이처럼 "삶의 저 밑바닥까지 추락한" 노숙인에게 인간의 실존에 대한 질문은 더는 회피할 수 없이 삶과 존재에 대한 '대면'을 강요하였다. 그 대면을 통해 노숙인 학습자는 그동안 노숙이라는 극도로 열악한 삶의 조건으로 인해 외면할 수밖에 없었던 인간의 본성과 양심, 삶의 가치에 대해 고민하게 되었다. 〈인문학과정〉에 참여하는 노숙인 학습자들은 대화와 토론뿐만 아니라 글쓰기 경험을 통해서도 이와 같은 실존적 대화를 경험하였다. 노숙인 학습자들에게 〈인문학과정〉의 핵심이었던 글쓰기는 자신의 삶과 실존에 대한 문제를 직시하고 자신과 대화하기 위한 하나의 도구로 기능하였다. 〈인문학과정〉 초기 노숙인 학습자들은 교수와 자원봉사자들의 심리적 지지를 통해 글쓰기에 대한 거부감을 극복하면서 "마법의 사슬"처럼 과거와 현재, 그리고 미래를 이어주는 성찰적 글쓰기를 경험하였다. 그리고 그 과정에서 글쓰기는 노숙인 학습자가 가진 삶의 상처를 치유하는 "약"이 되기도 하였다.

> 저 솔직히 말하는데요, 우리 아버지 어머니가 굉장히 창피했어요. 왜 창피했냐면요, 애 많이 난 거 창피하고 가난한 거 창피하고 무식한 거 창피하고 또 제일로 창피한 건요, 나를 버린 것에 대한 창피. 나를 책임지지 못한 것에 대한 창피. 그런 거 있었어요. 그런 것이 치유되지 않는 상태에서는 제가 인간으로서 똑바로 설 수가 없었어요, 솔직히… 지금은 우리 엄마 아버지가… 제 삶 속에 있어요. 받아들였어요, 제 삶 속에… 어머니가 제 삶 속에 들어왔고 아버지가 제 삶 속에 들어왔고… [중략] 그러기 위해서 제가 많이 아팠고 사실은… 제가 창피한 거 다 끄집어냈잖아요. 친구들은 그 과정도 제가 너무 잘나서 그런다고~ 하하. 내가 기가 막혔어요, 그거 보고. 이야~ 니가 한번 해 봐라, 너 이거 쓰는데 눈물 안 나나. 난 눈물로 PC 앞에 앉거서(앉아서) 눈물로 쓴 거거든요, 고백한 거거든요. 제가 기도하는 심정으로 항상 글을 썼고, 눈물이 많이 났고…. (김한결)

(3) 관계의 복원과 확장

〈인문학과정〉에 참여한 노숙인 학습자들은 '관계중심'의 참여과정을 통해 관계의 복원과 확장이라는 경험을 하였다. 〈인문학과정〉은 노숙인 학습자들 사이에 갈등의 생성과 관계의 변화를 촉진하면서 학습과정에 큰 영향을 미쳤다. 〈인문학과정〉이 노숙인 학습자들에게 일종의 생활세계로서 존재했기 때문이다. 1년이라는 교육기간 동안 학습자들은 강의가 있는 평일 저녁 시간뿐만 아니라 오전과 낮 시간대에도 인문학 강의실을 도서관이자 '사랑방'으로 사용하였다. 노숙인 학습자들은 강의실 한쪽을 가득 메운 서적을 읽기 위해 아침 일찍 강의실로 나왔고, 자원봉사자와 글쓰기 과제를 하기도 했으며, 동료 학습자들을 만나기 위해서 강의실로 찾아오기도 하였다. 노숙인 학습자의 생활 반경이 인문학 강의실을 중심으로 재설정된 것이다. 그곳에서의 화두는 '관계'였다.

삶의 터전과 인간관계라는 자신의 물적 · 정신적 토대를 상실한 노숙인은 자신을 감추거나 반대로 공격적으로 드러냄으로써 타인에 대한 경계심을 표출하곤 한다. 이 경계심은 일종의 자기보호기제이기도 하다. 〈인문학과정〉에 참여한 노숙인들도 교수와 자원봉사자, 심지어 동료 학습자에게도 경계심을 보였고, 첫 강의 시간부터 상대와 '기싸움'을 벌이기도 하였다. 새로운 실무자와의 대화와 소통에 어려움을 겪기도 했고 동료 학습자들과 사소한 오해로 관계가 멀어지기도 하였다. 〈인문학과정〉이라는 새로운 생활세계에서 자신의 존재 가치를 무시하거나 심리적 타격을 주는 갈등상황에 예민하게 반응했고 자신을 '숨기는 전략'을 택하기도 하였다. 강의에 나오지 않거나 잠적을 하기도 했고 인터넷 카페에 올린 자신의 글을 모두 삭제하거나 회원탈퇴를 하기도 하였다. 자신의 요구를 분명하게 전달하고 갈등을 해결하려고 노력하기보다는 당장 더 큰 상처를 받고 싶지 않았기 때문이다.

하지만 〈인문학과정〉은 정규 강의 시간뿐만 아니라 다양한 프로그램을 통해 학습자가 교수, 자원봉사자, 동료 학습자와 접촉할 기회를 끊임없이 제공하였다. 그 과정에서 학습자들은 인간적 교류를 경험했고, 자신에 대한 심리적 지지를 확인할 기회를 얻게 되면서 〈인문학과정〉에 참여하는 다양한 존재들과 새로운 관계 맺음을 시도할 수 있었으며, 〈인문학과정〉에 좀 더 안정적으로 참여하며 집중하게 되었다.

> 이제 마음이 편안해졌으니까요. 이제 조금 주변들이, 이렇게 학우들과 대화를 하고 수업 들어갈 때도 내 마음이 푸근해지고 편해지고 배우려고 하게 되고. 한 글자라도 더 보게 되고. (정우혁)

이처럼 노숙인 학습자들은 〈인문학과정〉을 자신의 생활세계로 삼게 되면서 자연스럽게 사람들 사이의 관계가 형성되기도 했고, 그로 인한 갈등이 나타나기도 하면서 타인과의 '관계'를 중심에 놓고 〈인문학과정〉에 참여하였다. 그 과정에서 노숙인 학습자들은 '관계'에서 오는 갈등을 극복하는 긍정적인 경험을 통해 그동안 상실했던 관계를 복원하거나 새로운 관계를 형성하기도 하였다. 그들은 〈인문학과정〉에서 겪게 되는 다양한 갈등으로 인해 어려움을 겪기도 했지만 다른 한편으로 타인에 대한 이해의 폭을 넓히고 자신을 돌아볼 수 있는 소중한 기회와 변화된 삶을 위한 계기로 해석하기도 하였다. 타인에 대한 경계심과 불신으로 인해 인간적인 교류를 맺는 것에 소극적이었던 노숙인 학습자들은 자신들보다 못한 처지의 이웃을 위해 모금활동을 벌이기도 하고, 봉사활동을 하기도 하였다. 자활근로를 통해 얻은 수입의 일부를 저축하여 가족과의 재결합을 준비했고, 갈등관계에 있던 동료를 "자갈이 되어 가는 과정을 사는 가족, 동지"로 묘사하기도 하였다. 〈인문학과정〉 4기와 5기에 사회복지사 자격증을 취득한 학습자가 생겨나기도 하였다. 그토록 힘들었던 타인과의 관계에서 갈등과 해소과정은 〈인문학과정〉 참여자들에게는 학습의 과정이었던 셈이다.

6. 노숙인의 자존감 회복과정으로서 인문교양교육의 가능성

인간에게 경험은 삶의 밑거름이자 그 삶을 지속적으로 성장시키는 자극제이기도 하다. 인간은 경험을 통해 학습하며 학습을 통해 경험의 의미를 풍부하게 할 수 있다. 하지만 노숙인은 단지 생존을 위해 하루를 버텨야 하는 냉혹한 현실 속에서 '하루살이 인생'을 살고 있다. 노숙 이전의 삶과 분리되고 인간관계를 포함한 자신의 사회적 자원들과도 단절된다. 자신의 삶을 성장, 변화시키기 위한 기회를 얻지 못하며 단조롭고 피폐한 일상을 반복할 뿐이다. 그들을 위한 다양한 프로그램과 정책적 지원이 이루어지고 있지만 응급구호와 시설수용을 중심으로 한 사후적 대책에 머물고 있다. 특히 노숙생활로 접어든 이후 노숙인들은 교육적 공간으로부터 더욱 소외된다. 노숙인을 위한 교육프로그램의 종류와 그 수가 적기 때문에 상대적으로 낮은 학력 수준을 가진 노숙인들은 노숙 이전의 교육경험을 끝으로 더는 새로운 경험을 이어갈 수 없는 조건에 있다. 노숙인을 위한 취업교육프로그램과 자활사업 등이 시행되고 있지만 일회성에 그치거나 노숙인 문제의 현실과는 거리가 있어 그 대상인 노숙인들조차 큰 기대를 하지 않는다.

이러한 점에서 인문교양교육프로그램 참여는 노숙인에게 노숙생활과 노숙문화와 다른 새로운 세계에 대한 경험이자 삶의 변화를 위한 계기일 수 있다. 특히 교육경험을 통해 노숙인이 자신의 삶을 성찰하고 노숙생활 전후로 단절되었던 여러 관계에 대한 회복과 새로운 관계의 형성을 경험할 수 있다. 기존에 제공되었던 취업기술교육과 알코올 및 도박 치료프로그램에서 일방적으로 교육 내용을 전달받거나 치료의 대상이 되었던 것과 달리 노숙인들은 인문교양교육프로그램을 통해 스스로 자신의 삶을 돌아보고 삶에 대한 근본적인 물음에 대해 성찰하는 경험을 하게 된다. 단기간에 걸쳐 전문지식을 일방적으로 습득하는 것이 아니라 지속적으로 대화하고 토론함으로써 삶의 가치에 대해 고민하고 타인과의 긍정적인 관계를 회복하는 경험을 할 수 있었다. 인문교양교육프로그램 참여과정에서 끊임없는 갈등과 정체성의 혼란을 겪기도 했지만 그러한 부침을 통해 자신을 '단련'시킬 수 있었다고 말한다. 또한 교수진과 실무자, 자원봉사자들의 심리적 지지는 그동안 사회로부터 소외되고 멸시받아 온 그들에게 자신의 존재 가치를 확인시켜 줌으로써 심리적 안정과 자아 존중감을 느끼게 하는 데 매우 큰 힘이 되었다고 답하였다.

〈인문학과정〉은 무료급식이나 쉼터제공과 같은 노숙인에 대한 물질적 · 경제적 차원의 일시적 지원을 넘어 노숙인의 자존감 회복과 성찰을 통해 자립, 자활할 수 있는 근원적인 계기를 제공하려는 새로운 시도이다. 다시 말해 노숙 이후 단절된 교육기회를 복원하고 그 과정에서 학습경험을 지속하게 함으로써 스스로 자신의 삶을 변화, 성장시키는 힘을 키울 수 있는 계기를 마련하는 것이다. 노숙인 문제에 대한 이러한 교육적 접근은 보살핌이 필요한 수동적인 존재로 노숙인을 한정하는 것이 아니라 자신의 삶을 스스로 구성하고 변화시키는 능동적인 주체로 인식함을 전제로 하는 것이다. 인문교양교육프로그램에 참여하는 노숙인들 스스로 긍정적으로 의미를 부여하고 자신의 삶을 변화시키는 성공사례들이 계속해서 나타난다는 사실은 노숙인 문제에서 교육프로그램을 통한 지속적인 학습경험이 성인기에 접어들어서도 삶의 전환적 계기가 될 수 있음을 보여준다. 따라서 지금까지 부정당했던 인간의 존엄성과 가치를 회복하고 보다 장기적으로 삶의 방향을 설정할 수 있는 새로운 삶의 계기를 만들 수 있는 노숙인을 위한 다양한 교육프로그램을 지속적으로 제공할 필요가 있다. 더불어 당장 눈앞에 닥친 생존의 문제와 경제적인 어려움으로 인해 교육프로그램 참여를 망설이는 노숙인들이 교육프로그램에 지속적이고 안정적으로 참여할 수 있도록 현실적인 지원방안을 고민할 필요가 있다.

| 참고문헌 |

김의태(2011). 「비형식 인문교양교육프로그램 참여 노숙인의 학습에 관한 연구: 〈성프란시스대학 인문학과정〉 사례를 중심으로」, 서울대학교 석사학위논문.

김종서 · 김신일 · 한숭희 · 강대중(2009). 『평생교육개론』, 교육과학사.

도정일(1999). 「인문학의 미래」, 『인문학연구』 3: 1-18.

노숙인다시서기지원센터(2010). 『2009년 사업보고서』, 서울시노숙인다시서기지원센터.

양은아(2010). 『인문학과 평생학습』, 교육과학사.

이명준(2000). 「인문교육과 평생교육의 철학적 근거와 의미」, 『ANDRAGOGY TODAY』 3(3): 127-152.

임영인(2006). 『한국형 〈클레멘트 코스〉 설립을 위한 실제』, 노숙인을 위한 인문학 교육 성프란시스대학 인문학과정. 2006 얼 쇼리스 초청 국제세미나/워크숍, 노숙인다시서기지원센터, pp. 8-19.

______(2007). 「인문학 교육으로 노숙인에게 희망을」, 『경향잡지』 5월호. 한국천주교중앙협의회, pp. 22-25.

장회익 외(2003). 『삶, 반성, 인문학: 인문학의 인식론적 구조』, 태학사.

전일균(2005). 「자유교양교육론의 현대적 의미: 허친스의 교양교육론을 중심으로」, 『인문연구』 49: 25-48.

정대현 외(2000). 『표현 인문학』, 생각의 나무.

정민승(2008). 「'출구'로서의 평생교육: 인문학의 위기에 대한 평생교육적 진단」, 『평생교육학연구』 14(3): 1-19.

천정미 · 공영권(2002). 「R. M. Hutchins의 교양교육론」, 『교육철학』 21: 17-32.

한숭희 · 양은아(2007). 「평생교육 맥락에서의 인문학습의 새 지평: 인문학 위기론의 재해석」, 『평생교육학연구』 13(4): 27-54.

제 10 장

노숙인 담론과 제도의 역사적 변동

정근식

1. 문제 제기: '노숙'을 바라보는 시선과 정책

1997년 갑자기 몰아닥친 'IMF 사태'는 한국사회에 새로운 최하층 도시빈민의 존재방식인 '노숙인'을 재발견하는 중요한 계기였다. 1998년 전반기에 급속하게 증가한 노숙인들은 서울역 등 대도시의 기차역이나 지하도로 또는 도시공원과 같은 공공 공간을 점유하면서 당대의 사회문제의 초점으로 떠올랐다. 이들은 1960년대 이래 한 세대 이상 한국사회를 지탱해 온 지속적 성장의 신화를 해체하면서 중산층 사회의 붕괴를 나타내는 상징적 징후로 인식되었다. 여태까지 어엿한 직업을 가지고 사회의 중심에 있다고 믿었던 사람들이 하루아침에 노숙을 해야 하는 상황으로 전락하는 당황스러운 사태에 직면하여, 정부나 시민사회는 위기를 느꼈다. 이들은 모두 '실직노숙인'로 간주되었으며, 한국의 사회정책 실패를 증명하는 근거로 표상되었다.

이에 따라 역시 IMF 국면에서 성립한 '국민의 정부'는 비교적 신속하게 '응급보호시설'을 설립하여 이들을 수용하였다. 김대중 정부는 '수치스러운 국가부도의 위기'를 벗어나는 데 총력을 다하여 비교적 빠른 시기에 'IMF 사태'로부터의 조기 졸업을 할 수 있었다. 김대중 정부는 이것이 자신의 경제정책 성공으로 읽히기를 소망하였다. 당시 정부는 한국경제의 기반(당시 용어로 '펀더멘탈')이 튼튼하다는 것을 국내외에 과시하고 싶어 했으며, 그런 증거로 노숙인 문제의 해소를 들고, 이를 홍보하였다.

새롭게 출현한 '노숙인 담론'과 이에 관한 응급대책은 2000년까지 약 3년간 비교적 '성공적인 정책'으로 인식되었으며, 이런 낙관적 전망을 담은 것이 서울시노숙인대책협의회가 발간한 『서울시 노숙인지원사업 백서 1998~2000』이라고 할 수 있다. 흥미로운 것은 이런 극적인 변화의 국면에서 오랫동안 한국사회에 존재해 오던 '부랑자 담론'은 해체되거나 크게 약화되었다는 점이다. '부랑자'들을 규정하는 법령이나 시설은 그대로 남아 있었지만 이들은 대중적 시선에서 사라졌다. 1998년 '광장'을 가득 메운 노숙인들을 대신하여 광장을 메운 사람들은 2002년 월드컵대회를 환호하는 시민이었다.

그러나 해결된 듯하던 '노숙인 문제'는 그렇게 완전한 수준으로 진행하지 않았다. 일부 노숙인들은 '쉼터'로 가지 않고 끈질기게 남아 있었다. 이 때문에 노숙인 문제를 낙관적으로 바라보는 시선에 회의가 생기기 시작하였다. '부랑자'와 '노숙인'의 차이가 무엇이냐는 의문도 생겨났다. 민주화와 함께 높아진 인권감수성에 기대어 기존의 부랑자들의 '인권'을 검토하기 시작했고(신명호 외, 2002), 또 노숙인 문제를 노동시장에서의 실직과 재활에서 벗어나 소수자의 '인권'의 문제로 바라보기 시작하였다. 이런 영향으로 부랑자나 노숙인들은 부랑인이나 노숙인으로 명칭이 변화한다. 2005년 정원오 교수를 책임자로 하여 이루어진 '노숙인 인권상황 실태조사'는 이런 변화를 잘 표현하고 있다. 또한 노숙인들이 단지 경기변동에 따른 산물이 아니라 사회적 배제의 산물일 수 있다는 점이 강조되기 시작했고, 생존권 이외에 주거권, 노동권, 건강권 등을 구체적으로 질문하기 시작하였다.

노숙인 인권의 핵심으로 부상한 주거권의 측면에서 보면 현재의 노숙인뿐 아니라 미래의 노숙인으로 전락할 수 있는 '위험'한 사람들을 주목하지 않을 수 없고, 이에 따라 서구적 경험과 경로를 따라 형성된 '홈리스'라는 개념이 사회정책의 중심으로 들어오게 된다. 노숙인들은 사회의 여러 빈민들과 확실히 구별되는 집단이라기보다는 가장 극단적인 상황에 놓여 있는 존재일 뿐이며, 이들의 배후에 존재하는 보다 광범한 집단들을 바라보아야 한다는 관점이 설득력을 얻게 되었다. 이런 노숙인으로부터 홈리스로의 개념적 이동은 도시빈민을 노동시장에서의 존재방식뿐 아니라 주거정책에서 나타나는 한계상황까지 포착하도록 하였다. 이에 따라 대도시에서의 도심재개발에 관한 관심과 함께 쪽방이나 여타 '열악한' 조건의 주거상황을 포괄적으로 문제 삼기 시작하였다(이태진, 2004).

이런 문제의식을 담은 포괄적이고 종합적인 조사작업의 하나가 국가인권위원회의 『비주택 거주민 인권상황 실태조사』(서종균 외, 2009)이다. 이 보고서는 전국의 주거복지센터와 홈리스운동가들이 함께 '비주택 거주민'들이 집결하여 생활하는 서울역과 영등포역, 그리고 대구역과 대전역 주변의 열악한 주거시설과 여기에서 생활하는 인구의 상황을 꼼꼼하게 조사하고, 이에 기초하여 정책대안을 모색하고 있다.

1997년 IMF 사태 이후 세계는 이른바 신자유주의적 세계화의 물결이 휩쓸었다. 이 시기에 '신자유주의화'는 세계적 대세이자 불가피한 숙명으로 받아들여졌다. 이로부터 10년 만에 발생한 2008년 미국발 금융위기는 한편으로는 신자유주의가 가진 위험성을 적나라하게 드러내면서 또다시 한국사회를 강타하였다. 21세기형 도시빈민의 상징이 된 노숙인들은 다시 서서히 증가하는 모습을 보이기 시작하였다. 이런 상황에 직면하여 경제적 요인으로 설명될 수 있다고 믿었던 실직노숙인 문제는 다시 새로운 도전을 받게 된다. 노숙인 문제는 왜 쉽게 해결되지 않는가, 홈리스정책에 관한 기존의 처방이나 대책은 무엇이 잘못되어 있는가, 문제의 핵심은 사회적인 요인인가 개인적인 요인인가 등의 질문이 다시 부상하였다.

2011년 6월에 이르러 그동안의 노숙인 정책에 관련된 평가와 종합적인 문제해결을 위한 방안으로 〈노숙인 등의 복지 및 자립지원에 관한 법률〉이 제정 공포되었다. 이 법률은 그동안 한국사회에서 사용되어 온 노숙인 관련 담론들을 하나의 법체계 속으로 포함하면서 앞으로의 노숙인 정책의 기본 방향을 제시하고 있다는 점에서 상당한 의미를 갖는다.

이 장은 한국의 노숙인과 홈리스로 불리는 도시빈민들에 대한 종합적인 연구를 수행하기 위한 전제로서 노숙인에 관련된 담론과 제도의 변동을 검토하는 것이 필요하다고 보고(석희정 · 이혁구, 2004), 한국의 노숙인/홈리스 문제에 접근하는 방법으로 세 가지 노숙인 담론, 즉 부랑자, 노숙인, 홈리스라는 사회적 범주의 역사적 형성과 변화를 개관하고, 지원-감시론이라는 이분법을 넘어 자활 모델의 가능성 등을 생각해 보려는 것이다.

2. 도시빈민을 바라보는 근대적 시각의 형성

1) 부랑자 모델의 형성

한국에서 노숙인을 바라보는 시각과 사회정책은 크게 세 가지 서로 다른 패러다임에 의해 구성되어 왔고, 이들은 서로 중복되거나 공존하면서도 중심 패러다임은 계기적으로 변화되었다고 할 수 있다. 그것은 부랑자 모델, 노숙인 모델, 그리고 홈리스 모델이다.

어느 시대나 사회의 최하층을 차지하는 빈민들은 여러 장소를 돌아다니며 구걸하여 연명하는 생활을 하였다. 근대로 접어들면서 이들은 점차 도시에 출몰하면서 사회적 관심의 대상이 되고, 푸코의 언급대로 점차 감금의 대상이 되었다. 한국에서도 전통적으로 가장 열악한 경제상태에 있는 사람들은 '걸인'들이 되었다. 이들은 떠돌아다니면서 구걸하는 '불쌍한' 자들이라는 이미지를 가지고 있었으며 국가적 시혜와 개인적 연민의 대상이었다. 이들의 존재는 '배제'나 '저항'보다는 대부분 객사나 동사 등 불쌍한 죽음 이미지로 연결되었으며, 이들에 대한 개인적 자선이나 공동체적 구호가 장려되었다. 이들에 대한 구호소 건립은 근대사회사업의 출발 영역이었다.

한국에서 걸인들은 20세기 초 일본의 조선침략과 함께 이미지가 바뀌기 시작하였다. 이들의 구걸행위는 빈곤 자체보다는 점차 여러 지역을 돌아다니는 행위에 초점이 맞추어지고, 이런 행위는 '행려'나 '부랑'으로 개념화되었다, 나아가 이런 행려나 부랑이 일시적인 것이 아니라 반복적, 관습적이라는 점에서 '질병화'되기 시작하였다. 그 결과 이들은 '행려병자'로 규정되었다. 이 질병화 모델은 '범죄화' 모델과 결합해 갔다. 일제는 의병이나 독립운동가들을 탄압하는 과정에서 특정 지역의 경계를 넘나드는 것을 위험한 것으로 파악하였다. 실제로 자신들의 감시망을 피해 돌아다니는 사람들은 잠재적으로 위험한 존재들이었다. 조선총독부는 1912년 반포된 '경찰범처벌규칙'과 '행려병인 취급에 관한 건'을 통해 이들을 통제하고, 1917년 '행려병인구호자금' 관리규칙을 공포하여 종교단체나 민간인 독지가의 구호소 설치를 장려하고 이를 보조하여 관리의 대상으로 삼기 시작하였다(한귀영, 1997: 331).

3 · 1 운동 이후 조선총독부는 조선이라는 식민 국가의 경계를 넘나드는 조선인들을 '불령선인'으로 간주하면서 이동의 자유를 부정하고, 감시를 강화했으며, 또한 '폭력배 · 깡패 · 부랑배'로 취급하여 잠재적 범죄집단화하였다. 1920년대 조선사회에서 걸식하는 사람들이 증가하였다. 부랑자들은 식민지 경찰의 '단속대상이 되었고, 아울러 민간인에 의해 설립된 구호소에 수용되었다. 조선의 18개 주요 도시들에는 '행려병인 구호소'가 운영되었으며(『조선사회사업』, 1928년 10월호), 1936년에는 20개의 수용소가 운영되었다. 이 질병화와 범죄화 모델은 서로 결합하여 장기지속의 '행려-부랑인' 패러다임이 형성되었다.

식민지적 근대의 형성기에 도시빈민은 그들의 주거조건에 따라 세궁민과 토막민 등으로 규정되었고(강만길, 1987), 그들 중 최하층인 열악한 주거조차 없는 사람들은 걸인, 행려병자, 부랑자 등을 중심으로 한 부랑자 담론으로 흡수되었다. 식민지 시기의 부랑자 담론은 '제국'의 중심인 일본, 특히 동경의 사회사업이나 사회조사에 큰 영향을 받았다. 요시다 규이치에 따르면 일본의 빈민들은 세민으로 불렸고 그중에서도 '피구제층'은 '궁민'으로 규정되었는데, 이들의 범위는 "1926년 3월 30일의 내무성 통첩으로 걸식자, 휼구규칙에 의해 구조를 받는 자, 양로원에 수용되었거나 양로원의 원외구조를 받는 자, 빈곤에 빠져 구 자제로부터 생활상의 부조를 받는 자, 양자(養子) 중 빈곤으로 원래의 가족으로부터 도움을 받는 자, 생활상 다른 사람으로부터 도움을 받는 자" 등이었다(吉田久一, 1984: 320). 이들은 선거권이 제한되었다. 당시 부랑자는 능력이 없어서 부랑하는 자, 게을러서 일정한 직업을 갖기 싫어하는 자, 불량소년, 걸식자 등 4종으로 구별되었다.

세계적 대공황이 발생한 1930년을 전후한 시기를 일본에서는 사회사업형성기라고 부르는데(吉田久一, 1984: 333), 이때 사회사업종사자들의 실천 또는 현장조사기록이 많이 남아 있다. 이때부터 세민이라는 막연한 용어 대신 빈곤층을 생활능력이 없는 피구호층, 생활이 곤란하게 되는 요보호층, 생활곤란에 빠질 수 있는 저소득층 등으로 구분하여 사용하게 되었다. 구호와 보호는 법률상의 용어가 되었다.

일본에서 부랑자에 관한 사회조사는 아사마(草間八十雄)가 1927년에 발표한 『부랑자와 매소부의 연구』를 거쳐 소화공황이라고 불리는 1929~1930년 전후에 여러 차례 실시되었다. 동경시의 「부랑자에 관한 조사」(1929), 1930년과 1935년의 일본 국세조사의 부대사업으로 이루어진 「부랑자조사」, 동경부 학무부 사회과의 『'무료숙박소 止宿者'에 관한 조사: 부랑자에 관한 조사자료』(1931), 동경시의 『부랑자 및 잔식물에 관한 조사』(1933), 다카키(高木武三郎)의 부랑자조사 『飢餓線上を行く－浮浪

者の種種相』(1934), 1937년 동경시의 『시내부랑자조사』(1939) 등으로 이어졌다. 부랑자 조사에서 흥미로운 것은 당시 사회사업의 대상자가 누구인가를 두고 "사회의 기생충으로서의 세민적 빈곤자와 사회의 배양자로서의 근로적 빈곤자"를 나누어 보는(磯村英一, 1928) 흐름이 생겼다는 것이다. 오자와의 『구호사업지침: 구빈의 이론과 실제』(1934)에서도 '요구호자'에 관한 논의를 하였다. 이런 부랑자나 요구호자에 대한 관심은 '무료숙박소'와 같은 수용시설을 만들어내고, 동시에 '사회' 및 '사회사업'이라는 영역을 독립적인 장으로 창출해 갔다(吉田久一, 1984).

조선에서는 부랑자들에 대한 무료숙박소와 부랑자수용시설 설치 움직임이 1920년대 중반부터 구세군이나 지방관청에 의해 생기기 시작했는데(『동아일보』, 1925. 12. 15; 1926. 12. 20), 공황기인 1931년과 1932년에 대규모로 시행된 '궁민구제사업'을 거쳐 부랑자들을 수용하는 시설이 1930년대 중반에 많이 세워졌다. 조선총독부의 '농촌궁민의 실정과 농촌대책안 참고자료'에 포함되어 있는 '조선에서의 걸식자 수'에 따르면, 1927년부터 1931년 사이에 전국 부랑자 수는 5만 명을 넘고 있었다(한귀영, 1997: 316). 이 때문에 이들에 대한 '사회사업'이 불가피하였다. 그러나 조선총독부가 빈민들을 단지 경제적 관점과 사회사업의 관점에서 다룬 것이 아니라 치안의 관점에서도 다루었다는 점을 지적하지 않을 수 없다. 예컨대 전북경찰부가 1932년에 작성한 『세민의 생활상태조사 제2보』를 보면, 세민의 생활고가 치안에 미치는 영향을 논의하고 있으며, 이 자료는 비밀자료로 분류되어 엄격하게 관리되었다.

1930년대 후반에 이르면 부랑자들의 노동능력을 주목하면서 '교화'를 하려는 정책이 강화되었다. 후지이(藤井忠治郎, 1941)는 "인적 자원의 확충과 가두미관"의 측면에서 부랑자들을 다룰 것을 주장하고, 정신적 훈련뿐 아니라 육체적 훈련을 통해 노동하도록 강제해야 한다고 주장하였다. 이런 맥락에서 더욱 체계적인 사회사업으로 성립된 것이 1940년에 설립된 '부랑아 교화' 시설로서의 '향린원'이다. 이 시설은 기독교 목사였던 방수원이 설립한 것으로 향린원을 '부랑자' 시설로 볼 것인가, '고아' 시설로 볼 것인가를 둘러싸고 통합된 시각은 없었으나(김주리, 2009), 당시의 전쟁을 수행하고 있던 상황에서 조선총독부는 이를 사회통합에 필요한 사업으로 간주하여, 〈집 없는 천사〉라는 영화를 제작하고 이를 선전의 소재로 활용하였다.

해방 후에도 이런 부랑자 담론은 그대로 유지되었다. 해방 직후에 빈곤현상은 해외에서 돌아온 전재민과 귀환인구에 의해 가속화되면서 큰 사회문제가 되었다. 해방 후에 새롭게 만들어진 대중매체들은 별다른 수정 없이 이전의 부랑자 패러다임을 재생산하였다. 예컨대 1946년 당시 서울역에 다수 존재했던 노점걸인들은 '전염병과 불결의 온상'으로 바라보고 '청결화'를 주장하는 관점(『서울신문』, 1946. 11. 6), 또는 부랑자 일소론(『조선일보』, 1947. 8. 26)의 소재가 되었다. 이런 담론 속에서 한국인에 의한 '사회사업'이 '자선'이라는 이름과 결부되면서 새롭게 형성되었다. 1948년 겨울에는 사회부가 서울시내에 7개의 무료숙박소를 설치하였다(『동아일보』, 1948. 12. 21). 흥미로운 것은 분단국가가 수립되고 냉전적 대결 상황이 전개되면서 다시 치안의 관점에서 이들을 바라보는 관점이 재생되고 있었다는 점이다. 1949년 9월에 등장한 '적색 걸인' 담론은 이런 현상의 단적인 예이다(『한성일보』, 1949. 9. 29). 해방 후의 부랑자 담론 속에서 구래의 '행려병'론이 포함되어 있었다. '사회부 사무분장규정'(1949), '보건부 사무분장규정'(1950), '인구동태조사령'(1955) 등에 '행려환자'나 '행려사망자'라는 용어가 살아 있었다.

한국전쟁 후에는 전재민이나 피난민 문제가 이 패러다임에 흡수되었다. 특히 빈곤부랑민 문제를 해결하기 위한 정책은 이들의 노동력을 토지와 결합시키는 사회정책으로서의 '정착' 정책을 낳았다. 1961년 5 · 16 쿠데타 이후 이런 정착사업은 정부에 의해 체계적으로 추진되었다. 당시 보건사회부는 전국에서 수용한 4,500명의 부랑인을 모아 간척사업에 투여하고 이들에게 농지를 분배하여 정착하도록 하였다(『동아일보』, 1961. 11.

25; 1962. 2. 16). 이때 군사정부는 부랑인에 대한 수용정책을 체계적으로 실시하였다. 서울시는 시립갱생원과 부녀보호소를 설치하였다.

이 패러다임은 길게 보면 '근대화' 과정에서 출현하는 것이지만, 도시빈민의 문제가 어떤 관점에서 다루어지고 있는가를 구체적으로 파악하려면, 국가기구 내에서 그 정책을 담당하는 부서가 어디였는가를 질문하는 것이다. 도시빈민이나 부랑자 문제를 치안과 행정기구가 다루는가, 아니면 '사회정책' 또는 '복지' 관련 기구에서 다루는가에 따라 그 기본 성격을 가늠할 수 있다.

1960~1970년대에 한국사회에서는 대규모 이농과 도시화를 통해 도시 주변 빈민들의 집단주거지인 '판자촌'이 대규모로 형성되었다. 그러나 이 과정은 동시에 지속적 경제성장과 노동시장의 확대를 수반하면서 진행되어 최하층 빈민인 구걸 걸인들은 규모가 확대되지 않았으며, 기존의 행려병자 담론은 약화되었으나 '부랑인' 담론은 그대로 지속되었다.

이 시기의 최하층 도시빈민 또는 부랑자들의 경험이나 정체성은 김신용의 시나 자전소설에서 잘 표현되고 있다(김신용, 2003; 2003a). 놀랍게도 그의 시에서 서울역은 '벌거벗은 생명'의 원초적 고향으로 묘사되고 있다. 그뿐만 아니라 '집'이 없는 사람들이 어떻게 자신의 몸 또는 몸의 일부를 판매하면서 살아가고 있는가를 잘 보여준다. 자본주의 사회에서 인간은 자신의 노동력을 상품화한다. 노동력은 자신의 몸으로부터 외화되는 것이며, 매일매일의 적절한 음식과 휴식은 노동력을 재생산하는 기본적 조건이다. 그러나 이런 기본적 조건이 갖추어지지 않은 사람들은 몸 자체를 팔게 된다. 인간의 몸은 노동력의 저장소이자 성적 욕망을 체현하는 장소이고, 마지막으로는 뼈, 살, 피, 장기로 구성된 유기체이다. 노동시장에서 배제된 최하층 빈민은 몸 자체를 판매할 수밖에 없다. 여성은 자신의 성적 육체를 판매하게 되고, 남성은 자신 몸의 일부인 피나 장기를 팔아 목숨을 연명하기도 한다. 피를 팔거나 장기를 판다는 것은 몸을 학대하는 것이며 장기적으로는 물리적으로 해체하는 것이다.

오늘날 노숙인이나 홈리스 문제의 기원을 설명하려는 연구들은 대체로 부랑자 모델의 전형적인 사례로 1970년 1월, 내무부 훈령 제410호 '부랑인의 신고 · 단속 · 수용보호와 귀향 및 사후관리에 관한 업무처리 지침'을 언급하고 있다(보건복지부 민생안정과, 2011: 7). 이 훈령은 1970년대까지 도시빈민을 바라보는 '사회방위적 관점' 또는 '공공질서와 치안유지의 관점'이 매우 끈질기게 지속하고 있음을 보여준다.

1980년대에 접어들어 서울 등 대도시에서 도심재개발이 대규모로 이루어지고 가시적인 빈민 집단거주지인 판자촌도 재개발 대상이 되면서 부랑인 담론은 치안유지로부터 '복지정책' 패러다임으로 이행하기 시작하였다. 이 징후는 1981년 10월에 수립된 '부랑인 보호정책'으로부터 포착된다고 할 수 있다. 이 정책은 부랑인에 대하여 한편으로는 '단속과 수용보호'를, 다른 한편으로는 '생계보장'을 표방하고 있는데, 이는 이들의 구호를 민간인에 의한 자선에 의존하는 것으로부터 정부의 복지정책 대상으로 옮겨가는 것을 의미하였다. 이런 관점의 변화는 부랑자수용시설인 시립갱생원의 운용방식에서 반영되어 그 운영주체가 서울시 공무원으로부터 마리아수녀회와 그리스도수도회의 위탁운영으로 바뀌었다. 또 1983년 용인에 여성 부랑인을 위한 서울시립 영보자애원을 수원교구와 함께 건립하게 된다.

1986년 아시안 게임과 1988년 서울올림픽은 도시정책, 특히 도심이나 도시 주변의 빈민, 그리고 '부랑걸인'들에 대한 체계적 비가시화정책을 촉진하였다. 부산에서 발생한 형제복지원 사건은 부랑인 시설 운영을 바꾸는 계기가 되어,[1] 1987년 4월 '부랑인 보호사업'이 내무부로부터 보

1 이 사건은 1987년 3월 22일 원생 1명이 구타로 숨지면서 형제복지원의 실체가 사회에 알려지게 되었다. 조사결과 형제복지원은 길거리에서 주민등록증이 없는 사람을 끌고 가서 불법 감금시키고, 강제노역을 시켰으며, 심지어 살해하여 암매장까지 하였다. 12년 동안 무려 531명이 사망했고, 일부 시신은 300만~500만 원에 의과대학의 해부학 실습용으로 팔려 나간 것으로 밝혀졌다.

건사회부로 이관되었다. 당시 보건사회부는 훈령 제523호로 '부랑인 선도시설운영규정'을 만들어 '보호'를 강조하기 시작하였다. '부랑인'은 이 선도보호시설에 수용되었고, 공공 공간에서 이들은 점차 비가시화되었다.

1999년 4월에는 사회복지사업법 제34조 4항에서 '부랑인 복지시설 설치 운영규칙'을 제정하기 위한 법적 근거를 마련하고, 2000년 8월 이 규칙을 제정하였다. 한편 1990년대에 접어들어 '부랑인' 시설들은 기존의 부정적 이미지로부터 탈피하기 위하여 명칭을 바꾸기 시작하였다. 1961년에 설립된 시립갱생원은 1996년 '은평의 마을'로 개칭되었으며, 이를 위탁 운영하고 있는 그리스도수도회는 2001년 자립생활센터인 녹색공원을 건립하였다. 이 시설은 2004년 '늘푸른 자활의 집'으로 개칭되어 오늘에 이르고 있다.

이런 변화에도 불구하고 부랑인 모델은 아직도 유지되고 있다. 2011년 보건복지부에서 발행한 '부랑인복지사업운영안내'에 따르면, 부랑인(浮浪人)은 "일정한 주거와 생업수단 없이 상당한 기간 거리에서 배회 또는 생활하거나 그에 따라 부랑인 복지시설에 입소한 18세 이상의 자"로 정의되어 있다. 전국의 부랑인 복지시설은 법인시설 37개소, 개인시설 14개소, 도합 51개소가 운영되고 있는데, 이 중 10개가 서울에 소재하고 있다.

2) 노숙인 모델의 가시화

1997년 말의 'IMF 사태'는 부랑자 담론의 약화를 가져오는 결정적 계기가 되었다. 이 '사태'는 1960년대부터 시작된 한국경제의 약 30여 년에 걸친 '후퇴 없는 성장'을 중지시켰을 뿐 아니라 역전시켰다. 이 '사태'는 대부분의 국민들에게 내면화된 '지속적 성장에의 믿음'을 일거에 흔들어 버렸다. 이 충격은 경제정책을 담당해 온 정부에 대한 신뢰 및 지지의 철회와 함께 '안정 제일주의', '속물적 경제주의', '경쟁의 일상화'를 대중화하였다.

이 국면에서 공공장소에 새로운 인간적 존재 형식의 하나로서 '노숙인'들이 나타났다. 전통적으로 부랑 걸인들이 모여들었던 서울역 주변은 갑자기 직장을 잃고 실업자가 된 사람들의 '노숙' 현장이 되었다. 이 국면은 1998년 초부터 약 3년간 지속되었다. 전통적인 '부랑인 담론'은 후퇴하고 노동능력이 있는 '노숙인 담론'이 사회 전면에 급속하게 부각되었다. 3년간의 '노숙인 패러다임'을 가장 잘 요약하고 있는 자료는 서울시노숙인대책협의회가 작성하여 2000년에 출간한 『서울시 노숙인 지원사업 백서 1998~2000』일 것이다. 이 보고서는 한국에서의 '노숙인 출현의 양상'을 잘 보여주고 있다.

〈그림 10-1〉은 1998년 4월부터 2000년 6월까지의 서울의 노숙인 추이를 거리노숙인과 시설입소자로 나누어 집계하고 있다. 1998년 하반기에 거리노숙인이 급증하자 곧바로 서울시 노숙인대책반과 응급구호시설이 개소했고, 이 시설은 응급쉼터로 명명되었다. 이 쉼터의 개소에 따라 노숙인의 양상이 급속하게 바뀌었다. 서울에서 거리노숙인은 1998년 5월 650명이었다가 불과 3개월 만에 2,400명으로 최고조에 이른 후 대

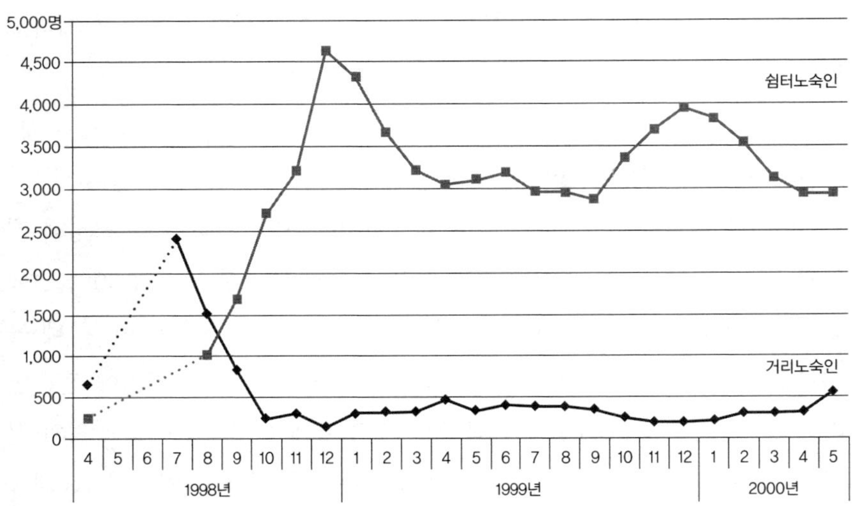

〈그림 10-1〉 서울의 노숙인 및 시설입소자 추이

거 쉼터에 입소하면서 줄어들고, 쉼터노숙인은 급증하였다. 엄밀하게 말하면 쉼터입소자는 '노숙'자는 아니지만 통상적으로 거리에서 노숙하는 사람들과 함께 노숙인으로 불린다. 실제로 노숙하는 사람과 쉼터에 입소한 사람들을 통칭하여 노숙인으로 부르는 관행은 이때부터 형성되어 2011년까지 그대로 이어졌다. 2010년 12월 말에 개정된 〈부랑인 및 노숙인 보호시설 설치 운영규칙〉에 따르면, "노숙인(露宿人)이라 함은 일정한 주거 없이 상당한 기간 거리에서 생활하거나 그에 따라 노숙인 쉼터에 입소한 18세 이상의 자"로 정의되어 있다. 부랑인과 노숙인은 거리에 정재(Dasein)하는 것은 동일하나 전자는 부랑인 시설에 후자는 노숙인 쉼터에 입소했다는 점이 다르다. 시설입소 전에는 그들의 정체성이 정해져 있지 않으며 사후적으로만 판별될 뿐이다.

전국의 노숙인 상황에 관한 통계는 정확성이 떨어지지만, 지방에서는 쉼터 개소가 서울보다 늦어져 거리노숙인의 변화추이가 훨씬 완만하다. 전국통계는 추산치로 2000년에 가서야 비로소 정확해진다. 이런 점을 고려하면서 노숙인 추이를 살펴보면 거리노숙인은 1998년 8월에 최고조에 이른 것으로 생각되나 통계가 없고, 9월에 2,020명으로 보고되고 있으므로 같은 달 서울의 거리노숙인 1,500명을 제외하면 지방에 약 520명이 있었던 셈이다. 같은 달에 서울의 입소자는 1,020명인데, 전국의 입소자는 1,000명으로 기록하고 있어서 통계 자체가 오류이지만, 이러한 수치는 지방에는 아직 쉼터가 마련되지 않았던 상황을 반영한다. 통계상의 한계는 1998년 12월까지도 비슷하여 전국의 입소노숙인이 3,000명인 데 비해 서울은 3,210명으로 보고되고 있다. 이런 혼란은 노숙인 통계의 어려움과 함께 노숙인 담론과 정책이 서울을 중심으로 형성되고 있는 과정을 반영하고 있다.

서울의 경우 쉼터입소자는 1998년 5월 245명이었으나 이후 급속히 증가하여 1999년 1월 4,643명으로 최고조에 이르렀으며, 이후 감소하다가 2000년 1월에 3,963명으로 두 번째 정점에 올랐다. 전국 통계로 보면

1999년 3월 5,700명으로 1차 정점에 오르고, 2000년 2월 6,132명으로 최정점에 올랐다가 감소한다. 노숙인의 규모에서 서울의 비중은 1998년에 70% 이상이었다가 2000년에는 약 60% 선으로 약간 감소하는 경향을 보였다.

노숙인의 존재는 도시빈곤의 관리정책과 노동시장구조(하층노동시장의 규모와 활성화 정도), 가족관계, 주거정책, 사회보장정책의 복합적 산물이나 이들의 정재(定在)방식에 직접적으로 영향을 미치는 것은 노숙인 지원사업이다. 이 지원사업은 역으로 누가 '노숙인'인가를 규정한다. 동일한 사람이 부랑자 시설에 들어가면 노숙인이 아니라 부랑자로 규정되는 상황이 성립하게 된다. 이런 점에서 노숙인은 사회적 구성물이다.

또한 노숙인 지원사업과 노숙인들의 형성이 거의 동시에 서로 영향을 미치면서 진행되었다. 서울시노숙대책협의회가 2000년에 발간한 자료에서 서울의 노숙인 지원사업은 1998년 3월부터 8월까지를 '노숙인 정책 태동기'로 규정하고, 이어 1998년 9월부터 12월까지를 '응급보호사업' 추진기, 이어 1999년을 '응급보호사업 정착과 자활지원사업 모색기', 2000년을 '재활 및 자활 지원사업 추진기'로 규정하였다(서울시노숙인대책협의회, 2000). 최초의 정책 태동기에 서울역 상담소와 쉼터, 무료급식소, 이동진료 등이 생겨났고, 민관협력원칙이 마련되었다. 최초의 국면은 1998년 9월에 서울시 노숙인다시서기프로그램, 노숙인다시서기지원센터가 설립되면서 다음 국면으로 전환된다. 그해 말까지의 응급보호의 본격적 추진기에 응급수용시설로서의 '희망의 집' 설치, 상담소 운영, 의료서비스, 공공근로, 귀향지원 등과 함께 '다시서기수첩'을 발급하였다. 특히 '수첩' 발급은 노숙인 개개인들에 대한 기록관리를 통해 서비스의 공급을 효율화했지만 다른 한편으로는 관리/통제를 강화하는 것이어서 많은 논쟁을 낳았다.

이와는 달리, 최근 서울 복지국 자활지원과에서는 이 시기 이후의 노숙인 정책을 1998년 4월의 '응급보호기', 1998년 6월의 '지원체제 도입기', 이후 1999년까지를 '지원체제 확립기', 2000년부터 2005년 8월까지를 '지원사업추진기', 2005년 9월 이후의 '자활사업추진기'로 규정하였다. 1998년 4월의 응급보호기는 보건복지부의 '서민생계안정대책' 발표에 따라 긴급하게 서울에 잠자리를 35개 설치하고, 식사를 제공하며, 전문심리상담 및 특별취로사업을 실시한 시기이다. '노숙인'의 출현과 함께 심리상담을 했다는 것이 흥미롭다. 노숙인 정책의 출발지점에 이들을 정신적, 심리적으로 문제가 있는 것으로 바라보는 시각이 존재하고 있었다. 4월에 서울에서 이루어진 조치만도 '노숙인 보호 및 관리 대책', '노숙인진료계획', '근로자 합숙소 운영계획' 등이다. 5월에는 노숙인 특별보호사업이 연이어 이루어졌고, 7월에는 서울시 노숙인대책협의회가 구성되었다. 노숙인들이 계속 증가하자 보건복지부는 '도시노숙인 종합지원대책'을 발표하고, 집중상담과 분류를 통해 서비스를 차별화하는 방안을 채택하고 일자리를 알선하였다. 일자리는 공공근로와 취로사업으로, 이런 정책은 이들이 노동능력과 노동의지를 지닌 존재라는 시각이 반영된 것으로, 이때부터 노숙인들에게 '선별'의 원리가 적용된 것이다.

1998년 상반기에 이루어진 노숙인들의 급속한 증가에 따라 정부는 재빨리 이들을 수용하는 보호시설을 설치하였고 이를 쉼터로 명명하였다. 쉼터는 기능 및 유형에 따라 분화되어 중간쉼터로 '자유의 집'을 설립하여 1,000명을 수용하였고, 또 서울에 여러 이름의 쉼터 105개소를 만들어 약 3,000명을 수용하였다. 이를 통해 노숙인은 거리노숙인들과 시설(쉼터)노숙인으로 분화되었다. 1998년 8월 정점에 달했던 거리노숙인은 불과 두 달 만에 시설노숙인보다 적게 되었고, 11월에는 IMF 이전 수준으로 감소되었다. 1998년은 이런 점에서 거리노숙인의 형성과 시설노숙인으로의 전환이 거의 동시에 일어난 해이기도 하다.

1999년 2월 '노숙인 자활의 경로'가 제도화되었다. 이것은 노숙인다시서기지원센터에서 시작한 것으로, 1차 보호시설로서의 '자유의 집'을 거쳐 자활 준비시설로서의 '희망의 집', 그리고 사회복귀 준비시설로서의 '자활의 집'이라는 흐름이 실현된 것이다. 또한 '자유의 집' 설치와 함께 '노숙금지장소'라는 개념이 형성되었다. '자유의 집'은 영등포 방림방적 기숙사가 있던 자리에 위치한 1,300명을 수용할 수 있는 대규모 시설로, 이 시설 설치의 반대급부로 '노숙금지구역'이 구체화되었다. 서울시에서는 노숙금지구역이 동절기에만 운용됨으로써 인권침해 시비는 일어나지 않았다고 주장하는데, 이는 이런 분리가 강제성을 가진 것이었음을 함축한다.

노숙인 정책에서 1999년에 진전된 것이 '자활' 개념이었다. 자활의 경로에 대한 구상은 2000년 쉼터의 분화로 이어지고, 2001년에는 노숙인 지원체계가, '거리상담-중간쉼터(자유의 집)-쉼터(희망의 집)-자활의 집'으로 이어지는 흐름으로 재구성되었다. 2002년도에는 거리진료가 상설화되고 드롭인센터가 개소하였다. 이와 함께 '희망의 집'이 노숙인들의 욕구와 기능손상의 정도, 자활의지에 따라 유형화된다. 쉼터의 유형화는 노숙인 개개인에 대한 세밀한 관찰과 분류를 수반하였다. 그리고 쪽방의 존재가 알려지면서 쪽방 상담센터가 개설되었다.

한편, 약 2년간의 거리노숙인 정책을 시행한 후 2000년에 거리노숙인이 시설노숙인과 다른 특징을 갖는다는 생각들이 싹트기 시작한다. 이때 거리노숙인의 상당수가 쉼터를 경험했으며, 거리노숙인은 쉼터 부적응자라는 인식이 커지기 시작하였다. 이런 변화는 1998년의 '실직형 노숙인' 모델에 균열이 가기 시작했음을 의미하는 것이다. IMF 국면에 등장한 노숙인은 이전의 부랑자들과는 다른 존재들이라는 생각이 1998년을 지배했었다. 1997년 이전의 '부랑자형' 홈리스는 노동능력을 상실한 중고령층이었는데, 1998년형 노숙인은 30~40대가 주류를 이루었다.[2] 이들

2 홈리스는 국가에 따라 다르다. 서구의 홈리스가 20대를 중심으로 하는 젊은 층이라면, 일본은 50~60대라는 보고가 있다. 일본 도쿄의 신주쿠 지역은 서구처럼 젊은 층의 노숙인이 증가하는 현상이 있다고 보고되었다.

에 관한 비교적 정확한 자료는 노숙인다시서기지원센터에서 발행한 『노숙의 원인과 양상』(1999)이다. 이에 따르면 연령별로는 30~40대가 거의 70%에 이르렀으며, 성별로는 남성 노숙인이 96.8%였다. 이들은 저학력에 불우한 가정환경, 그리고 이른 나이에 취업했던 경력을 가지고 있었다. 직업경력을 보면 저기술, 저임금의 불안정고용상태에 있다가 노동시장에서 축출된 사람들이 많았다. 홈리스는 직업경력뿐 아니라 주거경력도 중요한데, 이들은 대체로 월세나 일세 주택에서 노숙인으로 전락하는 경로를 갖고 있다.

이런 관찰에 기초한 노숙인 모델은 이후에도 여전히 강한 이미지로 남게 되었다. 그러나 2000년을 넘어서면서 이 모델에 대한 '신중한 의문'이 제기되기 시작하였다. '부랑인'과 '노숙인'를 구분하는 객관적 기준이 없고, 부랑인 시설과 노숙인 시설입소자 간의 "생활내력과 사회적 특성상의 실질적 차이가 없다"(신명호 외, 2002: 3)는 인식, 그리고 오래전부터 존재해 온 부랑인 시설이 모두 사라진 것은 아니라는 점이 재인식되었다. 2002년 당시 부랑인 복지시설은 인가시설 37개에 10,000여 명이 수용되어 있고, 미인가시설까지 포함하면 13,000명의 입소자가 있다고 보고되어 있다. 이런 점에서 한국의 홈리스 담론이나 정책은 부랑자 담론에서 노숙인 담론으로 전환했으나 이는 '대체형'이 아니라 '병행형' 또는 '공존형'이었다고 할 수 있다.

〈표 10-1〉은 2005년부터 2010년까지의 부랑인과 노숙인의 연도별 상황을 나타낸 것이다. 표를 보면 부랑인은 점차 줄고, 노숙인은 정체하고 있다. 부랑인은 60.1%가 장애인이며, 정신질환 21.6%. 신체질환 6.4%, 노인성질환 3.8%로 나타나고 있다.

부랑인과 노숙인이 본질적으로 다른 집단이 아니라 사회정책에 의해 다르게 구성된 범주라는 주장은 이들에 대한 사회정책의 목표, 사업주체, 시설, 그리고 이들에 대한 프로그램의 비교를 통해 뒷받침되어야 한다. 이들에 대한 사회정책은 '보호, 재활, 자활'을 목표로 한다는 점에서,

〈표 10-1〉 연도별 부랑인과 노숙인 현황

	2005	2006	2007	2008	2009	2010
부랑인	11,063	10,317	9,772	9,432	9,226	8,958
(일반)	926	808	746	572	753	681
(건강이상)	10,137	9,509	8,976	8,920	8,513	8,277
노숙인	4,722	4,856	4,544	4,796	4,664	4,187
(쉼터)	3,763	3,563	3,363	3,479	3,404	4,187
(거리)	959	1,293	1,181	1,317	1,260	1,074

출처: 보건복지부(2011).

〈표 10-2〉 부랑인과 노숙인에 대한 사회정책 비교(2010)

구분	부랑인	노숙인
사업주체	국고보조사업	지방이양사업
사업대상자	부랑인 시설입소자 8,958명	거리노숙인 3,113명 쉼터입소자 1,074명
시설현황	법인시설 37, 개인시설 14	쉼터 74, 상담보호센터 13
사업내용	시설운영 복지지원	시설운영, 의료지원, 주거지원, 자활사업
2011년 예산	400억(국비 253 + 지방비 147)	374억

출처: 보건복지부(2011).

그리고 〈부랑인 및 노숙인 보호시설 설치 운영규칙〉에 의해 이루어진다는 점에서 동일하다. 이를 제외한 다른 항목에서의 차이는 〈표 10-2〉와 같다. 표를 보면, 부랑인 사업은 국고보조사업으로, 노숙인 사업은 지방자치단체사업으로 규정되어 있고, 2010년 말 현재 부랑인 시설 총 51개, 노숙인 시설 총 87개에 각각 8,958명, 4,187명이 사회정책의 대상으로 규정되어 있다. 흥미로운 것은 1인당 예산을 보면, 부랑인보다 노숙인에 대한 예산이 약 2배 정도 된다는 점이다. 이는 사회적 쟁점의 형성 경로에 따라 국가의 관심이 다르게 배분되었다거나, 근래에 형성된 쟁점에 더 많은 관심이 주어지고 있다는 주장을 가능하도록 한다.

3. 홈리스 모델의 형성

노숙인 정책은 2005년에 이르러 상당한 변화를 겪게 된다. 그해 1월에 지방분권조치에 따라 〈중앙행정권한의 지방이양 촉진 등에 관한 법률〉이 제정되고, 이 법률에 따라 노숙인 사업은 중앙정부로부터 지방사업으로 이양되었다. 이로 인해 노숙인 사업은 예산감소에 시달리기 시작하였다. 또한 응급보호시설에 수용되지 않았거나 이로부터 나와 '성공적인 사회복귀'를 하지 못한 '노숙인'들이 다시 완만하게 증가하면서, 거리노숙인와 시설노숙인을 넘어선 또는 그 배후에 있는 '잠재적 노숙인'들에 대한 관심이 커지고, 노숙인으로의 전락을 예방하는 정책들이 필요하다는 인식이 생겨났으며, 이들 모두를 지칭하는 용어가 필요해졌다.

한국에서 홈리스라는 용어에 관하여 말한다면, IMF 사태 직전인 1997년 상반기에 이루어진 이세영 등의 한국도시연구소 연구보고에는 '무주거자'로 번역되어 사용되었는데, 1998년에는 홈리스로 그대로 사용되었다(한국도시연구소, 1998; 김수현, 1998). 그러나 이 용어는 노숙인 담론에 의해 눌려 있다가 2000년대 초반에 대중화되기 시작하였다. 홈리스라는 용어는 Homeless의 번역되지 않은 번역어이지만, 이것이 오늘날 대중적으로 사용되기 시작한 것은 한국사회 내의 기존의 담론구조가 지니고 있는 한계 때문이라고 생각된다. 홈리스 담론은 두 가지 서로 다른 맥락에서 나온 듯하다. 하나는 기존의 부랑자와 노숙인 담론을 아우를 수 있는 수단으로 제시되었고, 다른 하나는 이들의 주거권에 주목하여 사용되었다.

첫째 맥락은 행정적 혼란을 극복하려는 문제의식과 관련이 있다. 기재일(2008)은 서울시에서 노숙인 정책에 오랫동안 참여하면서 부랑자와 노숙인, 심지어 행려자가 현실 법령과 제도에 혼재되어 있음을 문제시하고, 이들을 통합할 수 있는 방안이 무엇인가를 집중적으로 논의하였다. 그는 부랑자 관련 법률의 변화에 주목하여 "보건복지부가 1999년 4월,

부랑인보호사업을 사회복지사업으로 인정하고, 2000년 8월 '부랑인 복지시설 설치 운영규칙'을 제정했는데, 이와는 별도로 2003년 사회복지사업법 개정 시 노숙인 보호사업을 추가하고, 2005년 '부랑인 복지시설 설치 운영규칙'을 '부랑인 및 노숙인 보호시설 설치 운영규칙'으로 개정하는 동시에 부랑인 보호사업은 국가사무로, 노숙인 보호사업은 지방자치단체 고유사무로 이양"한 점을 비판하였다. 또 그는 2001년부터 한국보건사회연구원이나 서울시정개발연구원 등에서 부랑자보호체계와 노숙인보호체계가 서로 괴리되어 있고, 이에 따라 많은 문제점이 발생하므로 이를 통합해야 한다는 의견을 제시했으나 받아들여지지 않은 사실을 지적하였다. 흥미롭게도 거리에서 생활하는 사람을 경찰이나 행정관서가 발견하면 '부랑인'으로, 상담보호센터가 발견하면 '노숙인'으로 규정되는 우연성이 작용하다는 점이다. 또한 부랑인 복지시설과 노숙인 쉼터 간에는 수용자의 이동은 거의 이루어지지 않으며, 인적 교류나 사례관리의 자료도 거의 교환되지 않는다.

이런 문제를 해결하기 위하여 그는 첫째, 용어와 보호체계의 단일화, 현장지원체계의 통일, 보호시설의 특성화 및 연계구축이 필요하다고 주장하였다. 부랑인, 노숙인, 행려자 등의 용어를 통일하여 '무주거, 무의탁, 빈곤'이라는 공통점을 지닌 집단이 하나의 체계 속에서 포착되어야 한다는 것이다. 이를 위하여 〈부랑자 및 노숙인 보호시설 설치 운영규칙〉을 〈홈리스 보호시설 설치 운영규칙〉으로 개정하거나 〈홈리스 긴급구호 및 자립지원에 관한 법률〉을 제정할 필요가 있다고 주장하였다.

둘째 맥락을 살펴보면, 우선 1998년과 1999년 서울시는 집중적으로 노숙인 대책과 이들을 수용하는 시설을 확충하고 지원체계를 구성했는데, 처음으로 노숙인이 아닌, 그러나 이에 버금가는 열악한 거주시설에 주목하였다. 그 대표적인 주거가 쪽방이다. 원래 쪽방은 1999년 1월에 알려지기 시작하여 12월에 쟁점화되었다(서울시 노숙인대책협의회, 2000: 153). 그래서 쪽방거주자에 대한 지원대책이 2000년 1월에 수립되었다.

쪽방거주자는 부랑자도 아니고 노숙인도 아니지만, 노숙인 대책에 포함되기 시작했고, 점차 쪽방과 유사한 열악한 주거에 관한 관심으로 확대되어 갔다. 이들은 크게 보면 '집'은 아니고 '집이 아닌 것도 아닌' 모호한 경계지대에 속하는 것으로 인식되었으며, 여기에 거주하는 사람들을 부랑자나 노숙인과 함께 포괄적으로 지칭하는 용어가 필요하였다.

홈리스를 번역한 용어로 '주거빈곤층'이나 '비주택거주민'이라는 개념이 사용되기도 한다. 노병일 등(2004)은 노숙인과 쪽방생활자를 아우르는 용어로 '주거빈곤층'이라는 개념을 사용하였고, 서종균 등(2009)은 국가인권위원회에 제출한 이들의 인권상황 실태조사보고서에서 '비주택거주민'이라는 용어를 "시급한 대응이 필요한 주거빈곤층을 파악하기 위한 탐색의 수단으로 사용"한다고 밝혔다. 그들은 "홈리스 문제를 넓게 정의하는 것은 사회의 통합에 도움이 되고 문제에 대응하기 위한 시도에 대한 대중적 · 정치적 지지를 형성하는 데 이롭다"고 생각하였다. 여기에 해당하는 비주택거주민은 "사회적으로 집다운 집으로 인정받기 어려운 열악한 시설에서 생활하는 사람들"로, 이 범주에 포함되는 사람들은 비닐하우스, 쪽방, 고시원, 여인숙, 컨테이너(움막, 판잣집), 비숙박용 다중 이용업소 등이다. 후자는 PC방, 만화방, 찜질방 및 사우나, 기원 등이다. 이런 개념을 활용하여 주거권에 관한 인식을 보다 심화시킬 수 있다. 주거권은 자본주의적 도시발전의 심화과정에서 도시빈민들에게 제공되어야

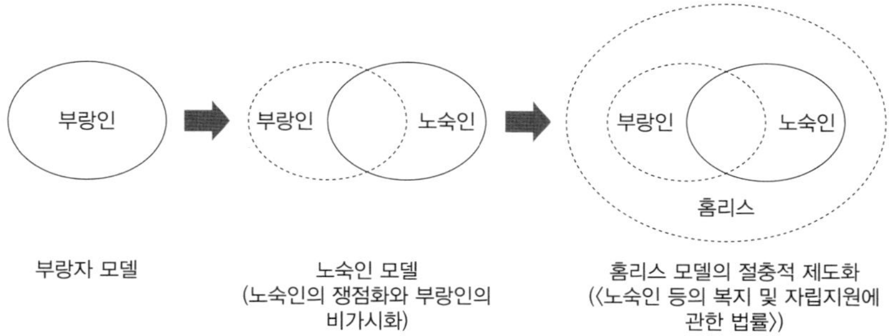

〈그림 10-2〉 세 가지 모델의 변동과 중첩

할 기본적 시민권으로 간주되기 시작하였다.

연구팀은 이 개념을 활용하여 한국에서 이들이 가장 많이 집중되어 있다고 간주되는 영등포역, 서울역, 대전역, 대구역 주변을 치밀하게 조사하였다. 이와 동일한 맥락에서의 거리노숙인들에 대한 연구들이 2005년을 전후로 하여 점차 증가되었다. 참여관찰에 기초하여 노숙인이나 홈리스에 관한 지리학적 · 인류학적 연구들이 진행되면서 도시환경 및 도시적 정의가 무엇인가를 묻게 되며, 이는 노숙인이나 홈리스의 주체적 정체성에 관한 관심으로 연결된다. 그런 점에서 홈리스 담론은 이전의 담론들보다 포괄적이고 통합모델로 간주될 수 있다.

부랑자 담론이나 노숙인 담론은 도시의 최하층 빈민에 대한 특정한 시선, 즉 질병화론이나 노동능력론과 함께 그에 상응하는 수용시설의 내용과 형식(무료숙박소나 긴급쉼터)을 포함하고 있는데, 그렇다면 홈리스 담론은 어떤 제도적 장치를 포함하고 있는가를 질문할 수 있다. 홈리스 담론은 주거능력이 없거나 취약한 집단에 대한 주거정책과 긴밀히 연결되어 구성된다. 한국의 빈민주거정책에서 보면, 흥미롭게도 홈리스 담론이 성립하기 이전에 '사회주택'이 1980년대 후반에 도입되었다는 특징이 있다. 이것은 민주주의로의 이행국면이었던 1989년 노태우 정부에 의한 영구임대주택정책으로 구체화되었다. 노태우 정부하에서 도입된 영구임대주택은 생활보호대상자, 의료부조자, 보훈대상자들에게 적용된 것으로 재정에서 주택가격의 85%로 공급하여 무기한 임대하는 것이었다. 이의 도입과정에 대해서는 도시재개발 과정에서의 밑으로부터의 주거권 운동의 결과(이영환, 1990; 1994)로 볼 것인가, 국가의 정당성 확보 전략의 산물로 볼 것인가를 둘러싸고 입장이 나뉘어 있으나 획기적인 것이었음은 틀림없다. 그 후 김영삼 정부는 입주자 부담금 30%의 수준으로 '공공임대주택' 제도를 소규모로 도입했고, 김대중 정부는 전반적인 복지정책의 강화에도 불구하고 시장원리에 좀 더 가까운 방식의 '국민임대주택' 제도를 도입하였다(박윤영, 2004). 이런 점에서 홈리스 담론은 빈민주택정책의 급진화와는 거리가 있었고, 이 때문에 다시 '주거권' 개념이 사회적 쟁점으로 등장했다고 볼 수 있다.

4. 홈리스 정책의 딜레마: 대상화와 주체화 사이에서

1) 홈리스의 대상화

한국의 노숙인 정책에서 발견되는 중요한 특징은 노숙인 관련 시설이나 지원단체의 급속한 증가와 함께 나타나는 노숙인들의 정책대상화이다. 노숙인 정책은 대부분 넓은 의미의 잠재적 빈곤층의 노숙인으로의 전락 또는 노숙상태로의 진입, 그리고 노숙으로부터의 탈출을 목표로 설정하며, 노숙인 정책의 성공을 노숙인 수의 감소라는 지표에서 구한다.

지원단체들은 주로 누가 조직하고 여기서 활동하는 '봉사자'들은 누구인가? 이들은 어떤 맥락에서 응급구호에 참여했으며 그것의 사회적 효과는 무엇인가? 이런 질문은 노숙인이나 홈리스 연구에서 빼놓을 수 없는 의제라고 할 수 있다.

부랑자 모델을 구성하고 있는 시각이 부랑자들을 의료화하고 질병화하며 나아가 범죄화하는 데 기초하고 있다면, 부랑자 모델이나 노숙인 모델을 공통으로 관통하는 현상 중의 하나가 종교적 대상화이다. 근대 사회사업 일반에서 나타나는 것처럼 국가나 사회사업단체들은 이들을 대상화하고 종교화한다. 그것은 프로젝트 대상자의 몸뿐 아니라 마음을 겨냥한다. 이들은 구제되어야 할 영혼으로 규정되기 때문이다. 이 과정에는 여러 종교단체가 참여하지만, 특히 기독교의 역할이 크다. 한국의 근대적 사회사업의 역사에서 소수자집단의 종교화, 특히 기독교화는 매우 특징적인 현상이다. 이는 한센병자에 대한 사회사업의 영역에서 가장 뚜렷한데, 이와 유사한 현상이 노숙인사회에서도 발견된다.

한국에서 부랑자 모델의 변화를 면밀하게 분석해 보면, 1960년대는 이들에 대한 관리통제는 국가가 주도했으나 1980년대는 기독교나 가톨릭단체에 위탁 위임하는 경향이 두드러지게 되었다. 이들은 1998년 이후 응급구호와 노숙인 모델의 등장과정에서 주도적인 역할 담당자로 바뀌기 시작하였다. 1998년 정부는 '도시노숙인 종합지원대책'을 발표하면서 정부 주도의 정책을 보완하기 위해 종교 및 민간 단체의 참여를 유도하고, 이들을 주축으로 '서울시 노숙인 대책협의회'를 구성하였다. 이 협의회는 민관협력 방식으로 '노숙인다시서기프로그램'을 통해 '희망의 집'이라고 명명한 노숙인 쉼터를 105개 설립하고, 약 3,000명을 입소시켰다. 또한 1999년 자활을 지원하는 '자유의 집'을 개소하여 일시에 1,000여 명을 수용하였다. 2000년 전후에 약 110개에 달하던 노숙인 쉼터는 이후 약간씩 감소되었다. 2010년에 열린 워크숍에서 서울시 노숙인다시서기 상담보호센터 소장인 여재훈 신부의 『노숙인 문제의 종교계 참여 현황과 방향』(2010)은 노숙인에 대한 종교화의 실태나 한계를 잘 보여주고 있다.

2008년에 실시된 전국 노숙인 복지시설 현황조사에서 전국의 노숙인 시설은 88개가 있었는데, 구성은 쉼터 67개, 상담보호센터 11개, 쪽방 상담소 10개였다. 쉼터에는 3,067명이 수용되어 있었고, 상담보호센터의 응급 잠자리 이용 인원은 839명이었으며, 쪽방상담소에서 파악한 쪽방은 7,463호에 6,202명이 살고 있었다(여재훈, 2010). 그런데 이 시설들의 운영주체를 보면, 기독교 운영시설이 54개로 전체의 62.8%, 불교 운영시설이 8개, 천주교 운영시설이 5개였다. 교단별로 보면, 기독교 예장 통합 측 교회가 13개, 성공회 8개, 구세군 7개의 순이었다. 기독교 교회들은 절반 이상이 소형 교회였다. 여재훈 신부는 이 자료에 근거하여 중소형 교회들이 주로 노숙인 복지시설을 운영하므로 재정문제가 심각할 수밖에 없다고 보았다. 이 종교단체들은 '전도'와 '복지사업'을 병행하는 경우가

72%였고, 별개로 하는 경우는 28%였다.

이들의 사업이 항상 순조롭게 진행되는 것은 아니다. 위의 조사에 따르면, 종교적 지원단체들은 자신의 가장 큰 애로사항으로 '선교와 노숙인복지사업의 병행이라는 목표를 달성하기 어렵다'고 응답한 경우가 30.0%, 지역사회의 이해부족을 호소한 경우가 21.7%, 동역자 확보의 어려움과 재정난을 호소한 경우가 각각 16.7%였다. 이런 상황에서 이들은 기독교 노숙인 시설연합체를 만들 필요가 있다고 생각하고 있다. 여재훈 신부는 기독교 노숙인복지사업의 활성화를 위하여 공적 영역에서의 활동 확대, 노숙인 선교협력을 위한 네트워크의 형성 및 강화, 전문화와 다양화를 기초로 한 새로운 복지사업, 구제비 제공 방식에서 공동모금 방식으로의 전환, 대형 교회의 참여확대 등을 제안하였다. 그는 노숙인들의 '영혼의 치유'는 공적 기구들은 수행할 수 없고, 교회들만이 가능하다고 보고 있다. 그러나 종교단체들의 참여가 확대될수록 노숙인문화에 '따뜻한 가정'이라는 기독교적 의미의 확산과 함께[3] 홈리스들에 대한 '종교적 대상화'가 진행된다는 딜레마가 나타난다. 이런 종교화에 대하여 노숙인 당사자들의 시선은 다양하지만 영등포 지역에서 노숙인 자조운동을 하고 있는 P씨의 증언은 이의 효과가 상당하다고 보고 있다.

> 거리노숙인 같은 경우에는 하루에 예배를 세 번 정도는 봐야 합니다. 밥 먹을 때 다 봐야죠, 어디 옷 얻으러 가면 다 봐야죠, 담뱃값 꼬지 하러 가면 봐야지요. 노숙인만큼 예배를 많이 보는 사람은 없습니다. 찬송가를 외우다시피 하고. 노숙인문화에 기독교 세력이 그만큼 많다, 이걸 감안하지 않으면 안 되지요.

이런 언급의 함의를 생각해 본다면, 이들에 대한 기독교단체의 지원

3 이에 관해서는 Bouma-Prediger, S. & Walsh, B. J.(2008) 참조.

은 물질적 지원이나 안전의 제공과 함께 정신적 위안을 주지만 동시에 이들을 '대상화'시킨다는 점에서 논란의 대상이 될 수 있다. 특히 종교단체의 노숙인에 대한 구호나 지원이 국가의 재정보조로 이루어지는 경우 특히 그러한 위험이 발생하며, 그만큼 노숙인 지원 프로젝트의 목표인 탈노숙화 효과에 대한 정확한 평가가 어렵게 된다.

사회사업의 대상자들에 대한 종교화는 최근에 새롭게 나타난 것이 아니라 식민지 시기부터 존재해 왔다. 노숙인을 포함한 도시빈민들에 대한 종교단체의 지원은 국가나 지방자치단체의 보호 및 지원과 때때로 경합하고 때로는 서로 결합하여 작동하는데, 이것이 제도화되면 일종의 경쟁적 '노숙산업'이 형성되어 탈노숙화가 저지된다는 비판을 받을 수 있다.

2) 자조노선의 모색

노숙인에 대한 사회정책은 감시와 통제, 배제나 방임, 보호와 지원 등으로 변화되어 왔지만 설사 보호와 지원이 중심이 되는 단계라 하더라도 감시와 통제가 사라지는 것은 아니다. 복지국가 모델이 부상하면서 배제로부터 통합으로 홈리스 정책의 중심이 옮겨 왔지만 이들은 모두 국가나 다수자 시민의 관점에서 이루어졌고, 이들을 탈노숙화해야 한다는 명제를 공유하였다. 그러나 보호나 지원정책이 성공적일수록 이들의 대상화가 심화된다는 역설이 나타나기 시작하였다. '통치성'의 측면에서 보면 보호나 지원의 증대는 좀 더 높은 수준의 통제양식일 뿐 오히려 이것이 탈노숙의 장애물로 작동하는 경우가 많다고 볼 수도 있다.

이런 문제에 대한 인식으로부터 노숙인이나 홈리스에 대한 정책을 그들 스스로 시각에서 바라볼 필요성이 커지고 있다. 이와 동시에 홈리스들 사이에서 자조노선이 출현할 가능성이 있다. 실제로 일부 노숙인들 사이에서 정부나 민간단체의 지원정책에 회의적 시선을 보내기 시작하였다. 2005년부터 나타나기 시작한 이런 현상의 대표적인 사례가 영등포 지역을 배경으로 한 '해보자모임'이다. 이들은 오늘날의 홈리스의 상황을 '홈리스산업'이 지배하는 것으로 인식하고 있다. '홈리스산업'이란 노숙인 보호나 지원을 명분으로 하여 더욱 많은 재정적 지원을 얻기 위해 시민사회에서 형성되는 경쟁의 구조화와 지원활동의 직업화를 의미한다. 문제는 홈리스산업의 기능이다. '해보자모임'의 P씨는 다음과 같이 말하였다.

> 노숙인 사회가 형성되어 있습니다. 결코 바람직한 사회는 아니죠. 가난한 사람들이 모여 있는 사회. 그것도 밥 얻어먹으면서, 직업을 구하지도 않고, 복지병에 젖어 있는 가난한 사람들의 사회가 엄연히 존재하죠. 이거 해체시킬 수도 없어요. 해체시키려면 복지사들이 다 문 닫는 수밖에 없는데 그것도 힘들 거야. 이 사회는 지원체계, 민간 무료급식, 민간 지원 이런 것들을 생계적인 기반으로 살아가요. 지역적인 기반을 가지고 상호보완 의존하면서 생존의 매너를 익히면서 서로 소통하면서 커뮤니티를 이루고 살아가요. 이게 형성되어 있는 거예요.
>
> 노숙인은 일을 하기를 굉장히 원한다, 일자리 제공이 급선무라고 말하는데, 실제로 일자리 제공하면 당장 딱한 사람들이 노숙인들이에요. 그 사람들은 안 갈 수도 없고, 갈 수도 없고, 지금 상황이 좀 만성화되어 있습니다.
>
> 노숙인 복지지원체계는 개별 노숙인을 전제로 하여 세워져 있는데, 그 사람들은 이미 커뮤니티를 이루고 있어요. 10년이 지나면서 그 동네에 있는 사람들을 다 알지요. 그만하면 노숙인사회 아닙니까? 동네에요. 동네, 주민이라니까 마을이라니깐요. 그만큼 교류가 많아요. 나는 힘이 약하니까 너 힘 좀 세니까 나는 조금 주고 너는 어떻게 하고 뭐 이렇게 서로 맺어져 있어요. 상호보완하면서 서로 돕고 사는 거죠.

이런 인식에서는 현재의 제도화된 노숙인 복지체계를 유지하는 원리를 '시설주의'라고 파악하고 있다.

> 시설주의가 강합니다. 지원체계는 역할분담을 하도록 되어 있는데, 자기 시설들에서 다 하고 싶어 해요. 이게 시설주의라고 보면 됩니다. 그다음에 이들은 이익집단이라고 볼 수 있죠. 동업협동조합이라고 볼 수 있습니다. 이게 뭉칠 때는 잘 뭉쳐요.

> 시설장들의 관심은 자기 시설이 죽으면 안 되고 지속되어야 하는 거구, 좀 불어서 나가야 되는 거구요. 그다음에 후원을 많이 받아야 되고, 사회적 관심도 받아야 되고.

소수자산업의 역설은 목적이 달성될수록 자신의 입지가 약화된다는 점이다. 보호시설이나 지원단체는 사회문제를 해결하기 위한 수단적 장치들이지만, 이들이 효율적으로 작동하여 사회문제가 해결되는 상황에 이르면 보호시설이나 지원단체가 자신의 존립을 위하여 문제해결을 지연시킬 가능성이 생겨난다. 이런 경향은 만성적 홈리스 문화와 연결되어 있다.

홈리스의 자조노선은 홈리스의 인권 또는 시민권 패러다임의 부상과 연관이 있다. 이들은 영등포 지역의 "기초생활수급자, 복지시설 노숙인 시설 이용자, 고시원에서 살면서 일용노동을 하는 사람들"로 구성되어 있고, '저축, 연대, 활로'라는 세 가지 철학을 공유하는 자조모임이다(해보자모임, 2010).

'해보자모임'은 2005년 말에 형성되기 시작하여 2006년 12월에 '주거협동체'로서의 자기 정체성을 가지고 창립총회를 열었다. '병원동행' 활동과 함께 거리생활자로서 죽어간 사람들의 장례식을 하면서 점차 모임의 중심을 형성해 갔다. 자존감과 자신감 회복을 위한 '강자 프로젝트'를 수행하고, 현행 노숙인 복지의 개별적 접근을 비판하면서 '집단적 자발성'을 유도하는 모델을 세워 갔다. 또한 현행 노숙인 의료지원체계의 맹점을 보완하기 위하여 병원동행 프로그램을 만들었다. 경제적으로는 '저축' 운동을 전개하였다. 이들은 이를 빈곤사회의 "새마을 운동"으로 표현하였다. 또한 영등포 지역의 잠재적 홈리스를 추산하면서 거리노숙인은 200명이지만 상담보호센터나 쉼터에 700명, 쪽방 등에 1,500명, 기타 열악한 주거시설에 6,200명 등 약 8,600명이 있다고 보았다.

이 모임의 대표와의 인터뷰를 분석해 보면, 우선 이들은 자신들을 지칭하는 용어에 대해 민감하다. 부랑자나 노숙인, 홈리스 등의 용어는 행정적으로 사용되고, 의료적으로는 아직도 행려자라는 용어가 사용되고 있는데, 이런 용어들에 대해 상당히 부정적으로 반응하고 있다. 이의 대안으로 '떨거둥이', '길잠꾼', '맨땅내기' 등을 제안하고 있다. 현재의 복지체계나 사회복지 연구 또한 강력히 비판하고 있다.

> 노숙인 정책에 고독은 빠졌어요. 외로운 상황은 빠졌어요. 집을 주겠다, 일자리를 주겠다. 아프면 병원에 보내주겠다, 뭘 지원해 주겠다는 것은 많은데, 외로움을 해소해 줄 아무런 기제가 없어요.

> 노숙인의 신(新)3고(苦)가 있습니다. 소속감이 없습니다. 자기 능력을 보여줄 장이 없어요. 그다음에 여성과의 소통이 없습니다.

지원체계가 발전할수록 노숙인들은 이 지원체계에 갇혀 영원히 '지원받아야 할 자'로 남는다는 것이 이들의 인식이다. 또한 홈리스 연구를 주도하는 사람들에 대하여 매우 비판적이다. 이들은 홈리스산업의 자기 재생산 메커니즘을 인식하고 있다.

> 지금 밥 주는 거 한물갔다, 새롭게 줄 것을 개발하자, 신상품 개발에

몰두하는 사람이 많아요. 뭘 줄 것인가 경쟁이에요. 그래서 지금 찾은 게 인문학을 갖다 주는 거예요. 옛날에는 밥을 주다가 문화를 주기 시작하고 산림욕을 주기 시작하고 유적답사를 주기 시작합니다. 데리고 간다, 기차 여행을 시켜 주겠다는 프로그램도 많아요. 희망의 기차처럼 프로그램마다 희망을 다 붙여요. 희망이 엄청 난무하다 보면 거꾸로 무력감으로 포위됩니다. 가난한 사람이 가난함을 벗어나서 당당함과 삶의 질을 높게 살아가려 할 때는 자기 자신의 문제도 있지만 외부의 벽이 너무 두텁다는 거죠. 무력감에 포위된 빈곤층이라고 본 거죠.

이들은 이런 빈곤문화의 자기 재생산을 벗어나기 위하여 자조노선을 수립하고 새로운 방식으로 상황에 대처하고 있다.

'해보자모임'이라고 영등포 지역의 빈곤과 노숙을 포괄해서 만든 당사자 조직으로, 자주, 자립, 협동을 내걸고, 그다음에 저축, 연대, 활로, 이건 시민사회를 향해서 우리를 설명하는 단어죠. 그래서 지금은 사무실을 개설했고, 일주일에 세 번씩 협동 교실이 열립니다. 상호교육의 콘셉트를 유지하고 있고, 서로 교육하는 거예요. 상호교육과 집단지도체제. 열린 조직. 우리보다 더 유능한 사람이 오면 언제든지 자리를 물려줄 수 있을 정도로 기득권을 버리고. 회원으로는 참여한 사람이 200명 정도 되는데 130명 정도가 새로 온 인물들이죠. 21회까지 했습니다.

아직은 자조노선의 미래를 예측하기 어렵다. 과거의 부랑자들이 무관심과 싸웠다면 현재의 노숙인들은 역설적으로 자신들을 도와주는 사람들이나 제도와 싸우고 있다. 자신들에 대한 현재의 도움은 모두 자신들을 대상화하여 궁극적으로 무력화시킨다는 인식이 이들을 대안적 노선으로 이끌어 갔다. 그렇지만 현재의 자조노선은 경제주의적 지향에 머물

고 있고, 적극적인 입법운동이나 시민권 운동과는 거리를 두고 있다.[4]

5. 〈노숙인 등의 복지 및 자립지원에 관한 법률〉 제정과 이후의 과제

지금까지 살펴보았듯이 노숙인을 둘러싼 담론과 정책은 부랑자 모델, 노숙인 모델, 그리고 홈리스 모델 등이 차례로 형성되면서, 그러나 먼저 형성된 모델이 후에 형성된 모델에 의해 완전히 대체되지 않고, 병존하거나 착종되어 왔다. 특히 부랑자와 노숙인 사이에 존재하는 경계는 본질적 차이에서 형성된 것이 아니라 시선의 차이에 의해 구성된 것에 불과하다는 인식, 그리고 정부의 이들에 대한 정책이 좀 더 외연을 확대하고 또 체계화되어야 한다는 요구에 기초하여 이들을 하나의 법률적 체계로 묶어 낼 필요성이 커졌고, 이 결과로 2011년 6월 〈노숙인 등의 복지 및 자립지원에 관한 법률〉이 제정 공포되었다.[5]

이 법률은 정책대상에 대한 정확한 정의와 개념화가 어려운 상황을 반영하여 그 명칭에 '노숙인 등'이라는 모호한 표현을 차용하고 있다. 이 법률을 제정할 때 제안된 초안들은 노숙인·부랑인복지법안, 홈리스복지법안, 노숙인·부랑인 지원법안, 홈리스 인권보장 및 지원에 관한 법률안 등이었다. 이 초안들이 이 명칭으로 낙착된 것은 착종된 담론의 '종

4 스토너(M. R. Stoner, 1995)는 사회정책을 형성하는 과정에서 입법운동이나 사법적 판결의 역할을 주목하고 있다. 응급보호의 경우 국가의 정책에 의해 이루어지는 것과 당사자들의 요구에 의해 만들어지는 것과는 차이가 있다. 한국에서 진행되고 있는 주거권 운동은 홈리스 자조운동과 거리를 두고 있다.

5 이 법률의 제정은 한국의 국내적 사정에 더하여 2004년 일본에서 유사한 법률이 제정되었다는 점도 영향을 미쳤을 것이다.

합'이라기보다는 '봉합'에 가깝다. 또한 이들에 대한 정책이 '복지 및 자립지원'으로 병기되었다. 보건복지부의 보도자료(2011. 6. 7)에 따르면, 홈리스라는 용어는 외래어이기 때문에 부적절하므로 채택하지 않았다고 설명하고 있으나 이외에도 홈리스 전체를 정책대상으로 할 경우 재정부담이 커진다는 고려도 작용했을 것이다.

이 법률에서 '노숙인 등'이라는 용어는 "상당한 기간 동안 일정한 주거 없이 생활하는 자, 노숙인 시설을 이용하거나 상당한 기간 동안 노숙인 시설에서 생활하는 자, 상당한 기간 동안 주거로서의 적절성이 현저히 낮은 곳에서 생활하는 자"로 정의되었다. 세 번째 항은 부분적으로 홈리스로 규정되는 집단을 이 법의 적용대상으로 포함시킨다는 취지이나 전면적으로 포함하지 않는다는 것도 내포한다. 노숙인을 노숙인 시설에서 생활하는 자로 정의하는 것은 동어반복이므로, 불가피하게 해당 시설이 무엇인가를 정의하지 않을 수 없다. 이 법률은 시설의 종류를 일시보호시설, 자활시설, 재활시설, 요양시설, 급식시설, 진료시설이라고 나열하고 있다. 부칙에서 부랑인 복지시설과 노숙인 쉼터를 노숙인 복지시설로, 상담보호센터와 쪽방상담소를 노숙인 종합지원센터로 본다고 규정하였다. 이 법에 의해 부랑인 시설을 치료 및 재활기능을 담당하는 노숙인 재활시설로 특성화하고, 점차 정신요양 시설, 지적 장애인 시설, 일반수용 시설로 재편한다는 계획을 담았다. 또한 복지서비스를 확대 강화한다는 취지에서 알코올중독치료, 정신치료, 결핵센터와 연계하여 재활프로그램을 활성화하고, 인문학프로그램과 같은 사회적응프로그램을 확대한다는 후속 계획을 포함하고 있다.

이 법률은 노숙인들이 국가 및 지방자치단체들로부터 적절한 주거와 보호를 제공받을 수 있다는 권리 규정과 함께, 자신도 생활 수준 향상을 위해 노력하여야 하며, 경찰 등 관련 업무 종사자의 응급조치에 응해야 한다는 책임규정을 포함하고 있다. 또한 2005년부터 지방으로 이양된 노숙인 사업이 다시 중앙정부 차원의 정책대상으로 변화하였다. 이런 제도의 변화는 오랫동안 존재해 온 부랑인이라는 용어가 점차 노숙인이라는 용어 속으로 용해되어 갈 것이라는 예측을 가능하게 한다. 또한 쪽방에 거주하는 사람도 이 법의 부분적 적용대상이라는 점을 나타내고 있다.

이 법률은 2012년 6월부터 시행되기 시작했지만, 이 법률이 충분히 원래의 목표를 달성할 수 있을지 현재로서는 알 수 없다. 노숙인 당사자가 이 법률의 내용을 얼마나 인지하고 있는지도 모호하지만 이 법률 제정과 함께 공공 공간에서의 '사회적 배제' 가능성도 커지기 때문이다. 실제로 이 법률이 제정된 2개월 후인 8월 22일 한국철도공사는 '시민불편 해소와 범죄 예방을 위해' 서울역 안에서 야간에 잠자는 행위를 금지하고 노숙인들을 강제로 퇴거시키는 조치를 시행하였다. 이 조치는 범죄의 위협으로부터 시민의 안전을 지키기 위해 불가피한 것이라는 명분하에 시행되었다. 노숙인 인권을 위해 활동하고 있는 시민단체 '홈리스행동'은 이 조치를 노숙인들을 예비 범죄자로 낙인찍어 누구나 이용할 수 있는 공공역사를 이용하지 못하도록 하는 차별이라고 맞서고 있다. 2004년에 이런 경로를 밟았던 일본의 경험도 이와 유사하였다. 이런 논쟁은 노숙인들의 '인권'을 넘어서 점차 도시권에 대한 근본적 성찰로 이끌어 간다.

강만길(1987). 『일제시대 빈민생활사연구』, 창작사.

기재일(2008). 「노숙인보호사업의 개선방안에 관한 연구: 거리생활자의 생활실태조사를 통한 현행 보호체계의 문제점과 개선방안」, 서울시립대학교 석사학위논문.

김수현(1998). 「홈리스문제의 구조와 대책」, 『경제와 사회』 38: 189-214.

김수현 외(2000). 『서울시 노숙자 지원사업 백서 1998~2000』, 서울시노숙자대책협의회.

김신용(2003). 『버려진 사람들』, 천년의 시작.

______(2003a). 『달은 어디에 있는가』, 천년의 시작.

김유경(2005). 「상실의 관점에서 본 노숙인 문제: 집을 잃고 거리에서 생활한다는 것의 의미는 무엇인가?」, 『아세아연구』 48(2): 151-179.

김주리(2009). 「1940년대 '香隣園'에 대한 두 개의 시선」, 『현대소설연구』 41.

김진미 · 서정화(2006). 「거리노숙인의 유대형성에 대한 문화기술지: 삭막한 세계의 동맹자만들기」, 『한국사회복지학』 58(3): 51-79.

김홍수영(2005). 「시민성을 기준으로 조명한 사회적 소수자의 권리」, 『경제와 사회』 65: 179-200.

남기철(1998). 「노숙자문제의 현황과 시각」, 『동향과 전망』 39: 52-73.

______(2009). 『노숙인 복지론: Homeless의 사회적 통합』, 집문당.

노병일 · 윤경아(2004). 『주거빈곤층의 삶과 터전』, 다운샘.

박윤영(2004). 「김대중 정부 주거정책의 성격: 대폭적인 시장강화, 제한적인 주거복지」, 『사회복지정책』 20: 297-321.

보건복지부 민생안정과(2011). 『2011년도 부랑인복지사업운영안내』, 보건복지부.

보건사회연구원(1998). 『도시노숙자 현황과 보호대책』, 보건사회연구원.

서울시정개발연구원 편(2002). 『서울시 중장기 노숙자 정책 연구』. 서울시정개발연구원.

서종균 외(2009). 『비주택 거주민 인권상황 실태조사』, 국가인권위원회.

석희정 · 이혁구(2004). 「푸코의 권력이론을 통해 조망한 노숙자 담론분석」, 『상황과 복지』 19: 245-281.
신명호 외(2002). 『부랑인복지시설 내 노인인권 현황조사』, 국가인권위원회.
신원우(2007). 「노숙인 재활사업 10년, 평가와 과제」, 서울특별시 노숙인 정책토론회, 한국교회 100주년 기념관 소강당.
여재훈(2010). 「노숙인문제의 종교계 참여현황과 방향」, 서울지역 노숙인현황과 교회의 역할을 모색하는 노숙인 간담회.
원정숙(2001). 『노숙자의 삶의 경험: 시설 노숙자를 중심으로』. 경희대학교 박사학위 논문.
유선영(2011). 「식민지의 스티그마 정치: 식민화 초기 부랑자표상의 현실효과」, 『사회와 역사』 89: 41-84.
이동현(2004). 「노숙경험 쪽방거주민의 정착을 위한 고민」, 『도시와 빈곤』 67: 106-116.
이세영 · 김수현(1997). 『무주거자의 발생원인과 실태에 관한 연구』, 한국도시연구소.
이영환(1990). 「영구임대주택과 주거권 운동」, 『사회복지연구』 2(1): 121-139.
______(1994). 「영구임대주택정책 형성과정 연구」, 『사회복지연구』 5(1): 168-200.
이태진(2004). 「홈리스실태와 지원정책: 노숙자 부랑자 쪽방거주자」, 최협 외 편, 『한국의 소수자, 실태와 전망』, 한울.
______(2007). 『노숙인정책 10년 흐름과 진단: 노숙인정책의 변천과정』, 한국보건사회연구원.
이태진 외(2003). 『노숙자 부랑인 지원체계 개선방안』, 한국보건사회연구원.
임영인(2009). 『내가 누구인지 알려주세요』, 삶이 보이는 창.
전국실직노숙자대책 종교 · 시민단체협의회, 한국도시연구소, 보건복지부(2000). 『한국의 노숙자 2년의 흐름과 진단』, 보건복지부.
정원오 외(2005). 『노숙인 인권상황 실태조사』, 국가인권위원회.
주영수(2007). 『노숙인정책 10년 흐름과 진단: 노숙인 사망실태와 해결방안 모색』, 한국보건사회연구원.
한국도시연구소(1998). 『홈리스의 발생원인과 실태에 관한 연구』, 한국도시연구소.
한귀영(1997). 「근대적 사회사업과 '권력의 시선」, 김진균 · 정근식 편, 『근대주체와 시민지 규율권력』, 문화과학사.
해보자모임(2010. 5). 『해보자모임소식지』.

全北警察部(1932). 『細民の生活相態調査』 第2報.
吉田久一(1984). 『日本貧困史』, 川島書店.
磯村英一(1928). 「社會過程に於ける救濟觀念の變遷」, 『社會事業』 6月號.

藤井忠治郎(1941). 「浮浪者救護に就ての一考察」, 『朝鮮社會事業』 19巻 1月號.
青木秀男 編(2010). 『ホームレススタディー』, ミネルバ書房.

Bouma-Prediger, S. & Walsh, B. J.(2008). *Beyond Homelessness: Christian Faith in a Culture of Displacement*. William B. Eerdmans Publishing Company.
Conrad, P.(1992). "Medicalization and Social Control," *Annual Review of Sociology* 8.
Feldman, L. C.(2004). *Citizens Without Shelter: Homelessness, Democracy, and Political Exclusion*. Cornell University Press.
Kathleen, A. R.(2004). *Homelessness, Citizenship, and Identity: The Uncanniness of Late Modernity*. State University Press of New York.
Mathieu, A.(1993). "The Medicalization of Homelessness and the Theater of Repression," *Medical Anthropology Quarterly* 7(2).
Mitchell, D.(2003). *The Right to the City: Social Justice and the Fight for Public Space*. Guilford Press.
Ravenhill, M.(2008). *The Culture of Homelessness*. Ashgate.
Saunders, P. & Williams, P.(1988). "The Constitution of the Home: Towards a Research Agenda," *Housing Studies* 3: 81-93.
Snow, D. A., Mulcahy, M.(2001). "Space, Politics, and the Survival Strategies of the Homeless," *American Behavioral Scientist* 45(1): 149-169.
Sommerville, P.(1992). "Homelessness and the Meaning of Home: Rooflessness or Rootlessness," *International Journal of Urban and Regional Reserach* 1: 529-539.
Stoner, M. R.(1995). *The Civil Rights of Homeless People: Law, Social Policy, and Social Work Practice*. New York: Aldine de Gruyter.
Vincent Lyon-Callo(2000). "Medicalizing Homelessness—The Production of Self-Blame and Self-Governing within Homeless Shelters," *Medical Anthropology Quarterly* 14(3).

찾아보기

집필자 소개(가나다순)

■ 강대중

서울대학교 교육학과 교수(현재)
미국 조지아 대학 평생교육 및 행정 정책학과 졸업(박사)
서울대학교 대학원 교육학과 졸업(석사)
서울대학교 교육학과 졸업(학사)
한국평생교육학회 총무이사
Asia Pacific Education Review(APER) Associate Editor
국가평생교육진흥원 독학학위운영위원회 위원
서울특별시교육청 문자해득교육심사위원회 위원

저서: 『최신교육학개론』(공저), 『평생교육개론』(공저), 『대안학교는 학교가 아니다』

■ 구인회

서울대학교 사회복지학과 교수(현재)
미국 워싱턴 대학 사회복지대학원 졸업(박사)
서울대학교 대학원 사회복지학과 졸업(석사)
서울대학교 철학과 졸업(학사)
한국사회복지학회 학술위원장
한국사회정책학회 편집위원장
보건복지부 중앙생활보장위원회 위원

저서: 『경제위기와 청소년 발달』, 『한국의 소득불평등과 빈곤』, 『사회복지정책론』(공저) 외 논문 다수

■ 김소영

서울대학교 대학원 사회복지학과 박사수료(현재)
서울대학교 대학원 사회복지학과 졸업(석사)
한양대학교 영어영문학과 졸업(학사)

■ 김의태

서울대학교 대학원 교육학과 박사과정(현재)
서울대학교 대학원 교육학과 졸업(석사)
서울대학교 수학교육과 졸업(학사)

■ 김창엽

서울대학교 보건대학원 교수(현재)
서울대학교 대학원 보건학과 졸업(석사, 박사)
서울대학교 의과대학 졸업(학사)
비판과 대안을 위한 건강정책학회 회장
사단법인 시민건강증진연구소 이사장, 소장

저서: 『건강보장의 이론』, 『미국의 의료보장』, 『무상의료란 무엇인가』(공저), 『나는 '나쁜' 장애인이고 싶다』(편저), 『빈곤과 건강』(편저), 『보건의료 개혁의 새로운 모색』(편저)

■ 선소영

서울대학교 대학원 인류학과 석사수료(현재)
서울대학교 인류학과 졸업(학사)

■ 신명호

사회투자지원재단 부설 사회적경제연구센터 소장(현재)
서울대학교 대학원 사회복지학과 졸업(박사)
서울대학교 대학원 인류학과 졸업(석사)
서울대학교 인류학과 졸업(학사)
한국지역자활센터협회 이사
한국도시연구소 소장
전국실업극복단체연대 정책위원장
대통령자문 빈부격차차별시정위원회 및 양극화 · 민생대책위원회 전문위원

저서: 『왜 잘사는 집 아이들이 공부를 더 잘하나?: 사회계층 간 학력자본의 격차와 양육관행』, 『한국사회의 신빈곤』(공저), 『東アジア大都市のグローバル化と二極分化』(공저), 『도시공동체론』(공저) 외 논문 다수

■ 신흠

서울대학교 대학원 사회학과 졸업(석사)
중국 베이징 대학 사회학과 졸업(학사)

■ 윤창교

예방의학전문의, 육군 대위(현재)
서울대학교 대학원 보건학과 졸업(석사)
중앙대학교 의과대학 졸업(학사)

■ 이상직

서울대학교 대학원 사회학과 졸업(석사)
한양대학교 사회학과 졸업(학사)

역서: 『그들은 어떻게 최고의 정치학자가 되었나?』(공역)

■ 정근식

서울대학교 사회학과 교수(현재)
서울대학교 사회학과 및 동 대학원 졸업(학사, 석사, 박사)
한국비판사회학회장
한국사회사학회장
서울대학교 규장각한국학연구원 부원장
민주화운동기념사업회 한국민주주의연구소 소장
대통령직속 친일반민족행위진상규명위원회 위원

저서: 『(탈)냉전과 한국민주주의』(편저), 『남북한 교류협력 거버넌스의 구조와 동학』(공저), 『식민권력과 근대지식: 경성제국대학연구』(공저), 『경계의 섬, 오키나와』(공편저) 외 다수

■ 황익주

서울대학교 인류학과 교수(현재)
서울대학교 비교문화연구소장(현재)
영국 옥스퍼드 대학 사회인류학과 졸업(박사)
서울대학교 인류학과 및 동 대학원 졸업(학사, 석사)
강원대학교 문화인류학과 교수(1993~2001)
한국문화인류학회 연구위원장
서울대학교 사회과학연구원 기획편집부장

저서: 『종족과 민족』(공저), 『인류학 민족지 연구 어떻게 할 것인가』(공저), 『사회과학 명저 재발견 3』(공저), 『우리 학문이 가야 할 길』(공저) 외